高等院校园林专业系列教材

·江苏高校优势学科建设工程资助项目·
A Project Funded by the Priority Academic Program Development of
Jiangsu Higher Education Institutions

风景名胜区规划
NATIONAL PARK OF CHINA & SCENIC AREA PLANNING

主编 唐晓岚

东南大学出版社·南京

内 容 提 要

本教材是以风景资源学、旅游学、景观生态学、美学等为理论基础,以国家质量技术监督局、中华人民共和国建设部发布的《风景名胜区规划规范》为依据,借鉴国土、区域、城乡等相关规划的理论与方法,并结合相关的实践与研究发展编写而成的。内容包括:风景名胜区的基本概念、概述、理论基础、资源调查评价、总体规划编制、详细规划编制、专项规划(保护培育规划、风景游赏规划、典型景观规划、游览设施规划、道路交通规划、基础工程规划、居民社会调控规划、经济发展引导规划、土地利用协调规划、分期发展规划)编制、审批、实施及3S技术手段应用。

本教材力求全面而系统地传授风景名胜区规划理论及相关方法,并注重与教学实践的结合,案例丰富,图文并茂,增强了可读性、实用性,可供各高等院校风景园林、城市规划、旅游等专业选用,也可供社会相关专业工程技术与管理人员学习参考。

图书在版编目(CIP)数据

风景名胜区规划 / 唐晓岚主编. —南京:东南大学出版社,2012.10(2022.1重印)
高等院校园林专业系列教材
ISBN 978-7-5641-3780-9

Ⅰ.①风…　Ⅱ.①唐…　Ⅲ.①风景区规划—高等学校—教材　Ⅳ.①F590.1

中国版本图书馆CIP数据核字(2012)第235549号

东南大学出版社出版发行
(南京市四牌楼2号　邮编210096)
出版人:江建中
全国各地新华书店经销　江苏凤凰数码印务有限公司印刷
开本:889 mm×1194 mm　1/16　印张:16.75　字数:519千字
2012年10月第1版　2022年1月第11次印刷
ISBN 978-7-5641-3780-9
印数:10901~11900册　定价:36.00元
本社图书若有印装质量问题,请与营销部联系。电话:025-83791830

高等院校园林专业系列教材
编审委员会

主任委员：王 浩　南京林业大学

委　　员：（按姓氏笔画排序）

　　　　　　弓　弼　西北农林科技大学
　　　　　　井　渌　中国矿业大学艺术设计学院
　　　　　　何小弟　扬州大学园艺与植物保护学院
　　　　　　成玉宁　东南大学建筑学院
　　　　　　李　微　海南大学生命科学与农学院园林系
　　　　　　张青萍　南京林业大学
　　　　　　张　浪　上海市园林局
　　　　　　陈其兵　四川农业大学
　　　　　　周长积　山东建筑大学
　　　　　　杨新海　苏州科技学院
　　　　　　赵兰勇　山东农业大学林学院园林系
　　　　　　姜卫兵　南京农业大学
　　　　　　樊国胜　西南林学院园林学院

秘　　书：谷　康　南京林业大学

出版前言

推进风景园林建设,营造优美的人居环境,实现城市生态环境的优化和可持续发展,是提升城市整体品质,加快我国城市化步伐,全面实现小康社会,建设生态文明社会的重要内容。高等教育园林专业正是应我国社会主义现代化建设的需要而不断发展的,是我国高等教育的重要专业之一。近年来,我国高等院校中园林专业发展迅猛,目前全国有150所高校开办了园林专业,但园林专业教材建设明显滞后,适应时代需要的教材很少。

南京林业大学园林专业是我国成立最早、师资力量雄厚、影响较大的园林专业之一,是首批国家级特色专业。自创办以来,专业教师积极探索、勇于实践,取得了丰硕的教学研究成果。近年来主持的教学研究项目获国家级优秀教学成果二等奖两项,国家级精品课程1门,省级教学成果一等奖3项,省级精品课程4门,省级研究生培养创新工程6项,其他省级(实验)教学成果奖16项;被评为国家级园林实验教学示范中心、省级人才培养模式创新实验区,并荣获"风景园林规划设计国家级优秀教学团队"称号。

为培养合格人才,提高教学质量,我们以南京林业大学为主体组织了山东建筑工业大学、中国矿业大学、安徽农业大学、郑州大学等十余所院校中有丰富教学、实践经验的园林专业教师,编写了这套系列教材,准备在两年内陆续出版。

园林专业的教育目标是培养从事风景园林建设与管理的高级人才,要求毕业生既能熟悉风景园林规划设计,又能进行园林植物培育及园林管理等工作,所以在教学中既要注重理论知识的培养,又要加强对学生实践能力的训练。针对园林专业的特点,本套教材力求图文并茂,理论与实践并重,并在编写教师课件的基础上制作电子或音像出版物,增大信息容量,便于教学。

全套教材基本部分为15册,并将根据园林专业的发展进行增补,这15册是:《园林概论》、《园林制图》、《园林设计初步》、《计算机辅助园林设计》、《园林史》、《园林工程》、《园林建筑设计》、《园林规划设计》、《风景名胜区规划》、《园林工程施工与管理》、《园林树木栽培学》、《园林植物造景》、《观赏植物与应用》、《园林建筑设计应试指南》、《园林设计应试指南》,可供园林专业和其他相近专业的师生以及园林工作者学习参考。

编写这套教材是一项探索性工作,教材中定会有不少疏漏和不足之处,还需在教学实践中不断改进、完善。恳请广大读者在使用过程中提出宝贵意见,以便在再版时进一步修改和充实。

高等院校园林专业系列教材编审委员会
二〇〇九年十月

《风景名胜区规划》
编委名单

唐晓岚	丁彦芬	南京林业大学
潘　洁	李卫正	
崔志华	刘　伟	
刘小钊	相西如	江苏省城市规划设计研究院
	李景奇	华中科技大学
朱　颖	钱　达	苏州科技大学
	刘保国	河南农业大学
	张绿水	江西农业大学
	李　成	山东建筑大学
	郁姗姗	厦门大学
	朱　军	新疆农业大学

前　言

改革开放三十多年来,经济不断发展,人们对旅游的需求不断提高,作为旅游的主要目的地,风景名胜区事业发展很快。自1982年11月国务院审定公布第一批国家级风景名胜区以来,全国已经建立风景名胜区909个,其中国家级风景名胜区208个,省级风景名胜区701个,总面积约占国土面积的2%。自1996年起,国家建设部会同有关部门先后15次向联合国教科文组织申报列入世界遗产名录的项目,泰山、黄山、峨眉山、乐山、武夷山、庐山、黄龙、青城山、都江堰、三江并流等32处风景名胜区被批准列入《世界遗产名录》。1999年发布了国家强制性技术标准《风景名胜区规划规范》,2006年颁发了《风景名胜区管理条例》,促使风景名胜区的规划建设管理纳入科学化、规范化、社会化轨道。

但是,我国的风景名胜区发展的总体水平目前仍然处在初级阶段,在资源保护、规划设计、法制建设、管理体制等方面,还存在着许多有待解决的问题和困难。超强度开发导致风景名胜资源遭受不同程度的破坏,天然林覆盖面积下降,湖泊水生态系统受到威胁,过多的设置人造景观及消费设施,不遵循生态规律,导致景区环境恶化,使保护与开发产生矛盾,对风景名胜区的可持续发展极为不利。各种矛盾的不断加剧要求风景名胜区规划师担负起更多历史使命和社会责任。

风景名胜区规划是风景园林专业的特色核心课程,在园林专业教学中具有重要的地位与作用。本教材是南京林业大学承担的江苏高校优势学科建设工程一期项目立项学科的研究成果,力图使风景名胜区规划成为一门融自然科学、工程技术和人文科学于一体的综合性课程,培养学生对各类型风景名胜资源的调查、分析与评价的能力,使学生掌握风景名胜区规划的基本程序、内容和方法,具备风景名胜区规划设计的基本技能。

本教材由南京林业大学唐晓岚教授主编,邀请了华中科技大学、苏州科技大学、江西农业大学、山东农业大学、厦门大学、新疆农业大学承担风景名胜区规划课程教学的教师参加编写,江苏城市规划设计院具有一线经验的高级工程师也是编委核心成员,作者团队强大,希望教材既能满足高校教学的需求,更能切合规划实践,为学生专业发展的美好前景奠定基础。

本教材主要供各高等院校风景园林、城市规划等专业使用,也可供社会相关专业工程技术与管理人员学习参考。

教材的编写过程同样也是一个不断深入学习、自我提升的过程,编写中笔者深深感到风景名胜区规划的内容十分庞杂,而编写时间紧迫,编者水平有限,书中难免有论述不妥、征引疏漏讹误之处,恳请广大读者对本教材批评指正、多提宝贵意见,以便在今后的教学和教材编写中不断改进完善,不胜感激!

编者

二〇一二年九月

目 录

0 绪论 ⋯⋯ 1
 0.1 风景名胜区概述 ⋯⋯⋯⋯⋯⋯⋯⋯⋯⋯⋯⋯⋯⋯⋯⋯⋯⋯⋯⋯⋯⋯⋯⋯⋯⋯⋯⋯⋯⋯⋯⋯ 1
 0.2 风景名胜区规划的定义 ⋯⋯⋯⋯⋯⋯⋯⋯⋯⋯⋯⋯⋯⋯⋯⋯⋯⋯⋯⋯⋯⋯⋯⋯⋯⋯⋯⋯⋯ 2
 0.3 学习风景名胜区规划的目的 ⋯⋯⋯⋯⋯⋯⋯⋯⋯⋯⋯⋯⋯⋯⋯⋯⋯⋯⋯⋯⋯⋯⋯⋯⋯⋯⋯ 2
 0.4 风景名胜区规划学科的特点和学习方法 ⋯⋯⋯⋯⋯⋯⋯⋯⋯⋯⋯⋯⋯⋯⋯⋯⋯⋯⋯⋯⋯⋯ 3
  0.4.1 风景名胜区规划学科的特点 ⋯⋯⋯⋯⋯⋯⋯⋯⋯⋯⋯⋯⋯⋯⋯⋯⋯⋯⋯⋯⋯⋯⋯⋯ 3
  0.4.2 风景名胜区规划的学习方法 ⋯⋯⋯⋯⋯⋯⋯⋯⋯⋯⋯⋯⋯⋯⋯⋯⋯⋯⋯⋯⋯⋯⋯⋯ 3

1 风景名胜区的基本概念 ⋯⋯⋯⋯⋯⋯⋯⋯⋯⋯⋯⋯⋯⋯⋯⋯⋯⋯⋯⋯⋯⋯⋯⋯⋯⋯⋯⋯⋯⋯⋯ 5
 1.1 风景名胜资源的内容 ⋯⋯⋯⋯⋯⋯⋯⋯⋯⋯⋯⋯⋯⋯⋯⋯⋯⋯⋯⋯⋯⋯⋯⋯⋯⋯⋯⋯⋯⋯ 5
  1.1.1 风景 ⋯⋯⋯⋯⋯⋯⋯⋯⋯⋯⋯⋯⋯⋯⋯⋯⋯⋯⋯⋯⋯⋯⋯⋯⋯⋯⋯⋯⋯⋯⋯⋯⋯⋯ 5
  1.1.2 风景资源 ⋯⋯⋯⋯⋯⋯⋯⋯⋯⋯⋯⋯⋯⋯⋯⋯⋯⋯⋯⋯⋯⋯⋯⋯⋯⋯⋯⋯⋯⋯⋯⋯ 9
  1.1.3 风景名胜 ⋯⋯⋯⋯⋯⋯⋯⋯⋯⋯⋯⋯⋯⋯⋯⋯⋯⋯⋯⋯⋯⋯⋯⋯⋯⋯⋯⋯⋯⋯⋯⋯ 10
  1.1.4 风景名胜资源 ⋯⋯⋯⋯⋯⋯⋯⋯⋯⋯⋯⋯⋯⋯⋯⋯⋯⋯⋯⋯⋯⋯⋯⋯⋯⋯⋯⋯⋯⋯ 10
 1.2 风景名胜区的内涵 ⋯⋯⋯⋯⋯⋯⋯⋯⋯⋯⋯⋯⋯⋯⋯⋯⋯⋯⋯⋯⋯⋯⋯⋯⋯⋯⋯⋯⋯⋯⋯ 11
  1.2.1 风景名胜区的概念 ⋯⋯⋯⋯⋯⋯⋯⋯⋯⋯⋯⋯⋯⋯⋯⋯⋯⋯⋯⋯⋯⋯⋯⋯⋯⋯⋯⋯ 11
  1.2.2 风景名胜区的组成 ⋯⋯⋯⋯⋯⋯⋯⋯⋯⋯⋯⋯⋯⋯⋯⋯⋯⋯⋯⋯⋯⋯⋯⋯⋯⋯⋯⋯ 11
  1.2.3 风景名胜区的功能 ⋯⋯⋯⋯⋯⋯⋯⋯⋯⋯⋯⋯⋯⋯⋯⋯⋯⋯⋯⋯⋯⋯⋯⋯⋯⋯⋯⋯ 12
  1.2.4 风景名胜区的类型 ⋯⋯⋯⋯⋯⋯⋯⋯⋯⋯⋯⋯⋯⋯⋯⋯⋯⋯⋯⋯⋯⋯⋯⋯⋯⋯⋯⋯ 13
  1.2.5 我国风景名胜区地域特色及分布 ⋯⋯⋯⋯⋯⋯⋯⋯⋯⋯⋯⋯⋯⋯⋯⋯⋯⋯⋯⋯⋯⋯ 17
 1.3 风景名胜区相关概念比较 ⋯⋯⋯⋯⋯⋯⋯⋯⋯⋯⋯⋯⋯⋯⋯⋯⋯⋯⋯⋯⋯⋯⋯⋯⋯⋯⋯⋯ 19
  1.3.1 城市公园 ⋯⋯⋯⋯⋯⋯⋯⋯⋯⋯⋯⋯⋯⋯⋯⋯⋯⋯⋯⋯⋯⋯⋯⋯⋯⋯⋯⋯⋯⋯⋯⋯ 19
  1.3.2 森林公园 ⋯⋯⋯⋯⋯⋯⋯⋯⋯⋯⋯⋯⋯⋯⋯⋯⋯⋯⋯⋯⋯⋯⋯⋯⋯⋯⋯⋯⋯⋯⋯⋯ 19
  1.3.3 自然保护区 ⋯⋯⋯⋯⋯⋯⋯⋯⋯⋯⋯⋯⋯⋯⋯⋯⋯⋯⋯⋯⋯⋯⋯⋯⋯⋯⋯⋯⋯⋯⋯ 20
  1.3.4 游览区(点)、旅游区 ⋯⋯⋯⋯⋯⋯⋯⋯⋯⋯⋯⋯⋯⋯⋯⋯⋯⋯⋯⋯⋯⋯⋯⋯⋯⋯⋯ 20
 1.4 风景名胜区的发展概况 ⋯⋯⋯⋯⋯⋯⋯⋯⋯⋯⋯⋯⋯⋯⋯⋯⋯⋯⋯⋯⋯⋯⋯⋯⋯⋯⋯⋯⋯ 20
  1.4.1 国外风景资源的保护与利用 ⋯⋯⋯⋯⋯⋯⋯⋯⋯⋯⋯⋯⋯⋯⋯⋯⋯⋯⋯⋯⋯⋯⋯⋯ 20
  1.4.2 国内风景名胜区的发展 ⋯⋯⋯⋯⋯⋯⋯⋯⋯⋯⋯⋯⋯⋯⋯⋯⋯⋯⋯⋯⋯⋯⋯⋯⋯⋯ 30

2 风景名胜区规划概述 ⋯⋯⋯⋯⋯⋯⋯⋯⋯⋯⋯⋯⋯⋯⋯⋯⋯⋯⋯⋯⋯⋯⋯⋯⋯⋯⋯⋯⋯⋯⋯⋯ 33
 2.1 风景名胜区规划的内容与特点 ⋯⋯⋯⋯⋯⋯⋯⋯⋯⋯⋯⋯⋯⋯⋯⋯⋯⋯⋯⋯⋯⋯⋯⋯⋯⋯ 33
  2.1.1 风景名胜区规划的含义 ⋯⋯⋯⋯⋯⋯⋯⋯⋯⋯⋯⋯⋯⋯⋯⋯⋯⋯⋯⋯⋯⋯⋯⋯⋯⋯ 33
  2.1.2 风景名胜区规划的内容 ⋯⋯⋯⋯⋯⋯⋯⋯⋯⋯⋯⋯⋯⋯⋯⋯⋯⋯⋯⋯⋯⋯⋯⋯⋯⋯ 33
  2.1.3 风景名胜区规划的特点 ⋯⋯⋯⋯⋯⋯⋯⋯⋯⋯⋯⋯⋯⋯⋯⋯⋯⋯⋯⋯⋯⋯⋯⋯⋯⋯ 34
  2.1.4 风景名胜区规划的方法 ⋯⋯⋯⋯⋯⋯⋯⋯⋯⋯⋯⋯⋯⋯⋯⋯⋯⋯⋯⋯⋯⋯⋯⋯⋯⋯ 35
 2.2 风景名胜区规划的功能与类型 ⋯⋯⋯⋯⋯⋯⋯⋯⋯⋯⋯⋯⋯⋯⋯⋯⋯⋯⋯⋯⋯⋯⋯⋯⋯⋯ 36
  2.2.1 风景名胜区规划的功能 ⋯⋯⋯⋯⋯⋯⋯⋯⋯⋯⋯⋯⋯⋯⋯⋯⋯⋯⋯⋯⋯⋯⋯⋯⋯⋯ 36
  2.2.2 风景名胜区规划的类型 ⋯⋯⋯⋯⋯⋯⋯⋯⋯⋯⋯⋯⋯⋯⋯⋯⋯⋯⋯⋯⋯⋯⋯⋯⋯⋯ 36

  2.3 风景名胜区规划与其他规划的关系 ································· 39
    2.3.1 国土规划与区域规划 ····································· 39
    2.3.2 城市规划 ··· 39
    2.3.3 土地利用规划 ··· 39
    2.3.4 旅游规划 ··· 39
  2.4 风景名胜区的调查研究与基础资料 ··································· 40

3 风景名胜区规划的理论基础 ··· 42
  3.1 风景名胜区规划理论的发展 ··· 42
  3.2 风景名胜区规划的基本理论 ··· 42
    3.2.1 系统学理论 ··· 42
    3.2.2 区位论原理 ··· 44
    3.2.3 美学理论 ··· 46
    3.2.4 旅游学理论 ··· 46
    3.2.5 景观生态学理论 ··· 48
    3.2.6 可持续发展理论 ··· 50

4 风景名胜区资源调查及风景名胜资源评价 ································· 53
  4.1 风景名胜区资源调查 ··· 53
    4.1.1 风景名胜区资源调查的内容 ································· 53
    4.1.2 风景名胜区资源调查的方法与步骤 ··························· 55
  4.2 风景名胜资源分类与评价 ··· 62
    4.2.1 风景名胜资源的分类 ······································· 62
    4.2.2 风景名胜资源的评价 ······································· 63

5 风景名胜区总体规划的编制 ··· 76
  5.1 风景名胜区总体规划的内容、程序与原则 ····························· 76
    5.1.1 风景名胜区总体规划的内容 ································· 76
    5.1.2 风景名胜区总体规划的程序 ································· 76
    5.1.3 风景名胜区总体规划的原则 ································· 82
  5.2 风景名胜区总体规划的范围、性质与目标 ····························· 82
    5.2.1 风景名胜区规划范围的划定 ································· 82
    5.2.2 风景名胜区性质的界定 ····································· 83
    5.2.3 风景名胜区发展目标的确定 ································· 83
  5.3 风景名胜区总体规划的分区、结构与布局 ····························· 85
    5.3.1 风景名胜区的分区 ··· 85
    5.3.2 风景名胜区的结构与布局 ··································· 88

6 风景名胜区详细规划的编制 ··· 91
  6.1 风景名胜区详细规划概述 ··· 91
    6.1.1 风景名胜区详细规划的内容 ································· 91
    6.1.2 风景名胜区详细规划的编制与审批 ··························· 91
  6.2 风景名胜区控制性详细规划的编制 ··································· 92

	6.2.1	控制性详细规划产生的背景及其作用和特点	92

      6.2.1　控制性详细规划产生的背景及其作用和特点 …………………………… 92
      6.2.2　控制性详细规划的原则及技术路线 …………………………………… 92
      6.2.3　控制性详细规划的内容 ………………………………………………… 93
      6.2.4　控制性详细规划的编制程序 …………………………………………… 93
  6.3　风景名胜区修建性详细规划的编制 …………………………………………… 102
      6.3.1　修建性详细规划的任务和特点 ………………………………………… 102
      6.3.2　修建性详细规划的编制内容、程序及成果 …………………………… 104

7　风景名胜区专项规划的编制 ……………………………………………………… 105
  7.1　保护培育规划 …………………………………………………………………… 105
      7.1.1　保护培育规划的基本内容 ……………………………………………… 105
      7.1.2　分类保护与分级保护 …………………………………………………… 105
      7.1.3　分区保护与专项保护 …………………………………………………… 107
  7.2　风景游赏规划 …………………………………………………………………… 112
      7.2.1　景区规划 ………………………………………………………………… 112
      7.2.2　游赏项目规划 …………………………………………………………… 116
      7.2.3　游线组织规划 …………………………………………………………… 117
      7.2.4　游人容量的计算 ………………………………………………………… 119
      7.2.5　游赏解说系统 …………………………………………………………… 126
  7.3　典型景观规划 …………………………………………………………………… 128
      7.3.1　典型景观规划的任务与原则 …………………………………………… 128
      7.3.2　典型景观规划的内容 …………………………………………………… 129
  7.4　游览设施规划 …………………………………………………………………… 138
      7.4.1　现状分析及相关预测 …………………………………………………… 138
      7.4.2　游览设施规划的内容 …………………………………………………… 143
  7.5　道路交通规划 …………………………………………………………………… 154
      7.5.1　道路交通规划的内容构成 ……………………………………………… 154
      7.5.2　道路交通规划的基本原则 ……………………………………………… 154
      7.5.3　道路交通规划的基本要求 ……………………………………………… 154
      7.5.4　道路系统规划 …………………………………………………………… 155
      7.5.5　交通设施 ………………………………………………………………… 156
  7.6　基础工程规划 …………………………………………………………………… 158
      7.6.1　基础工程规划的主要内容 ……………………………………………… 158
      7.6.2　基础工程规划的原则 …………………………………………………… 159
      7.6.3　给水工程规划 …………………………………………………………… 160
      7.6.4　排水工程规划 …………………………………………………………… 163
      7.6.5　供电工程规划 …………………………………………………………… 166
      7.6.6　通信工程规划 …………………………………………………………… 169
      7.6.7　环境卫生设施规划 ……………………………………………………… 173
      7.6.8　综合防灾系统规划 ……………………………………………………… 176
  7.7　居民社会调控规划 ……………………………………………………………… 181
      7.7.1　居民社会调控规划的意义 ……………………………………………… 181
      7.7.2　居民社会调控规划的原则 ……………………………………………… 181

  7.7.3 居民社会调控规划的内容 ··· 181
 7.8 经济发展引导规划 ··· 184
  7.8.1 风景名胜区经济的特点 ··· 184
  7.8.2 经济发展引导规划的内容和措施 ······································ 184
 7.9 土地利用协调规划 ··· 186
  7.9.1 影响土地利用协调规划的因素 ·· 187
  7.9.2 土地资源的分析评估 ··· 187
  7.9.3 土地利用的现状分析 ··· 187
  7.9.4 土地利用协调规划的内容 ··· 187
 7.10 分期发展规划 ··· 194
  7.10.1 近期规划 ··· 194
  7.10.2 远期规划 ··· 194
  7.10.3 远景规划 ··· 194
  7.10.4 投资估算 ··· 199
  7.10.5 效益估算 ··· 199

8 风景名胜区规划的审批 ·· 201
 8.1 规划审批 ··· 201
  8.1.1 我国风景名胜区规划审批现状 ·· 201
  8.1.2 国外国家公园规划审批体制 ·· 201
 8.2 风景名胜区规划送批文件的主要内容 ···································· 202
  8.2.1 规划文本 ··· 202
  8.2.2 规划说明书 ·· 203
  8.2.3 基础资料汇编 ··· 204
  8.2.4 规划图纸 ··· 204
 8.3 风景名胜区规划的审批程序 ·· 205
  8.3.1 分级审批 ··· 205
  8.3.2 审批程序 ··· 205

9 风景名胜区规划的实施 ·· 210
 9.1 规划实施的若干机制 ·· 210
  9.1.1 法律的作用机制 ··· 210
  9.1.2 行政的作用机制 ··· 210
  9.1.3 经济的作用机制 ··· 211
 9.2 我国风景名胜区规划的实施管理体制 ···································· 212
  9.2.1 风景名胜区管理体制的法定依据 ······································ 212
  9.2.2 风景名胜区内建设项目的管理 ·· 213
  9.2.3 风景名胜区规划违法建设的查处 ······································ 216
  9.2.4 风景名胜区的综合管理 ··· 218
 9.3 风景名胜区规划的实施建议 ·· 219

10 3S技术与风景名胜区规划 ··· 222
 10.1 RS技术 ··· 222

10.2　GPS 技术 ·· 223
10.3　GIS 技术 ·· 223
10.4　3S 应用实例 ··· 231
　　10.4.1　风景名胜区空间样点定位与信息采集 ·· 231
　　10.4.2　风景名胜区总体规划的计算机制图 ·· 232
　　10.4.3　风景名胜区的植被分类专题图 ·· 233
　　10.4.4　风景名胜区景观数据采集与分析 ·· 234
　　10.4.5　风景名胜区虚拟现实系统 ·· 235

参考文献 ·· 237

彩图部分 ·· 241

0 绪 论

0.1 风景名胜区概述

风景名胜区,是我国辽阔国土上自然景物与人文景物高度集中的具有典型意义的风景精华所在;是指风景名胜资源集中、自然环境优美、具有一定规模和游览条件,经县级以上人民政府审定命名、划定范围,供人们游览、观赏、休息和进行科学文化活动的地域。从一般意义上来讲,风景名胜区是一个具有观赏、文化和科学价值的山川、河流、湖泊、海滨、岛屿、森林、动物、植物、特殊地质、溶洞、化石、天文气象等自然景物和文物古迹、历史遗迹、革命纪念地、园林、建筑工程设施等人文景观和它们所处的环境,以及与之密切关联的民俗风情等风景名胜资源集中的区域。

风景名胜区给人的客观印象和主观感受往往是因时而异、因人而异的。有人认为风景名胜区是自然、人文、历史资源丰富且集中的区域,可发挥观光、游乐功能;有人认为风景名胜区是自然风景资源和历史文物资源二者都很丰富,并且又相互穿插、交相辉映的游览环境,是交通方便,自然资源与人文资源不相上下,二者相互协调发展的地区;也有人认为风景名胜区是以典型的具有美感的自然风景为基础,同时又渗透着人文景观美的、主要满足人们精神文化生活需求的、多功能的地域空间综合体。

风景名胜区内涵丰富,主要表现在以下几个方面:

(1) 以优美的自然风景为基础的生态环境优良的地域。从审美视角看,自然风景美主要包括自然风景的宏观形象美、色彩美、线条美、动态美、静态美、听觉美、视觉美、嗅觉美等,具有自然美学价值。

(2) 具有代表性、典型性自然景观的地域,具有较高的科学价值。

(3) 具有悠久的历史和丰富的文化内涵。风景名胜都有成百上千年的历史,留下了与自然风景融为一体的人文景观,具有较高的历史文化价值。

(4) 是一种特殊用地。风景名胜区是从人类作为谋取物质生产和生活资料的土地中分离出来,成为专门用来满足人们精神文化需要的场所。

(5) 具有多种功能。在风景名胜区可开展游览参观、科普教育、科学研究、文学创作、艺术审美、休闲度假、康体健身以及爱国主义教育等活动。

简而言之,风景名胜区是形色兼具,动静相间,富有诗情画意,令人赏心悦目的地域空间。

风景名胜区,又简称为风景区。但严格来讲,二者是有区别的。它们的区别主要可以从三个方面来理解。首先,风景名胜区是风景名胜资源集中的地区,而不仅仅是一般风景资源集中的地区,风景区内的风景资源并不等于就是名胜资源;其次,风景名胜区是按照法定程序,依据相关法律法规划定的地域,具有法定的范围界限,风景区则没有这样的严格要求;第三,风景名胜区是具有一定的游览条件和规模的地域,风景区虽然可供人们进行科学文化活动,但不一定可供大众去游览、观赏和休憩,如北极、南极和珠穆朗玛峰。不过,在一般情况下,多用其简称,即风景区。

世界各国或地区,由于社会制度、经济基础、历史文化背景等的不同,风景名胜区事业发展的进程不一致,对风景名胜区的概念、命名和管理方法等方面也存在一些差异,但从研究和保护利用对象的本质而言,基本上是相同或相似的,都是保护本国或本地区的自然风景资源和人文景观资源。因而世界上许多国家和地区也就赋予其国家公园(National Park)或自然公园的称谓,在我国采用的是风景名胜区称谓。我国的国家级风景名胜区,对外称"中国国家公园",英译为"National Park of China"。

国家公园,是国家天然公园的一类,首先出现在美国。它是指国家为了保护一个或多个典型生态系统的完整性,为生态旅游、科学研究和环境教育提供场所,而划定的需要特殊保护、管理和利用的自然区域。

它既不同于严格的自然保护区,也不同于一般的旅游景区。国家公园是具有相对大面积的区域,包括当地一种或几种生态系统、动植物代表种类、栖息地等,这些都具有特殊科学教育意义,还包括可观赏的自然景观,是在自然保护的前提下,在环境容量允许的范围内,有控制、有管理地向群众开放,供群众旅游、娱乐、进行科学研究和科学普及的场所,为露天自然博物馆或自然保护区。

自然公园,是日本的一种称法,在日本已形成完整的自然公园体系。自然公园包括原始自然环境保护区、自然环境保护区、国立公园、国定公园、都道府县立自然公园、都道府县自然保护区。

我国地域面积广阔,山川秀美、人文荟萃。在这块广袤的土地上,孕育着世界上最为丰富的风景名胜资源,它们是祖国的瑰宝,也是全人类的财富。中华民族自古以来就有崇山尚水的优良传统,留下了许多极为珍贵的自然和历史文化遗产,这些都成为了人类文明的重要标志。但是,自人类进入工业化社会以来,科技与生产力飞速发展,给我们带来便利生活的同时也使得人类对自然的干扰和破坏达到了空前的程度,优美纯净的自然环境已寥若晨星,生物多样性遭到破坏,整个生态系统失去平衡,高度的城市化使人类从自然界获得的享受日益匮缺,这些都成了当今世界性的问题。但是,随着人们科学文化素养的提高,人类开始重新认识自然,感悟自然,回归自然。世界各国业已建立的国家公园已为我们提供了足够借鉴的经验。我国的风景名胜区必将在社会发展的洪流中确立起自己的重要地位。

0.2 风景名胜区规划的定义

风景名胜区规划是调查、评价、提炼、概括大自然的山川美景及其风景特色,确定其保护培育、开发利用、经营管理、可持续发展的举措,把合理的社会需求,科学而又艺术地融入自然之中,优化成人与自然协调发展的风景游憩境域。这种境域可能是景点、景群、景区、风景区、风景区域、大地景物或大地景观等多种层次单元,并形成系统,这个系统古往今来兼具三类基本功能,即文化、山水审美和生态防护。

根据《风景名胜区管理暂行条例实施办法》第十七条规定"风景名胜区规划是切实地保护、合理地开发建设和科学地管理风景名胜区的综合部署",风景名胜区规划不应是某种专项规划,而是研究特定地域空间的一类综合规划。它可以与城市规划等综合规划相提并论。

风景名胜区规划的主要目的是发挥风景区的整体大于局部之和的优势,实现风景优美、设施配套、交通便利,并突出其独特的景观形象、游憩魅力和生态环境,促使风景区适度、稳定、协调和可持续发展。风景名胜区规划可以分为总体规划和详细规划两个阶段进行。大型而又复杂的风景区,可以增编分区规划和景点规划。一些重点建设地段,也可以增编控制性详细规划或修建性详细规划。风景名胜区规划包括一般规划和专项规划两部分。风景名胜区规划成果包括风景名胜区规划文本、规划图纸、规划说明书、基础资料汇编等四个部分。

0.3 学习风景名胜区规划的目的

风景名胜区规划是做好风景名胜区建设与管理工作的前提。

风景名胜区规划也称风景区规划,是保护培育、开发利用和经营管理风景区,并发挥其多种功能作用的统筹部署和具体安排。其目的是为了适应风景名胜区保护、利用、管理、发展的需要,优化风景区用地布局,全面发挥风景区的功能和作用,提高风景区的规划设计水平和规范化程度。

风景名胜区规划教学着重于培养学生综合运用知识的技能和方法以及解决实际问题的能力。在掌握风景名胜区规划编制方法与技能的基础上,学习国内外相关规划的发展动态及最新成果,分析不同类型规划的共性与个性,并结合具体课题,理论联系实际,加深学生对规划的科学性、应变性和控制性的理解,真正认识规划对风景名胜区建设的重大意义,并在课程设计中,着意培养学生之间的合作、沟通、集体攻关以及口头表达能力。

通过本书的学习,主要解决风景名胜区规划是什么,风景名胜区规划应该做什么,风景名胜区规划怎样做和风景名胜区规划为什么要这样做等问题。

0.4 风景名胜区规划学科的特点和学习方法

0.4.1 风景名胜区规划学科的特点

1) 对于学科内容而言,风景区规划具有很强的综合性

风景名胜区规划关乎很多层面:相关的自然与资源、人文与经济、旅游设施与基础工程、土地利用、建设与环境等方面的历史和现状基础资料,不仅需要具备城市规划的相关理论与知识,更需要建筑学、生态学、美学知识,以及国际化的眼光来考量。例如景源评价就是寻觅、探查、领悟、赏析、判别、筛选、研讨各类景源的潜力,并给予有效、可靠、简便、恰当的评估。所以风景名胜区规划者要求有一定的钻研辨别能力。

2) 对于学科应用而言,风景名胜区规划具有很强的实践性

风景名胜区规划不仅考虑到风景名胜区内部各要素的协调统筹,而且涉及当地居民、土地利用协调等规划内容,具有较强的可实施性。可按严格的标准对风景名胜区进行各项分类,并给出具体指标以调控规划进程。例如其中的生态分区,依据此地大气、水域、土壤、植被的状况而具体细分,并对各区制定具体的保护措施等有极强的指导性。对风景名胜区的建设和保护进行控制的方案出台,对城市总体规划、绿地系统规划的深化和细化,对保护生态环境有着重要的意义。当然,风景名胜区规划的有效实施还受到政治、经济、社会等客观环境的影响和制约,还需要从法律、政策、管理等方面创造其实施的环境条件。

3) 对于学科特点而言,风景名胜区规划具有很强的针对性

风景名胜区规划针对不同地区的资源特殊性、不同类型的客源市场、不同自然风景型的景区的保护培育措施都有详细的规定。风景名胜区规划是依据规划对象的属性、特征及其存在环境而进行的合理区划,依据规划目标和规划对象的性能、作用及其构成规律来组织整体规划结构或模型,依据规划对象的地域分布、空间关系和内在联系进行综合部署,形成合理、完善而又有自身特点的整体布局,来解决规划对象的特征、作用、空间关系有机结合的问题,所以具有较强的针对性。

0.4.2 风景名胜区规划的学习方法

1) 注重学科的相互关联性,了解多学科的理论基础

作为风景名胜区规划的基本理论基础,地理、历史、气象、艺术、建筑、园林、生物学等都对风景名胜区规划起到必要的指导性作用。因为风景名胜区是多元素的综合体,自然界的各种元素都应该包括在考虑的范围内。所以在学习风景名胜区规划时,要注意本课程与其他相关专业课程间的有机联系,这样才可以收到更好的效果。

2) 练好基本功,提高自身的综合素质

风景名胜区规划涉及的学科很广泛,除了城市规划、风景园林设计外,还涉及旅游学、地质学、植物学、动物学、环境工程、生物学、气象学等多门学科,所以对学生的综合素质要求较高。学科的交叉性除了知识上要求学生对各学科有所涉猎外,还要求与各行业的人有较强的交流沟通能力,另外团队合作能力也十分重要。

3) 理论与实践相结合的方法

风景名胜区规划是一门应用性很强的学科,所以在学习过程中,除了掌握扎实的理论知识外,也应积极地参加规划讨论和规划实践,在讨论中发现问题,解决问题,在实践活动中加强对理论的理解,巩固理论知识,同时还要锻炼自己的口头表达能力和逻辑思维能力。

要把握各种实习机会,全面完善自己。具体到风景名胜区的实习,一般可分为参观实习和实践实习。通过参观实习要使自己对风景名胜区规划有一些感性的认识,并搜集第一手的资料;在实践实习中,可以利用比较长的时间加强内业训练,绘制专业手工图和计算机图。在实践实习中,要高标准、严要求地加强自己对于风景名胜区的理解。

在讨论时,搜集资料是至关重要的问题,应该学会科学有效地收集资料的方法,要把精力放在理解和

掌握所学内容上,而不是浪费在盲目地查资料的过程中。

4) 多向思维,学会解决问题的具体方法

风景名胜区规划是针对风景区特定环境的经济、文化、社会发展、人文关怀等方面的问题,通过规划设计平衡其中的得失利弊,找出最佳的解决方法。规划师应有严谨的态度和多向的思维方法,游览与感受不同的自然风景和人文风光,学习和吸收不同风格案例的优点,拓展思维,学会具体问题具体分析。

5) 与时俱进、关注行业国际动态

多了解和学习国内外风景名胜区规划的最新动态及最新成果,可以为以后走向社会打下坚实的专业功底。

6) 学会和注重网络资源的使用

现在各高校内可通过校园网的图书馆网站查阅维普数据库、万方数据库、超星电子图书库等数据库资料,要多通过校园网访问,了解和学习相关知识。

1 风景名胜区的基本概念

■ **本章提示**
  1. 掌握风景、风景资源、风景名胜、风景名胜资源的相关概念；
  2. 掌握风景名胜区的概念、组成、功能作用类型及其地域特色和分布；
  3. 了解风景名胜区与城市公园、森林公园、自然保护区的区别。

1.1 风景名胜资源的内容

1.1.1 风景

1）风景的概念

"风景"一词《辞海》解释为风光、景色。关于风景的定义，在地理学、园林学、美学和文学等不同学科中均有不同的说法：

从地理学来说，风景是指大自然的风光景色。它是由自然的山、水、花木、天气和人文建筑、文物古迹以及民族风俗等，在空间上组成的艺术综合体。

从园林学来说，风景是指在园林绿地中，自然的或经人为创造的，并以美为特征的一种供游憩欣赏的空间环境。

从美学角度来说，风景是指那些能使人产生美感和舒适感的自然环境和各种物象的地域组合，是所有具有美感的物象的总称。

从文学角度来说，风景是指占据巨大空间，存在较长时间，最富于流动变化，而又影响人数较多的艺术作品。

从上述对风景的定义中不难看出，风景的概念是一个综合概念。风景作为一种自然、人类、社会三者共同作用的事物，与地理环境、人为作用、生产方式、社会意识及文化背景等因素有关。下面重点介绍三种说法：

风景，是一定地域内由山水、花草、树木、建筑物以及雨雪等某些自然现象形成可供人观赏的具有一定美学价值的景象。

风景，是指自然的风光美景，是人类情感渗入自然的产物，是能够引起人们美感的大自然的景象。在一定条件下，风景是能够引起人们审美感受的自然环境要素及其所构成的审美空间环境。风景不是单纯的自然景物，而是能够满足人们审美、求知等欲望和社会生活需要的人格化产物。它既聚集了自然美的外在形式，又体现了其艺术价值。它是一种具有自然与社会综合价值的资源，人们从中可以得到物质和精神上的享受。

风景，是一种有别于其他事物的特殊地域现象，是一种特定的空间环境和特殊的艺术形式。感性上，风景是各构景要素在特定空间区域内，美感随时间而异的组合体，并用"规模"、"协调"、"时间"、"标志"等特征与其他事物和现象加以区别。理性上，风景是人类情感在自然中特定的显露空间，是周围环境诗意化的具体表达空间。风景是人们生活和工作的场所，是充满生活气息的具体环境；风景是自然中最精彩的乐章，是富于音乐性的构成体；风景是一个地方景色的典型特征。

2）风景的特征

风景是一种特殊的地域现象，它不同于其他事物、现象或艺术，表现出自身鲜明的特性。

（1）整体性 风景的整体性主要表现为三个方面：首先，风景表现的是一种整体的空间美，由各种美的要素按一定规律组合而成,是一种组合美。其次,风景由各构景要素组合在一起综合反映出其整体美,但这种美并不等于各构景要素美的总和,而往往是大于其总和。第三,风景总是以各构景要素在空间上形成的整体出现的,并不以单个的构景要素出现。

（2）真实性　风景是由山水、花草、动物、植物、建筑物、天气等真实存在的物质构成的,能够通过人的眼、耳、鼻、肤真实感受到的景物。它是实实在在存在的物质环境,这是风景美且真实感人的主要原因。

（3）稳定性　风景的稳定性,主要表现为风景的地理位置固定不变以及风景环境的稳定性。这里的风景环境,是指风景所在的那个大环境中经过艺术化的局部环境,因而具有相对固定性。

（4）地域性　风景美反映了一定的地域差异和特色。如从地域差异来说,中国北方的风景壮美,南方的风景优美,西北的风景古朴;就景观特色来讲,有幽隐、奇特、雄伟、秀丽等差异。这种在地域空间上各种形态和特色之间美学特征的差异就是风景的地域性。

（5）时间性　风景的时间性主要可以从三个方面来理解:一是指风景的时间序列,这是由欣赏风景的人的运动而产生的。对同一风景主题,游人的运动会产生一定的差异;同样,对不同主题的风景,游人运动也会产生差异。二是指风景本身可以随着时间的流逝而显示出四季、昼夜、阴晴等变化。三是从宏观的时间概念来说,风景历经历史长河、宇宙运动、海陆变迁等外力作用,它记载着某一特定历史时段所留下的痕迹和印记,如庐山的第四纪冰川遗迹、万里长城等。

（6）多样性　风景的多样性主要表现为三个方面:一是风景构成要素的多样性,一个地方的风景主要是由地质地貌、气象气候、动植物、建筑和人类活动等要素构成的,而各地又不尽相同;二是风景要素变化的多样性,上述的各构景要素本身也是千变万化的,由此而构成的风景必然是多姿多彩的;三是风景结构变化的多样性,即各风景区的地景、水景、天景、生景、古今建筑与人类活动参与组合的类型、形式和数量不同,而显示出各风景区的差异及其特色。

（7）社会性　风景的社会性主要表现在两个方面:一方面风景往往是社会集体劳动的产物,带有很强的社会性。风景区的发现、开发和完善,也不是一两个人所能完成的,通常要凝聚几代人的智慧和劳动;另一方面,风景总是为社会生活服务的,任何一片风景都离不开人和人类社会。在风景的形成过程中,人类的贡献和自然的贡献是相互交织而起作用的,自然的贡献形成了风景的基础,人类的贡献形成了风景的灵魂。实质上,风景的形成过程就是协调人和自然相互关系的过程。

3) 风景类型

依据不同的分类方法风景可分为不同的类型。如按照地理条件可分为平原型、山地型、河流型、湖泊型、海岸型、森林型六大类;按照人文活动特点可分为乡村型和城市型两大类;按照风景成因可分为自然景观、人工景观以及自然和人工相结合的景观三大类;按照风景的情态可分为动态风景和静态风景;按照风景的整体色调可分为冷色调风景和暖色调风景;按照风景的位置可分为主景、配景、对景、障景、框景、夹景等;按照风景给人的感受可分为险要、雄伟、幽静、开朗等。

（1）按地理条件分类

① 平原型　自然界中平原最让人为之动容的是它的空旷辽阔,与天相接和无边无际。但若没有其他景观加以点缀,常常会显得大而无当,过于单调乏味。人们刻意营造的大草坪景观就是取材于自然界的平原风景。

② 山地型　是指以山岳地貌为主要特征的风景,通常具有较高的生态价值和观赏价值。山的高大壮阔使游览者感觉庄严雄伟。山地较平原有着种类更繁多的植物,构成了更为丰富多彩的植物景观。另外,"自古名山僧占多",许多古迹都位于山地地区。

③ 河流型　河流景观可以根据河流的构成、河流的尺度、河流的地貌等进行识别。一条河流的构成常常可以根据其地理、地质特征分为河源、上游、中游、下游和河口五段,并分别对应着不同的景观。根据尺度的大小,河流景观可分为大尺度河流景观和小尺度河流景观。根据地形,可分为平原型河流景观和山地型河流景观。

河流景观以其特有的质感、蜿蜒狭长的空间形态,与河畔的植物、滨河空间的使用、人类的活动等一起构成独特的风景类型。

④ 湖泊型　根据现代地质学定义:湖泊是陆地上洼地积水形成的、水域比较宽广、换流缓慢的水体。湖泊型风景是以宽阔水面为主要特征的风景,包括天然的或人工形成的水体。由于形成的原因不同,景色也各不相同。湖泊型风景的特点主要是平静广阔的水面,能映射周围环境,形成丰富的倒影景观。

⑤ 海岸型　海岸型是指以海滨地貌为主要特征的风景,包括海滨基岩、岬角、沙滩、滩涂等。波涛汹涌的海浪、洁白的浪花、银色的月光、晨昏交替以及四季变化,给人们异于陆地景观的感受。

⑥ 森林型　是指森林群落及其环境因子构成的一种风景类型。一般自然风景的构成脱离不了植物,但是在森林型景区中植物景观尤为突出。由于游人所处的位置不同,会呈现出不同的森林景观。另外,树种不同,其色彩、形态、林冠线的差异也会表现出不同的景色。

(2) 按人文活动特点分类

① 乡村型　以乡村地区的农田及村庄、树篱、道路、水塘等为特征元素,是乡村经济、人文、社会、自然等现象的综合表现。乡村景观是历史过程中不同文化时期人类对自然环境干扰的记录。景观最主要的表象是反映现阶段人类对自然环境的干扰,而历史的记录则成为乡村景观遗产,成为景观中最有历史价值的内容。

② 城市型　指住宅、公共建筑、街道、绿地、广场等以城市建设工程和建筑物为主体景物的一种风景类型。城市景观要素包括自然景观要素和人工景观要素。其中自然景观要素主要是指自然风景,如大小山丘、古树名木、石头、河流、湖泊、海洋等。人工景观要素主要有文物古迹、文化遗址、园林绿化、艺术小品、商贸集市、建构筑物、广场等。这些景观要素为创造高质量的城市空间环境提供了大量的素材,但是要形成独具特色的城市景观,必须对各种景观要素进行系统组织,并且结合城市中人的生活、文化使其形成完整和谐的景观体系,营造有序的空间形态。

(3) 按风景成因分类

① 纯自然景　指基本上未经人工雕饰,而由自然因素形成的风景。如未开发的原始森林、奇峰异石等。

② 人工景　指人为创造的风景。如城垣、假山、花坛、喷泉等。

③ 自然人工结合景　指在原有自然地貌、地物基础上人工修饰而成的风景。如承德的避暑山庄、杭州西湖等。

(4) 按风景情态分类

① 动态风景　指随着时间推移而有明显变化的风景。此类风景的变化常有一定的规律和节奏,给人以动态的美感,能激发人们某种情绪和感受。如波涛澎湃的大海、喷薄而出的旭日等风景。

② 静态风景　指静止的,不随时间的变化而有明显变化的风景。此类风景能给人以恬静、淡雅之感。如高耸入云的宝塔、山峰等风景。

(5) 按照风景的位置分类

① 主景与配景　主景,指能体现风景的功能与主题,处于风景空间构图中心的景物。主景以其强烈的艺术感染力成为观赏视线集中的焦点,是一个景区的重点和核心。配景,指对主景起陪衬作用的景物。主景、配景二者相得益彰,形成一个艺术整体。

② 前景、中景和背景　依据距离远近、空间层次,景色有前景(近景)、中景和背景(远景)之分。一般而言,前景和背景都是为了突出中景。因此,主景一般都设置在中景的位置上。风景要有层次的对比,才能具有纵深感,才能丰富起来。

③ 借景　借景是中国园林艺术的传统手法,指有意识地把风景以外的好风景"借"到视景范围中来。一座园林的面积和空间是有限的,为了扩大景物的深度和广度,丰富游赏的内容,除了运用多样统一、迂回曲折等造园手法外,造园者还常常运用借景的手法,收无限于有限之中,对扩大景物的深度与广度,增加层次,丰富景观内容是颇为重要的,亦是不可缺少的。借景依距离、视角、时间、地点等的不同又分为远借、

邻借、仰借、俯借、因时而借几种。

远借：指借风景以外的远方景物。如北京颐和园的"湖山真意"远借西山为背景，在夕阳西下、落霞满天时景象曼妙；承德避暑山庄，远借磬锤峰一带山峦的景色。

邻借：又称近借。在园中欣赏相邻的景物。拙政园西部原为清末张氏补园，与拙政园中部分别为两座园林，西部假山上设宜两亭，邻借拙政园中部之景，一亭尽收两家景色。

仰借：指借高于一风景处的景物，或高山、或大树、或白云、或飞鸟，均为仰借。如北海借景山，长白山天池借天空白云等。

俯借：指借低于一风景处的景物，如登杭州六和塔眺望钱塘江之景色，登紫金山头陀岭俯览玄武湖、明城墙和林立的高楼大厦。

因时而借：指借一年中的某一季节或一天中某一时刻的景物，主要是借天文景观、气象景观、植物季相变化景观和即时的动态景观。

④ 对景　指位于风景轴线及风景视线端点的景物。在园林中，或登上亭、台、楼、阁、榭，可观赏堂、山、桥、树……或在堂、桥、廊等处可观赏亭、台、楼、阁、榭，这种从甲观赏点观赏乙观赏点，从乙观赏点观赏甲观赏点的方法（或构景方法），叫对景。对景又分为正对和互对两种。

正对景：在视线的终点或轴线的一个端点设景成为正对。在规则式园林中运用的较多，可获得庄严雄伟效果，成为主景。如北京景山为故宫中轴线上的对景。

互对景：在视点和视线的一端，或者在轴线的两端设景称为互对，此时，互对景物的视点与人流关系强调相互联系，互为对景。如颐和园的佛香阁与昆明湖中岛上的龙王庙。

⑤ 分景　指根据视象空间表现原理，将景区（或景点）按一定的方式划分与界定，构成园中有园、景中有景的构景处理方法。分景可以造成景物实中有虚、虚中有实、半虚半实的丰富变化。把一片风景用长廊、园门、假山、墙垣等隔成几个部分，造成园景曲折多变，境界层层深入，产生不同情调。分景又因功能作用和艺术效果的不同，分为障景和隔景两种。

障景：又称抑景。指在风景中能抑制视线，引导空间转变方向的屏障景物。

隔景：指在风景中能将风景分隔成不同空间、不同景区的景物。隔景能丰富风景层次，使各景区、景点别具特色，并能阻隔部分视线和游览线，使风景深远莫测，增加变化。隔景有实隔、虚隔之分，亦可虚实并用。实墙、山石、建筑等的分隔为实隔；水面、漏窗、通廊、花架、疏林、山谷等的分隔为虚隔。水上设堤桥、墙上开漏窗等为虚实隔。所谓虚实之隔，主要是以视线能否通透为度，虚者视线能通透，空间隔而未断，能相互联系。

⑥ 框景　指把围墙或建筑的门窗框架作为画框看待，将门窗外面的真实山水风景或竹石小景，纳入画框，当做挂在墙上的中堂或尺幅画。框景，一般要选择安排在比较适宜的位置上，才能有较佳的艺术效果。

⑦ 夹景　指在左右两侧起隐蔽作用的前景。主要用于为了突出某一优美景色，而将视线两侧较贫乏的景观用树丛、山石、建筑等物加以隐蔽，形成较封闭的狭长空间，突出空间端部的景物。夹景是一种带有控制性的构景方式，它不但能表现特定的情趣和感染力（如肃穆、深远、向前、探求等），以强化设计构思意境、突出端景地位，而且能够诱导、组织、汇聚视线，使景视空间定向延伸至端景形成高潮。

⑧ 添景　指为使主景或对景有丰富的层次感，而在其前面添加的近景。当远方自然景观或人文景观中间或近处没有过渡景观，眺望时就缺乏空间层次，如果在中间或近处有乔木或花卉作中间或近处的过渡景，这乔木或花卉便是添景。添景可以由建筑小品、树木绿化等来形成。体型高大、姿态优美的树木，孤植或群植往往能起到良好的添景作用。

(6) 按风景的色调分类

① 暖色调风景　风景色彩的基调以红、黄、粉等暖色为主的，为暖色调风景，它可使游人有温暖、热烈、欢快、心旷神怡之感。

② 冷色调风景　风景色彩的基调以白、蓝、紫、墨绿等冷色为主的，为冷色调风景，它能给人以平静、安

逸、凄凉、苦涩之感。

(7) 按照风景给人的感受分类

① 险要与雄伟风景　险要风景，指一些悬崖峭壁，似刀劈斧砍，使人见之胆寒的风景，如北岳恒山的悬空寺、三峡夔门峡、西岳华山等处的风景。雄伟风景，指一些体形很高、体量巨大的风景，使人们见了有雄伟高大、肃穆之感，如东岳泰山、长白山的林海等。

② 幽静与开朗风景　幽静风景，指一些优雅寂静的风景。"曲径通幽处，禅房花木深"是典型幽静之景，又如颐和园后湖、四川青城山和青城后山等处风景。开朗风景，指一些场面开阔，能给人以海阔天空之感的风景。如大草原、大草坪、湖泊等都易形成开朗风景。

上述仅为主要的分类，从不同的角度，还可有众多的分类方法。

4) 风景的构成

风景，是在一定的条件之中，以山水景物及某些自然和人文现象所构成的足以引起人们审美与欣赏兴趣的景象。

景物、景感和条件是构成风景的三项基本要素。

"景物"是指具有独立欣赏价值的风景素材，是风景区构景的基本单元。包括山、水、植物、动物、空气、光、建筑以及其他诸如雕塑碑刻、胜迹遗址等风景素材。由若干相互关联的景物所构成，具有相对独立性和完整性，并具有一定审美特征的境域单位，称为"景点"。由若干相关景点所构成的景点群落或群体，称为"景群"。在风景名胜区规划中，根据景源类型、景观特征或游赏需求而划分的一定用地范围，包含有较多的景物、景点或若干景群，形成相对独立的分区特征，称为"景区"。若干个景区组成一个"风景区"。

因此，在实际应用中，风景可以分成若干层次。即可以分成第一层次——风景区级，如钟山风景名胜区、太湖风景名胜区等；第二层次——景区级，如钟山风景名胜区中的中山陵景区、明孝陵景区、灵谷寺景区、头陀岭景区等；第三层次——景群级，如明孝陵景区内的明孝陵、梅花山、红楼艺文苑、紫霞湖、中山植物园、廖仲恺何香凝墓、前湖等景群；第四层次——景点级，如梅花山景群内的四方城、石象路、孙权墓、梅海等景点。

"景感"是人对景物的体察、鉴别和感受能力。例如视觉、听觉、嗅觉、味觉、触觉、联想、心理等等。

"条件"是风景构成的制约因素、原因手段，是赏景主体与风景客体所构成的特殊关系。包括了个人、时间、地点、文化、科技、经济和社会等各种条件。一般来说，游人心理不同，观景效果不同；文化背景不同，观景效果不同；科技手段不同，观景效果不同；观赏的动静不同、视距不同、视角不同，观景效果都会不同。

1.1.2　风景资源

1) 风景资源的概念

风景资源，亦称景源、景观资源，是指能引起审美和欣赏活动，可作为风景游览对象和风景开发利用的事物与因素的总称。它是构成风景环境的基本要素，是风景区产生环境效益、社会效益、经济效益的物质基础。它是自然界和人类社会中具有历史和科学价值且含有美学特征的客观物质。风景资源的这一定义具有下列两层意思：第一，风景资源为自然界和人类社会中客观存在的一种物质；第二，风景资源是人对自然界或人类社会认识的产物，或者是自然界和人类社会共同创造的产物。

随着历史的发展、国民经济建设的不断深入，人民生活水平逐渐提高，人们对高质量的文化生活需求越来越强烈。从欣赏风景园林的人工美到领略大自然的自然美，人们游览的距离从家门口延伸到百里、千里之外。风景资源不断被开发利用，国家风景名胜区不断扩大与建设，旅游成为人民精神生活的一个重要组成部分。

2) 风景资源的特性

风景资源是风景区建立的前提，它是指具有较高美学价值、科学研究价值、历史文化价值的能供人们进行旅游、科研、科普等活动，具备了开发价值的风景。风景资源又必须同时具备三个特性：

(1) 独特性　风景资源越独特,其保护开发价值就越大。通常我们按风景资源在怎样大小的地域范围内表现出独特性而比较其价值高低。例如"世界独一无二"、"全国仅有"、"本市唯一"这样的判断可显示出它们在风景价值上的差异。

(2) 富集性　风景资源必须具备一定的空间分布密度,才有利于保护、开发。风景资源的集中分布有利于产生集聚效应,满足不同游客的不同需求,有利于游客用较少的时间、体力消耗来获得更多的风景审美体验。

(3) 普遍性　风景资源的审美标准必须是一定社会、经济、文化条件下人们共同的标准。它是对独特性的补充限定,"猎奇"不代表独特,独特又符合大众审美规则的风景才是风景资源。

3) 风景资源的分类

(1) 分类原则

① 性状分类原则,区分景源的性质和状态;

② 指标控制原则,特征指标一致的景源,可以归为同一类型;

③ 包容性原则,即类型之间有较明显的排他性,少数情况有从属关系;

④ 约定俗成原则,社会和学术界或相关学科已成习俗的则保留其类型。

(2) 分类特点　根据风景资源学科理论体系,风景资源可自然天成亦可人工建成。风景资源分类特点可归类为:

① 学科分类特点　风景名胜资源分类源于各个资源的学科分类。风景资源分类与它的母体学科密切相关。如奇峰异石风景主要源于地质构造中的造山运动,其成因属地质学研究的范畴,奇峰异石的空间分布规律属地貌学研究的范畴。又如对古树名木风景资源的认识源于树木学。再者,对古城、古镇、古村落的认识源于人们对历史学、建筑学的学科知识。

② 系统分类特点　风景名胜资源的空间形态,主要来自于自然界创造与人工建设两大体系。自然界的力量造就了日月星辰、山河湖海和万物生长。人类的智慧使人类的生存与活动空间多元精彩。因此风景资源分类特点带有明显的自然界成因痕迹和人类发展过程中的建造痕迹。自然界是一个大系统,没有日光照射,万物就不能生长。同样人类社会也是一个大系统,由于地域文化的不同而呈现不同的特色。

③ 风景资源的类型　根据风景资源分类原则和分类特点及其学科理论体系,风景资源可分成自然风景资源和人文风景资源两大类。根据景源价值和构景作用及其吸引力范围,风景资源可分为特级景源、一级景源、二级景源、三级景源和四级景源。详细内容将在本书的第四章中进行介绍。

1.1.3　风景名胜

风景名胜,顾名思义,就是指以独特自然景物和悠久历史文物古迹取胜的风景,即成为名胜的风景。在某一风景里,若没有名胜,则不能称之为风景名胜。同样,在现实中,到处都有不同欣赏程度的风景,但是有名胜的风景仅为其中的一部分。因此,不能把所有的风景都称为风景名胜。

《风景名胜区管理暂行条例实施办法》中对风景名胜的定义是:具有观赏、文化或科学价值的山河、湖海、地貌、森林、动植物、化石、特殊地质、天文气象等自然景物和文物古迹、革命纪念地、历史遗址、园林、建筑、工程设施等人文景物和它们所处环境以及风土人情等。

《园林基本术语标准(CJJ/T 91—2002)》中将风景名胜定义为:著名的自然或人文景点、景区和风景区域。

1.1.4　风景名胜资源

1) 风景名胜资源的概念

风景名胜资源,包括自然风景名胜资源和人文风景名胜资源两大类。中国实行的国家级重点风景名胜区、省级风景名胜区、市(县)级风景名胜区风景名胜区分级正是按各风景名胜资源的观赏、文化、科学价值和环境质量、规模大小、游览条件等进行的。

现今人们经常会混淆"旅游资源"和"风景名胜资源",其实这是两个不同的概念。风景名胜区,指风景资源集中、环境优美、具有一定规模、知名度和游览条件,可供人们游览欣赏、休憩娱乐或进行科学文化活动的地域。风景名胜资源是全人类社会的财富,它包括具有观赏、文化或科学价值的自然景物和人文景物和它们所处的环境以及风土人情等,一般可分为自然风景名胜资源和人文风景名胜资源两大类。旅游资源是指自然界和人类社会中能对旅游者产生吸引力,可以为旅游业开发利用,并可产生经济效益、社会效益和环境效益的各种事物现象和因素。

风景名胜资源并不全部是旅游资源,同样,旅游资源也不全部是风景名胜资源。确切地说,在风景名胜资源中,只有被旅游者所利用的那一部分风景名胜资源才可称为旅游资源,二者之间有相互重叠之处。风景名胜资源存在的价值不仅仅是为了旅游。风景名胜资源的实际价值有三个不同的层面,即表层价值、中层价值和深层价值。其表层价值,即利用风景名胜资源开展旅游,以直接取得经济效益;中层价值,是通过对风景名胜资源的开发,使之成为本地区对外交流的窗口,以提高本地区的知名度,从而振兴本地的经济和文化;深层价值,即通过保护和合理开发风景名胜资源,使之为全人类文明进步服务。

2)风景名胜资源特点

风景名胜资源与森林资源、矿产资源和水资源等其他资源有所不同,具体表现为风景名胜资源有以下四个特点:

(1)除其本身实物价值之外,还有生态价值、服务价值、存在价值,如世界遗产的独特性;
(2)不能以经济学方法对其综合价值进行量化评估;
(3)利用方式在于利用其生态价值、服务价值和存在价值;
(4)中国风景名胜区资源大多融自然资源与人文资源于一体,文化品位高。

1.2 风景名胜区的内涵

1.2.1 风景名胜区的概念

风景名胜区是中国对于重要风景区的一种特别称谓,是指历史悠久、久负盛名的历史人文景区或者自然风景区。同新兴开辟的风景区相比,风景名胜区内设施较完全,游览路线大多已固定,游客数量众多。

1985年,国务院在有关条例中规定了"风景名胜区"特有的含义,不但具有言简意赅的优点,而且有较好的历史延续性和较强的发展适应性。风景名胜区也称风景区,是指风景资源集中、环境优美、具有一定规模和游览条件,可供人们游览欣赏、休憩娱乐或进行科学文化活动的地域。

风景名胜区性质是指风景名胜区在自然演变与人类历史发展中所逐渐形成的区别于其他风景区的特色,以及在旅游中所承担的主要职能。例如黄山的性质为以花岗岩风化景观为特色的自然观光风景区,而庐山的性质则为夏季避暑度假胜地。风景名胜区规划的一切内容与程序都必须突出风景区的性质,否则将使风景区特色尽失。

1.2.2 风景名胜区的组成

从风景名胜区所蕴涵的悠久历史以及丰富的发展动力因素可以看出,它的组成内容必然同广阔的社会需求与经济生活密切相关,社会与经济因素依附并融会于自然山水之中,形成了新的、更能满足时代风景意识及其需求的风景环境。组成风景名胜区的基本要素主要有:游赏对象、游览设施、运营管理,各基本要素的特征,见表1.1。

表1.1 风景名胜区的组成

基本要素	特征
游赏对象	风景区要有一定的游览欣赏对象与内容,有能激发游人景感反应的景物及其风景环境
游览设施	包括旅行、游览、饮食、住宿、购物、娱乐、保健、其他8类设施
运营管理	保障风景游览活动安全顺利,保障风景区的自我生存与健康发展,又要防范和消除风景区的消极因素。包括人员、财务、物资、机构建制、法规制度、目标任务、科技手段及其他未尽事项8类因子

资料来源:丁绍刚.风景园林·景观设计师手册[M].上海:上海科学技术出版社,2009

(1) 游赏对象　即风景名胜区要有一定的游览欣赏对象与内容,有能激发游人景感反应的景物及其风景环境。游赏对象是风景区的社会功能与价值水平的决定因素。广义的游赏对象包括所有景源,当然最基本、最常见的仍是天景、地景、水景、生景、园景、建筑、史迹、风物 8 类景源。

(2) 游览设施　即风景名胜区要有配套的旅行游览接待服务设施,有能满足游人在游赏风景过程中所必要的设施条件。游览设施既是风景区的必备配套因素,又可以提升或降低风景区的服务水平与职能发挥。游览设施的等级、规模与布局,要同游赏对象、游人结构和社会状况相适应。游览设施包括旅行、游览、饮食、住宿、购物、娱乐、保健、其他 8 类设施。

(3) 运营管理　即风景名胜区要有不可缺少的运营管理机构与机制,它既能调动和鼓励风景区的一切积极因素,保障风景游览活动安全顺利,保障风景区的自我生存与健康发展,又要防范和消除风景区的消极因素,使风景区永葆时代活力。运营管理的基本特征是可靠,它包括人员、财务、物资、机构建制、法规制度、目标任务、科技手段及其他未尽事项 8 类因子。

1.2.3　风景名胜区的功能

风景名胜区是天人合一的人化自然环境,因而,自然因素决定着它的基本地域特征,社会因素决定着它的发展趋势和人文精神特征,经济因素影响着它的物质和空间特征,并可以转化成构景要素。自然、社会、经济等要素的任何重要变化,都将引发风景区功能与内容的新演绎和新发展。纵观功能特征的变换历程,风景区始终兼具游憩、景观、生态三重基本功能。

1) 生态功能

风景名胜区有保护自然资源、改善生态与环境、防震减灾、造福社会的生态防护功能。

(1) 保护物种遗传多样性　自然生态体系中的每一物种,都是经长年演化的产物,其形成往往需要万年以上的时间。设立风景名胜区具有保存大自然物种,保护有代表性的动植物种群,并提供作为基因库的功能。

(2) 提供保护性环境　风景名胜区大都具有成熟的生态体系,并包含有顶级生物群落,富于稳定性,对于缺乏生物机能的都市体系,及以追求生产量为目标的生产体系,均能产生中和作用。它可以调节城市的近地小气候,维持二氧化碳与氧气的动态平衡,对保护生态环境和防风防灾都有重要的作用,对于人类的生活环境品质极具意义。风景区在自然的生态过程中可以净化水和空气,在自然界的养分循环和能量流动中也具有重要作用。

2) 游赏功能

风景名胜区有培育山水形胜、提供游憩、陶冶身心、促进人与自然协调发展的游憩健身功能。

可进行的游憩活动包括野外游憩、审美欣赏、科技教育、娱乐体育、休养保健等。

3) 景观功能

风景名胜区有树立国家形象、美化大地景观、创造健康优美的生存空间的景观功能。风景名胜区绝大多数具有特色鲜明的美的形象、美的环境和美的意境。它们由自然界中各种物体的形、色、质、光、声等因素相互影响、相互交织、相互配合而成,使人感受到险、秀、雄、幽、旷、奥、坦等千变万化的自然之美和各种瑰丽多彩的人文之美。

4) 科教功能

风景名胜区有展现科学价值、美学价值的功能,可作为开展科研、科普活动、学习历史、文学、艺术的场所。

(1) 科研科普方面　游人在游憩中可以获得生物学、地质学、人类学、社会学等方面的知识。还可利用风景区研究生态体系发展、食物链、能量传递、物质循环、生物群落演变与消长等。比如美国称他们的国家公园为"天然博物馆"、"生态实验室"、"环境教育课堂"。截止到 2000 年底公布的中国 12 处世界自然文化遗产都具有地质科研价值和科普教育的功能。部分世界遗产的地质地貌价值概要见表 1.2。

(2) 历史方面　中国很多风景名胜区中,保存着不少的文物古迹、摩崖石刻、古建园林、诗联匾额、壁画雕刻……它们都是文学史、革命史、艺术史、科技发展史、建筑史、园林史等方面的重要史料,是历史的见证。

表 1.2　中国世界遗产的地质地貌价值

中国世界遗产名称	地质地貌价值概要
泰山	山体为太古代岩群,以寒武纪地层和三叶层化石著称于世
黄山	山体由垂直节理十分发育的、中生代燕山期多期花岗岩构成
峨眉山、乐山	山体由花岗岩构成,具有独特的生物群带
武夷山	独特的生物多样性、丹霞地貌
武当山	古建筑群建于武当群山之上,植被垂直带谱明显,基带具有亚热带景色,是亚热带和暖温带的过渡带
庐山	独特的第四纪冰川遗址;具有河流、湖泊、坡地山岭等多种地貌
武陵源	世界上规模罕见、发育过程完整的泥盆纪石英硬砂岩峰林地貌
九寨沟	高寒山区深谷、叠瀑区
黄龙	规模宏大、色彩艳丽的钙华池
青城山—都江堰	地处横断山北段川西高山峡谷这一生物多样性关键区域内,地质构造复杂,地质历史悠久,生物种类繁多

资料来源:付军.风景区规划[M].北京:气象出版社,2006

(3) 文学艺术方面　中国的风景名胜区与其他国家的风景区有明显的不同,就是在于中国的风景区在其历史发展的过程中深受古代哲学、宗教、文学、艺术的影响。中国是最早发展山水诗、山水画、山水园林等山水风景艺术的国家,这与中国古代人民最早认识自然之美、开发建设名胜风景区有着密切关系。

5) 经济功能

风景名胜区有推动一、二、三产业发展的潜能,有推动旅游经济、助力脱贫增收、调整产业结构、带动地区全面发展的经济催化功能。风景名胜区本身并不直接产生经济价值,而是通过其自然景观、人文景观和风景环境吸引游人,并通过为游人提供饮食住行、娱乐购物等服务而产生经济价值。旅游业是一项综合性产业,它能通过产业链带动相关产业的发展,如交通业、零售业、餐饮业、加工业等。

1.2.4　风景名胜区的类型

1) 风景名胜区等级的划分

风景名胜区按其景物的观赏、文化科学价值和环境质量、规模大小、游览条件等,划分为三级:

(1) 市县级风景名胜区　由市、县主管部门组织有关部门提出风景名胜资源调查评价报告,报市、县人民政府审定公布,并报省级主管部门备案。

(2) 省级风景名胜区　由市、县人民政府提出风景名胜资源调查评价报告,报省、自治区、直辖市人民政府审定公布,并报住房和城乡建设部备案。

(3) 国家级风景名胜区　由省、自治区、直辖市人民政府提出风景名胜资源调查评价报告,报国务院审定公布。

2) 风景名胜区的分类

(1) 风景名胜区按照不同的分类方法或标准,有不同的分类方式,见表 1.3。

(2) 中国的风景名胜区基本上包含了自然、人文和自然人文综合三大类型。为了有利于依据我国风景名胜区的类型特征,制定相应的规划、设计、建设、管理和监测标准,比如确定不同的管理目标和管理手段,科学地制订游人容量,合理安排旅游服务设施,明确不同类型的风景名胜区管理者的专业素质要求等,引导地方政府直接按照不同的类型特征申报各级风景名胜区,《风景名胜区分类标准》将我国的风景名胜区进行了分类,类别不分为大类、小类,而一并分为 12 个类别,见表 1.4。

表1.3 风景名胜区的类型

分类依据	分类标准	举例说明
按等级特征分类	市、县级风景名胜区：由市、县人民政府审定公布，并报省级主管部门备案； 省级风景名胜区：由省、自治区、直辖市人民政府审定公布，并报住房和城乡建部备案； 国家级风景名胜区：由省、自治区直辖市人民政府提出风景资源调查评价报告，报国务院审定公布； 暂未列入以上三级风景区名单的准级风景名胜区：这些风景名胜区已由各级政府审定的国土规划、区域规划、城镇规划、风景旅游规划体系所划定，但由于某种原因尚未正式确定其级别； 列入世界遗产名录的风景区（俗称世界级风景区）	湖南株洲市白龙洞风景区、湖南岳阳市君山风景区； 无锡天目湖度假风景区、浙江兰溪市六洞山风景区； 北京八达岭、湖南武陵源、安徽黄山、福建武夷山等； 江西三清山、山西五台山、河南洛阳龙门石窟等
按用地规模分类	小型风景名胜区：用地范围在20 km²； 中型风景名胜区：用地范围在21～100 km²； 大型风景名胜区：用地范围在101～500 km²； 特大型风景名胜区：用地范围在500 km²以上	蜀岗-瘦西湖风景名胜区（约12.23 km²）、河南洛阳龙门石窟风景名胜区（约9.21 km²）； 普陀山风景名胜区（约41.07 km²）、西湖风景名胜区（约60.8 km²）； 井冈山风景名胜区（约333 km²）、黄山风景名胜区（约154 km²）； 衡山风景名胜区（约1 854 m²）、大理风景名胜区（约1 043 km²）、五大连池风景名胜区（约1 060 km²）
按功能设施特征分类	观光型风景名胜区：有限度地配置必要的旅游、游览、饮食、购物等为观览欣赏服务的设施； 游憩型风景名胜区：配备有较多的康体、浴城、高尔夫球等游憩娱乐设施，可以有一定的住宿床位； 休假型风景名胜区：配备有较多的休疗养、避暑寒、度假、保健等设施，有相应规模的住宿床位； 民俗型风景名胜区：保存有相当的乡土居民、遗迹遗风、劳作、节庆庙会、宗教礼仪等社会民风民俗特点与设施； 生态型风景名胜区：配备有必要的保护监测、观察试验等科教设施，严格限制行、游、食、宿、购、娱、键等设施； 综合型风景名胜区：各项功能设施较多，可以定性、定量、定地段的综合配置	大部分城郊风景区； 三亚海滨风景名胜区、青岛海滨风景名胜区等； 北戴河风景名胜区、北京小汤山风景区等； 云南昆明建水风景名胜区、泸沽湖风景名胜区等； 黄龙风景名胜区、九寨沟风景名胜区等； 太湖风景名胜区、大理风景名胜区等
按景观特征分类	山岳型风景名胜区：以高、中、低山和各种山景为主体； 峡谷型风景名胜区：以各种峡谷风光为主体景观特点的风景区； 岩洞型风景名胜区：以各种岩溶洞穴或溶岩洞景为主体景观特点的风景区； 江河型风景名胜区：以各种江河溪瀑等动态水体水景为主体景观特点的风景区； 湖泊型风景名胜区：以各种湖泊水库等水体水景为主体景观特点的风景区	五岳和各类名山风景区等； 长江三峡、三江并流等风景区； 安顺龙宫、毕节织金洞、本溪水洞、金华溶洞等； 贵州黄果树、黄河壶口瀑布等风景名胜区； 杭州西湖、贵州红枫湖、青海湖等风景名胜区
按结构特征分类	单一型风景名胜区：其内容与功能比较简单，主要是由风景游览欣赏对象组成一个单一的风景游赏系统； 复合型风景名胜区：其内容与功能均较丰富，它不仅有风景游赏对象，有相应的旅行游览接待服务设施组成的旅游设施系统，还有相当规模的居民生产与社会管理内容组成的居民社会系统，因而其结构特征是由风景游赏、旅游设施、居民社会三个职能系统综合组成	以景源和生态保护为主，很多小型风景区均属单一型风景区，如河南洛阳龙门石窟； 大部分的综合性风景区均属于复合型的风景区，如云南九乡、浙江楠溪江等

注：录入"世界遗产"名录的风景名胜区是经过联合国教科文组织世界遗产委员会审议公布的，俗称世界级风景区。1972年，联合国教科文组织在纪念黄石天然公园建立100周年之际，宣布建立世界自然遗产的条件为：

1. 地球进化史中主要阶段的著名代表者;
2. 地质年代中,各阶段生物进化和人类及其自然环境相互关系的著名代表者;
3. 某些独特、稀有或纪元仅有的自然环境,具有异常自然美的地区;
4. 濒危生物种栖息地所在地区。

截止到2010年8月,中国已有43处世界遗产,其中包括8处世界自然遗产:
1. 九寨沟(四川,1992年12月)
2. 黄龙(四川,1992年12月)
3. 武陵源(湖南,1992年12月)
4. 三江并流(云南,2003年7月)
5. 大熊猫栖息地(四川,2006年7月)
6. 中国南方喀斯特(重庆武隆、云南石林、贵州荔波,2007年6月)
7. 三清山(江西,2008年6月)
8. 中国丹霞[贵州赤水、福建泰宁、湖南崀山、广东丹霞山、江西龙虎山(包括龟峰)、浙江江郎山,2010年8月]

表1.4　风景名胜区分类表

类别代码	类别名称 中文名称	类别名称 英文名称	类 别 特 征
SHA1	历史圣地类	Sacred Places	指中华文明始祖遗存集中或重要活动,以及与中华文明形成和发展关系密切的风景名胜区。不包括一般的名人或宗教胜迹
SHA2	山岳类	Mountains	以山岳地貌为主要特征的风景名胜区。此类风景名胜区具有较高生态价值和观赏价值。包括一般的人文胜迹
SHA3	岩洞类	Caves	以岩石洞穴为主要特征的风景名胜区。包括溶蚀、侵蚀、塌陷等成因形成的岩石洞穴
SHA4	江河类	Rivers	以天然及人工河流为主要特征的风景名胜区。包括季节性河流、峡谷和运河
SHA5	湖泊类	Lakes	以宽阔水面为主要特征的风景名胜区。包括天然或人工形成的水体
SHA6	海滨海岛类	Seashores and Islands	以海滨地貌为主要特征的风景名胜区。包括海滨基岩、岬角、沙滩、滩涂、泻湖和海岛岩礁等
SHA7	特殊地貌类	Specified Landforms	以典型、特殊地貌为主要特征的风景名胜区。包括火山熔岩、热田汽泉、沙漠碛滩、蚀余景观、地质珍迹、草原、戈壁等
SHA8	城市风景类	Urban Landscape	指位于城市边缘、兼有城市公园绿地日常休闲、娱乐功能的风景名胜区。其部分区域可能属于城市建设用地
SHA9	生物景观类	Bio-landscape	以特色生物景观为主要特征的风景名胜区
SHA10	壁画石窟类	Grottos and Murals	以古代石窟造像、壁画、岩画为主要特征的风景名胜区
SHA11	纪念地类	Memorial Places	以名人故居、军事遗址、遗迹为主要特征的风景名胜区。包括其历史特征、设施遗存和环境
SHA12	陵寝类	Emperor and Notable Tombs	以帝王、名人陵寝为主要内容的风景名胜区。包括陵区的地上、地下文物和文化遗存,以及陵区的环境
SHA13	民俗风情类	Folkways	以特色传统民居、民俗风情和特色物产为主要特征的风景名胜区
SHA14	其他类	Others	未包括在上述类别中的风景名胜区

资料来源:国家质量技术监督局,中华人民共和国建设部.风景名胜区分类标准(CJJ/T121—2008)[S].北京:中国建筑工业出版社,2008

① 历史圣地类　此类型风景名胜区常用的名称有:神圣之地、圣洁之地、祭祀祭祖之地、拜谒之地、崇敬之地、文化祖庭、封禅之地等。用"圣地"作为这一类别名称表达了该地域神圣不容亵渎的意义。

• 特指天人感应、人神相通的神圣之地,如"三山五岳"。其中的"三山"之蓬莱、瀛州、方丈,指传说中的神仙居所;"五岳"指帝王封禅,沟通天地人神,向天宣誓的地方,如泰山风景名胜区、恒山风景名胜区。

• 中华文明始祖故里或活动区域,如黄帝陵风景名胜区、宝鸡天台山风景名胜区(炎帝故里)、湖南炎帝陵风景名胜区等。
- 圣贤学说的祖庭，儒、释、道三学文化集中的区域，如四大佛教名山、四大道教名山、孔子活动的遗迹。

这些区域被视为朝圣之地，或具备全民共同祭奠、纪念的内容。海内外炎黄子孙公祭黄帝、全国祭祀孔子等大典活动，都是在这类地区开展的，它们也是中华文化的重要载体，如峨眉山风景名胜区、青城山风景名胜区。而其他风景名胜区不论其风景有多么的秀美，是否是世界遗产，对区域文化有多重要的影响，或被当今学者誉为新的"三山"，都还不足以列入此类，如黄山风景名胜区。

一旦按照风景名胜区的本质特征列到"历史圣地类"，则不再归并到其他次要特征的类型中。比如，黄帝陵、泰山、普陀山风景名胜区列入"历史圣地类"，则分别不再列入"陵墓类"、"山岳类"和"海滨海岛类"。

② 山岳类 山岳是一种地貌，在地质学中包括由各类岩石、黄土以及沙积等构成的类型；按海拔分为高山、中山、低山和丘陵。丰富的地貌是构成丰富景观资源的载体。

中国是一个多山的国家，山区和丘陵占国土面积的2/3，山岳景观数量多而且类型全，中国也是世界上最早把山岳作为风景资源来开发的国家。因此，山岳类型在数量上居于各类风景名胜区的首位。历史上，山岳的形象在中国先民的心中占有特殊的地位，有些还成了历代传统文化信仰的圣地。为区别山岳中此类"历史圣地"风景名胜区，"山岳类"风景名胜区强调和突出它的自然属性，包括地质、地貌、动植物等的生态价值和美学价值。

③ 岩洞类 岩洞风景是指岩石洞腔内的景观现象，是具有特别吸引力的地貌景观。我国的岩洞风景以岩溶洞穴景观最为丰富，风景价值最为独特，特有的洞体构成与洞腔空间、景石现象、水景、光景和气象、生物景象和人文风景，都具有很高的风景价值，在世界上享有盛誉。

我国岩溶洞洞穴为主的风景名胜区多以独立洞或群洞构成。如龙宫风景名胜区、织金洞风景名胜区。

④ 江河类 河流一般由河源、河口和河段组成。本类别风景名胜区特指以经常有水流动的天然水道为主体，且具有较高生态价值和美学价值的风景名胜区，如漓江风景名胜区、楠溪江风景名胜区等。涉及河流河源的如：泉水、湖泊、沼泽和冰川的风景名胜区；涉及河流河口的如：湖泊、沼泽风景名胜区，河段或间歇有水流动的线形天然水道或河流流进干旱沙漠区的风景名胜区，不纳入此类风景名胜区。

⑤ 湖泊类 按《辞海》解释，湖泊指湖盆的积水部分。湖泊体积大小不一，按湖盆成因，分为构造湖、火口湖、冰川湖、堰塞湖、岩溶湖（喀斯特湖）、泻湖、人工湖等。湖泊所展示的水面，具有宽阔的显著特征，也是区别于河流的特点。由于湖盆成因的不同，湖泊类风景名胜区具有较大的规模和景观差异，除水面作为主体之外，也要具有优美的风景，如云南滇池风景名胜区。此类别包括因兴修水利筑坝而形成湖泊特征的风景名胜区，如红枫湖风景名胜区。

⑥ 海滨海岛类 海滨海岛风景资源具有海岸或海岛的基本景观风貌特点。大陆海岸与海岛海岸景观大致包括基岩海岸、海滨沙滩、石滩、海滨滩涂、泽地等。这些不同的海岸地貌因分布形式不同可组成岬角、海湾、海峡、连岛沙堤、沙坝泻湖、海岛、群岛、岩礁、礁林、礁盘等。因基岩海岸的成岩特性和海蚀作用，可形成海蚀崖、海蚀台、海蚀洞和各类珊瑚岛礁等。

⑦ 特殊地貌类 多指火山熔岩、热田汽泉、沙漠碛滩、蚀余景观、地质珍迹等特殊地貌。特殊地貌风景资源主要包括火山熔岩特点的地貌如火山口、火山峰、熔岩流、熔岩原等；地热景观特点明显的热海、热田、热池、汽泉等；沙漠地貌景观突出的沙山、沙丘、沙窝、沙湖、沙生植物等；蚀余景观突出的石林、土林、雅丹地貌、丹霞地貌等；地质珍贵遗迹如典型地质构造地层剖面、生物化石、冰川碛滩等。

⑧ 城市风景类 这类风景名胜区由于其处于城市或靠近城区边缘的位置，或由于城市的逐渐扩张而将风景名胜区包含在城市内部，使之成为城市中的风景名胜区，在定名时采用的是《中国大百科全书·建筑园林城市规划》的定义及内涵。

这类风景名胜区与城市建设用地有交叉现象，由于其全部或部分区域位于城市建设用地范围内，从而具备一部分城市公园绿地日常休闲、娱乐的功能。这类风景名胜区往往通过一定程度人工建设，取得人工环境与自然风景的有机协调，从而在建设管理中具有一定的特殊性，如杭州西湖、扬州瘦西湖、避暑山庄外八庙等风景名胜区。

⑨ 生物景观类 生物多样性是风景名胜区的重要特征之一,动物、植物、微生物都是风景名胜区中生态系统的一部分。特色生物景观、生态系统、濒危物种、古树名木等都可以构成风景名胜区的主要或局部的资源特征,对这类资源的保护和利用必须依据其生态学和生物学特点,将"生物"特点落实到"景观"上。

"生物景观类"风景名胜区以独特的生态系统或物种为主要风景资源,并形成某种独特的生物景观,如云南省西双版纳风景名胜区的热带、亚热带雨林,四川省蜀南竹海风景名胜区的楠竹林。

⑩ 壁画石窟类 石窟、壁画指古代石窟造像、古代壁画、远古岩画等。

我国石窟风景多起源于北魏之际,随佛教的东传而来。在历史的发展中,石窟寺院逐渐发展成建筑、雕刻和壁画的综合体。我国石窟在亚洲石窟艺术群中的地位十分重要,石窟和古壁画一般具有很高的历史、文化价值。石窟的历代造像、石刻、绘画、书法、装饰图案表现出的宗教、建筑、音乐、民俗、雕塑、医药、文化交流等内容,代表了我国不同历史时期的艺术风格,社会风貌和科技水平。我国三大石窟已经被列为世界遗产,如河南洛阳龙门石窟、山西云冈石窟等。

⑪ 纪念地类 "纪念地类"包括我国历史上的重大战争和著名的局部战役的军事遗址、遗迹,历史名人活动的遗址、遗迹,特色传统民居,古代特色产品的制作场所,以及古代城市、城堡及其遗址等文化遗产集中的区域等。它们记述了我国朝代变迁、社会演进、战争思想、名人踪迹和生产发展的重要信息。"纪念地"综合含括了上述有纪念意义的区域。

在我国各地大量分布着军事遗迹或遗存,有许多名人活动的遗迹,如湖南韶山的毛泽东故居和湖北隆中的诸葛亮故里。它们有些已经列入风景名胜区,有些已被列入文物保护单位,其主要特征比较清晰。

⑫ 陵寝类 从唐代开始帝王的坟称为"陵",百姓的坟称为"墓"。我国风景名胜区中著名的坟冢大多为帝王领袖的陵地。

"陵寝"特指帝王、皇帝和名人的陵地,如西夏王陵、十三陵、临潼骊山、钟山风景名胜区。但"三皇五帝"中"五帝"的陵地被列入"历史圣地类",如黄帝陵风景名胜区就不属"陵寝类"风景名胜区。

⑬ 民俗风情类 我国是多民族和居住环境类别多样性丰富的国家,很多地区还保存和流传着独特的民风民俗并与其自然山水环境有机融合,成为具有特色的民俗风情区域,如高岭—瑶里、黎平侗乡风景名胜区。此类风景名胜区具有明显的人文特征,但数量较少,又区别于前几项人文类型,或者说属于其他人文类型的风景名胜区。

⑭ 其他 我国风景名胜区风景名胜资源丰富,资源类别多种多样。"其他类"指主要风景资源没有被包括在上述十三类别中的风景名胜区。如果未来其中的某种类别比较成熟,可以单独列为一种新的类别。如沙漠、草原类别。

1.2.5 我国风景名胜区地域特色及分布

我国地域面积辽阔,山河壮丽,人文荟萃,各个地区由于不同地理位置、自然环境以及社会条件等形成不同的地貌特征,从而也就形成了不同地域特色的景观。如东北的林海雪原景观、西北的大漠胡杨景观、东南的名山沿海景观、西南的喀斯特地貌景观等等。我国风景名胜区之多之美,正如苏轼在《念奴娇·赤壁怀古》中所诵"江山如画",毛泽东在《沁园春·雪》里所抒"江山如此多娇"。

参考马永立和谈俊忠所编著的《风景名胜区管理学》一书中对风景名胜区的区域划分,依据自然环境、社会条件、地域特色等方面的差异,本书将我国风景名胜区分为以下十个特色景观区。

1) 东北雪原火山特色景观区

此区景观特色主要为林海雪原、火山地貌。该景观区域所涵盖的范围主要包括辽宁、吉林、黑龙江三省全境及内蒙古大兴安岭林区部分。如黑龙江省的五大连池,不仅有国际滑雪节及国际冰雪节,更有优越的新老期火山地质地貌,被誉为"天然火山博物馆"。此区风景名胜有森林浩瀚的净月潭;春美夏凉的松花湖、镜泊湖;峡谷幽深的青山沟;奇峰险峻的医巫闾山;云海奇花的仙景台;花香四邻的防川;集天池、瀑布、温泉、峡谷、森林、冰雪等景观为一体的长白山地;记录皇家昔日荣耀的沈阳清故宫;规模宏大、气势宏伟的沈阳北陵和东陵;以原始针阔混交林为主的五常凤凰山;青峰耸立、风光旖旎的鸭绿江等。

2) 华北古迹名山景观区

此区的景观特色主要是名山古迹。该景观区域所涵盖的范围主要包括陕西、河南、河北、山西、山东五省和京、津二市。在这里历经仰韶文明、大汶口文明、红山文明和土珠山文明等中华文明的闪耀时期,是中华民族主要发祥地和历史文化摇篮,这里文物古迹与历史名城众多,人文景观和地下埋藏甚丰。如中国七大古都中的五座(西安、洛阳、北京、开封、安阳),五岳名山中的三座(恒山、华山、泰山)。还有久远横亘的万里长城;气魄宏伟的秦始皇陵兵马俑丛葬坑;朴素淡雅、充满山村野趣的承德避暑山庄;天然海水浴场北戴河;奔腾汹涌的黄河壶口瀑布;仙风回荡的云台山;佛光云海的鸡公山;山海相连、山光海色的青岛崂山等。

3) 东南山水园林景观区

此区的景观特色主要是名山胜水和私家园林。该景观区域所涵盖的范围主要包括江苏、浙江、安徽三省和上海一市。这里是河网稠密,湖泊棋布,是山清水秀、鸟语花香、茂林修竹之地,是著名的鱼米之乡,素有"上有天堂,下有苏杭"之称。在这里,有国家历史文化名城近20座,包括南京、杭州等。此区风景名胜有金陵毓秀、钟阜龙蟠的南京紫金山;云山秀水的杭州西湖;波澜壮阔的太湖;旖旎多姿的蜀岗瘦西湖;奇松怪石的黄山;佛教道场九华山;峰岩奇绝、山水神秀的仙都;蔚然深秀、清幽淡雅的琅琊山;峰擎日月、仞锁云雷的天柱山等。

4) 华中名山峡谷古迹景观区

此区的景观特色主要是名山和峡谷。该景观区域所涵盖的范围主要包括江西、湖南、湖北、重庆、四川大部,为长江中上游,岷江、嘉陵江和汉水的中下游,洞庭、鄱阳两湖流域。这里山地广布,多名山峡谷。如怀玉山脉、三峰峻拔的三清山;亘古无双胜境、天下第一仙山的武当山等名山至尊。这里有五岳中的两岳:茂林修竹、终年翠绿的衡山;风景优美、文化繁荣的嵩山。此外还有"天下幽"的青城山;"秀甲天下"的峨眉山;浓缩了丰厚人文资源的中国古代三大名楼(阁),黄鹤楼、岳阳楼、滕王阁;享誉世界的都江堰和长江三峡大坝水利工程;被誉为世界石刻艺术瑰宝的龙门石窟等。

5) 华南海湾海岛景观区

此区的景观特色主要是海湾和海岛。该景观区域所涵盖的范围主要包括福建、台湾、广东、海南四省和广西南部沿海,以及香港和澳门两特别行政区。在这里广泛分布着热带雨林、季风林景观和亚热带常绿阔叶林景观,椰林挺立,郁郁葱葱,终年开花挂果,四季飘香,呈现一派南国风光。如海南岛拥有大小海湾68个,是进行日光浴、沙滩浴的理想之地。此外,海南岛还拥有活珊瑚上百平方千米,8个红树林保护区面积约3 000 hm^2。该区有钢琴之岛、音乐之乡鼓浪屿;林木繁茂、文物荟萃的万石山;秀水奇峰、幽谷险壑的武夷山;云霞缭绕、峰峦起伏的清源山;石奇洞异、溪秀瀑急的太姥山;山深林密、幽静清净的鸳鸯溪;雄奇、清丽、幽深的冠豸山。

6) 西南喀斯特民俗景观区

此区的景观特色主要是喀斯特地貌和民俗风情。该景观区域所涵盖的范围主要包括贵州、云南东部、广西大部分地区。在这里分布着大量的喀斯特地貌景观,如驰名世界的"桂林山水甲天下";世界罕见的昆明石林奇观;气势磅礴的黄果树瀑布;被誉为岩溶博物馆的织金洞;峰林绝壁的龙宫;奇石拔地、参差峥嵘的路南石林等。此区也是我国少数民族的聚居区,如傣族、壮族、白族、瑶族等,各少数民族能歌善舞,风俗民情异彩纷呈。

7) 西南的高山峡谷民俗景观区

此区的景观特色主要是高山峡谷和民俗风情。该景观区域所涵盖的范围主要包括西藏东部边缘、四川西南和云南西部,及金沙江、怒江、澜沧江这三江两岸地区。有风光秀丽、泉水清澈的大理蝴蝶泉;风花雪月的洱海风光;云蒸霞蔚、时隐时现的丽江玉龙雪山;高峰林立、冰坚雪深的贡嘎山;神奇的乐土西双版纳等。同时该区也聚居着十多个少数民族,如藏族、彝族、苗族、傣族、哈尼族、纳西族等,他们特有的风情也同样弥漫在山水风景之中。如彝族的火把节;傣族的孔雀舞、赛龙船、泼水节、放飞灯等传统娱乐活动;结棚为市、环错纷纭的大理白族三月街等。

8）北方草原民俗景观区

此区的景观特色主要是草原风情。该景观区域所涵盖的范围主要包括除大兴安岭针叶林区以外的内蒙古自治区全境，主要为蒙古族的聚居地。这里有着中国四大草原之最和最大畜牧业基地的美誉，南部河套平原素有"塞外江南"美称。荡坦开阔的内蒙古大草原，天高云淡，牛羊成群，骏马飞奔，蒙古包点缀其间，好一派草原风光。这里有被称为"世界上最美草原"呼伦贝尔大草原；响沙湾浩瀚的库布其大漠风光；包头黄河凌汛奇观；绿草如茵、草原特色的成吉思汗陵；青冢兀立、巍峨壮观的昭君墓；城寺结合、人佛共居的美岱召等。

9）西北荒漠绿洲古迹景观区

此区的景观特色主要是荒漠、绿洲、古迹。该景观区域所涵盖的范围主要包括新疆、宁夏全境，甘肃大部。在这里有沙海无际、戈壁横亘、驼铃声声、风起沙舞，以及海市蜃楼等风景奇观。有以精美的壁画和塑像闻名于世的敦煌莫高窟；有"天气晴朗时，沙鸣闻于城内"的鸣沙山；"秦地林朱之冠"的麦积山；森林茂密、绿草如茵的天山天池；河西走廊丝绸之路通道；"河西第一隘口"嘉峪关；"魔鬼三角区"罗布泊；断壁残垣的楼兰古城遗址；兰州古丝绸之路补给站；喀什古丝绸之路中转站；枯木塔格沙漠；苇翠荷香、曲径邃深的博斯腾湖国家风景名胜区等。

10）西北高原雪山宗教景观区

此区的景观特色主要是高原、雪山和宗教风情。该景观区域所涵盖的范围主要包括西藏和青海的全部、四川西部、新疆南部及甘肃、云南部分地区。这里拥有"世界屋脊"之美称的青藏高原，有世界最高的珠穆朗玛峰；这里湖泊众多，有全国最大咸水湖-青海湖，有全国最大的三江源自然保护区；这里的宗教风情也是别有韵味，有许多著名的喇嘛寺庙，佛事活动兴盛，香火缭绕，终年不断；另外还有"第二普陀山"的拉萨布达拉宫、"羌塘草原"可可西里、水土肥美的日喀则、"丝绸之路"南路和"唐蕃古道"必经之地的西宁、"聚宝盆"柴达木盆地、"荒漠明珠"格尔木、中国藏传佛教的扎什伦布寺等。

我国地域辽阔，地形地貌复杂，从南到北跨越热带、亚热带、暖温带、温带、寒温带等五个气候带，从东到西横跨平原、丘陵、台地、高原和山地等多种地貌类型，海拔高差达8 000多米，不同的气候、地貌和水热组合条件，孕育了极其丰富的景观资源。众多著名的人类古迹与自然山水紧密融为一体，形成中国风景名胜区的显著特征。

1.3 风景名胜区相关概念比较

与风景名胜区相关的概念有：城市公园、森林公园、自然保护区等。

1.3.1 城市公园

城市公园是指城市绿地系统中的公园绿地。公园绿地是城市中向公众开放的、以游憩为主要功能，有一定的游憩设施和服务设施，同时兼有健全生态、美化景观、防灾减灾等综合作用的绿化用地，主要有生态功能、空间景观功能、防灾功能、美育功能，由城市绿化行政主管部门负责监督管理工作。

1.3.2 森林公园

森林公园是指以大面积人工林或天然林为主体的公园，其森林景观优美，自然景观和人文景观集中，具有一定规模，可供人们游览、休息或是进行科学、文化、教育活动的场所。它是一个综合体，具有建筑、疗养、林木经营等多种功能，同时，也是一种以保护为前提，利用森林的多种功能为人们提供各种形式的旅游服务和进行科学文化活动的经营管理区域。在森林公园里可以自由休息，也可以进行森林浴等活动。在我国它也是自然保护区的一类，是一种森林自然保护区，是国家或地方政府为保护生态环境和具有代表性或特殊树种群落而划定的森林管护区域，归国家林业部门主管。设立森林公园所须具有的基本条件是，森林环境优美，物种资源丰富，自然与人文景观集中，独具特色，有一定规模，有较高的观赏、文化和科学价值，地理位置特殊，有较高的旅游品位。森林公园内的森林不得进行主伐，但可以进行抚育采伐，以提高其观赏价值，若符合风景名胜区标准，亦可申报风景名胜区，由林业主管部门负责监督管理工作。

1.3.3 自然保护区

自然保护区,是指对有代表性的自然生态系统、珍稀濒危野生动植物物种的天然集中分布区、有特殊意义的自然遗迹等保护对象所在的陆地、陆地水体或者海域,依法划出一定面积予以特殊保护和管理的区域。我国设立的自然保护区多为自然保护型的。自然保护区的定义分为广义和狭义两种。广义的自然保护区,是指受国家法律特殊保护的各种自然区域的总称,不仅包括自然保护区本身,而且包括国家公园、风景名胜区、自然遗迹地等各种保护地区。狭义的自然保护区,是指以保护特殊生态系统进行科学研究为主要目的而划定的自然保护区,即严格意义的自然保护区。

在我国自然保护区也是一个法定的区域概念,是经政府部门批准设立的,是国家为了保护自然生态环境和自然资源,对具有代表性的不同自然地带的环境和生态系统、珍贵稀有动物自然栖息地、珍稀植物群落、具有特殊意义的自然历史遗迹地区和重要的水源地等,划出范围界限,并加以特殊保护的地域,是国家环境保护工作的科研基地。其任务是研究和采取有效措施保护自然综合体和自然资源及其系统,使已遭到破坏的资源得到保护和恢复,尚未被破坏的资源能得到及时保护。国家级自然保护区,由其所在地的省、自治区、直辖市人民政府有关自然保护区行政主管部门或者国务院有关自然保护区行政主管部门管理。地方级自然保护区,由其所在地的县级以上地方人民政府有关自然保护区行政主管部门管理。

自然保护区可分为核心区、缓冲区和保护性经营区。在其核心区,对物种和原始天然景观进行绝对保护,禁止一切人类的干扰活动,以保护该区质量为目的。在缓冲区,可进行以资源保护为目的科学活动,有限度地进行观赏型旅游和资源采集活动。在保护性经营区,可进行以资源利用为目的的科学活动和适度的资源开发经营活动。

1.3.4 游览区(点)、旅游区

游览区(点),是指一切可供人们休息游览观光的区域。如商业街、古街、古村寨、古城池、古亭、古塔、古迹区、公园、游乐场地等等,不论其规模大小、价值高低、著名与否,均可称之为游览区或游览参观点。在城市设置或开辟游览区对于丰富居民文化生活,增进人们的身体健康和提高人们的文化素养有重要作用。

旅游区,是社会经济、文化历史和自然环境统一的旅游地域单元。一般包含许多旅游点,由旅游线连接而成,交通联系方便,旅游设施配套齐全,旅游管理协调,有相对独立的游览服务体系的地域。它没有像风景名胜区那样确定的法定范围和边界,也没有相应的管理机构。

由此看来,城市公园、森林公园、自然保护区、游览区(点)、旅游区等,它们虽然都有"风景",也有游览活动的空间和相应的活动项目,但它们的性质、作用、管理方式等方面与风景名胜区都存在明显的区别。

1.4 风景名胜区的发展概况

1.4.1 国外风景资源的保护与利用

1) 世界自然保护体系

(1) 国际自然保护联盟(IUCN,International Union for Conservation of Nature)推广的保护区体系

① 简介　IUCN 是全球最大、最重要的自然保护网络机构。该联盟于 1948 年在瑞士格兰德(Gland)成立,目前共有 82 个国家,111 个政府机构和 800 多非政府组织加入。

中国作为国家成员于 1996 年加入 IUCN。香港农业渔业与自然保护署、香港动物植物园、香港世界自然野生保护基金会、中国野生生物保护协会、南京环境科学研究所以及中国科学院都是 IUCN 成员。

② 使命　IUCN 旨在影响、鼓励及协助全球各地的社团、组织,保护自然的完整性与多样性,并确保在使用自然资源上的公平性及生态上的可持续发展。

③ 架构

• 国际自然保护联盟秘书处　设于瑞士格兰德总部,由秘书长采取分散式领导。管理工作由主席所领导的议会负责。

• 国际自然保护联盟委员会　IUCN 下分别有 6 个委员会,由 1 万名来自不同领域的义务专家组成,

负责评估世界自然资源,在 IUCN 制定保育措施时提供咨询服务。

④ 内容及贡献　IUCN 主张在可持续发展的前提下保护自然与自然资源。IUCN 在自然保护的传统领域处于领先地位,如:

- 拯救濒危动植物种;
- 建立国家公园和保护区;
- 评估物种及生态系统的保护并帮助其恢复。

联盟所保护的环境包括陆地环境与海洋环境,集中精力为森林、湿地、海岸及海洋资源的保护与管理制定出各种策略及方案,在促进生物多样性概念的完善方面所起的先锋作用已使其在推动生物多样性公约在各国乃至全球的实施中成为重要角色。

⑤ 保护区管制级别　在过去 30 多年里,IUCN 一直致力于保护区国际分类系统的研究和应用。从 IUCN 建立保护区国际分类系统的宗旨来看,主要是为了在全球水平上对各国保护区数据资料进行比较,促进世界保护区管理者之间的信息和经验交流。

1978 年,IUCN 下设的国家公园和保护区委员会(CNPPA)出版《保护区类型、目的和标准》的报告,该报告根据保护区的主要管理目标将保护区分为 10 个类型,见表 1.5。

表 1.5　保护区十大类型

1. 科研保护区/严格的自然保护区	6. 保护性景观
2. 受管理的自然保护区/野生生物禁猎区	7. 世界自然历史遗产保护地
3. 生物圈保护区	8. 自然资源保护区
4. 国家公园与省立公园	9. 人类学保护区
5. 自然纪念地/自然景物地	10. 多种经营管理区/资源经营管理区

然而,实践表明这个分类系统并不完善。例如在该分类系统中,部分保护区类型之间的差异不太明确,在实际操作中容易混淆;范围过广,几乎包括整个乡村地区;生物圈保护区和世界自然遗产保护地不是独立的管理类型,仅仅表示某些保护区的国际地位,实际上与其他类型保护区存在交叉等。

针对这些问题,IUCN 几次审议和修订了这个分类系统,并在 1994 年出版了一份新的《保护区管理类型指南》,该指南将保护区划为 6 个类型,见表 1.6。目前,这个新的 IUCN 保护区分类系统正越来越被世界各国所普遍使用,一些国家还将此分类系统纳入国家的法规之中。此外,联合国家公园和保护区名录(UN List)也将此分类系统作为统计世界各国保护区数据的标准结构。

表 1.6　保护地管理类别

类别Ⅰa	严格自然保护区(Strict Nature Reserve):主要用于科研的保护地
	某些特殊的或具代表性的生物系统,地理及/或生理特色或物种的陆地或海洋,可用于科学研究及/或环境监测
类别Ⅰb	自然荒野区(Wilderness Area):主要用于保护自然荒野面貌的保护地
	大面积未经改造或略经改造的陆地或海洋,仍保持其自然特色及影响,尚未有过永久或大型人类居住,用于保护其天然条件
类Ⅱ	国家公园(National Park):主要用于生态系统保护及娱乐活动的保护地
	自然陆地或海洋,用于: (a) 为现在及将来一个或多个生态系统的完整性提供保护; (b) 禁止对该区进行有害开发及占用; (c) 为精神、科学、教育、娱乐及旅游等活动提供基础,这些都应与环境及文化配套
类别Ⅲ	自然纪念物(Natural Monument):主要用于保护某些具有自然特色的保护地
	拥有一种或多种自然或自然文化特色的地区,其特色因稀有、具代表性或在美学或文学上意义重大而超乎寻常或独一无二

续表 1.6

类别Ⅳ	生境/物种管理区(Habitat/Species Management Area):主要用于通过干预进行管理以达到保护目的的保护地
	一片陆地或海洋,用于通过积极干预以达到管理目的
类别Ⅴ	风景/海景保护地(Protected Landscape/Seascape):主要用于风景/海景保护及娱乐的保护地
	陆地,包括海岸及海洋,由于人类与自然的长期相互影响而形成的具重要美学、生态学及/或文化价值,且生物多样性较丰富的地区。维护传统的人类自然相互影响的完整性对该区的保护、维持及进化极为重要
类别Ⅵ	资源管理保护地(Managed Resource Protected Area):主要用于自然生态系统持续性利用的保护地
	拥有显著经改造的自然系统,对其进行管理以确保长期保护及维持其生物多样性,同时根据当地村社需求,持续性提供自然产品及服务

⑥ 展望 2008 年 4 月,IUCN 发布报告《IUCN2020 年展望》(A 2020 Vision for IUCN),希望通过改进自身的管理和组织,影响、鼓励和协助社会各界保护自然界的完整性和多样性,确保自然资源的利用具有公平性并且在生态上具有可持续性。IUCN 将关注生物多样性保护,以此作为联盟的核心工作。

2010 年 11 月 18 日,《生物多样性公约》第十次缔约方会议在名古屋开幕,IUCN 公布了"2010 年濒危动物名单",名单显示,面临危机的动物种类比 2009 年增加了 1 000 多种,33%的动物种类面临灭绝危险。

2010 年是联合国确定的国际生物多样性年,主题是"生物多样性是生命,生物多样性就是我们的生命"。中国成立了"2010 国际生物多样性年中国国家委员会",22 个部委参与其中。

(2) 国家公园的保护区体系 "国家公园"的概念源自美国,名词译自英文的"National Park",据说最早由美国艺术家乔治·卡特林(George Catlin)首先提出。综观世界上各种类型、各种规模的国家公园,一般都具有两个比较明显的特征:一是国家公园自然状况的天然性和原始性,即国家公园通常都以天然形成的环境为基础,以天然景观为主要内容,人为的建筑、设施只是为了方便而添置的必要辅助。二是国家公园景观资源的珍稀性和独特性,即国家公园天然或原始的景观资源往往为一国所罕见,并在国内、甚至在世界上都有着不可替代的重要而特别的影响。

国家公园是指国家为了保护一个或多个典型生态系统的完整性,为生态旅游、科学研究和环境教育提供场所,而划定的需要特殊保护、管理和利用的自然区域。它既不同于严格的自然保护区,也不同于一般的旅游景区。如美国国家公园最早按照自然保护与游憩活动两大功能来划分区域,即核心地区保存原有的自然状态,而在周边地区设置游客接待中心、管理区。后来逐步完善分区方法,利用添加缓冲带的方法,即核心区的局部气候、地质、生态环境等自然条件得到了严格的保护,同时将自然保护与游憩活动严格分开,以减少旅游带来的冲击。并形成了 4 类分区模式,也就是自然区(Natural Zone)、史迹区(Historical Zone)、公园发展区(Park Developmental Zone)、特别使用区(Special Use Zone)。该分区方法不仅具有很强的游憩强度控制能力,同时充分考虑当地社会居民的各种利益,以使资源保护与管理更加协调统一。

① 国家公园的定义与分类 国家公园是一种特殊类型的公园,各国政府和学者对它的形式和内容有不同的理解,以下是一些有代表性的定义:

朗文(Longman)辞典将国家公园定义为"由国家规划、保护和供人们游览的具有自然、历史和科学意义的区域。"

根据韦氏(Merriam-Webster)辞典定义,"国家公园是由国家政府规划(在美国是通过国会立法)、保留和维护的具有景观、历史和科学重要性的特殊区域。"

1969 年,世界自然保护联盟(IUCN)把国家公园定义为:具有相当大的面积,包括一种或几种基本上未受人类开发利用的、具有代表性的生态系统类型,并包括一定的自然景观以及为科学、教育和娱乐的目的而保护,具有突出的国家和国际意义的自然区和风景区,这些区域内禁止进行商业性资源开发。

国家公园根据标准和目的不同有很多分类方法,目前,按保护资源的类型,国际上一般将广义的国家公园划分为自然类国家公园和历史文化类国家公园两大类。

②国家公园的产生　国家公园最早出现于美国。1872年,美国国会将位于现在怀俄明州西北部的黄石地区辟为资源保护地,黄石公园成为世界上第一个国家公园(图1.1)。加拿大于1887年在艾伯塔建立第一座国家公园——班夫国家公园(图1.2)。澳大利亚于1879年,新西兰于1887年,南非于1926年相继建立了它们各自的国家公园,日本也于1931年颁布了国家公园法,并于1934年确立了第一批3个国家公园。纵观世界各国在国家公园运动发展的几十年间,由于各自的历史背景、行政体制、经济发展程度以及土地利用形态等方面的不同,它们对国家公园的认识包括名称选择、概念标准、管理机构等方面都存在相当大的区别。

图1.1　黄石国家公园

图片来源:http://image.baidu.com

图1.2　班夫国家公园

图片来源:http://image.baidu.com

鉴于以上这种情况,为了理清思路,统一认识,规范国家公园的发展,IUCN和联合国教科文组织(UNISCO)在新德里"IUCN第十次大会"上正式接受美国的概念,确立了一致的关于国家公园的国际标准,将其发展成为以国家公园为代表的"国家公园与保护区体系"。随后,IUCN又在几次会议上对国家公园和保护区的概念进行了修改和完善。

③国家公园的发展　在1992年的里约热内卢可持续发展地球峰会上,《生物多样性公约》签署国都做了保护并恢复生物多样性的承诺。2002年,在约翰内斯堡地球峰会上,与会全体领导人确定了更具体的目标:2010年以前阻止生物多样性消失。但是目标并没有达到,联合国宣布启动2010国际生物多样性年活动(图1.3)。保护生物多样性与防止气候变暖一样,是前所未有的重大环境保护问题。

图1.3　2010国际生物多样性年标志

图片来源:http://www.chinabiodiversity.com

国家公园发展的特点和趋势

• 管理模式从分权式多中心管理向中央集权式管理转变。许多国家都通过立法手段对国家公园的体系、机制、保护、开发和技术等各个方面实施最严格的管理,确保其资源得到科学保护、永续利用。

• 目标取向从单纯注重旅游服务或科学研究功能向更加注重生态服务等复合功能转变。

• 建设方式从单纯政府行为向加强社区合作和提高全民参与程度的共管模式转变。

• 国家公园运动的发展加深了社会对生态环境和历史文化资源的进一步认识,促进了对社会生态和精神福利的研究和应用。

• 国家公园的保护对象从视觉景观保护走向以生物多样性保护为核心;保护方法从抢救型的消极保护走向规划型的积极保护;保护力量从政府主导走向多方参与;保护空间从点状保护走向网络保护。

- 国家公园全球化趋势日益增强,已成为国际合作与对话的重要舞台,许多国际公约对国家公园(保护区)及其生态资源的保护和发展制定了共同行动纲领。

(3) 世界遗产保护　世界遗产是指被联合国教科文组织和世界遗产委员会确认的人类罕见的、目前无法替代的财富,是全人类公认的具有突出意义和普遍价值的文物古迹及自然景观。狭义的世界遗产包括"世界文化遗产"、"世界自然遗产"、"世界文化与自然遗产"(即双遗产)和"文化景观"四类。广义而言,根据形态和性质,世界遗产分为文化遗产、自然遗产、文化和自然双重遗产、记忆遗产、人类口述和非物质遗产(简称非物质文化遗产)、文化景观遗产。图1.4是各种遗产的标志。

世界遗产标志　　　　　中国世界遗产标志　　　　中国文化遗产标志　　　中国非物质文化遗产标志

图 1.4　各种遗产标志

截至2011年6月第35届世界遗产委员会大会在巴黎联合国教科文组织总部闭幕,《世界遗产名录》收录的全球世界遗产总数已增至936项,其中共有725项世界文化遗产(含文化景观遗产)、183项自然遗产、28项文化与自然双遗产。

① 相关概念的定义及标准

a. 自然遗产　从美学或科学角度看,具有突出、普遍价值的由地质和生物结构或这类结构群组成的自然面貌。

从科学或保护角度看,具有突出、普遍价值的地质和自然地理结构以及明确规定的濒危动植物物种生境区。

从科学、保护或自然美角度看,具有突出、普遍价值的天然名胜或明确划定的自然地带。

其标准有:
- 构成代表地球现代化史中重要阶段的突出例证。
- 构成代表进行中的重要地质过程、生物演化过程以及人类与自然环境相互关系的突出例证。
- 独特、稀少或绝妙的自然现象、地貌或具有罕见自然美的地带。
- 尚存的珍稀或濒危动植物种的栖息地。

b. 文化遗产　1972年10月17日至11月21日,联合国教科文组织在巴黎举行第十七届会议,通过了《世界文化和自然遗产保护公约》,明确了文化遗产的定义:a)文物:从历史、艺术或科学角度看,具有突出的普遍价值的建筑物、雕刻和绘画,具有考古意义的成分或结构,铭文、洞穴以及其综合体。b)建筑群:从历史、艺术或科学角度看,在建筑式样、分布均匀或与环境景色结合方面具有突出的普遍价值的单体或连接的建筑群。c)遗址:从历史、美学、人种学或人类学角度看,具有突出的普遍价值的人造工程或人与自然的共同杰作以及考古遗址地带。

其标准有:
- 代表一种独特的艺术成就,一种创造性的天才杰作。
- 能在一定时期内或世界某一文化区域内,对建筑艺术、纪念物艺术、规划或景观设计方面的发展产生过重大影响。
- 能为一种已消逝的文明或文化传统提供一种独特的或至少是特殊的见证。
- 可作为一种建筑或建筑群或景观的杰出范例,展示人类历史上一个(或几个)重要阶段。

• 可作为传统的人类居住地或使用地的杰出范例,代表一种(或几种)文化,尤其在不可逆转之变化的影响下变得易于损坏。

• 与具有特殊普遍意义的事件、现行传统、思想、信仰、文学艺术作品有直接和实质的联系(委员会认为,只有在某些特殊情况下或该项标准与其他标准一起作用时,此款才能成为列入《名录》的理由)。

c. 双遗产　文化与自然混合遗产(Mixed Site)简称"混合遗产"、"复合遗产"、"双重遗产"。按照《实施保护世界文化与自然遗产公约的操作指南》,只有同时部分满足《保护世界文化与自然遗产公约》中关于文化遗产和自然遗产定义的遗产项目才能成为文化与自然混合遗产。

d. 文化景观　文化景观这一概念是1992年12月在美国圣菲召开的联合国教科文组织世界遗产委员会第16届会议时提出并纳入《世界遗产名录》中的。

文化景观代表《保护世界文化和自然遗产公约》第一条所表述的"自然与人类的共同作品"。一般来说,文化景观有以下类型:

• 由人类有意设计和建筑的景观　包括出于美学原因建造的园林和公园景观,它们经常(但并不总是)与宗教或其他概念性建筑物或建筑群有联系。

• 有机进化的景观　它产生于最初始的一种社会、经济、行政以及宗教需要,并通过与周围自然环境相联系或相适应而发展到目前的形式。它又包括两种次类别:一是残遗物(化石)景观,代表一种过去某段时间已经完结的进化过程,不管是突发的或是渐进的。它们之所以具有突出、普遍价值,就在于显著特点依然体现在实物上。二是持续性景观,它在当地与传统生活方式相联系的社会中,保持一种积极的社会作用,而且其自身演变过程仍在进行之中,同时又展示了历史上其演变发展的物证。

• 关联性文化景观　这类景观列入《世界遗产名录》,以与自然因素、强烈的宗教、艺术或文化相联系为特征,而不是以文化物证为特征。此外,列入《世界遗产名录》的古迹遗址、自然景观一旦受到某种严重威胁,经过世界遗产委员会调查和审议,可列入《处于危险之中的世界遗产名录》,以待采取紧急抢救措施。

文化景观的评定采用文化遗产的标准,同时参考自然遗产的标准。为区分和规范文化景观遗产、文化遗产、文化与自然混合遗产的评选,《实施保护世界文化与自然遗产公约的操作指南》对文化景观的原则进行了规定:文化景观"能够说明为人类社会在其自身制约下、在自然环境提供的条件下以及在内外社会经济文化力量的推动下发生的进化及时间变迁。在选择时,必须同时以其突出的普遍价值和明确的地理文化区域代表性为基础,使其能反映该区域本色的、独特的文化内涵。"

世界上的第一项文化景观遗产诞生于1992年,即新西兰的汤加里罗国家公园(Tongariro National Park)。此后,陆续评选出了一些文化景观遗产,但往往被列入了"世界文化遗产"的名单中。

② 世界遗产的评定要求　世界遗产的评定标准主要依据《保护世界文化和自然遗产公约》第一、第二条规定。遗产项目要列入《世界遗产名录》,必须经过严格的考核和审批程序。每年举行一次的世界遗产委员会会议将对申请列入名单的遗产项目进行审批,其主要依据是该委员会此前委托有关专家对各国提名的遗产遗址进行实地考察而提出的评价报告。对各国提名的遗产遗址的考察,主要由该委员会会同国际古迹遗址理事会(ICOMOS)和IUCN组织专家进行。

③ 世界文化遗产保护在中国的发展　1982年夏天,中国联合国教科文组织全国委员会收到来自巴黎联合国教科文组织总部的信件。在这封信里,教科文组织详细介绍了《保护世界文化与自然遗产公约》的基本情况,希望中国作为一个有影响的大国,能够签署公约,成为缔约国。

1984年,教科文全国委员会忽然收到了北京大学侯仁之教授从美国发来的信,他在信中询问中国是否打算加入世界遗产公约,他能够为这件事情做些什么。

1985年春天,侯仁之征得中国科学院的阳含熙、城乡建设部的郑孝燮、国家文物局的罗哲文三位全国政协委员的同意,联名提出《建议我国政府尽早参加〈世界文化和自然遗产保护公约〉》的提案,这份提案很快就被政协通过并上报全国人民代表大会。1985年11月22日,全国人大常委会批准中国加入《世界文化与自然遗产保护公约》。

1987年6月,在世界遗产委员会第11次大会上,中国申报的6个遗产地被全票通过列入世界自然与文化遗产名录。5个文化遗产:故宫、万里长城、周口店北京人遗址、秦始皇陵和敦煌莫高窟;1个自然遗产:泰山。

截止到2011年6月25日,中国已有41处世界遗产。其中世界文化遗产26处,世界自然遗产8处,文化和自然混合遗产4处,文化景观3处。它们是:

文化遗产(26处)

1. 周口店北京猿人遗址(北京,1987年12月)
2. 长城(北京,1987年12月)
3. 敦煌莫高窟(甘肃,1987年12月)
4. 明清皇宫[北京故宫(北京),1987年12月;沈阳故宫(辽宁),2004年7月]
5. 秦始皇陵及兵马俑坑(陕西,1987年12月)
6. 承德避暑山庄及周围寺庙(河北,1994年12月)
7. 曲阜孔府、孔庙、孔林(山东,1994年12月)
8. 武当山古建筑群(湖北,1994年12月)
9. 布达拉宫(大昭寺、罗布林卡)(西藏,1994年12月)
10. 丽江古城(云南,1997年12月)
11. 平遥古城(山西,1997年12月)
12. 苏州古典园林(拙政园、网师园、留园、环秀山庄,1997年12月;狮子林、沧浪亭、退思园、耦园、艺圃,2000年)
13. 颐和园(北京,1998年11月)
14. 天坛(北京,1998年11月)
15. 大足石刻(重庆,1999年12月)
16. 明清皇家陵寝[明显陵(湖北)、清东陵(河北)、清西陵(河北),2000年11月;明孝陵(江苏)、十三陵(北京),2003年7月;盛京三陵(辽宁),2004年7月]
17. 皖南古村落[西递、宏村(安徽),2000年11月]
18. 龙门石窟(河南,2000年11月)
19. 都江堰—青城山(四川,2000年11月)
20. 云冈石窟(山西,2001年12月)
21. 中国高句丽王城、王陵及贵族墓葬(吉林、辽宁,2004年7月)
22. 澳门历史城区(澳门,2005年)
23. 安阳殷墟(河南,2006年7月)
24. 开平碉楼与古村落(广东,2007年6月)
25. 福建土楼(福建,2008年7月)
26. 登封"天地之中"历史建筑群(河南,2010年8月)

自然遗产(8处)

1. 九寨沟(四川,1992年12月)
2. 黄龙(四川,1992年12月)
3. 武陵源(湖南,1992年12月)
4. 三江并流(云南,2003年7月)
5. 大熊猫栖息地(四川,2006年7月)
6. 中国南方喀斯特(云南石林、贵州荔波、重庆武隆,2007年6月)
7. 三清山(江西,2008年7月)
8. 中国丹霞[贵州赤水、福建泰宁、湖南崀山、广东丹霞山、江西龙虎山(包含龟峰)、浙江江郎山,2010

年8月]

双重遗产(4处)

1. 泰山(山东,1987年12月)
2. 黄山(安徽,1990年12月)
3. 峨眉山—乐山(四川,1996年12月)
4. 武夷山(福建,1999年12月)

文化景观(3处)

1. 庐山(江西,1996年12月)
2. 五台山(山西,2009年6月)
3. 西湖(浙江,2011年6月)

(4) 其他保护系统

① 人与生物圈计划——生物圈保护区　人与生物圈计划(MAB),是科学部门于1971年发起的一项政府间跨学科的大型综合性的研究计划。生物圈保护区是MAB的核心部分,具有保护、可持续发展、提供科研教学、培训、监测基地等多种功能。

② 世界自然基金组织　世界自然基金会(WWF)是在全球享有盛誉的、最大的独立性非政府环境保护机构之一,在全世界拥有一个在90多个国家活跃着的网络(图1.5)。1980年,WWF正式来到中国,1996年在北京设立了办事处,此后陆续建立了七个项目办公室。发展至今,开展了包括物种、森林、淡水、能源与气候变化、环境教育和野生物贸易等多方面的工作。WWF的使命是遏止地球自然环境的恶化,创造人类与自然和谐相处的美好未来。致力于保护世界生物多样性;确保可再生自然资源的可持续利用;推动减少污染和浪费性消费的行动。

图1.5　世界基金组织

③ 国际湿地保护　湿地是地球生态系统的重要组成部分,其结构复杂,对生态环境影响巨大,对维护人类的生存环境起着重要的作用。1971年2月,在伊朗的拉姆萨尔召开了"湿地及水禽保护国际会议",会上通过了《国际重要湿地特别是水禽栖息地公约》(Convention on Wetlands of Importance Especially as Waterfowl Habitat),简称《拉姆萨尔公约》。该公约于1975年12月21日生效,规定每3年召开一次缔约国会议,确定每年的2月2日为世界湿地日,审议各国湿地现状和保护活动的有关报告和预算。按《拉姆萨尔公约》所作定义,湿地包括天然的、人工的、永久的、阶段性的、流动的、静止的,淡水的或咸水的水域、江河、湖泊、水库、沼泽、湿原、泥炭地、雨林湿地、山地草原、极地苔原等,以及低潮时水深不超过6 m的海洋水域。湿地是陆地与水域过渡地带的特殊自然综合体,兼具两者特性。

2008年世界湿地日的主题:健康的湿地,健康的人类;2009年世界湿地日的主题:从上游到下游,湿地连着你和我;2010年世界湿地日的主题:湿地、生物多样性与气候变化;2011年世界湿地日的主题:湿地与森林。

中国是各类湿地资源最丰富的国家之一,主要有沼泽、湖泊、河流、河口、海岸滩涂、水库、水田等天然和人工湿地类型,几乎包罗了所有类型的湿地(图1.6)。由于水热条件优越,生物资源极为丰富,生态系统具有高度多样性。随着经济发展、人口膨胀,生态环境日益受到威胁,湿地正在呈现数量减少、质量下降的趋势。我国于1992年加入《拉姆萨尔公约》,但湿地保护工作起步较晚。

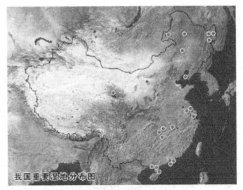

图1.6　中国重要湿地分布图

图片来源:http://www.china.com.cn

④ 世界地质公园计划　联合国教科文组织常务委员会第156次会议(1999年4月15日,巴黎)提出了创建世界地质公园计划。目标是每年建立20个,全球共创建500个,并建立全球地质遗迹保护网络体系。联合国教科文组织将中国作为世界地质

公园计划试点国家之一。

为了响应联合国教科文组织提出的建立世界地质公园计划,履行国务院赋予国土资源部"保护地质遗迹"的职能,国土资源部成立了国家地质遗迹保护(地质公园)领导小组和国家地质遗迹(地质公园)评审委员会。参照世界地质公园的标准,制定了《国家地质公园评选办法》等一系列文件。

评审的地质公园类型有丹霞地貌、火山地貌、重要古生物化石产地、地层构造、冰川、地质灾害遗迹等,种类较为齐全,确实反映了中国地质环境资源的特点,在世界地质公园领域有一定的竞争实力。

2) 国外国家公园概况

(1) 美国国家公园　研究国外国家公园的管理特点和模式,特别是最早出现国家公园的美国在这方面的经验,对于我们合理利用与有效管理类似于国家公园的这类旅游资源,是很有借鉴意义的。

① 美国国家公园的建立　19世纪是美国经济的大开发时期,当时,经济发展意味着对大自然索取的加剧。乔治·卡特林在旅行中目睹了美国西部大开发对当地土著(印第安人)文明、野生动植物和荒野所带来的毁灭性影响,就提出一个设想——政府通过保护政策,设立一个大公园,一个国家公园,其中有人也有野兽,所有一切都处于原生状态,体现着自然之美。这是人类历史上第一个关于国家公园的构想。世界上最早的国家公园计划是由美国蒙大拿州一位叫康尼勒斯·赫奇士的律师提出来的。1870年,这位律师参加了一支19人的探险队,为了寻找温水喷泉,他们来到黄石,经过一个多月的勘察,发现这里拥有重重山峦、密密石林、奇特冲蚀熔岩以及间歇喷泉等众多的自然奇观。1872年,国会通过了《黄石方案》,规定此片土地为国有,划为公众公园,修建成"供人民游乐之用和为大众造福"的保护地。时任美国第18任总统的格兰特于同年签署了建立黄石国家公园(Yellowstone National Park)的法令,宣告世界上第一个国家公园的出现(图1.7)。

夜景

温泉

动物

图1.7　黄石公园景观

图片来源:http://image.baidu.com

② 美国国家公园的管理制度和原则

a. 集中统一的管理体制　美国不仅形成了国家公园体系,而且形成了完整的国家公园管理体系,这个体系由国家公园管理局独家打理,而国家公园管理局由美国内政部直接管辖,不受各州行政权力的干涉。这是一个国家所有、国家管理、单一管理、目的明确的垂直管理系统,它的好处是能够更好地实现设立国家公园的根本目的——自然保护和公众游乐。

b. 完善的管理原则

• 保护第一原则　自然保护是国家公园成立的首要目的。

美国大多数国家公园均面积广大,高山峻峰众多,但为了避免对环境大规模的破坏,均不允许修建索道,也不允许建娱乐性设施。

国家公园修建时尽量完善道路网,但为了避免修建道路对生态环境造成的破坏,尽量采取各种补救措施,如为了使各种生物能使用道路两边的生态环境而设计出的"野生动物跨越道"(wild life crossing)。

• 服务公众原则　美国国家公园一开始确定的主要目的就是为公众保留一份乐土,而国家公园的日常开支主要来自于联邦政府的拨款和社会公众机构的捐款,故而大部分公园是公益性的,不以经济效益为主要目的,门票比较低廉。另外,还针对不同类型的游客推出了各种优惠措施。

- 丰富保护类型的原则　美国创立国家公园最初的目的是为了保护自然景观,但不久之后就出现了保存历史遗迹的国家公园。在国家公园系统中,国家历史公园、国家纪念地、国家军事公园、国家战场公园、国家历史遗迹、国家纪念物等均为保护历史遗产而设立。对于历史并不悠久的美国来说,保存历史遗迹亦十分重要。

(2) 日本自然公园

① 自然公园的发展　日本是被太平洋环抱的美丽岛国,由北海道、本州、九州、四国四个大岛以及数百个大小岛屿组成。日本南北狭长,跨越亚寒带和亚热带,四季分明,自然环境十分优美。为保护和利用秀美的自然风景,日本受美国黄石国家公园的启发,于1929年成立了国立公园协会,并于1931年颁布了《国立公园法》。在对全国自然景观调查的基础上,于1934年3月建立了濑户内海、云仙天草、雾岛屋久3个国立公园。同年12月建立了阿寒、大雪山、日光、中部山越、阿苏5个国立公园。1936年2月日本又增设了十和田八幡平、富士箱根伊豆、吉野熊野、大山隐岐4个国立公园。1938年日本厚生省成立,国立公园归属于厚生省公共保健课管理。由于当时日本正处于太平洋战争时期,各种与战争无关的行动也很难展开。1943年,国立公园协会也改称为国土健民会,国立公园的一切事务也被停止。因此,国立公园也变为非常时期的"健民地",用作国民身心锻炼的场所。

1946年,太平洋战争结束后,国土健民会被取消,国立公园研究会成立,国立公园建设工作得以复苏,并于1949年修订了《国立公园法》。随着战后人民生活的日趋稳定,旅游业也得到发展,国立公园的景观功能越来越受到重视,进入了一个全新的发展时期。1957年,日本颁布了《自然公园法》,《国立公园法》被取代。在《自然公园法》中,确定了新的公园体系,将自然公园分为国立公园、国定公园、都道府县自然公园。

1964年日本设置了厚生省国立公园局,并于1971年设立了环境厅,自然公园移交环境厅自然保护局管辖。另外,为保护浅海地区濒危生物及优美景观,作为国立公园和国定公园的扩展,自1970年起,从北海道积丹半岛到冲绳县八重山诸岛共设定了64处海上公园。自然公园对日本的自然保护,国民的休闲、健康发挥着重要的作用。

② 自然公园的分类　自然公园是以保护优美的自然风景,增强该地区利用,并有助于国民的保健、修养及接受教育为目的。自然公园依据《自然公园法》进行指定,根据规模及风景的秀美程度,分为国立公园、国家公园、都道府县自然公园三种形式。

国立公园是能够代表国家的自然风景区,由环境大臣在听取相关都道府县及环境审议会的审议基础上进行指定。国立公园由国家环境厅直接管理。国家公园为仅次于国立公园的优美风景区,由相关都道府县提出申请,环境大臣在听取环境审议会意见后进行指定。国家公园由都道府县进行管理。都道府县自然公园为能够代表地方的优美风景区,由都道府县知事进行指定,归都道府县管理。到2006年,日本自然公园数共计392个,其中国立公园28个,国家公园55个,都道府县立自然公园309个,由国家指定的国立公园和国家公园约占国土面积的9%。

③ 自然公园计划及管理　为保护及合理利用自然公园,依据《自然公园法》,每一公园均要制定自然公园计划。公园计划大体分为保护计划和利用计划。保护计划包括保护方面的限制计划和设施计划。利用计划包括利用方面的限制计划和设施计划。都道府县自然公园无保护方面的限制计划。

④ 自然公园的管理机构　日本环境省在全国设有11个自然保护事务所,自然保护事务所下设有67个自然保护官事务所,专门负责国立公园的管理事务。自然保护事务所的管理人员——自然保护官,是国家公务员,其主要工作为进行"计划立案",协调当地地方团体及公园土地所有者,给游人进行自然解说等。

⑤ 自然公园开展的活动　游人观光所制造的垃圾不仅会影响自然公园的美观,也会引起环境污染。因此,为推进自然公园地区的美化清扫工作,将每年8月的第一个星期日定为"自然公园清扫日"。届时,各地方团体将开展义务清扫工作。为了保护自然、认识自然,自1959年国立公园大会在日光国立公园举行以来,每年的7月21日到8月20日期间,全国各地都要举行以"亲近自然"为主题的"自然公园大会",

由相应的都道府县自然公园管理部门和国立公园协会共同举办,国立公园和国定公园为活动会场,以典礼为中心,开展自然观察会、郊游、野营大会、学习班、美化清扫、展示会、演讲会等丰富多彩的活动。

1.4.2 国内风景名胜区的发展

1) 风景名胜区现状

随着经济的不断发展,人民的生活水平也大幅度提高,闲暇时间越来越多,旅游为人们日益关注。风景名胜区是旅游的主要目的地,其中优美、壮观、奇异的自然景观和独特的历史文物古迹吸引着人们,要求探索、发现更多的罕为人知的风景区,建设已有的风景名胜区,开发新的风景名胜区的要求促使风景名胜区出现了一个飞跃式的发展。

我国风景名胜区事业发展很快,国务院分别于1982年、1988年、1994年、2002年、2004年、2005年和2009年,先后公布了七批国家级风景名胜区,截止到2011年,中国国家级风景名胜区已达208处,其中32处被列入联合国教科文组织《世界遗产名录》(表1.7)。这些风景名胜区除了历史悠久的山水名胜外,许多是近几年来伴随旅游发展而形成的。除了美丽的自然景观外,人文历史在风景名胜区建设中占相当大的比重,如井冈山风景名胜区就是结合近代历史和地方自然景观出现的新的风景名胜区,它作为红色旅游中具有代表性的风景名胜区与以前的风景名胜区有着明显的区别。

表1.7 部分国家级风景名胜区简表

地区	国家级风景名胜区(批次)
北京	八达岭—十三陵风景名胜区(1)、石花洞风景名胜区(4)
天津	盘山风景名胜区(3)
河北	承德避暑山庄外八庙风景名胜区(1)、秦皇岛北戴河风景名胜区(1)、野三坡风景名胜区(2)、苍岩山风景名胜区(2)、嶂石岩风景名胜区(3)、西柏坡—天桂山风景名胜区(4)、崆山白云洞风景名胜区(4)
山西	五台山风景名胜区(1)、恒山风景名胜区(1)、黄河壶口瀑布风景名胜区(2)、北武当山风景名胜区(3)、五老峰风景名胜区(3)
内蒙古	扎兰屯风景名胜区(4)
辽宁	千山风景名胜区(1)、鸭绿江风景名胜区(2)、金石滩风景名胜区(2)、兴城海滨风景名胜区(2)、大连海滨—旅顺口风景名胜区(2)、凤凰山风景名胜区(3)、本溪水洞风景名胜区(3)、青山沟风景名胜区(4)、医巫闾山风景名胜区(4)
吉林	松花湖风景名胜区(2)、八大部—净月潭风景名胜区(2)、仙景台风景名胜区(4)、防川风景名胜区(4)
黑龙江	镜泊湖风景名胜区(1)、五大连池风景名胜区(1)、太阳岛风景名胜区(7)
江苏	太湖风景名胜区(1)、南京钟山风景名胜区(1)、蜀冈—瘦西湖风景名胜区(2)、镇江三山风景名胜区(5)
浙江	杭州西湖风景名胜区(1)、富春江—新安江风景名胜区(1)、雁荡山风景名胜区(1)、普陀山风景名胜区(1)、天台山风景名胜区(2)、嵊泗列岛风景名胜区(2)、楠溪江风景名胜区(2)、莫干山风景名胜区(3)、雪窦山风景名胜区(3)、双龙风景名胜区(3)、仙都风景名胜区(3)、江郎山风景名胜区(4)、仙居风景名胜区(4)、浣江—五泄风景名胜区(4)、方岩风景名胜区(5)、百丈漈—飞云湖风景名胜区(5)、方山—长屿硐天风景名胜区(6)、天姥山风景名胜区(7)
安徽	黄山风景名胜区(1)、九华山风景名胜区(1)、天柱山风景名胜区(1)、琅琊山风景名胜区(2)、齐云山风景名胜区(3)、采石风景名胜区(4)、巢湖风景名胜区(4)、花山谜窟—渐江风景名胜区(4)、太极洞风景名胜区(5)、花亭湖风景名胜区(6)
福建	武夷山风景名胜区(1)、清源山风景名胜区(2)、鼓浪屿—万石山风景名胜区(2)、太姥山风景名胜区(2)、桃源洞—鳞隐石林风景名胜区(3)、金湖风景名胜区(3)、鸳鸯溪风景名胜区(3)、海坛风景名胜区(3)、冠豸山风景名胜区(4)、鼓山风景名胜区(4)、玉华洞风景名胜区(4)、十八重溪风景名胜区(5)、青云山风景名胜区(5)、佛子山风景名胜区(7)、宝山风景名胜区(7)、福安白云山风景名胜区(7)

续表 1.7

地区	国家级风景名胜区(批次)
江西	庐山风景名胜区(1)、井冈山风景名胜区(1)、三清山风景名胜区(2)、龙虎山风景名胜区(2)、仙女湖风景名胜区(4)、三百山风景名胜区(4)、梅岭—滕王阁风景名胜区(5)、龟峰风景名胜区(5)、高岭—瑶里风景名胜区(6)、武功山风景名胜区(6)、云居山—柘林湖风景名胜区(6)、灵山风景名胜区(7)
山东	泰山风景名胜区(1)、青岛崂山风景名胜区(1)、胶东半岛海滨风景名胜区(2)、博山风景名胜区(4)、青州风景名胜区(4)、微山湖风景名胜区(4)
河南	鸡公山风景名胜区(1)、洛阳龙门风景名胜区(1)、嵩山风景名胜区(1)、王屋山—云台山风景名胜区(3)、尧山(石人山)风景名胜区(4)、林虑山风景名胜区(5)、青天河风景名胜区(6)、云台山风景名胜区(2)、桐柏山—淮源风景名胜区(7)、郑州黄河风景名胜区(7)
湖北	武汉东湖风景名胜区(1)、武当山风景名胜区(1)、大洪山风景名胜区(2)、隆中风景名胜区(3)、九宫山风景名胜区(3)、陆水风景名胜区(4)、神农架风景名胜区(6)
湖南	衡山风景名胜区(1)、武陵源(张家界)风景名胜区(2)、岳阳楼—洞庭湖风景名胜区(2)、韶山风景名胜区(3)、岳麓风景名胜区(4)、崀山风景名胜区(4)、猛洞河风景名胜区(5)、桃花源风景名胜区(5)、紫鹊界梯田—梅山龙宫风景名胜区(6)、德夯风景名胜区(6)、苏仙岭—万华岩风景名胜区(7)、南山风景名胜区(7)、万佛山—侗寨风景名胜区(7)、虎形山—花瑶风景名胜区(7)、东江湖风景名胜区(7)
广东	肇庆星湖风景名胜区(1)、西樵山风景名胜区(2)、丹霞山风景名胜区(2)、白云山风景名胜区(4)、惠州西湖风景名胜区(4)、罗浮山风景名胜区(5)、湖光岩风景名胜区(5)、梧桐山风景名胜区(7)
广西	桂林漓江风景名胜区(1)、桂平西山风景名胜区(2)、花山风景名胜区(2)
海南	三亚热带海滨风景名胜区(3)
重庆	长江三峡风景名胜区(1)、缙云山风景名胜区(1)、金佛山风景名胜区(2)、四面山风景名胜区(3)、芙蓉江风景名胜区(4)、天坑地缝风景名胜区(5)
四川	峨眉山风景名胜区(1)、九寨沟—黄龙寺风景名胜区(1)、青城山—都江堰风景名胜区(1)、剑门蜀道风景名胜区(1)、贡嘎山风景名胜区(2)、蜀南竹海风景名胜区(2)、西岭雪山风景名胜区(3)、四姑娘山风景名胜区(3)、石海洞乡风景名胜区(4)、邛海—螺髻山风景名胜区(4)、白龙湖风景名胜区(5)、光雾山—诺水河风景名胜区(5)、天台山风景名胜区(5)、龙门山风景名胜区(5)
贵州	黄果树风景名胜区(1)、织金洞风景名胜区(2)、潕阳河风景名胜区(2)、红枫湖风景名胜区(2)、龙宫风景名胜区(2)、荔波樟江风景名胜区(3)、赤水风景名胜区(3)、马岭河风景名胜区(3)、都匀斗篷山—剑江风景名胜区(5)、九洞天风景名胜区(5)、九龙洞风景名胜区(5)、黎平侗乡风景名胜区(5)、紫云格凸河穿洞风景名胜区(6)、平塘风景名胜区(7)、榕江苗山侗水风景名胜区(7)、石阡温泉群风景名胜区(7)、沿河乌江山峡风景名胜区(7)、瓮安江界河风景名胜区(7)
云南	路南石林风景名胜区(1)、大理风景名胜区(1)、西双版纳风景名胜区(1)、三江并流风景名胜区(2)、昆明滇池风景名胜区(2)、玉龙雪山风景名胜区(2)、腾冲地热火山风景名胜区(3)、瑞丽江—大盈江风景名胜区(3)、九乡风景名胜区(3)、建水风景名胜区(3)、普者黑风景名胜区(5)、阿庐风景名胜区(5)
陕西	华山风景名胜区(1)、临潼骊山—秦兵马俑风景名胜区(1)、宝鸡天台山风景名胜区(3)、黄帝陵风景名胜区(4)、合阳洽川风景名胜区(5)
甘肃	麦积山风景名胜区(1)、崆峒山风景名胜区(3)、鸣沙山—月牙泉风景名胜区(3)
宁夏	西夏王陵风景名胜区(2)
青海	青海湖风景名胜区(3)
新疆	天山天池风景名胜区(1)、库木塔格沙漠风景名胜区(4)、博斯腾湖风景名胜区(4)、赛里木湖风景名胜区(5)
西藏	雅砻河风景名胜区(2)、纳木错—念青唐古拉山风景名胜区(7)、唐古拉山—怒江源风景名胜区(7)

注:各风景名胜区后括号中的数字代表的是该风景名胜区被列为国家级风景名胜区的批次,例如:八达岭—十三陵风景名胜区(1),表示八达岭—十三陵风景名胜区是第一批被列为国家级风景名胜区的风景区

资料来源:《国务院批转城乡建设环境保护等部门关于审定第一批国家级风景名胜区的请示的通知》,1982;《国务院批转建设部关于审定第二批国家级风景名胜区报告的通知》,1988;《国务院关于发布第三批国家级风景名胜区名单的通知》,1994;《国务院关于发布第四批国家级风景名胜区名单的通知》,2002;《国务院关于发布第五批国家级风景名胜区名单的通知》,2004;《国务院关于发布第六批国家级风景名胜区名单的通知》,2005;《国务院关于发布第七批国家级风景名胜区名单的通知》,2009

2）发展趋势

随着我国改革开放政策的进一步实施和经济体制改革的不断深化，风景名胜区基础设施总量和管理水平会越来越高，改善生态环境的功能会越来越明显，旅游接待服务能力会越来越大，对地方经济的拉动作用越来越强，将逐渐成为各地国民经济和社会发展的重要载体。

"保护与发展"是风景名胜区规划发展的主题，"以保护推进发展，以发展促进保护"。

"五个统筹"是风景名胜区规划的发展方向即：统筹城乡发展关系、统筹区域协调发展关系、统筹人与自然的协调发展关系、统筹经济与社会的协调发展关系、统筹国内的改革与对外开放关系。

■ 课后习题

1. 风景名胜区的概念、组成、功能和作用是什么？
2. 风景资源和风景名胜区是怎么分类的？
3. 风景、风景资源、风景名胜、风景名胜资源这几个概念的区别？
4. 风景名胜区与城市公园、森林公园、自然保护区的区别？
5. 国家公园及风景名胜区分别起源于哪个国家？
6. 都有哪些国际组织在关注风景资源的保护？
7. 美国国家公园的管理制度有哪些值得借鉴？

2 风景名胜区规划概述

■ **本章提示**
1. 掌握风景名胜区的组成、功能与分类;
2. 掌握风景名胜区规划的内容、特点、功能与规划类型;
3. 了解风景名胜区规划与其他规划的关系;
4. 了解国外国家公园、国内风景名胜区的名称由来及发展。

2.1 风景名胜区规划的内容与特点

2.1.1 风景名胜区规划的含义

《风景名胜区规划规范(GB 50298—1999)》中指出:"风景名胜区规划也称风景区规划,是保护培育、开发利用和经营管理风景区,并发挥其多种功能作用的统筹部署和具体安排。经相应的人民政府审查批准后的风景区规划,具有法律权威,必须严格执行。"

风景名胜区规划的目的是保护风景名胜区的生态环境,实现风景优美、设施方便、社会文明以及突出风景区的独特景观形象与魅力,并最终实现风景名胜区健康、适度、稳定、协调和可持续发展。

风景名胜区规划的本质就是为实现风景名胜区的发展目标,提炼并概括风景特色,并将合理的社会需求融入自然,实现人与自然协调发展的风景游憩景域。

2.1.2 风景名胜区规划的内容

1) 风景名胜区规划的主要内容

风景名胜区规划的主要内容是依据风景名胜区资源保护与利用的整体目标,根据国家、省等层次风景名胜体系规划的要求,同时考虑到与风景名胜区相关的国土规划、区域规划、城市规划等相关内容的衔接,在充分对资源保护与利用现状进行分析研究、科学预测风景名胜区的发展规模与效益的基础上,采取相应的方法与途径促进风景名胜区生态效益、社会效益、经济效益的协调发展。主要包括以下内容:

(1) 综合分析评价现状,提出景源评价报告;
(2) 确定规划依据、指导思想、规划原则、风景区性质与发展目标,划定风景区范围及外围保护地;
(3) 确定风景区的分区、结构、布局等基本构架,分析生态调控要点,提出游人容量、人口规模及其分区控制;
(4) 制定风景区的保护、保存或培育规划;
(5) 制定风景游览欣赏和典型景观规划;
(6) 制定旅游服务设施和基础工程规划;
(7) 制定居民社会管理和经济发展引导规划;
(8) 制定土地利用协调规划;
(9) 提出分期发展规划和实施规划的配套措施。

2) 风景名胜区的专项规划内容

风景名胜区的专项规划分为:保护培育规划、风景游赏规划、典型景观规划、游览设施规划、基础工程规划、居民社会调控规划、经济发展引导规划、土地利用协调规划、分期发展规划(表 2.1)。

表 2.1 风景名胜区专项规划内容

专项规划	主 要 内 容
保护培育规划	应包括查清保育资源,明确保育的具体对象,划定保育范围,确定保育原则和措施等基本内容
风景游赏规划	应包括景观特征分析与景象展示构思;游赏项目组织;风景单元组织;游线组织与游程安排;游人容量调控;风景游赏系统结构分析等基本内容
典型景观规划	应包括典型景观的特征与作用分析;规划原则与目标;规划内容、项目、设施与组织;典型景观与风景区整体的关系等内容
游览设施规划	应包括游人与游览设施现状分析;客源分析预测与游人发展规模的选择;游览设施配备与直接服务人口估算;旅游基地组织与相关基础工程;游览设施系统及其环境分析等五部分
基础工程规划	应包括交通道路、邮电通讯、给水排水和供电能源等内容,根据实际需要,还可进行防洪、防火、抗灾、环保、环卫等工程规划
居民社会调控规划	应包括现状、特征与趋势分析;人口发展规模与分布;经营管理与社会组织;居民点性质、职能、动因特征和分布;用地方向与规划布局;产业和劳力发展规划等内容
经济发展引导规划	应包括经济现状调查与分析;经济发展的引导方向;经济结构及其调整;空间布局及其控制;促进经济合理发展的措施等内容
土地利用协调规划	应包括土地资源分析评估;土地利用现状分析及其平衡表;土地利用规划及其平衡表等内容
分期发展规划	应符合以下规定: (1) 第一期或近期规划:5 年以内; (2) 第二期或远期规划:5~20 年; (3) 第三期或远景规划:大于 20 年

资料来源:国家质量技术监督局,中华人民共和国建设部.风景名胜区规划规范[S].GB 50298—1999.北京:中国建筑工业出版社,2008

2.1.3 风景名胜区规划的特点

风景名胜区规划既具有常见规划或计划工作的目的性和前瞻性特征,又具有以下明显特点:

1) 突出地区特征

首先,这是一种特定地区和特殊地域的规划。因为当代的风景区均应由各级政府确认和审定公布,其价值地位、规模范围、管理机构、总体规划均应经相应的政府部门批准。即使是历史的风景名胜区,大多也是社会约定俗成或经过当时各级主管部门确认的。同时风景名胜区又是一个"自然景物、人文景物比较集中,环境优美,可供人们游览、休息或进行科学、文化活动的地区"。景物、环境、功能的特殊性,决定其规划地域的特殊性。

第二,要保护规划对象与范围的完整。因为风景名胜区要"依法设立,应当设立管理机构","设在风景名胜区内的所有单位,……都必须服从管理机构对风景名胜区的统一规划和管理","风景名胜区的土地,任何单位和个人都不得侵占。"所以规划过程中应把风景名胜区作为一个有机整体加以考虑,统筹安排其保护与发展中的各种矛盾。

第三,要突出风景名胜区的地方和个性特色。各风景区的景源特征、自然生境和社会经济因素千差万别,其发展方向、目标定位和结构布局也不相同,规划应在异地对比中着力提取其特殊性,扬长避短,因地、因时、因景地突出本风景区特性,力求形成独具特色的景观形象和游憩魅力,防止照搬照抄,重复建设,千篇一律。

2) 调控动态发展

风景名胜区内的自然生境因素和相关的社会人文因素一直处于不断地发展和变化之中,而可以转化为风景名胜区的物质构成要素的相关经济要素,则也是处于活跃的变化之中。因此规划不仅要把握不断变化的因素,更要对不可预计的内容留有余地,使规划成果能够随着信息反馈而作必要的随机调整。

3) 重在综合协调

风景名胜区规划内容相当广泛,可能涉及相关的自然、社会、经济三大系统及诸要素,涉及农林、工副、交通、科教文卫等辖区的权益关系。在大型而又复杂的风景区,这类条块关系将十分突出。因而规划就要综合分析、评价、论证,扬长避短,综合优化规划内容,使其有利于风景区的游憩、景观、生态三大基本功能的全面发挥;同时还要对各系统、各部门、各地区的内外关系做系统的分析研究,权衡利弊,用有序、协调的方法使诸多条块形成可以互补的有机网络。风景名胜区规划方案的形成和抉择,也是多方面、多目标、多层次、多种构思方案综合比较、择优遴选出来的。

4) 贵在整体优化

风景名胜区规划一方面要根据国家、省域等风景名胜区体系规划的要求,考虑到与风景名胜区相关的国土规划、区域规划、城市规划等相关内容的衔接,从整体上对资源保护与利用状况进行分析研究、科学预测,促进风景名胜区生态效益、社会效益及经济效益的协调发展;另一方面要以系统学、美学、景观生态学、可持续发展等理论为指导,运用景源评价、现状分析、系统协调整合等方法,针对特有的资源条件,从整体上研究风景名胜区发展的基本规律、内部联系、整体形态、运行状况和发展历程等。如典型景观规划,就是通过对风景名胜区内的景观资源进行分类分析与评价,找出特别突出的、具有代表性的景观资源进行重点保护,其目的不仅是要保护好景观资源的本体及其生态环境、实现典型景观的永续利用,充分挖掘与合理利用典型景观的特征及价值,优化游赏项目与活动内容,还要优化典型景观与风景名胜区整体景观及其他景观的关系。

2.1.4 风景名胜区规划的方法

风景名胜区规划的研究对象是风景名胜资源保护与利用系统,它所涉及的规划内容庞大、因素众多、是功能综合和结构复杂、约束重重、动态变化的生态经济大系统。因此,风景名胜区规划需以系统理论为指导思想,客观全面地对风景资源进行系统综合与评价,在理性预测系统目标的前提下,实现科学决策的架构与发展,其方法体系可以从以下几个方面描述:

1) 遵循系统思维方法

风景名胜区规划应以处理风景名胜资源保护和利用问题的指导思想和基本思路,即从系统的观点出发,重点考虑风景名胜区资源的完整性、动态性和真实性等特点,把风景名胜资源保护与利用作为一个系统来看,在充分研究与综合分析其结果的同时,对其进行系统的评价,进而确定最有效地实现系统目标的各项要求和条件,并最终以此指导具体的风景名胜区的建设与管理过程中的各项资源的保护与利用活动。

2) 倡导多学科理论结合

风景名胜区规划的理论方法具有高度的综合性,常涉及多领域学科,例如生态学、经济学、地理学、社会科学等,因此,风景名胜区规划的理论方法就是对多种相关学科的理论方法的综合和提炼,形成综合的具有普遍指导意义的系统理论方法,并与风景名胜资源保护与利用活动密切相关,形成有专业特色的理论方法。

3) 注重内外协调发展

风景名胜区规划的研究应把规划对象看成一个系统,既要注意系统内部子系统之间的平衡,又要注意系统与外部环境的协调,保证规划各个层次和未来各个阶段的平衡,以达到社会、经济、自然、生态的协调发展。

4) 利用新科技手段

在风景名胜区规划时通常要利用各种相关技术,规划的科学性与综合性决定了在制订规划的过程中,必然会采用各种相关技术最新成果。利用这些最新成果,可以提高资源保护与利用的科学化水平及可操作程度。纵观整个风景名胜区规划技术方法的更新与完善,主要是以信息技术的飞速发展为核心,现代通信技术、测量技术、计算机技术等已然成为当今风景名胜区规划的重要技术手段。

5) 采用科学的管理系统

风景名胜区规划的目的就是要对风景名胜资源进行宏观控制与管理,以实现资源的可持续利用,采用科学的管理系统,才能实现风景名胜区的协调发展。主要的管理系统体系如下:第一,以数据库技术为核心所建立的风景名胜资源管理信息系统及资源保护与利用决策支持系统,对风景名胜资源信息进行快速收集、加工、处理和传递,以实现资源管理的现代化与科学化。第二,以资源价值定量核算为核心所建立的风景名胜资源资产的管理体系,用来满足国家对风景区资源的可持续利用。第三,是以信息反馈控制为核心所建立的控制体系,用来对土地利用的全过程进行最优控制。

6）讲求科学的工作方法

风景名胜区规划的工作方法应以风景名胜区规划理论为指导、确定风景名胜区规划程序,并进行风景名胜区规划的实施。风景名胜区规划的理论是指风景名胜区规划整个过程中所需的各种专业知识和技术支撑。风景名胜区规划的程序是指风景名胜区规划的逻辑程序,它可分为:明确问题,系统分析、综合、设计和优化决策以及规划实施;风景名胜区规划的实施是指风景名胜区规划的实施过程,它包括风景名胜资源价值管理评估、风景名胜资源保护与利用及动态监测、风景名胜区规划的动态调整等内容。

2.2 风景名胜区规划的功能与类型

2.2.1 风景名胜区规划的功能

风景名胜区规划在社会经济发展过程中,对风景名胜资源的保护、利用和持续发展起到重要的作用,主要表现为控制、协调、优化、保障和前瞻5个方面的功能。

1）控制功能

风景名胜区不断处于变化与运动中,因此规划也要把握已有的动态变化规律与特征及其发展趋势,同时也要为未来不可预测的因素、变化或突发事件留有余地,并提出合理的解决方案。因而规划也应处于不断地变化过程之中,根据变化中的新情况、新问题、新需求来不断的调整与完善,以实现对资源保护与利用的控制与引导。

2）协调功能

风景名胜区规划是针对相应区域范围内风景名胜资源、社会资源、环境资源、经济资源等各种资源配置的远期方案与计划。风景名胜区内及周边地区的资源、社会、经济协调发展,风景名胜资源的保护与利用,是其研究的核心内容。它所关注的问题焦点是:风景名胜资源是否能够永续利用,社会状况是否能够与资源协调发展,风景名胜资源的保护与利用过程是否能够满足可持续发展的要求。

风景名胜区的规划过程本身也是一个分项研究、统一协调的过程。因为风景区规划的内容具有复杂性和多样性,所以规划任务的完成,同样也需要各专业、各专家的积极配合与协调。

3）优化功能

优化风景名胜区资源配置结构,调整资源利用布局,是风景名胜区规划的核心内容。同时,风景名胜区规划应在保障其可持续利用的前提下,从宏观和长远的角度指导区域内风景资源的优化配置,通过各种途径或采取各种方法,对稀缺、宝贵的风景资源进行配置,以期达到最佳的生态、社会、经济效益。

4）保障功能

风景名胜区的可持续发展,前提是规划,核心是保护,关键是管理。因此规划在被审批并通过之后,就成为风景名胜区建设管理过程中各种资源保护与利用行为的法律依据,它是风景名胜区处理资源保护与利用的重要手段。科学的规划对风景名胜资源的合理开发、利用以及可持续发展起到了积极的保障和监督作用。

5）前瞻功能

风景名胜区规划的前瞻功能主要体现在对风景区未来发展的方向、未来的功能定位、未来可能出现的各种需求等,做出一些具有前瞻性的、先见性的布局和安排。规划的前瞻性、先见性是从实际出发,对风景名胜区未来的发展作出合理的安排,进而实现风景名胜区的可持续发展。

2.2.2 风景名胜区规划的类型

风景名胜区规划从宏观到微观可以分为8种规划类型,其中只有风景区规划纲要、风景区总体规划和风景区详细规划3类被明文规定。

1）风景名胜区发展战略规划

这是对风景名胜区或风景体系发展具有重大的和决定全局意义的规划,其焦点和难点在于战略构思与抉择,其核心是解决一定时期的基本发展目标及其实现途径。其主要内容包括:

（1）发展战略依据　包括内部条件和外部环境;

(2) 发展战略目标　包括方向定性、目标定位(定性兼定量)及其目标体系；
(3) 发展战略重点　包括实现目标的决定性战略任务及其阶段性任务；
(4) 发展战略方针　包括总策略和总原则；
(5) 发展战略措施　包括发展步骤、途径及手段。

例如，创建文明风景区、申报世界自然与文化遗产、构建某种体系和实行某种目标等均属于发展战略规划。

2) 风景名胜区旅游体系规划

这是一定行政单元或自然单元的风景体系构建及其发展规划，包括该体系的开发利用、经营管理、保护培育、发展战略及其与相关行业、相关体系协调发展的统筹部署。主要内容包括：

(1) 风景旅游资源的综合调查、分析、评价；
(2) 社会需求和发展动因的综合调查、分析、论证；
(3) 体系的构成、分区、结构、布局、保护培育；
(4) 体系的发展方向、目标、特色定位与开发利用；
(5) 体系的游人容量、旅游潜力、发展规模、生态原则；
(6) 体系的典型景观、游览欣赏、旅游设施、基础工程、重点发展项目等系统规划；
(7) 体系与产业的经营管理及其与相关行业、相关体系的协调发展；
(8) 规划实施措施与分期发展规划。

例如，全国、省域、市域、流域、气候带等风景旅游体系规划。

3) 风景名胜区区域规划

风景区域是可以用于开发利用、经营管理、风景保育的统一体或地域构成形态。它的内部具有高度的相关性与区域整体性的特点，以及大范围、富景观、高容量、多功能、非连片的风景分布特点，并穿插其他较多的因素例如经济、社会等。由于风景区域规划涉及资源、经济、社会等多重要素的交叉与融合，因此它成为风景保护与利用的核心，同时对区域社会经济协调发展的战略部署与调控起到促进作用，主要内容有：

(1) 景源综合评价、规划依据与内外条件分析；
(2) 确定范围、性质、发展目标；
(3) 确定分区、结构、布局、游人容量与人口规模；
(4) 确定严格保护区、建设控制区和保护利用规划区；
(5) 制定风景游览活动、公用服务设施、土地利用与相关系统的协调规划；
(6) 提出经营管理和规划实施措施。

4) 风景名胜区规划纲要

"在编制国家重点风景区总体规划前应当先编制规划纲要。规划纲要应确定总体规划的目标、框架和主要内容"。其他较重要或较复杂的风景区总体规划，也适宜参考这种做法。其主要内容有：

(1) 景源综合评价与规划条件分析；
(2) 规划焦点与难点论证；
(3) 确定总体规划的方向与目标；
(4) 确定总体规划的基本框架和主要内容；
(5) 其他需要论证的重要或特殊问题。

5) 风景名胜区总体规划

参照《风景名胜区规划条例》，风景名胜区总体规划的编制应当体现人与自然和谐相处、区域协调发展和经济社会全面进步的要求，坚持保护优先、开发服从保护的原则，突出名胜区资源的自然特征、文化内涵和地方特色；统筹部署风景名胜区发展中的整体关系和综合安排，研究确定风景名胜区的性质、范围、总体布局和设施配置，规定严格保护地区和控制建设地区，提出保护利用原则和规划实施措施。风景名胜区总体规划应当包括下列内容：

(1) 分析风景名胜区的基本特征，提出景源评价报告；

(2) 确定规划依据、指导思想、规划原则、风景名胜区性质与发展目标，划定风景名胜区范围及其外围保护地带；

(3) 确定风景名胜区的分区、结构、布局等基本构架，分析生态调控要点，提出游客容量、人口规模及其分区控制；

(4) 制定风景名胜区的保育与开发规划；

(5) 制定风景游览欣赏和典型景观规划；

(6) 制定居民社会管理和经济发展引导规划；

(7) 制定旅游服务设施和基础工程规划；

(8) 规划实施措施与分期发展规划；

(9) 提出分期发展规划和实施规划的配套措施。

6) 风景名胜区分区规划

在总体规划的基础上，应对风景区内的风景结构单元组织、功能分区、自然与行政单元控制及其他分区的土地利用界线、配套设施等内容作进一步的安排，并为详细规划和规划管理提供依据。其主要内容有：

(1) 确定各景区、功能区、保护区等各种分区的性质、范围、具体界限及其相互关系；

(2) 确定各用地范围的保育措施和开发强度控制的标准；

(3) 确定各景点、景群、景区等各级风景结构单元的数量、分布和用地；

(4) 确定道路交通、给水排水、供电、邮电通讯等基础工程的分布和用地；

(5) 确定食宿接待、旅行游览等服务设施的分布和用地；

(6) 确定社会管理、经济发展、居民人口等管理设施的分布和用地；

(7) 确定主要发展项目的等级、规模和用地；

(8) 提出近期建设项目的用地布局、开发序列和控制要求。

7) 风景名胜区详细规划

在总体规划或分区规划的基础上，对风景名胜区重点发展地段的土地使用性质、保护和控制要求、景观和环境要求、开发利用强度、基础工程和设施建设等作出管制规定。

依据《风景名胜区规划条例》，风景名胜区详细规划应当根据核心景区和其他景区的不同要求编制，确定基础设施、旅游设施、文化设施等建设项目的选址、布局与规模，并明确建设用地范围和规划设计条件。风景名胜区详细规划应当符合风景名胜区总体规划。

详细规划可分为控制性详细规划和修建性详细规划。

8) 风景名胜区景点规划

在风景名胜区总体规划或详细规划的基础上，对景点的风景要素、游赏方式、相关配套设施等进行具体安排。景点规划内容及成果见表2.2。主要依据的原则有：

表2.2 景点规划的内容及成果

项 目	内 容
景点规划	① 分析现状条件和规划要求，正确处理景点与景区、景点与功能区或风景区之间的关系； ② 确定景点的构成要素、范围、性质、意境特征、出入口、结构与布局； ③ 确定山水骨架控制、地形与水体处理、景物与景观组织、游路与游线布局、游客容量及其时空分布、植物与人工设施配备等项目的具体安排和总体设计； ④ 确定配套的水、电、气、热等专业工程规划或单项工程初步设计； ⑤ 提出必要的经济技术措施、估算工程量与造价及效益分析
景点规划成果	包括规划文件和规划图纸。图纸包括：规划地区综合现状图、规划总平面图、相关专项规划图、反映规划意图的直观图。图纸比例为1/500～1/2 000

资料来源：丁绍刚. 风景园林·景观设计师手册[M]. 上海：上海科学技术出版社，2009

(1) 景源特征及其生态环境的完整性；
(2) 历史文化与社会连续性；
(3) 地域单元的相对独立性；
(4) 保护、利用、管理的必要性与可行性。

2.3 风景名胜区规划与其他规划的关系

2.3.1 国土规划与区域规划

国土规划与区域规划都是指在国土(或一定区域)范围内,对整个国民经济建设进行总体的战略部署,即从对土地、水体、矿产、气候、旅游、劳动力等资源的合理开发利用的角度,确定经济布局,协调经济发展与人口、资源、环境之间的关系,明确资源综合开发的方向、目标、重点和步骤,提出国土开发、利用、整治的战略重大措施和基本构想。区域规划实质就是区域性国土规划。

风景名胜区规划在空间意义上不同程度地具有区域的性质,然而从规划内容上看,国土规划与区域规划中所涉及的因素更为广泛与丰富,与之相比,风景名胜区规划所涉及的内容相对更为单纯与具体,更像是国土规划与区域规划中的一个专项规划。

2.3.2 城市规划

风景名胜区规划与城市规划关系密切,位于城市行政范围内的风景区规划应纳入该城市的总体规划之内。按照规划范围的大小,规划内容的细致程度,风景区规划也分为区域规划、总体规划、详细规划三个层次,与城市规划层次一致。

风景名胜区规划与城市规划的区别在于,风景区规划以保护为核心,侧重于突现自然环境、人文遗存的可持续发展;而城市规划以建设为核心,侧重于突现城市经济、社会以及生态的可持续发展。城市规划强调以人为本,风景区规划强调以自然为本,人只是自然的一个组成部分,人的发展必须与自然相和谐。这种人地和谐的发展观念逐渐影响到城市规划领域,越来越成为现代城市规划管理的指导思想。对于自然的尊重就是对于人自身的尊重,对于每一段历史的尊重。

2.3.3 土地利用规划

土地利用规划是一个多学科交叉的规划领域,它涉及国土、资源、农业、地理等多个领域,所以它的概念和内容也具有多样性的特点。不同国家、不同领域、不同学科对土地利用规划也有自己不同的理解和定义。联合国粮农组织的《土地利用规划指南》中认为:"土地利用规划是指对自然、社会和经济因素的系统评价,以此来鼓励和保护土地利用者选择提高其生产力,可持续利用和满足社会需要的最佳途径。"土地利用规划是在土地资源评估、土地利用现状分析、土地利用策略研究的基础上,根据规划的目标和任务,对各种用地进行需求预测和反复平衡,拟定各种用地指标,编制规划方案和编绘规划图纸。

风景资源是依附于土地的,所以风景名胜区规划同样也是对风景名胜区内土地资源实施有效供给、优化配置、协调发展的过程,它将土地资源的使用类型、数量等指标与相应及相关的土地利用规划相协调、相联系,以实现对风景名胜资源的有效保护与合理利用。

2.3.4 旅游规划

20世纪90年代后,我国旅游产业快速发展,在旅游业发展及旅游开发的过程中,旅游规划应运而生。1999年3月29日,国家旅游局颁布了《旅游发展规划管理办法》;2000年11月22日,颁布了《旅游规划设计单位资质认定暂行办法》;2003年2月24日,颁布了作为国家标准的《旅游规划通则》。这些都是我国旅游规划走向规范化的重要步骤。在《旅游规划通则》中明确指出旅游规划包括旅游发展规划和旅游区规划。旅游发展规划是根据旅游业的历史、现状和市场要素变化所制定的目标体系,以及为实现目标体系在特定的发展条件下对旅游发展的要素所作的安排。旅游区规划是指为了保护、开发、利用和经营管理旅游区,使其发挥多功能作用而进行的各项旅游要素的统筹部署和具体安排。

尽管旅游规划在时间与空间层次上都与风景名胜区规划具有普遍的相似性,但两类规划的核心有着明显的差别。旅游规划是围绕开发这一核心内容来解决旅游产品、目标、市场、路线等相关问题,以达到经济效益、社会效益、环境效益的协调发展。而风景名胜区规划是以资源保护为核心来解决保护、游赏、居民、设施等相关问题,以达到环境效益、社会效益、经济效益的协调发展。可见,旅游规划与风景名胜区规划在立足点上有着本质的区别。

2.4 风景名胜区的调查研究与基础资料

调查研究是风景名胜区规划必要的前提工作。首先要理清风景名胜区发展的自然、社会、人文、历史的背景和经济发展的状况和生态条件,才能找出风景名胜区建设发展中拟解决的主要矛盾和问题。只有通过扎实的调查研究工作,大量地掌握资料,才能正确认识对象,制定合乎实际、具有科学性的规划方案。同时,调查研究的过程也是风景名胜区规划方案的孕育过程,必须引起高度的重视。

除此之外,调查研究也是对风景名胜区从感性认识上升到理性认识的必经过程和必要过程,它所获得的基础资料是风景名胜区规划定性和定量分析的主要依据。风景名胜区是一个复杂的综合体,进行调查研究既要有实事求是和深入实际的精神,也要讲究合理的工作方法,要有针对性,切忌盲目繁琐。

风景名胜区规划的调查研究工作主要有三个步骤:

(1) **现场踏勘** 风景名胜区规划工作者必须对风景区的概貌、原有地区和新发展地区有明确、直观的印象,对于重要的工程也必须进行认真的现场踏勘。

(2) **基础资料的收集与整理** 主要来自于有关主管部门提供的专业性资料和当地风景名胜区规划部门积累的资料。

(3) **分析研究** 它是调查研究工作的关键,是将现场踏勘和收集到的各类资料中反映出来的问题,通过系统地分析整理,去伪存真、由表及里,从定性到定量地研究风景名胜区发展的内在决定因素,进而提出解决这些问题的对策。

如果现有资料不足以满足规划需要,可以进行专项性的补充和调整,必要时可以采取典型调查的方法或者进行抽样调查。

风景名胜区建设本身就是一个不断变化的动态过程,因此调查研究工作要经常进行,以便对原有资料进行不断地修正与补充。

由于风景名胜区的规模和条件等差异性较大、地区性特点明显,而且风景名胜区规划所需的资料数量大,范围广,变化多,为了提高规划工作的质量和效率,通常要采取各种先进的科学技术手段进行调查、数据处理、检索和分析判断工作,例如运用遥感技术、航测照片等,以准确地判断出地面、地下的资源以及测绘出风景区建筑的现状、绿化覆盖率、环境污染程度等。运用新的科技手段辅助规划,可以进一步提高风景名胜区规划方法的科学性。

根据风景名胜区规模和风景名胜区具体情况的不同,基础资料的收集应有所侧重,不同阶段的风景名胜区规划对资料的工作深度也有不同的要求。风景名胜区规划基础资料收集范围包括文字资料、图纸资料以及声像资料等。一般地说,风景名胜区规划具备的基础资料包括下列部分:

(1) **风景名胜区勘查资料(指与风景名胜区规划和建设有关的地质资料)** 主要包括工程地质,即风景名胜区所在地区的地质构造,地面土层物理状况,风景名胜区规划范围内不同的地基承载力以及滑坡、崩塌等基础资料;地震地质,即风景名胜区所在地区断裂带的分布及活动情况,风景名胜区规划区内地震烈度区划等基础资料;水文地质,即风景名胜区所在地区地下水的存在形式、储量、水质、开采及补给条件等基础资料。

(2) **风景名胜区测量资料** 主要包括风景名胜区平面控制网和高程控制网、风景名胜区地下工程及地下管网等专业测量图以及编制风景名胜区规划必备的各种比例尺的地形图等。

（3）气象资料　主要包括温度、湿度、降水、蒸发、风向、风速、日照、冰冻等基础资料。

（4）水文资料　主要包括江河湖海水位、流量、流速、洪水淹没界线等。大河两岸风景名胜区应收集流域情况、流域规划、河道整治规划、现有防洪设施等资料。山地区域的风景名胜区应收集山洪、泥石流等基础资料。

（5）风景名胜区历史资料　主要包括风景名胜区的历史沿革、变迁以及风景名胜区规划历史等基础资料。

（6）经济与社会发展资料　主要包括风景名胜区经济发展现状以及长远规划等有关资料。

（7）风景名胜区自然资源资料　主要包括现状及历年风景名胜区土地利用分类统计、风景名胜区用地增长状况、规划区内各类用地分布状况等。

（8）交通运输资料　主要包括对外交通运输和风景名胜区内交通的现状和发展预测（用地、职工人数、用水量、用电量、运输量及污染情况等）。

（9）各类仓储资料　主要包括发展规划、用地面积和职工人数等。

（10）建筑物现状资料　主要包括现有主要公共建筑的分布状况、用地面积、建筑面积、建筑质量等，现有住房建筑面积、居住面积、建筑层数、建筑密度、建筑质量等。

（11）工程设施资料（指市政工程、公用设施的现状资料）　主要包括管网系统及其容量、防洪工程等。

（12）风景名胜区环境资料　主要包括环境监测成果，各厂矿、单位排放污染物的数量及危害情况，风景名胜区垃圾的数量及分布，其他影响风景名胜区环境质量的有害因素分布状况及危害情况，地方病及其他有害风景名胜区附近居民健康的环境资料。

■ **课后习题**

1. 风景名胜区规划的含义、内容、特点和方法有哪些？
2. 风景名胜区规划的功能和类型有哪些？
3. 请论述风景名胜区规划与国土规划和区域规划、城市规划、土地利用规划、旅游规划的关系。

3 风景名胜区规划的理论基础

■ **本章提示**
1. 了解风景名胜区规划的基本理论构成;
2. 领会风景名胜区规划理论的发展过程。

3.1 风景名胜区规划理论的发展

我国风景名胜区规划是伴随着风景名胜区事业一起发展起来的。在过去的30多年的时间里,规划的理论和方法在实践和探讨中不断地得到充实与完善。

以20世纪70年代末到80年代中期的早期规划工作来看,主要是结合第一批国家级风景名胜区的申报评定工作,进行了景观资源的调查、评估、鉴定和规划,在摸清家底的基础上,积极建立风景名胜区体系。可以看出,在早期规划中系统论、区位论和美学作为指导风景名胜区规划的理论已经开始显现其作用。

随着20世纪80年代初期旅游业的蓬勃发展,风景名胜区发挥了旅游活动主要的空间载体的作用,风景名胜区规划已经开始在理论层面借助旅游学的理论在客源市场分析、区域旅游市场组织划分、旅游服务设施规划、游憩项目策划和旅游产品规划方面进行探索,并为风景名胜区在其旅游服务功能的完善及其相关设施的配套建设上起到积极的科学引导作用。

由于片面追求旅游开发的经济效益,各风景名胜区不同程度地出现景观资源屡遭破坏、生态环境日益恶化的问题。风景名胜区规划面对发展困境,将研究的视线逐渐向景观生态学、可持续发展理论拓展,寻找解决问题的出路。从20世纪90年代后期开始,景观生态理论、可持续发展理论指导着风景名胜区规划实践,在保护区划、典型景观规划、土地利用规划、经济发展引导规划等的制定上更加科学,更加有效地保护了自然资源和生态系统,达到风景名胜资源可持续利用、自然生态系统平衡演替、社会经济持续增长的综合目标。

3.2 风景名胜区规划的基本理论

3.2.1 系统学理论

1) 系统学理论的基本概念

"系统"这个概念来源于原子论的创始人德谟克利特(Democritus),他在《世界大系统》一书中最早提出了"系统"这个概念,并认为世界是由原子和虚空组成的有秩序的大系统。1945年美籍奥地利生物学家贝塔朗菲(Bertalanffy)《一般系统理论基础、发展和应用》(General System Theory Foundations, Development, Applications)论文的发表则是现代系统理论形成的标志。

系统论是一门运用逻辑学和数学方法研究一般系统运动规律的理论,从系统的角度揭示了客观事物和现象之间相互联系、相互作用的共同本质和内在规律。

贝塔朗菲把系统定义为:"处于一定的相互关系中的并与环境发生联系的各组成部分(要素)的总体(集合)。"我国著名学者钱学森给系统下的定义是:"系统是由相互作用和相互依赖的若干组成部分结合成的具有特定功能的有机整体。"从系统的定义可以看出,一个具体的系统,必须具备3个条件,一是系统必须由2个以上的要素(元素、部分或环节)所组成;二是要素与要素、要素与整体、整体与环境之间,存在着相互作用和相互联系;三是系统整体具有确定的功能。系统论一经诞生,便与自然科学、社会科学和工程技术等相互渗透、相互影响。系统科学的概念、理论、原则和方法日益运用到科学技术体系的各个层次、各个领域,为现代科学技术提供了有效的思维方式与方法,成为现代科学技术整体化、综合化的重要桥梁和工具。系统是事物存在的普遍形式,从原子到宇宙,从一个景点到整个风景名胜区,从一个家庭到整个社会,都是以系统的形式存在。

2) 系统的属性

系统有整体性、动态相关性、层次等级性和有序性等属性。

(1) 系统的整体性　系统的整体性是指系统诸要素集合起来的整体性能,就是系统诸要素相互联系的统一性。要素一旦构成系统,成为有机联系的整体,就获得了各个组成要素所没有的特性。

(2) 系统的动态相关性　任何系统都处在不断发展变化之中,系统状态是时间的函数,这就是系统的动态性。系统的动态性,取决于系统的相关性。系统的相关性是指系统的要素之间、要素与系统整体之间、系统与环境之间的有机关联性。它们之间相互制约、相互影响、相互作用,存在着不可分割的有机联系。

(3) 系统的层次等级性　要素的组织形式就是系统的结构,而结构又可以分成不同的层次等级。在简单系统之中,结构只有一个层次;在复杂系统中,存在着不同等级的系统层次关系。一个系统的组成要素,是由低一级要素组成的子系统,而系统本身又是高一级系统的组成要素。系统的层次等级结构是一切物质系统具有的普遍形式。处于不同等级层次的系统具有不同的结构和功能,不同层次等级的系统之间是相互联系、相互制约的,它们处于辩证的统一之中。

(4) 系统的有序性　系统的有序性是指构成系统的诸要素通过相互作用,在时间和空间上按一定秩序组合和排列,由此形成一定的结构,决定系统的特殊功能。系统的有序性是表示系统的结构实现系统功能的程度。任何系统都有特定的结构。结构合理,系统的有序度就高,功能就好;结构不合理,系统的有序度就低,功能就差。

3) 系统理论在风景名胜区规划中的应用

系统理论的基本思想就是把要研究和处理的对象都看成是一个系统,从整体上考虑问题;同时还特别注意各个子系统之间的有机联系;把系统内部的各个环节、各个部分以及系统内部和外部环境等因素,都看成是相互联系、相互影响、相互制约的。系统理论把风景名胜区看成是一个系统。风景名胜区的系统性主要指风景名胜区结构的系统性。风景名胜区系统包括3个子系统:风景子系统、旅游子系统、居民子系统。其中以风景子系统最为重要,形成风景游赏主体系统,其他二者相对次要,分别形成旅游设施配套辅系统和居民社会经济辅系统。各子系统下面还有更低级的子系统,如风景子系统还有自然景源子系统、人文景源子系统等更低级的子系统。风景名胜区的系统性决定了其规划同样需要系统理论来指导,用系统的方法来研究风景名胜区和规划风景名胜区。系统理论对风景名胜区规划的指导有以下几个方面的表现:

(1) 规划的要素　规划的内容是什么？规划时需要考虑哪些因素？要回答这些问题,首先要清楚风景名胜区的系统性,认清组成这个系统的诸多要素,了解要素之间的联系。规划是一个系统,组成这个系统的诸要素是相互联系、相互制约、相互影响的。从风景名胜区规划的本质上讲,规划的过程就是以风景名胜区的"严格保护、统一管理、合理开发、永续利用"为基点,不断协调主系统与辅系统、各子系统之间关系的过程,各子系统关系的协调统一是风景名胜区规划的核心任务。

(2) 规划的程序与编制　风景名胜区规划的内容很多,考虑的要素繁杂,所需的知识体系庞大,将这些内容和要素合理地组织起来需要系统知识。风景名胜区规划是一个分析和决策的过程,如何使这个过程条理清晰,有条不紊,同样需要系统理论。系统理论始终贯穿于风景名胜区规划的全过程。

(3) 规划者的思维　风景名胜区规划作为一项系统工程,规划任务需要各行业、各学科专家来协同完成,每位专项规划人员都需要具备系统的思维与合作的精神,片面强调各自子系统的重要性,只能使规划任务难以完成,规划目标难以实现。

3.2.2 区位论原理

1）区位论基本概念

(1) 区位　"区位"一词来源于德语的"池"(standort)，是个复合词。"Stand"为站立场所、立脚地、站立之意，"ort"为位置、点、场所。英文于1886年译为"location"，即位置、场所之意。我国译成"区位"。日本则译为"立地"。有些意译为"配置"或"布局"，在某些情况下也是可用的。

"区位"包含两层含义：一方面指该事物的位置，另一方面指该事物与其他事物的空间联系。对区位一词的理解，严格地说还应包括以下两个方面：①它不仅表示一个位置，还表示放置某事物或为特定目标而标定的一个地区、范围；②它还包括人类对某事物占据位置的设计、规划。社会中人类进行活动必须选择各种场所，人类行为场所选择的地点即为区位。可以说，人类在地理空间上的每一个行为都可以视为是一次区位选择活动。例如：农业生产中农作物种类的选择与农业用地的选择，工厂的区位选择，公路、铁路、航道等路线的选线与规划，城市功能区（商业区、工业区、生活区、文化区等）的设置与划分，城市绿化位置的规划以及绿化树种的选择，房地产开发的位置选择，国家各项设施的选址等。

(2) 区位条件　区位条件即区位本身具有的条件、特点、属性、资质，其构成因素主要包括：自然资源、地理位置以及社会、经济、科技、管理、政治、文化、教育、旅游等方面。在区位论研究中，究竟什么条件为区位条件呢？根据区位主体要求不同，区位条件也不尽相同。如选择产业区位时，用地及用水的获取，劳动力的素养和工资水平，原料的来源，接近市场以及交通便利的条件等都是区位条件。

(3) 区位因子　影响区位主体分布的原因称之为区位因子或称区位因素。最早明确地规定区位因子概念的是德国的韦伯(A. weber)，他认为区位因子就是在某种因子的作用下，生产在某种场所进行所获得的利益，此利益即为生产费用的节约额。他所追求的区位为生产费用最小地点，节约费用最大地点。据此他提出三组区位因子：①一般区位因子与特殊区位因子；②地域的区位因子与集聚、分散因子；③自然的、技术的区位因子与社会的、文化的区位因子。

(4) 区位论　区位论(standortslehre)也称区位理论，是研究区位的理论，就是人类选择空间活动区位的理论。它研究人类各种空间活动最佳、效果最大或者说最满意的地点的选择。从人类空间经济活动来看，要选择"投资最小"而"获利最大的地点，就是投入最少而效益最大的地点"。区位论是为寻求合理空间活动而创建的理论，是人文地理学研究中最重要的课题之一，不仅要在地图上描绘各种经济活动与其他客体（工厂、农场、电站、旅游点等）的位置，而且必须进行充分解释和说明，探讨它们的形成条件与技术合理性。

简而言之，区位论就是研究世界各国各地区人类各种活动区位的选择、形成和发展的科学，分析其形成的原因与条件，预测其将来的发展。区位论的出现，预示着人类将有计划地选择最优活动场所。在西欧、北美各国，区位论是国土规划、区域规划、城市规划等学科的重要组成部分。由于区位论主要解决什么样的人类活动应集中于什么场所的问题，所以它是人文地理学研究的重要核心问题。

2）区位论在风景名胜区规划中的应用

(1) 风景名胜区的区位布局　根据所处的位置，风景名胜区的布局可划分为两种情况，一种是依附于大城市的风景名胜区布局，如乐山大佛风景名胜区、南京钟山风景名胜区、大理苍山—洱海风景名胜区。这种风景名胜区的部分功能可由依托城市来负担，如景区管理、旅馆、商业服务基地等，它的布局可以纳入依托城市的规划之中。第二种风景名胜区距离大中城市较远，如四川九寨沟—黄龙寺国家风景名胜区、云南路南石林国家风景名胜区等。这种风景名胜区的布局及用地结构与前一种差异较大，他们的规划应单独编制。

(2) 风景名胜区内的功能区区位布局　理想状态下的风景名胜区是环形布局，其功能区由内向外依次分布为：第一类用地，风景名胜资源最集中的风景名胜核心区；第二类用地，主要由交通设施、旅游接待用地、旅游商业服务用地构成的风景名胜缓冲区；第三类用地，由休养用地、旅游基础设施用地、旅游管理用地、居住用地及旅游产品加工用地等构成的风景名胜保障区。

但是由于受经济发达程度、地形、水源、地理位置、社会效能的影响，风景名胜区的布局形态发生偏离、变形，这就使风景区内的功能区布局呈现出多种形态，如团状、片状或散点状等等。

第一类用地——风景名胜核心区,是风景名胜区范围内最具代表性的自然景物、人文景物资源最集中、最丰富的区域,是风景名胜区的主体部分,是游客观光、游憩、感受的主要场所,是游人停留时间最长的地区,是风景名胜区存在的关键,也是风景名胜区范围内最具观赏价值、最需要严格保护的区域。风景名胜区的区位优势、区位特征等基本上是由核心区的区位来决定的。

一个景区有若干个具有特质的观赏、游憩地是很重要的。如峨眉十景、嘉州十胜、西湖"三潭印月、苏堤春晓、柳浪闻莺、花港观鱼、双峰插云"等国内外著名景观区。

划定、安排、布局、保护这一功能区的用地是首要的,否则会削弱风景名胜区旅游景观价值,进而直接削弱风景名胜区最基本的旅游功能。

① 自然景观游览用地 包括景观的保护点(国家及省市重点保护的自然景观——地景、水景、生景、气景)、游览空间、游览线路、天然及绿化植被等。

② 人文景观游览用地 国家、省、市重点保护文物占地,如乐山大佛及大佛寺庙、麻浩崖墓、白塔、乌尤寺等,新建的景观及建筑用地,园林用地及新建景观——东方佛都、佛国天堂、碑、林、壕上大桥等。

③ 游憩设施用地 包括亭、榭、长廊等用地。如乐山麻浩仿古船形渔村、壁津楼及碑廊、月榭及明代"雨花石"旧址上新建"载酒亭"等。

④ 文化娱乐设施用地 包括博物馆、名人纪念地等,可丰富游客的旅游文化生活,如乐山灵宝塔西北隅的"沫若堂"、西峦峰上的"东坡楼"、汉崖墓博物馆等。

⑤ 体育设施用地 根据旅游地的地形特征及其自然条件,可以设置滑雪、滑冰、登山、游泳、划船等活动,如滇池划船、攀登泰山、青岛海滨浴场、西安华清池浴场及峨眉山舍身崖畔的滑翔等。

⑥ 游览中继点与公共厕所用地 中继点往往是游客休息的地方,因此需要具备一定服务设施。中继点不一定有景可观赏,但是沿途必设的,提供公共厕所、旅游用品小卖部、茶水等。大的风景名胜区,每个景区都要设休息点,以消除游客疲劳,如峨眉山的中继点有:"三里一小站、五里一亭台、十里一食宿"之说。

第二类用地——风景名胜缓冲区,主要由交通设施用地、旅游接待用地、旅游商业服务用地构成,位于风景名胜区核心区外围。用于满足旅游者生理需求,为旅游者提供吃、住、行、购的方便。

① 交通设施用地 交通设施用地主要包括:a. 景区主要入口处集中的外部交通设施;b. 入内交通,是连接景区主要入口与景区内的接待中心的交通设施;c. 停车场、停车库;d. 交通附属设施。

② 旅游接待用地 旅游接待用地不能占据风景游览用地,应位于主要景区、景点之外。建筑体量宜小巧精致,避免高大建筑破坏由山水、植被所形成的优美天际线。如分散布局,分散在各游憩区附近,则要求不破坏景观;如成片布局,将旅馆分片设在专门区域,相对集中,布局在边缘区域集中开辟为旅游小镇,与管理中心结合。

旅游接待用地包括以下四种形式:a. 旅游基地;b. 旅馆用地;c. 临时接待设施用地;d. 野营用地。

③ 旅游商业服务用地 旅游商业服务用地主要集中在缓冲区外缘,除在景区分散小网点外,在外缘应有一至数个商业服务设施较为集中、完善、综合的商业服务中心,以满足游客吃、穿及购物需求。其规划布局、建筑、景观风貌应体现地域、民族特色,有好的艺术观赏效果。

旅游商业服务用地包括以下三种形式:a. 商业中心及网点用地;b. 商业服务用地;c. 地方集市及农贸市场用地。

第三类用地——风景名胜保障区。此类用地位于景区外缘,对游客和景区起保障作用,一般安排占地面积大的基础设施,间接与旅游者发生关系。如休养用地,供水、供电设施,公安机关,行政机关及旅游工艺品和副食品加工等工业用地。这些设施占地广,建筑物高,而且有废气、废水、噪音等三废污染,因此应位于景区最外缘空间,不宜在景区附近。

① 休养用地 休养用地根据使用功能可分为:a. 休养院用地;b. 度假区用地;c. 医疗设施用地。

② 旅游基础设施用地 旅游基础设施用地是风景区运行的基础,主要有:a. 供水、排水设施;b. 污染物处理设施;c. 电力、能源设施;d. 邮政电信设施。

③ 旅游管理用地 旅游管理用地主要指风景区的行政管理办公、旅行社办公及公安安全机关等用地;

a. 行政管理办公用地；b. 旅行社用地；c. 公安安全机关用地，包括公安、消防、护林、车辆监理等。

④ 居住用地　指直接或间接为旅游服务的居民住宅用地。它是组织游客游览，为游客提供方便的不可缺少的组成部分。均应安排在景区最外围，严禁进入景区内。包括：a. 居民建筑用地；b. 居住区道路绿化用地。

⑤ 旅游产品加工用地　旅游纪念品加工用地是指加工、制造旅游纪念品如人工刺绣、竹编工艺等的工厂、作坊用地，其污染程度较轻。旅游纪念品制作本身就是具有民族地方特色的宝贵旅游资源，可供旅游者游览、参观，同时满足旅游者购物需求。主要包括：a. 主副食品加工工业用地；b. 地方土特产工业用地；c. 旅游工艺品加工工业用地；d. 旅游纪念品、日用工业、宣传品工业用地。

⑥ 旅游农村副业用地　主要有：a. 蔬菜、果园、茶园、农场用地；b. 花卉、盆景生产用地；c. 畜、禽、鱼类饲养场用地。

3.2.3　美学理论

1）美学理论的基本概念

美学是从人对现实的审美关系出发，以艺术作为主要对象，研究美、丑、崇高等审美范畴和人的审美意识，美感经验，以及美的创造、发展及其规律的科学。对应于风景园林学科，美学可理解为从人类的视觉形象感受要求出发，依据美学规律，利用空间实体景观，以人为本，创造符合人们审美情趣的、令人身心愉悦的环境景观。意境是中国古典美学的重要范畴，是指艺术家从对客观事物的观察、认识、体验感受中，产生了某种思想感情，通过特殊的艺术构思和形象缔造，把这种思想感情充分表现出来达到一种动人境界，这是艺术家主观情感与客观物境互相交融而达到的艺术境界，也是艺术家的精神感受。诗歌、绘画、音乐、电影都有意境美，但他们与自然山水风景意境相比都有局限性。

自然山水风景意境的特点在于人们可以通过视觉、听觉、嗅觉、触觉，身临其境地感受艺术对象，从而使人们的感受更真实，更生动。风景区是多种艺术意境综合集成的产物，但又并非各种艺术意境的简单合并，而是有机地摄入、融合、贯通各种艺术意境并使其升华的结果，最终以自身具象的变化传达主体意象的幽隐和深远，凸现出以有限单纯表现无限丰富的审美特点。

我国的山水审美观源远流长，在世界上独树一帜。先民对自然景物的认识由最初、原始的自然崇拜，到人与自然的和谐共处，经历了漫长的历史时期。其间，儒家、道家的互补与融合为自然山水审美意识的发展奠定了理论基础。自汉武帝"罢黜百家、独尊儒术"之后，儒家被奉为正统的思想，并由此对国人的审美价值取向产生了深远的影响，丰富了山水审美观，为山水审美奠定了坚实的思想基础，形成了我国人民独特的山水审美观。

2）美学理论在风景名胜区中的应用

风景名胜作为人与自然对话的场所，可以将其定位为自然环境与人工造物的结合。因为它是人们出于对自然的向往，而创造的"第二自然"——源于自然而高于自然。

在风景名胜区的规划实践中，对审美意识把握的关键就在于对意境的把握。从某种程度上讲，审美的取向过程就是对意境的体验过程，而规划设计就是意境的营造过程。要将重要的因素综合考虑，即对个性化的特征及辅助功能的考虑、因地制宜，做到"因境而成"、"得景随形"。

另外，风景名胜区多源于名山大川，自然而然的成为人们向往之地，这就要求风景名胜区规划应该充分遵循山水观，在尊重自然山水的基础上进行景区的规划，并应注重人文景观的建设，使自然与人文融为一体，构成人文与自然美景交融的交响曲。

3.2.4　旅游学理论

1）旅游学理论的基本概念

"旅游"一词在我国最早出现于南梁诗人沈约的《悲哉行》一诗："旅游媚年春，年春媚游人。徐光旦垂彩，和露晓凝津。时嘤起稚叶，蕙气动初频。一朝阻旧国，万里隔良辰。"从沈诗看，旅游一词在当时就有外出游览的涵义。

在《韦伯斯特大字典》中，旅游(tour)一词被解释成"是一个人回到其出发地所经历的旅程；是一次以商务、娱乐或教育为目的所作的旅行，旅行期间通常按计划的线路访问不同的地方。"

1942年，瑞士学者汉泽尔和克拉普夫在他们合著的《普通旅游学纲要》中将旅游定义为："旅游是非定居者的旅行和暂时居留而引起的现象和关系的总和。这些人不会永久居留，而且不从事任何赚钱的活动。"20世纪70年代"旅游科学专家国际联合会"（AIEST）采用了这一定义，所以也被称作"艾斯特"定义。关于旅游学的概念，王德刚（1988）认为："旅游学是以旅游的三要素（旅游主体、旅游客体、旅游媒介）为核心，研究旅游活动和旅游业发展规律的科学。"

旅游活动的构成要素涉及社会生活的众多方面，谢彦君在他的《基础旅游学中》将旅游活动的构成要素概括为四个方面：

（1）旅游者　是旅游活动的主体，是旅游业得以生存和发展的基本要素。根据旅游者的来源地不同，一般将旅游者分为国际旅游者和国内旅游者两大类型。

① 国际旅游者的定义　1937年，国际联盟统计专家委员会（the Committee of Statistics Experts of the Short-lived League of Nations）将其定义为"离开定居国到其他国家访问旅行超过24小时的人"，并确认以下几种人是国际旅游者：a. 为了消遣、家庭事务及身体健康方面目的而出国旅行的人；b. 参加国际会议的人；c. 为工商业务原因而出国旅行的人；d. 在海上巡游过程中前来访问的人员，即使其不足24 h 亦视为旅游者。不能列为旅游者的人员包括：a. 抵达某国就业任职，不管是否订有合同从事营业活动者，均不能列为旅游者；b. 到国外学习，膳宿在校的学生；c. 居住在边境地区而跨越国界到邻国工作的人；d. 临时过境而不停留的旅行者，即使在境内时间超过24 h。

1950年，国际官方旅游组织联盟（IUOTO, the International Union of Office Travel Organizations）将修学形式的学生视为旅游者，并且界定了一个新的旅游者类型"International Excursionists"（通常译为"短途国际旅行者"或"当日往返国际旅行者"）。短途国际旅行者是在另一个国家访问不超过24 h 的人。

1963年，联合国在罗马举行的国际旅行与旅游会议对逗留时间超过24 h 的旅游者（tourists）与逗留时间不足24 h 的游客（visitors）加以区分，这种划分实际上对应于IUOTO在1950年所做的旅游者（tourists）与不过夜旅游者（excursionists）的划分方法。

1976年，在联合国统计委员会召开的世界旅游组织及其他国际组织代表参加的会议上，进一步明确了visitors、tourists 和 excursionists 的定义。

② 国内旅游者的定义　目前对于国内旅游者的界定众说纷纭，还未形成统一的概念。世界旅游组织将国内游客划分为过夜国内旅游者和不过夜国内旅游者。国内过夜旅游者是指在本国某一目的地旅行超过24 h 的人，其目的是休闲、度假、运动、商务、会议、学习、探亲访友、健康或宗教。国内不过夜旅游者是指基于以上任一目的并在目的地逗留不足24 h 的人。

（2）旅游资源　国内外学者对旅游资源的理解各有不同，比较公认的概念是："旅游资源是指客观地存在于一定地域空间并因其所具有的愉悦价值而使旅游者为之向往的自然存在、历史文化遗产或社会现象。"旅游资源包括以下基本属性：①旅游资源与其他资源一样，是一种客观存在，是旅游业发展的物质基础；②旅游资源具有激发旅游者旅游动机的吸引力；③旅游资源能为旅游业所利用，并由此产生经济效益；④旅游资源不管是以单体或复合体的形式存在，都依托于一定的地域空间，是绝对不能移动的。

旅游资源一般可分为自然旅游资源和人文旅游资源两大类。自然旅游资源即是依照自然发展规律天然形成的旅游资源，是可供人类旅游享用的自然景观与自然环境，位于自然界一定的空间位置，有特定的形成条件和历史演变规律，如我国的四大名山。人文旅游资源则是人类历史发展和社会进程中由人类社会行为促使形成的具有人类社会文化属性的悦人事物，其形成和分布不仅受历史、民族和意识形态等因素的制约，而且还受自然环境的影响，并形成了明显的地域特征，如敦煌莫高窟、北京故宫等。

（3）旅游产品　对于旅游产品的概念，历来存在极大的分歧。"旅游产品是指为满足旅游者的愉悦需要而在一定地域上生产或开发出来以供销售的物象与劳务的总和"。按照这一定义，最典型最核心的旅游产品形式就是已经被开发出来的旅游地，它是指出于交换的目的而开发出来的能够向旅游者提供审美和愉悦的空间单元。另一种是组合旅游产品。前者是旅游产品的原初形态,具有能满足旅游者预约需要的效用和价值;而后者是旅游产品的终极形态,是旅游企业或旅游相关企业围绕旅游产品的核心价值而做的多重价值追加。

旅游产品与旅游资源的区别:旅游资源不同于旅游产品,旅游资源具有广泛多样性、区域独特性、群体组合性、季节变异性、价值不确定性、永续性、不可再生性和观赏性,它的旅游价值体现在对游客的吸引,其本体的存在是不以个别人的意志而转移,而旅游产品是旅游资源的具体化。

(4) 旅游业　国际上又称为旅游产业,是凭借旅游资源和设施,专门或者主要从事招徕、接待游客,为其提供交通、游览、住宿、餐饮、购物、文娱六个环节服务的综合性行业。狭义的旅游业,在中国主要是指旅行社、旅游饭店、旅游车船公司以及专门从事旅游商品买卖的旅游商业等行业。广义的旅游业,除专门从事旅游业务的部门以外,还包括与旅游相关的各行各业。

"按照核心旅游产品定义旅游业,旅游业就是由各个提供核心旅游产品以满足旅游者的旅游需求的旅游企业所构成的集合;如果按照组合旅游产品(它所包含的种种追加价值由各种旅游相关企业提供)的概念定义旅游业,旅游业就是一种十分综合的产业,是由各种提供能满足旅游者需求的产品的企业所构成的集合。后者是以往为我们比较一致地认可的旅游业行业构成定义"。这样将旅游业区分为狭义旅游业和广义的旅游业。广义的旅游业涵盖了旅游问讯、运输业、通讯业、饮食业、住宿业等相关产业。

2) 旅游学理论在风景名胜区规划中的应用

旅游与环境是休戚相关的。旅游发展依赖于环境,优良的环境是发展旅游业的重要基础。清新的空气、蔚蓝的天空、秀丽的碧水、奇特的地形地貌、多姿多彩的动植物景观等,对于大多数旅游者都具有强大的吸引力。风景名胜区作为一种重要的旅游资源,在风景名胜区的规划中也就离不开对它的旅游价值的开发和利用。在风景名胜区的规划中须制定风景区专项游览规划,游览是风景区多种功能中的重要功能之一,是利用量最大、影响最大的功能,也是威胁风景区保护的最大因素,因此,在风景区总体规划中始终将其作为很重要的内容进行全面的研究。利用旅游学知识,结合游人的需求,设计各有特色的不同游程的游览路线,配置相应的服务设施,包括区外设施齐全的旅游服务基地和区内必要的服务站和服务点,以满足游人游览、欣赏、体验大自然的精神文化及科教活动的要求。在保护风景名胜区自然资源的同时,对风景名胜的旅游价值开发利用,形成系统的开发模式,建设相应的服务设施,构建区域发展规划,有效地利用风景资源,提高风景名胜区的吸引力。

风景名胜区大多位于城郊或者农村,其规划与开发的目的就在于利用当地的优势风景资源,将潜在的经济效益现实化,以促进当地国民经济的发展,提高当地居民的生活水平。旅游业作为风景区的经济增长点,可以通过其集聚和扩散作用将旅游业的关联作用扩展到一个较为广阔的地域空间,使整个风景区向网络系统发展,有利于把经济开发活动结合为有机整体,带动风景区周围区域的发展。旅游带来的影响是多方面的,不单是经济上的,在环境及社会文化方面也会带来一系列的影响。因此,在风景区规划中须对这些影响进行科学预测,以期提高其积极的影响并尽可能将不利影响降至最低。

3.2.5　景观生态学理论

1) 景观生态学原理

景观生态学是近年来发展起来的一个生态学分支,它以整个景观为研究对象,着重研究景观中自然资源的异质性。生态学中景观的定义可概括为狭义和广义两种。狭义景观是指在几十千米至几百千米范围内,由不同类型生态系统所组成的、具有重复性格局的异质性地理单元。广义景观则包括出现在从微观到宏观不同尺度上的,具有一致性或斑块性的空间单元。广义的景观概念强调空间异质性,景观的绝对空间尺度随研究对象、方法和目的而变化。景观生态学的研究内容概括为三个方面:

(1) 景观结构　即景观组成单元的类型、多样性及其空间关系。例如,景观中不同生态系统(或土地利用类型)的面积、形状和丰富度,它们的空间格局以及能量、物质和生物体的空间分布等。

(2) 景观功能　即景观结构与生态学过程的相互作用,或景观结构单元之间的相互作用。这些作用主要体现在能量、物质和生物有机体在景观镶嵌体中的运动过程中。

(3) 景观变化 即景观在结构和功能方面随时间的变化。包括景观结构单元的组成成分、多样性、形状和格局的空间变化,以及由此导致的能量、物质和生物在分布于运动方面的差异。

景观生态学的主要原理,可以归纳为结构原理、功能原理和时间原理,表 3.1 简略概括了其中的主要理论。

表 3.1 景观生态学主要原理及原理表述

主要原理	原 理 表 述
结构原理	1. 景观结构,即斑块、廊道、基质及其比例组成的不同将直接影响物种、能量、物质流等功能特征的变化 2. 景观异质性可强化物种共生但减少稀有边缘物种的种类 3. 景观空间元素间物种的扩散与聚集对景观结构有重要影响,同时受制于景观结构
功能原理	4. 景观空间元素间物质营养成分的再分配速率随其所受干扰的强度加大而增强 5. 穿越斑块、廊道、基质及其边缘有能量与生物流随景观异质性的增大而增强
变化(时间)原理	6. 无任何干扰时,景观水平结构趋于均质化,而垂直结构异质性加强

景观结构、景观功能和景观变化是相互依赖、相互作用的有机联系,结构与功能相辅相成,结构在一定程度上决定功能,而结构的形成和发展又受到功能的制约。空间格局及其变化如何影响生态学过程是景观生态学的核心。景观生态学更突出空间结构和生态学过程在多个尺度上的相互作用。景观的空间结构特征(包括空间梯度、斑块多样性、斑块连接度等)与生理生态过程、生物个体行为、种群动态、群落结构和动态,以及生态系统过程(如能量流动和养分循环)在不同尺度上的关系,构成了景观生态学的基本内容。其中,与风景名胜区景观关系最为密切的景观生态学内容有:

(1) 基本概念——斑块(patch)、廊道(corridor)和基质(matrix) 生态系统功能的实现,是以空间结构为基础的。景观生态强调水平过程与景观格局之间的相互关系,它把"斑块-廊道-基质"作为分析任何一种景观的模式。斑块、廊道和基质是景观生态学用来解释景观结构的基本模式,普遍适用于各类景观,包括荒漠、森林、农业、草原、郊区和建城区景观,景观中任意一点或是落在某一斑块内,或是落在廊道内,或是在作为背景的基质内。这一模式为比较和判别景观结构、分析结构与功能的关系和改变景观提供了一种通俗、简明和可操作的语言。这种语言和景观规划及决策相结合,构成了现代宏观尺度的景观规划的理论基础。

(2) 斑块原理 斑块是指与周围环境在外貌或性质上不同,并具有一定内部均质性的空间单元。斑块的面积、形状与分布对生物多样性和各种生态学过程影响甚大。大型斑块可以比小型斑块承载更多的物种,特别是一些特有物种可能只在大型斑块的核心区存在。对某一物种而言,大斑块更有能力持续和保存基因的多样性。相对而言,小型斑块则不利于林内种的生存、不利于物种多样性的保护,不能维持大型动物的延续。但小斑块可能成为某些物种逃避天敌的避难所,因为小斑块的资源有限,不足以吸引某些大型捕食动物,从而使某些小型物种幸免于难。同时,小斑块占地小,具有跳板(steppingstone)的作用,增加了景观的连接度,为许多边缘种、小型生物类群以及一些稀有种提供生境。

(3) 廊道原理 廊道是指景观中与相邻两边环境不同的线型或带状结构,它起着分割或连通空间单元的作用。风景区内常见的廊道有交通廊道、防风林带、防火道、河流、峡谷、输电线路等。人类活动使自然景观被分割得四分五裂,景观的功能流受阻。所以,加强孤立斑块之间及斑块与种源之间的联系,是现代景观规划的主要任务之一。联系相对孤立的景观元素之间的线性结构称为廊道。生态学家和保护生物学家普遍承认廊道有利于物种的空间运动和本来是孤立的斑块内物种的生存和延续。从这个意义上讲,廊道必须是连续的。

河流沿岸的生态绿带具有良好的生态廊道作用,在这一界面上,分布有大量绿色植物、微生物,有可能还有动物的出没,如果林带达到一定宽度,则为建立良好的生态栖息地提供了保障。河流岸线的生态化处理有利于生物的迁徙与生存。

公路、电缆线和便道通常在空间上是连续的,相对较直,常有人为干扰。因此,它们常把种群分隔为复合种群,主要是耐干扰种活动的通道,是侵蚀、沉积、外来种入侵以及人类对基底干扰的源端。

(4) 基质原理　基质指斑块镶嵌内的背景生态系统或土地利用类型,是背景结构,它一般是面状,也可以是点状单元随机分布形成的宏观背景,是面积最大、连通性最强的景观元素,具有生态调节功能、生态防护功能、游憩功能、景观功能、文化功能。一般来说,它用凹形边界将其他景观要素包围起来。

基质的判定通常依据相对面积、连通性及控制程度。基质面积在景观中最大,是一项重要指标,常作为定义基质的第一条标准。确认基质的第二条标准,基质的连通性较其他现存景观要素高。判断基质的第三个标准是一个功能指标,看景观元素对景观动态的控制程度。基质对景观动态的控制程度较其他景观要素类型大。

2) 景观生态学在风景名胜区规划中的应用

景观生态学是生物生态学与人类生态学的桥梁。景观演化的动力机制有自然干扰与人为影响两个方面,由于当今世界上人类活动影响的普遍性和深刻性,所以对景观演化起主导作用的是人类活动。景观生态学强调以人类世代的时间尺度与人类视觉的空间尺度作为人类尺度的作用。

景观生态学同时研究生态景观与视觉景观两个方面,注意协调形态与内容、结构与功能的统一。它以人类对于景观的感知作为评价的出发点,追求景观的经济、生态与美学多重价值的实现。

风景名胜区是由许多相互关联、依存和制约的生物因素和非生物因素构成的,以自然景观属性为主,人工干预为辅的生态系统。从景观生态角度来看,主要包括山地、森林、各种水域和沼泽等景观生态类型。其共同特点是保持着大自然原有风貌和良好的生态环境,有些还有丰富独特的人文过程、浓郁的民俗风情,成为人们亲近自然、回归自然的理想境地。同时,风景名胜区以自然景观旅游资源为凭借,以旅游设施为条件,向旅游者提供各种服务,这必然向景观生态系统提供更多的能流和物流,对系统内的生物种类组成、种群数量比例和土壤的外部形态等产生一定的影响,不同程度地改变了景观面貌,进而影响了景观价值。因此,风景名胜区规划的重点是如何协调景区的旅游价值和维持景观生态系统的生态整合性(结构与功能的完整)的关系,开发建设与景观生态破坏的关系,以及景点、服务设施的空间分布和建设的关系。目前,我国许多风景旅游区,由于人工干预和开发过度,景观生态系统受到破坏。据研究,风景区一项基础设施建设对山体和植被的直接破坏,往往是其基本建筑面积的几倍或十几倍,除建设施工现场的破坏,还有许多间接的损害,如物资运输途中及转运堆放的影响,开山放炮,吓跑鸟兽。由此可见,自然风景区的生态规划必须因景制宜,适度开发。"适度开发"就是要保持不超过景观生态环境容量的开发。适度为合理开发,低度为初级开发,过度为破坏性开发。从本质上讲,开发和保护的目标是一致的,因为开发是为了利用,保护是为永续利用。为此,对风景名胜区在全面调查的基础上,以环境容量和景观生态保护为原则,通过总体生态规划,使得人工景观与天然景观共生程度高,真正做到人工建筑的"斑块"、"廊道"与天然的"斑块"、"廊道"和"基质"相协调。

3.2.6　可持续发展理论

1) 可持续发展理论的产生

早在2200多年前的春秋战国时代,我国对于可再生资源持续利用就已经有了自己的思想和实践。如《吕氏春秋》有云:"竭泽而渔,岂不获得?而明年无鱼。焚薮而田,岂不获得?而明年无兽。诈伪之道,虽今偷可,后将无复,非长术也。焉有一时之务先百世之利者乎?",《孟子·梁惠王上》也有"不违农时,谷不可胜食也;数罟不入洿池,鱼鳖不可胜食也;斧斤以时入山林,林木不可胜用也,是使民养生丧死无憾也。"

然而,可持续发展理论的确立与发展则是近几十年来的事情。自第二次世界大战以来,世界各国的工农业生产发生了巨大变化,特别是自20世纪50年代以来,在工业文明给人类带来先进科技与高水平生活的同时,环境污染、资源枯竭、生态环境恶化等一系列问题也摆在人类面前。之所以出现这种现象,是由传统的资源利用思想造成的。人们在利用资源时只顾当前利益,忘记未来利益;只考虑局部利益,不考虑区域的整体利益;只重视个人或者单方面的利益,忽略团体或综合利益。

进入20世纪70年代,人们逐渐认识到这种思想的严重性,开始重新思考自己的行为,调整资源利用思想和经济发展方式。1980年,世界自然保护联盟(IUCN)在制定的《世界保护战略》中第一次提出"可持续发展"的概念。1992年6月,在里约热内卢举行的"联合国环境与发展大会"(UNCED)取得的最有意义的成果是两个纲领性文件:《地球宪章》和《21世纪议程》,这标志着可持续发展从理论探讨走向实际行动。

2) 可持续发展的基本概念和特征

可持续发展理论研究广泛,仅有关可持续发展的定义就多达100种。其中最具代表性的首推1987年挪威前首相布伦特兰夫人(Gro Harlem Brundtland)主持的联合国世界环境与发展委员会(WCEI)在《我们共同的未来》中所提出的定义,即可持续发展是"既满足当代人的需求,又不对后代人满足其自身需求的能力构成危害的发展"。

可持续发展理论中包含两个关键性的概念:一是人类需求,特别是世界上穷人的需求;二是发展有限度,不能危及后代人的生存和发展。这一表述实际上已成为一种国际通行的对可持续发展概念的解释,既实现经济发展的目标,又实现人类赖以生存的自然资源与环境的和谐,使子孙后代安居乐业得以永续发展。可持续发展的特征可以从三个方面来认识,即自然可持续性、经济可持续性和社会可持续性。

(1) 自然可持续性 自然可持续性是从自然资源质量角度出发的,在人们利用自然资源的过程中,不能导致资源质量的退化,这就要求在利用资源的同时,尊重自然规律,按自然资源容量决定利用强度,最终保护资源,提高资源质量和生产力。保持资源的自然可持续性可以协调当前和未来的关系,防止竭泽而渔的短期行为,这是持续发展的基础。

(2) 经济可持续性 经济可持续性是以自然可持续性为基础的,也就是在资源质量不发生退化的前提下,人们可以持续不断地取得净收益,使整个利用系统可持续保持下去。经济可持续性说明了资源利用效益在不同时段的分享关系,那些仅顾当前高收益,使利用行为产生负影响,导致资源质量下降,未来收益降低的利用方式是不具备经济可持续性的。

(3) 社会可持续性 社会可持续性主要说明局部和区域的关系和区域内不同阶层收益的公平性,那些仅顾局部利益而不考虑区域发展,仅考虑部分人利益而不顾社会利益的行为都会破坏系统的社会可接受性,从而失去社会可持续性。

3) 可持续发展理论在风景名胜区规划中的应用

风景名胜资源的开发与利用蕴涵着某种危险,即这些景观资源可能在一定程度上会受到损害甚至于毁损。如果开发过度或管理不善,很容易遭到破坏,这种破坏轻者会造成风景名胜区的质量下降,从而影响其吸引力,重者则会导致这些景区遭到破坏而不复存在,因此可持续发展理论应贯穿于风景名胜区规划的始终。

联合国环境与发展大会于1992年发表的《21世纪议程》中明确指出:"提倡对树木、森林和林地等具有社会、经济和生态价值纳入国民经济核算制的各种办法,建议研制、采用和加强核算森林经济和非经济价值的国家方案。"20世纪中期以来,面对全球日益短缺的自然资源储备以及不断恶化的生态环境,人们开始反省自己浪费和过度消耗自然资源的思想和行为,并寻找到其根源在于整个社会对资源价值的片面理解和认识,可持续发展理论的产生与发展,彻底推翻了"资源无价"理论作为国家乃至全球社会经济可持续发展的重要理论基础,并将"资源价值核算"作为可持续发展战略实施的核心手段,从根本上改变传统的资源价值观念,使资源的可持续利用成为可能。

风景名胜区资源的永续利用和全球社会经济的可持续发展密切相连,如何保证资源的可持续利用已经成为目前世界亟待解决的问题。要保证资源的可持续利用,首先必须要正确认识资源的价值的巨大,只有在正确认识风景名胜资源的价值的前提下,才能制定相关措施,采取相应手段来保护并利用好珍贵的风景资源,使风景资源的永续利用成为可能。

所以，风景名胜资源和其他类型的资源一样，作为对人类有用而又稀缺的物品，需要树立可持续的风景名胜资源价值观将可持续发展的理论与方法落实于自然资源保护与利用的各项工作中，对于风景名胜区的科学规划、统一管理、合理开发、永续利用具有极其重要的意义和作用。

■ **课后习题**

1. 简单概述风景名胜区规划主要理论内容。
2. 结合案例，分析风景名胜区规划主要理论的应用方法。

4 风景名胜区资源调查及风景名胜资源评价

■ **本章提示**
1. 掌握风景名胜区资源调查内容、方法及步骤；
2. 了解风景名胜资源评价与分级等内容。

风景名胜区资源调查是风景名胜区规划的关键性基础工作，调查工作的全面、深入、准确与否，直接关系到风景名胜区开发利用的成效。同时，风景名胜区资源调查也是风景名胜资源评价的前期工作。

风景名胜资源评价是风景名胜区规划工作的重要基础，是确保风景名胜区规划成功的必要条件之一。风景名胜资源评价是在风景名胜资源调查的基础上，通过分析和评价，明确风景名胜资源的质量和开发条件，为确定风景名胜区开发规模、开发主题、开发阶段和管理提供科学依据。客观而科学地评价风景名胜资源是风景名胜区规划的重要环节。

4.1 风景名胜区资源调查

风景名胜区资源调查是风景名胜区规划的基础。通过系统全面的资源调查，为风景名胜资源评价提供直观的翔实资料，进而为建立有效保护与永续利用风景名胜资源的长效机制，为风景名胜区的可持续发展战略提供决策依据。

4.1.1 风景名胜区资源调查的内容

风景名胜区资源调查的内容，大致可分为风景名胜资源调查、环境质量调查、开发利用条件调查与居民社会经济状况4部分，涉及测量资料、自然与资源条件、人文与经济条件、设施与基础工程条件及土地与其他资料方面的内容，见表4.1。

表4.1 基础资料调查类别表

大类	中类	小类
一、测量资料	1. 地形图	小型风景区图纸比例为1/2 000～1/10 000； 中型风景区图纸比例为1/10 000～1/25 000； 大型风景区图纸比例为1/25 000～1/50 000； 特大型风景区图纸比例为1/50 000～1/200 000
	2. 专业图	航片、卫片、遥感影像图、地下岩洞与河流测图、地下工程与管网等专业测图
二、自然与资源条件	1. 气象资料	温度、湿度、降水、蒸发、风向、风速、日照、冰冻等
	2. 水文资料	江河湖海的水位、流量、流速、流向、水量、水温、洪水淹没线；江河区的流域情况、流域规划、河道整治规划、防洪设施；海滨区的潮汐、海流、浪涛；市区的山洪、泥石流、水土流失等
	3. 地质资料	地质、地貌、土层、建设地段承载力；地震或重要地质灾害的评估；地下水存在形式、储量、水质、开采补给条件
	4. 自然资源	景源、生物资源、水土资源、农林牧副渔资源、能源、矿产资源等的分布、数量、开发利用价值等资料；自然保护对象及地段

续表 4.1

大类	中类	小类
三、人文与经济条件	1. 历史与文化	历史沿革及变迁、文物、胜迹、风物、历史与文化保护对象及地段
	2. 人口资料	历来常住人口的数量、年龄构成、劳动构成、教育状况、自然增长和机械增长;服务职工和暂住人口及其结构变化;游人及结构变化;居民、职工、游人分布状况
	3. 行政区划	行政建制及区划、各类居民点及分布、城镇辖区、村界、乡界及其他相关地界
	4. 经济社会	有关经济社会发展状况、计划及其发展战略;风景区范围的国民生产总值、财政、产业产值状况;国土规划、区域规划、相关专业考察报告及其规划
	5. 企事业单位	主要农林牧副渔和教科文卫军及工矿企事业单位的现状及发展资料,风景管理现状
四、设施与基础工程条件	1. 交通运输	风景区及其可依托的城镇的对外交通运输和内部交通运输的现状、规划及发展资料
	2. 旅游设施	风景区及其可以依托的城镇的旅行、游览、饮食、住宿、购物、娱乐、保健等设施的现状及发展资料
	3. 基础工程	水电气热、环保、环卫、防灾等基础工程的现状及发展资料
五、土地与其他资料	1. 土地利用	规划区内各类用地分布状况,历史上土地利用重大变更资料,土地资源分析评价资料
	2. 建筑工程	各类主要建筑物、工程物、园景、场馆场地等项目的分布状况、用地面积、建筑面积、体量、特点等资料
	3. 环境资料	环境监测成果,三废排放的数量和危害情况;垃圾、灾变和其他影响环境的有害因素的分布及危害情况;地方病及其他有害公民健康的环境资料

资料来源:国家质量技术监督局,中华人民共和国建设部.风景名胜区规划规范[S].GB 50298—1999

1) 风景名胜资源调查的内容

主要是指深入细致地根据风景名胜资源的属性进行调查,为资源保护与利用提供基本信息与素材。

(1) 自然景源调查 在广泛了解风景名胜区的水文、地质、气候等自然本底条件的基础上,有重点地调查具有景观价值、美学价值及科学价值的特色景源。包括地理地貌景观,如奇峰、怪石、悬崖、峭壁、幽涧的形态、质地、观赏效果,山岳、山地、峡谷、丘陵、沙滩、海滨、溶洞、火山口等景观的分布、形态、面积等;动物、植物景观,如森林的类型、组成树种及景观特点,植物的种类、数量、分布及花期等,特别是古树名木的树种、数量、年龄、姿态、分布;动物的种类、分布、食性、习性,特别是珍稀野生动物、国家保护动物的活动区域及生存环境要求等;水文景观,如可供观赏或游乐的江河、涧溪、山泉、飞瀑、碧潭以及湖泊、水库、池塘等水域的位置、形状、面积、宽度、水质等,海岸岩礁及海岸的旅游适宜状况等;天文气象,如云海、雾海、日出、日落、佛光、冰雪等气象景观出现的季节、时间、规模、形态等。

(2) 人文景源调查 不仅要调查现存的特色人文景观,还要调查历史上有影响,但已毁掉的人文遗迹及民间传说等,便于开发时充分利用;包括各类古建筑和遗址的种类、数量、面积、建筑风格、艺术价值、建筑年代、保存状况;宗教文化类别、建筑、雕塑、绘画、石刻及影响范围;民族生活习惯、服饰、村寨建筑风格、信仰、传统食品;当地婚丧嫁娶及各种禁忌、礼仪等风俗习惯;各种纪念活动、节庆活动、庆典活动等。

风景名胜区的形成与发展必然与当地的自然变迁与历史沿革有着密切的联系。所以,风景名胜资源的调查重点在于风景名胜区范围内的资源,同时不能忽视对风景名胜区周边景区景点的了解。风景名胜区的建设会与周边景区发展产生相应的竞争与互补关系,了解周边景区的发展现状对于该风景名胜区规划的定位与目标的确定具有重要的参考与借鉴价值。

2) 环境质量调查内容

环境质量一般是指一定范围内环境的总体或环境的某些要素对人类生存、生活和发展的适宜程度,包括自然环境质量和社会环境质量。自然环境质量又可分为大气环境质量、水环境质量、土壤环境质量、生物环境质量等;社会环境质量主要包括经济、文化和社会等方面的环境质量。

环境质量状况的调查,主要是查明风景名胜区内及其所在地区的地质特征:地震、断层、火山、滑坡、泥石流、水土流失;气候类型特征:温度、湿度、降水量、风向、风速、寒暑季时段、有害气体浓度;水域类型特征:水位、水温、水量、潮汐、凌汛、泥沙含量、水质的污染程度和污染状况;自然灾害、人为灾害、地方病、有害动植物等情况,以及工矿企业、科研机构、医疗机构、仓库堆物、生活服务、交通运输等方面的污染,同时还应查明放射性、易燃易爆、电磁辐射等情况。

3)开发利用条件调查内容

风景名胜区开发条件调查主要分为三方面内容:

首先要查明风景名胜区的服务设施系统状况,包括查明现有的公路、铁路、水路、航空交通状况;旅游汽车、出租车、观光游船、车站、码头的数量和质量等区内外交通状况;餐馆的规模、数量、分布情况;特色小吃与特色菜肴、饭店、旅馆、农舍式小屋、度假村、野营帐篷等多种住宿设施的规模、数量、档次、功能及接待能力等食宿状况;此外,还有供水供电、购物、文娱、医疗、邮政、银行、厕所等状况。

其次是人口、民族、生产、物资供应、群众生活水平、文化教育等关系到客源市场和保障供给等问题的社会经济文化状况。

最后是风景名胜区管理体制机构设置和立法工作等状况,如风景名胜区的保护和开发力度限制,风景名胜资源评价等级、风景名胜区土地、森林等自然资源及房屋等财产的使用权和所有权的协调、风景名胜区总体规划编制内容等。

4)居民社会经济状况调查内容

风景名胜区的居民社会经济系统调查是针对风景名胜区的居民从事社会活动和经济活动时产生和需要的信息进行系统搜集的活动和过程。我国大部分的风景名胜区内都有常住人口存在,这些居民长年居住在风景名胜区内部和周边地区,他们的生活、工作与风景名胜资源的保护和利用有着千丝万缕的联系,牵一发而动全身。可以说当地居民及社会与风景名胜已经融合为难以分割的综合体。所以,风景名胜区的规划绝不是单纯的游览规划、资源规划或旅游规划,而是要提升到更大的社会系统规划的高度来理解。所以,对当地居民社会经济发展的调查是必需的。调查内容主要包括风景名胜区内部及周边城镇的居民生活习惯、历史文化、经济状况、接待条件、社会治安、民族团结、风土人情、宗教礼仪、文化素养、物产情况等。这些社会背景,都将直接影响到风景名胜区的资源保护与利用的前景、深度、力度及获取整体效益的情况。

4.1.2 风景名胜区资源调查的方法与步骤

风景名胜区的资源调查一般分为调查准备阶段、实地调查阶段及成果汇总3个阶段:

1)准备阶段

(1)成立调查组 由于风景名胜区规划涉及的管理部门很多,与之相关联的学科也很广,因此需要组织一个由各种人员、多学科专家组成的调查组。调查组成员包括不同学科方向的专家、管理部门领导与工作人员和当地社区的居民代表。调查组成员要求具有旅游学、城市规划、生态学、风景园林、建筑学、历史文化、社会学等方面的知识。调查组一般由多个调查小组组成,每个调查小组分别负责相应的调查领域,调查小组并非孤立地开展工作,调查小组之间需要经常地相互交流和补充,以使总体的调查计划能够顺利完成。

(2)基础资料准备 基础资料准备包括文字资料、图纸资料和影像资料三部分。文字资料准备需要收集一切与风景名胜区相关的资料,如已有的自然状况调查材料、社会经济方面的文献报告,风景名胜资源方面的文字资料,并进行初步的系统整理,对其权威性、准确性、精确性以及可利用程度进行综合分析、评价和比较,以此了解某些风景名胜资源的成因及保护利用现状。第二手资料广泛存在于各种书籍、报刊、宣传材料以及前期相关规划与专项研究中,需要广泛地仔细查找与筛选。图纸资料的准备包括地形图的测绘与整理。风景名胜区规划要求必须在相应比例的地形图上完成,飞速发展的信息技术给空间信息提供了先进的处理设备与手段,让图纸资料的准备更加方便。影像资料准备可通过网络、书刊和相册收集有关的黑白、彩色照片,有关调查区的摄像资料、光盘资料、航空相片和卫星相片。资料准备阶段的资料收集通常比较宽泛,更注重对现状调查工作提供宏观概念。

(3)制订工作计划 在对已收集到的文字、图形和影像资料进行整理分析的基础上,制订调查工作计划。工作计划涉及调查范围、调查对象、调查方式、调查路线、调查工作的时间表、投入的人力和财力的预算、调查的精度要求、调查分组及人员分工、成果的表达方式等内容。

（4）制定调查标准　在对已有资料分析的基础上，制定出各类调查表格，表格应包括总序号、名称、基本类型、地理坐标、性质与特征、区位条件、保护与开发现状等。通过对调查人员的培训，统一表格填写标准及调查成果的表达方式。对于第二手资料中详尽介绍的风景资源，可直接填写风景资源调查表，便于野外核实，补充完善。

（5）仪器设备准备　随着科学技术的进步，调查的仪器设备日益综合化和专业化。卫星定位技术的应用使GPS定位仪的功能无限强大，方位、高程、气压、气温、空间坐标、行动轨迹等数据都能够瞬间采集，并且还能够保持高度的准确性；数码影像技术也使视觉信息的采集更全面、更丰富。卫星定位设备、遥感设备、航测设备与数码影像设备以及信息数据处理设备共同组成了规划设备支持系统，充分实现了调查所必需的准确性、完整性和便捷性。

2）实地调查阶段

这一阶段任务的主要内容是在准备工作、特别是对第二手资料的分析基础上，调查者采用各种调查方法获取大量详实的第一手资料的过程。这一过程通常需要调查人员进行实地考察与勘测，在这一阶段有5种调查方法较为重要。

（1）野外实地勘察　这是最基本的调查方法，调查者通过观察、踏勘、测量、绘图、填表、摄影（像）和录音等手段，直接接触风景名胜资源，可以获得宝贵的第一手资料，增强感性认识，其调查的结果翔实可靠。

（2）现场资料收集　现场资料收集是对资料准备时资料收集的补充。通过走访各行政管理部门，收集大量的现状统计数据，以及相关地域的相关规划。现场数据的收集较资料准备时资料收集更加具体化，注重与规划方案形成的关联效果。

（3）访问座谈　访问座谈是风景名胜资源调查的一种辅助方法，可以完成规划者从旅游者向居住者身份的转换；而且当地居民对风景名胜区的了解是多少年甚至多少代人积累下来的，其中蕴涵着大量规划者在短期内很难掌握的信息；因此，深入的访谈可以使规划者更全面深刻地认识这个风景名胜区。此外，发动群众的感性认识，还可以弥补调查人员时间短、人手少、资金不足、对当地情况了解不明等缺陷，为实地勘察工作提供线索和重点，提高勘察的效率和质量。访问座谈是了解当地风俗民情、历史事件、故事传说以及山水风景的快捷有效的方法。访问座谈包括走访与开座谈会两种方式，对象应具有代表性，如行政人员、老年人、青年及学生、当地专家、学校文史教师以及从事历史、地理研究的人员等。访问座谈改变了传统的由规划者一方进行规划的模式，从而更加强调公众的参与、对当地居民利益的尊重、调查者与被调查者的平等以及充分正视当地传统知识和技术的价值。

（4）问卷调查　是一种重要的调查方法。它通过游客、居民、行政等渠道分发问卷，请有关人员和部门填写。这种调查方法可以在短时间内收集大量信息，并可以对收集到的信息加以分析，而将分析结果运用到规划决策当中。但调查问卷中提问的方式、问题的设计、问卷填写人员的背景等方面都需要进行精心的筛选与推敲，以保证调查结果的可用性与有效性。

（5）遥感调查法　对于较大区域或地势险峻地区的风景名胜资源调查工作，应用遥感技术可以提高效率，并保证了调查者的安全。遥感图像可以帮助规划人员掌握调查区的全局情况、风景名胜资源的分布状况、各类资源的组合关系，发现野外调查中很难被发现的潜在风景名胜资源。在人迹罕至、山高林密、常人无法进入的地带，遥感调查更显示出其无与伦比的优势。不过，由于受拍摄时间等方面的限制，遥感调查法不可避免地存在一定的局限性。因此，遥感调查法只能作为一种辅助的调查方法，必须与野外实地勘察等其他调查方法结合使用。

3）成果汇总阶段

（1）编写基础资料汇编　风景名胜区基础资料汇编是风景名胜区规划成果的附件之一，资料汇编的过程是对风景名胜区现状资料调查整理的过程。资料汇编强调"编"的形式，所以在资料的收集与整理过程中不要对原文作修改，并应对资料的来源、时间等内容加以标注，以保持资料信息的原真性与关联性。

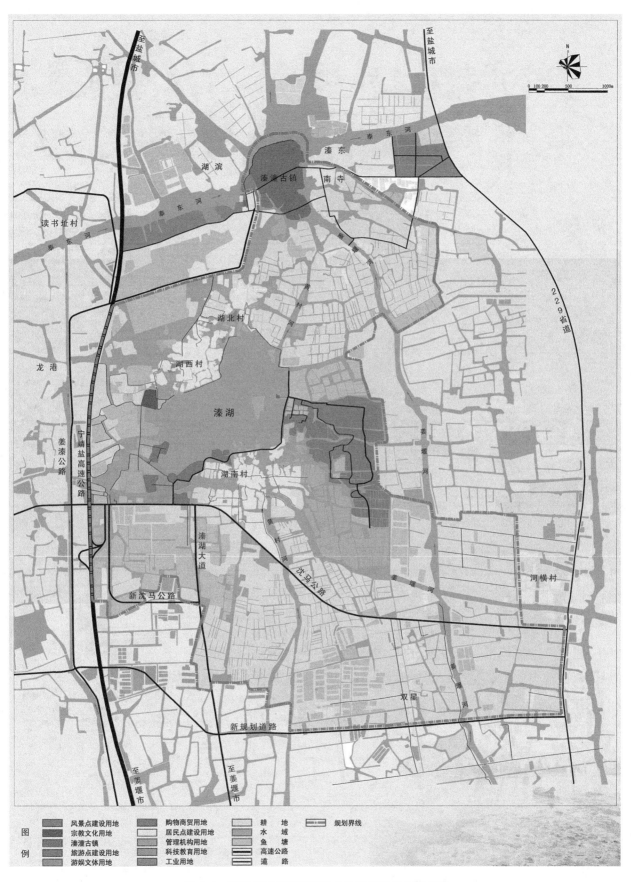

图 4.1 江苏姜堰市溱湖风景名胜区用地综合现状图

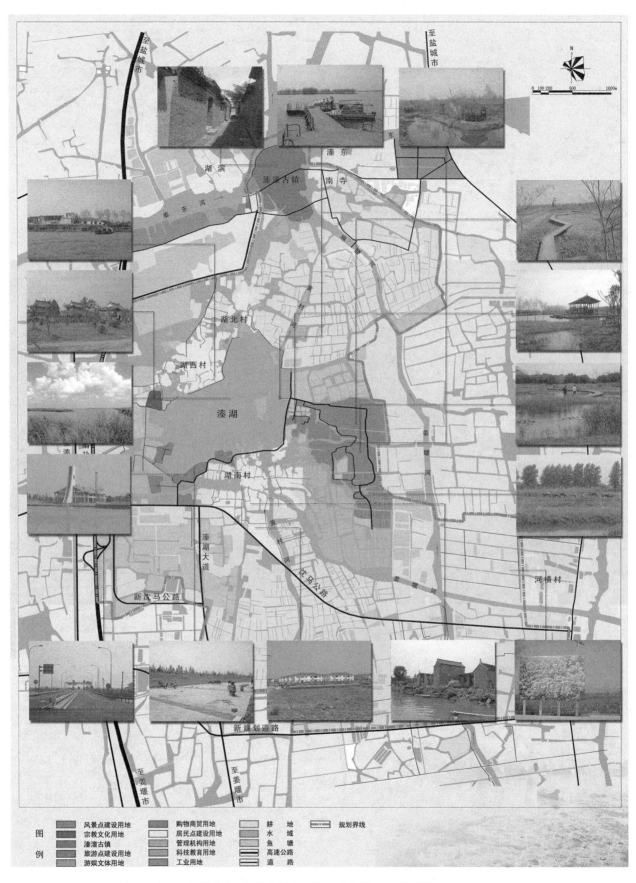

图 4.2 江苏姜堰市溱湖风景名胜区景区现状图

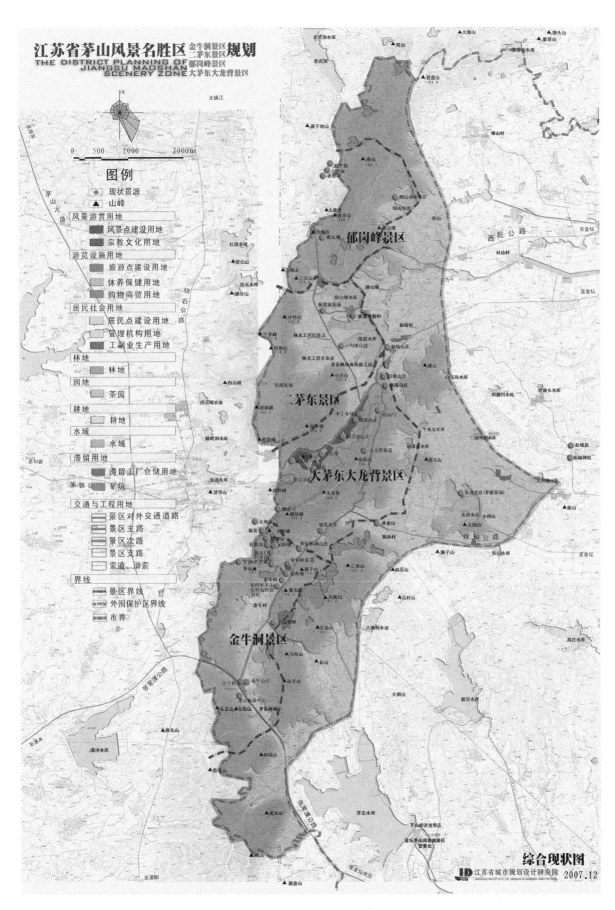

图 4.3 江苏省茅山风景名胜区四个景区综合现状图

图 4.4 江苏省茅山风景名胜区四个景区高程分析图

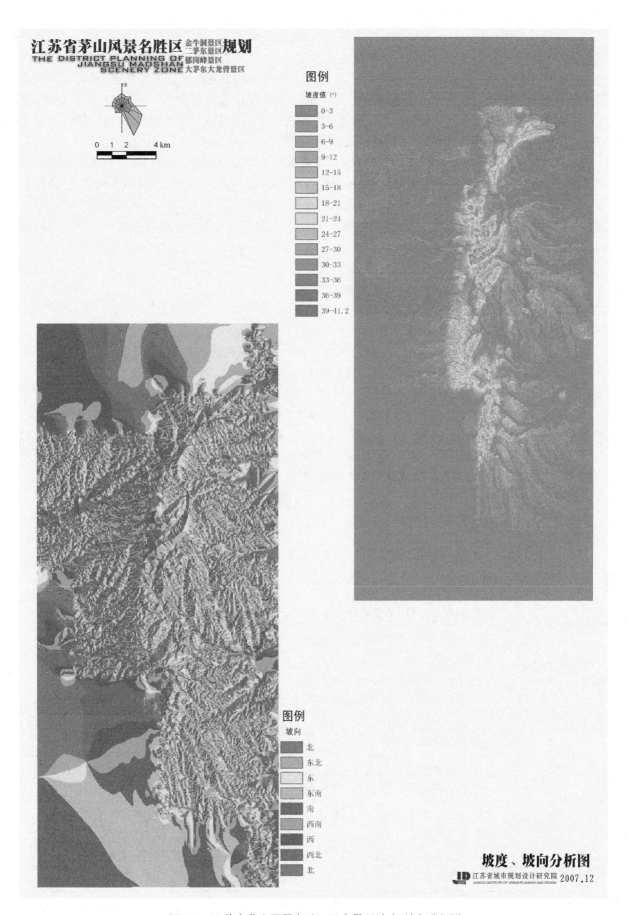

图 4.5 江苏省茅山风景名胜区四个景区坡度、坡向分析图

(2) 编写现状调查报告 现状调查报告是调查工作的综合性成果,是认识风景名胜区域内风景名胜资源的总体特征和从中获取各种专门资料和数据的重要文件,是规划的重要依据。报告主要包括3个部分:一是真实反映风景名胜资源保护与利用现状,总结风景名胜资源的自然和历史人文特点,并对各种资源类型、特征、分布及其多重性加以分析;二是明确风景名胜区现状存在的问题,利用SWOT的分析方法,全面总结风景名胜区存在的优势与劣势、挑战与机遇;三是在深入分析现状问题及现状矛盾与制约因素的同时,提出相应的解决问题的对策及规划重点。报告语言要简洁、明确,论据充分,图文并茂。

(3) 完成现状图纸的绘制 经过现状资料与现场数据的收集与整理后,就需要将各种调查结果通过图纸表达出来。主要包括风景名胜资源分布、旅游服务设施现状、土地利用现状、道路系统现状、居民社会现状等,充分反映系统中各子系统及各要素之间的关系及存在特征(如图4.1、图4.2为江苏姜堰市溱湖风景名胜区用地综合现状图及景区现状图;图4.3、图4.4、图4.5为江苏省茅山风景名胜区四个景区综合现状图,高程分析图及坡度、坡向分析图)。

4.2 风景名胜资源分类与评价

4.2.1 风景名胜资源的分类

我国的风景名胜资源十分丰富,由于地理、气候、气象、文化等因素的影响,风景资源中的景观要素也多种多样,所以在进行分类时不能采取简单的硬性分割做法,必须按照风景名胜资源中占主导地位的景观要素的属性来进行分类,即在分类时应明确影响该风景名胜资源构成的主导景观要素,并从3个方面进行考虑:第一,地质地貌特点以及其他自然条件特点,如植被、地理、水文、气候、天象等;第二,观赏的视觉效果和审美特色,如地形地貌、气象、水体等;第三,人文因素的特点及其在该风景名胜资源中的地位和作用。根据《风景名胜区规划规范(GB 50298—1999)》的规定,风景名胜资源分为自然风景资源和人文风景资源两大类,在此基础上还可进一步细分为8个种类,74个小类(表4.2)。

表4.2 风景名胜资源分类简表

大类	中类	小 类
自然景源	1. 天景	(1) 日月星光 (2)虹霞蜃景 (3)风雨阴晴 (4)气候景象 (5)自然声象 (6)云雾景观 (7)冰雪霜露 (8) 其他天景
	2. 地景	(1) 大尺度山地 (2)山景 (3)奇峰 (4)峡谷 (5)洞府 (6)石林石景 (7)沙景沙漠 (8)火山熔岩 (9)蚀余景观 (10)洲岛屿礁 (11)海岸景观 (12)海底地形 (13)地质珍迹 (14)其他地景
	3. 水景	(1) 泉井 (2)溪流 (3)江河 (4)湖泊 (5)潭池 (6)瀑布跌水 (7)沼泽滩涂 (8)海湾海域 (9)冰雪冰川 (10)其他水景
	4.生景	(1) 森林 (2)草地草原 (3)古树名木 (4)珍稀生物 (5)植物生态类群 (6)动物群栖息地 (7)物候季相观 (8)其他生物景观
人文景源	1. 园景	(1) 历史名园 (2)现代公园 (3)植物园 (4)动物园 (5)庭宅花园 (6)专类游园 (7)陵园墓园 (8)其他园景
	2. 建筑	(1) 风景建筑 (2)民居宗祠 (3)文娱建筑 (4)商业服务建筑 (5)宫殿衙署 (6)宗教建筑 (7)纪念建筑 (8)工交建筑 (9)工程构筑物 (10)其他建筑
	3. 胜迹	(1) 遗址遗迹 (2)摩崖题刻 (3)石窟 (4)雕塑 (5)纪念地 (6)科技工程 (7)游娱文体场地 (8) 其他胜迹
	4. 风物	(1) 节假庆典 (2)民族民俗 (3)宗教礼仪 (4)神话传说 (5)民间文艺 (6)地方人物 (7)地方物产 (8) 其他风物

资料来源:国家质量技术监督局,中华人民共和国建设部.风景名胜区规划规范[S].GB 50298—1999

4.2.2 风景名胜资源的评价

风景名胜资源评价是实现风景名胜资源永续利用必不可少的一项工作。开展风景名胜资源评价的目的，是对风景名胜区内各种景观资源的类型、数量、规模、结构、功能、分布以及保护与利用等方面进行评价，梳理风景名胜资源的美学价值、科学价值、历史价值和综合价值，明确规划范围内的风景名胜资源的优势与劣势，从而为风景名胜区规划、建设提供科学依据。

1) 风景名胜资源的美学价值评价

美学价值是指风景名胜资源能够提供给旅游者美感的种类和强度。风景名胜资源从美学角度讲，是以具有美感的典型自然景观为基础，渗透入人文景观美的地域空间综合体。风景名胜资源的美学特征可以总结为自然美与人文美。

自然美是风景名胜资源首要具备的美学特征。从古今诗人、画家、旅行家、游客等对我国传统名山大川自然美的评价，以及在现代地学考察工作的基础上，可将山水自然美概括为：雄、奇、险、秀、幽、奥、旷等形象特征，如泰山之雄，华山之险，峨眉之秀，青城之幽，黄山之奇，洞庭之旷，武陵之奥。这些自然美的形象特征是由各风景名胜资源构景要素在不同的地质地理环境中形成的。因此在评价自然美的时候，应从分析自然美的形象特征入手，把握构景要素的本质特点。

人类不仅可以从自然界寻求美，而且能以一定的审美能力，对自然进行加工和创造，以增强其美感，谓之人文美。如一些神话传说、历史典故、民俗风情，可以把自然景观和人文景观巧妙地联结起来，进而产生强大的感染力。如人们借助《阿诗玛》的传说，将云南石林的石块幻化成一位楚楚动人的女子。这就是人们的主体心理与自然景物间相互协调、相互作用而生发出来的"象外之象，景外之景"的人文美。

我国风景名胜资源美学的特点是自然美与人文美相结合，于美学自然性中融入了大量的社会、思想、历史、生态的信息，使风景名胜资源的美感能够世代相传，且具有长久不衰的生命力。

(1) 风景名胜资源的外在美 具有外在美是风景名胜资源存在的必要条件，是风景名胜资源与其他自然资源类型相区分的重要条件，而且外在美的特征是我们在资源评价中首先要掌握的景观资料，是资源评价的基础。对于景观外在美特征的掌握与评价对于规划中把握游览线路的组织、游人游览心理的反映，寻找景观之间、景观与游人之间的关系等都是十分有益的。

(2) 风景名胜资源外在美的类型 风景名胜资源的外在美有多种表征形式，为了便于掌握和了解，通常大致将其分为以下几种类型。

① 形态美 泰山雄伟之美、峨眉山秀丽之美、太行大峡谷幽深之美、内蒙古草原平畴旷景之美等都源于形态美。形态美可分为壮美、奇美、险美、秀美、幽美、奥美六类。

a. 壮美：壮美的景观给人以刚健、雄伟、恢宏、深厚、豪放、浓烈的美感。人文景观中，如故宫的皇家雄伟壮丽之美。自然景观中，如被誉为"天下雄"的泰山，以通天拔地之势，给人以壁立霄汉之感。

b. 奇美：奇美的景观给人以光怪陆离、非同一般、出人意料的美感。如中国四大自然奇观的云南石林、桂林山水、长江三峡和吉林雾凇等。另外比如广东韶关的丹霞山、甘肃敦煌的鸣沙山与月牙泉、新疆乌尔禾的"魔鬼城"、青海湖的"鸟岛"等都是典型的奇美自然景观。

c. 险美：险美的景观以坡度陡峭、高而窄的山地景观为主，给人以气势险峻的美感。如西岳华山断层作用使山体四周峭壁千仞，挺拔险峻。庐山的仙人洞、黄山的天都峰、九华山的天台山、峨眉的金顶等都是极其险峻的自然景观。

d. 秀美：秀美的景观给人以清新、柔媚、淡雅、和谐、静谧的美感。如峨眉之雄秀，西湖之娇秀，富春江之锦秀，洞庭湖之旷秀，桂林、雁荡、张家界之奇秀等。

e. 幽美：幽美的景观多体现于名山古刹，多指以丛山深谷为基础，由茂密的植被和寂静的环境构成的意境。在幽境中，一般视线窄小，光量少，空气洁净，景深层次多，具迂回曲折之妙。比如素有"天下幽"美名的四川青城山、浙江新昌大佛寺等。

f. 奥美：指比幽景更为复杂深远、封闭迷离的空间景观，给人以深藏不露的美感，对探幽访奥者极具吸引力。如四周崖壁环列，通道如隙的"一线天"景观。我国云南石林、雁荡山灵峰观音洞、武夷山茶洞、广东肇庆七星岩、桂林普陀栖霞洞等景观均具典型的"奥"美特征。

② 色彩美　色彩是物质的基本属性之一，对人的感官最富有刺激性。所谓色彩美是指不同的色彩通过人的视觉而带给人心理和生理上的感受。自然旅游景观的色彩美万象纷呈、极其丰富，主要由花草树木、江河湖海、云霞烟雾以及阳光构成。五彩缤纷的自然色彩会给旅游者带来赏心悦目的美感。太阳曦升夕落产生了天空的色彩美，泰山的观日峰、黄山的排云亭均以观此佳景而享名；在不同地理环境中，水体因其中所含的矿物质及洁净程度不同，可以产生丰富的色彩，如九寨沟呈现出的五彩缤纷、晶莹艳丽的水体色彩美。

③ 动态美　动态代表着生机，急流、飞瀑、翔鹰、驰马等都带给人们动态的美，这种感受来自人们对生命的体验。风景名胜区中，季节的变化、观赏距离与地点的变化、景观环境空间的变化，都使风景具有一种动态的美。钱塘观潮、庐山望瀑均为水体的动态变幻之美。黄山变幻无穷的云海，使云蒸雾绕中的黄山独有魅力。这些动态美因其稍纵即逝，而令旅游者回味无穷。

④ 听觉美　听觉是人类感知声音的生理机能，通过它可以感知自然界和社会环境中许多美妙的声音。"松风涧水杂清音，空山如弄琴"，流水潺潺、莺语婉转、松林如涛、海潮起伏、惊涛拍岸、瀑落深潭、雨打蕉荷、冷夜虫鸣等这些来自大自然的音响汇聚成为一曲生命的交响乐，创造出细腻奇妙的美的感受，令人们向往自然、融入自然。人们在掌握自然界声音传递的规律及特点的基础上，巧妙地将其运用到景观创造中。回音景观与环境的营造，使人们同样接受到听觉美的信息，比如天坛的回音壁、普救寺的莺莺塔、四川潼南县定明寺的石琴石梯等等。

⑤ 嗅觉、味觉、触觉美　"遥知不是雪，为有暗香来"，风景名胜资源所引起的嗅觉美主要表现在动植物所散发出来的沁人心脾的芳香。山泉的甘甜、清冽，森林中空气的清新，果蔬的诱人甘甜，西湖夏季的曲苑风荷夏日观荷，秋季的满觉陇桂花香飘十里，也都刺激着人们的嗅觉、味觉和触觉感官，产生不同美的感受。久居城市环境中的人们一旦深入山林，闻到花草芳香，呼吸到新鲜空气，会顿觉神清气爽，舒坦畅快。

⑥ 结构美　风景名胜资源中无论是自然景观还是人文景观，都体现着构景要素自身内部结构的复杂性、多样性、和谐性与创造性，激发人们对其结构美的欣赏与赞叹。植物自身的花、叶、枝、根结构，植物乔木层、林下灌木层、地被层等结构，山环水绕的地理空间结构等都在反映出大自然的有序、均衡、和谐，并被人类所捕捉、体验和模仿。在古建筑、园林、桥梁、佛像等的建造中，显示出或宏伟或典雅或精巧的造型美。如北京故宫的空间序列，沿垂直方向和水平方向巧妙展开，形成交替变化的节奏美感；如中国的许多宝塔，以精细适度的比例显现出明朗和谐、玲珑静穆的态势。结构美使事物各部分联系紧密，互相衬托、对比，形成节奏与韵律，并与自然相融合。

⑦ 功能美　风景名胜资源的各种构景要素以实现某种功能为目的，通过人工的组织与安排，在满足功能需要的基础上，又为人类的审美提供了欣赏客体。比如都江堰不仅是著名的风景名胜区，也是举世闻名的中国古代水利工程，并且在今天仍发挥着巨大作用，解决了岷江与成都平原的矛盾，使其统一在一个大的水利工程体系中，变水害为水利。

风景名胜资源往往不能单纯地归属于某一特定类型，而表现为多种形式景观美的交叉。

(3) 风景名胜资源美学评价方法　国内外的研究人员在与风景名胜资源美学价值密切相关的视觉、心理学等方面作了更为深入的研究。这些研究可以大致分为四个学派：专家学派(Expert Paradigm)、心理物理学派(Psychophysical Paradigm)、认知学派(Cognitive Paradigm)和经验学派(Experiential Paradigm)。

① 专家学派　专家学派以地形、植被、水体、土地利用等作为风景元素，把这些元素分解为线条、形体、色彩和质地4个基本构成因子，以视觉要素(线形色质)和景观形态为标准，以多样性、奇特性、统一性等形式美的标准来评价风景名胜资源的美学质量。随着研究的深入，有的研究人员相对于形式美而言，更强调生态学原则同样应当作为评价美学质量的标准；所以，专家学派又逐步划分为形式美学派和生态学派。

专家学派的评价方法抓住了风景名胜资源美学价值的基础，要求评价者具有相当高的文学、美学等方面的素养，在大规模土地利用规划、森林景观资源评价管理等方面实用性突出，易得出客观、可比性强的评价结果,但主观判断的成分比较大,评价等级过粗。

② 心理物理学派 心理物理学是一门研究建立环境刺激和人们感觉、知觉和判断之间关系的理论和手段的学科。心理物理学派把风景与风景审美的关系理解为刺激与感应的关系,把心理物理学的信号检测方法应用到风景名胜资源的美学质量对视觉的刺激反应中来。这种方法以相片等为测试材料,根据被测量公众的视觉神经系统接收信息后的反映,得到一系列公众对风景评估的结果,然后设法寻求该结果与各景观要素之间的数学函数关系,从而建立起公众对相关环境的风景评估结果的方程,识别出起关键作用的风景要素,并以此预测景色美。心理物理学派的风景评估模型基本上由4部分构成:一是公众平均审美态度的主观测试;二是对景观要素的客观评定;三是建立风景质量与风景的基本成分间的相关模型;四是将建立的数学模型用于同类风景的质量评估。

心理物理学注意景观主客体的感受联系,承认景观资源可量化评价,但过分考虑客观性,照片评价的方法多为即时性景观感受评价,缺乏现场真实感、空间感。

③ 认知学派 认知学派是以进化论思想为指导,从人的生存需要和功能需要出发,将风景作为公众生活的一部分,把风景名胜资源融入整个人类社会的发展,希望从整体上研究景观感受过程,去讨论特定的风景区域对人类的生存、进化的意义,并产生出相应的评价结果,希望用人的进化过程及功能需要去解释人对风景的审美过程。这种评价方法强调身临其境的空间感受,通过信息媒介联系风景名胜资源与整个社会,但局限于人的自然性、生存基本需要及生理反应测试,缺少社会文化评价和审美分析,比较抽象和概括,对规划的指导作用相对要差一些,应用较困难。

④ 经验学派 经验学派强调人作为欣赏风景的主体,在判断风景名胜资源的美学质量中具有绝对的作用,从定性角度及人的个性、文化、背景、情趣、意志、体验出发,视景观客体为自然与人文综合体加以观察与描述。它把风景审美完全看作是人的文学、美学、历史知识水平的体现,故其研究方法一般为考证文学艺术家关于风景审美的艺术作品,考察名人的日记等来分析人与风景的相互作用及某种审美评判所产生的背景;同时,通过心理测试、调查、访问等记述现代人对具体风景的感受和评价,这些心理调查不是简单地评判优劣,而是详细描述个人经历体会及关于某风景的感受等;从而分析某些风景价值产生的背景和环境。经验学派可识别影响景观感受的丰富因素,不再局限于景观客体要素,但过分依赖艺术家个性因素,使景园感受变化莫测,难以得出普遍认同规律,对景观规划与管理缺乏实用价值。

综观以上学派的研究思想及其评价方法的思路,各学派都有各自的优劣之处,但这些方法都无法回避资源评价者过多的主观判定,因而使评价结果缺乏客观性和科学性。

2) 风景名胜资源的科学价值评价

科学价值评价主要是评价风景名胜资源的自然科学或社会科学研究价值、科学普及与教育功能,以及科研工作者进行科研考察的价值。风景名胜资源是自然与人类文明相互作用、相互融合的产物,始终处在不断发展和进化的过程中。风景名胜资源所表现出来的外在美特征都是建立在其内在生态、历史、地学等等科学内容的基础上,我们每每在赞叹大自然的巧夺天工之时,都能够从景观的形成、演变乃至消亡的过程中获得科学的知识与对景观内在机理变化的认识。并且对于人类来说,自然界中还有大量的自然之谜、历史之谜需要去探索,风景名胜资源为人类提供了广泛而深入的发现空间,我们可以通过它来研究地球与人类自身的进化过程并预知未来的发展方向。

(1) 科学价值评价的内容 目前对风景名胜资源所具有的科学价值的评价主要从资源的三个方面进行分析,也就是所谓"三定"式分析,"三定"是指定位、定性、定量。"定位"是指评价景观在风景名胜区中的位置以及与周围环境之间的关系,比如黄山七十二峰形成的年代、峰林结构、形态各不相同,这就需要评价者全面掌握特定景观所具有的各方面的科学知识来作出分析和判定。"定性"是指对景观本质科学属性的鉴定,对诸如景观资源形成年代、由景观的外在表现所映射出人类社会与自然生态系统发生的相关变化等问题进行分析与确定,例如瘦西湖两岸园林建筑次第展开,虽有"十余家之园亭合而为一",但其建筑年代、材料、风格都是不同的,这就需要用历史学、建筑学等科学知识对它加以鉴定。"定量"是指对景观的体量、数量、面积、流量、含量等数据加以统计,是对一个风景名胜区内的珍稀动植物的种类、数量、级别,文物

65

古迹的面积、年代、保存程度等进行归类综合,定量统计结果为生态学、考古学、地学等学科的研究提供了丰富的数据与资料。"三定"式的分析与判定使风景名胜资源的科学价值从不同的角度与层次得到具体的反映与确定。

(2) 科学价值评价的指标分析

① 多样性　构成风景名胜资源外在美的多样性是由景观内在构成的多样性所决定的,多样性的内容包括物种的多样性、地质地貌的多样性、生态系统的多样性、历史年代的多样性以及生境气候的多样性等,是评价风景名胜区内景观丰富程度的重要指标。风景名胜区作为一个相对完整的区域社会与自然生态系统,各种多样性的形成与发展相互作用,相互影响,从而形成了相对稳定的生态网络系统;所以,多样性指标是对风景名胜资源内在科学价值分析评价的重要依据。

② 稀有性　稀有性是指风景名胜资源在空间分布上受到自然与人文条件的制约,在景观质量与数量等方面显得较为罕见;同时,稀有是一个相对的概念,从普遍到稀有是连续分布的,所以精确测定稀有性是很困难的。从稀有性水平看,可将稀有性划为全球性、国家性、区域性以及地方性的稀有性。稀有性的存在为风景名胜资源研究提供了丰富和真实的研究素材与数据。

③ 代表性　代表性是度量风景名胜区社会与自然生态状况能在多大程度上反映风景名胜区所处地理区域的社会与自然生态状况的一项指标。风景名胜区是人与自然、历史与现代相联系的契合点,每种景观都能折射出一定的社会与自然现象,从对风景名胜资源的内在科学价值的分析中都能直接或间接地反映出人类社会与自然生态系统所处不同阶段的演进与更迭。

④ 脆弱性　脆弱性是一种复杂的自然属性,它反映了物种、群落、生境、生态系统及景观等对环境变化的内在敏感程度。风景名胜资源的脆弱性主要来自两个方面,一个来自于自然界内部,另一个来自于人类的威胁。人类围绕风景名胜资源所开展的旅游及其他资源利用的活动与资源脆弱性指标有着密切的联系。所以,对脆弱性指标的分析是科学计算资源承载力与环境容量的依据,对于有效保护资源与合理利用资源是十分重要的分析指标。

科学价值的体现必须建立在调查全面和数据准确的基础上。随着科学技术的进步,人类认识与评价风景名胜资源所具有的科学价值的水平也在不断地提高,科学价值的评价结果完全可以做到理性、科学。

3) 风景名胜资源的历史价值评价

风景名胜区的历史价值是指风景名胜区内发生过的重大历史事件或相关历史人物,或具有悠久的文化传承历史,给人们带来的精神文化价值。评价指标主要包括人文风景名胜资源的历史久远性、保存完好性及社会影响力等。评价风景名胜资源历史价值时要特别注意以下两个问题:①风景名胜资源是否与重大历史事件、历史人文有关,留存文物古迹的数量与质量;②风景名胜资源是否体现了某种文化特征,是否与文化活动有密切关系,是否有直接相关的文学艺术作品和神话传说等。如甘肃莫高窟始建于十六国的前秦时期,至元代历经十个朝代的兴建,形成了巨大的规模。四百八十多个洞窟中,布满了彩塑佛像和以佛教故事为题材的壁画,有佛经故事画、经变画和佛教史迹画,也有神怪画和供养人画像,还有各式佛像、飞天、伎乐、仙女以及各样精美的装饰图案等,是集建筑、雕塑、绘画于一体的历史文化遗产,是世界上现存规模最宏大,保存最完好的佛教艺术宝库。

此外,风景名胜资源类型越多,产生的年代越久远,保存越完整,就越珍贵,其历史价值也就越高。

4) 风景名胜资源的综合评价

进入 20 世纪 90 年代后期,风景名胜资源的评价更加趋向一种综合性评价,同时也更加趋向于采用定性概括与定量分析相结合的方法,风景名胜资源评价要包括景源调查、景源筛选与分类、景源评分与分级、评价结论 4 个部分,同时对景源评分与分级、景源评价指标层次等内容都作出了明确的规定,使评价方法、结构更加科学与全面。

(1) 风景名胜资源评价的原则

① 人作为评价者或评价主体,必须在兼顾现场踏勘、调查和资料分析的基础上进行评价,把主观评价与客观评价结合起来,实事求是地进行;

② 需要在准确把握景源特色的基础上,采用定性概括与定量分析相结合的评价方法;
③ 根据风景资源的类别及其组合特点,应选择适当的评价单元和评价指标,对独特或濒危景源,宜作单独评价。

(2) 评价标准与指标　作为评价对象,景源系统的构成是多层次的,每层次含有不同的景物成分和构景规律;不同层次、不同类别的景源之间,无法进行比较;为了达到等量比较的目的,将景源划分为结构、种类和形态3个层次,它们之间具有相应的内在联系(图4.6)。

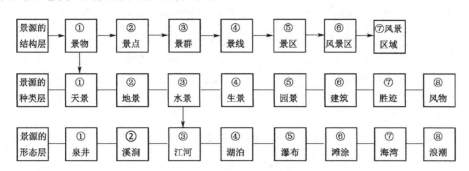

图4.6 景源系统构成层次

资料来源:国家质量技术监督局,中华人民共和国建设部.风景名胜区规划规范[S].GB 50298—1999

根据景源的层次划分,风景名胜资源评价指标分为综合、项目、因子3个评价层次(见表4.3),不同层次的评价指标对应不同的评价客体,其规定如下:
① 对风景名胜区或部分较大景区进行评价时,宜选用综合评价层指标;
② 对景点或景群进行评价时,宜选用项目评价层指标;
③ 对景物进行评价时,宜选用因子评价层指标。

表4.3 风景名胜资源评价指标层次表

综合评价层	赋值	项目评价层	权重	因子评价层
1. 景源价值	70～80	(1) 欣赏价值 (2) 科学价值 (3) 历史价值 (4) 保健价值 (5) 游憩价值		①景感度;②奇特度;③完整度 ①科技值;②科普值;③科教值 ①年代值;②知名度;③人文值 ①生理值;②心理值;③应用值 ①功利性;②舒适度;③承受力
2. 环境水平	20～10	(1) 生态特征 (2) 环境质量 (3) 设施状况 (4) 监护管理		①种类值;②结构值;③功能值 ①要素值;②等级值;③灾变率 ①水电能源;②工程管网;③环保设施 ①监测机能;②法规配套;③机构设置
3. 利用条件	5	(1) 交通通讯 (2) 食宿接待 (3) 客源市场 (4) 运营管理		①便捷性;②可靠性;③效能 ①能力;②标准;③规模 ①分布;②结构;③消费 ①职能体系;②经济结构;③居民社会
4. 规模范围	5	(1) 面积 (2) 体量 (3) 空间 (4) 容量		

资料来源:国家质量技术监督局,中华人民共和国建设部.风景名胜区规划规范[S].GB 50298—1999

(3) 风景名胜资源分级　景源特征是相对固定的,但作为景源评价主体的人是千差万别的,景源评价难以有一个绝对的衡量标准和尺度,所以景源分级的标准只是相对的。景源等级划分标准,主要根据景源价值和构景作用及其吸引力范围来确定:

① 特级景源应具有珍贵、独特和世界遗产价值与意义,有世界奇迹般的吸引力;
② 一级景源应具有名贵、罕见、国家重点保护价值和国家代表性作用,在国内外闻名和有国际吸引力;
③ 二级景源应具有重要、特殊、省级重点保护价值和地方代表性作用,在省内外闻名和有省际吸引力;
④ 三级景源具有一定价值和游线辅助作用,有市县级保护价值和相关地区的吸引力;
⑤ 四级景源应具有一般价值和构景作用,有本风景区或当地的吸引力。

(4) 风景名胜资源评价结论　风景资源评价结论主要由景源等级统计表、评价分析、特征概括3部分组成。景源等级统计表应表明景源名称、地点、规模、景观特征、评价指标分值、评价级别等内容。评价分析应表明主要评价指标的特征或结果分析;特征概括应表明风景资源的级别数量、类型特征及其综合特征。

风景名胜资源评价分析是在景源评分与等级划分的基础上进行的结果性分析,既可以显示中选的主要评价指标在评价中的作用和结果,显示景源的分项优势、劣势、潜力状态,也可以反向检验评价指标选择及其权重分析的准确性。在分析中如果发现有漏项或不符合实际的权重现象,应该随即调整、补充,甚至重新评分与分级。

景源特征概括是在统计景源的级别、数量、类型等基础上,提取各类各级景源的个性特征,进而概括提炼出整个风景名胜区景源的若干项综合特征。这些特征是确定风景名胜区定性、发展对策、规划布局重点的重要依据。

案例4.1　江苏姜堰市溱湖风景名胜区风景资源评价

1　风景资源类型

1) 风景资源分类

本规划根据国家标准《风景名胜区规划规范(GB 50298—1999)》的风景资源分类体系(2大类、8中类、74小类),在对溱湖风景名胜区的资源进行调查的基础上,对其资源进行分类和评价。其主要风景资源可归为2个大类,8中类,34小类,192个风景资源单体。

其中,自然景源类包括4个中类,13个小类。其中,天景中类有1个小类,2个单体;地景中类有2个小类,2个单体;水景中类有5个小类,13个单体;生景中类有5个小类,42个单体。

人文景源包括4个中类,21个小类。其中,园景中类有5个小类,14个单体;建筑中类有7个小类,35个单体;胜迹中类有2个小类,24个单体;风物中类有7个小类,60个单体。

2) 主要风景资源简介

溱湖风景名胜区湿地与生物资源丰富,人文景观荟萃。不仅有以河网密布、湖泊交织、岛屿错落为主的湖荡湿地生态自然风光,以麋鹿、丹顶鹤、全球茶花王等为主的珍稀动植物景观,还有溱潼古镇、古寿圣寺、会船文化、溱湖八鲜宴、民情民俗表演等人文景观。代表性的风景资源主要有:

(1) 溱湖　又称喜鹊湖,位于溱潼古镇南部,距姜堰市15 km(图4.7)。溱湖原统属水网平原中"溱潼洼地",地势低洼平坦,气候温和,雨量充沛。相传当年唐明皇中秋登月,霓裳一曲,归来乘龙,行至溱湖,龙生疮而遍体蛆虫,引来八方喜鹊云集,啄虫疗疮,因此而得名。登高而望,可见9条河流从四面八方汇入湖区,好似"九龙朝阙"。溱湖水清纯甘冽,中心水质已达到饮用水标准。湖区盛产鱼虾、菱藕、水瓜等。"溱湖簖蟹"更以其肉质鲜嫩、膏体丰腴被评为蟹中上品。据说每年的春天,湖畔枝头,可见彩羽纷飞,可闻鹊声不断,再配以这座"鹊桥",景区又平添了一丝浪漫的情怀。

(2) 溱潼古镇　溱潼古镇位于十里溱湖,独特的水乡泽国环境为其数千年的发展提供了交通之利和特产之源,是江淮重镇,文化底蕴深厚,名胜古迹众多(图4.8)。现存古民居6万多平方米,其中明清时期建筑物有2万多平方米,23条古镇巷纵横交错,镇内麻石铺街,老井当院。古镇由历史传承至今,群星灿烂,人文荟萃。溱潼古镇历代进士竟达一百多名,明代吏部尚书储罐,清代进士苏州学府教授孙乔年,安徽儒学、坯州学政李凤章等名人佳士皆出于此。刘氏"一门五都督,三科两状元",为中国科举史所罕见。当代更有李德仁、李德毅"兄弟二人四院士",唐家兄妹八人都是高级知识分子的佳话。此外,仍保留有唐代的槐树、宋代的山茶、明代的黄杨、清代的木槿等一批古树名木。

图4.7　溱湖风光　　　　　　　　　　　　　　图4.8　溱潼古镇风光

(3) 溱湖八景　溱潼旧有八景(图4.9)之说,说法有二:一说清乾隆年间,苏州府教授溱潼孙家庄进士孙乔年,分别以八处自然景物为题材,题了七绝八首,景以诗传。其八景是:东观归鱼、南楼读书、西湖返照、北村莲社、花影清皋、禅房修竹、石桥明月、绿院垂槐。辛亥革命前后,溱潼八景又出现了另一种说法。即:东观观鱼、西院庭槐、北村禅院、板桥秋月、堤柳春莺、花影清潭、荒窑灵树。这两种说法,有同有异,但仔细一排,有七景相同,只是称法不一。不同的是诗中有禅房修竹,而后者则为荒窑灵树,现在被大家普遍认可的是第一种说法。

(4) 溱潼会船节(图4.10)　"天下会船数溱潼",起源于宋代的"会船节"是它深厚文化沉淀的典型代表,已被国家旅游局定为我国十大旅游节庆活动之一,定名为"中国溱潼会船节",与我国久负盛名的"泼水节"、"龙舟节"等齐名。前几年,著名的溱潼会船节的会场移至溱湖。人们在"浪花中携手,笑声中相逢;心比春风暖,情比美酒浓"。会船习俗的来历说法不一,不管哪一种传说,都与祭扫祖先和亡人有关;都与水上争先和竞胜连在一起。于是久而久之,清明节的第二天,就成了里下河地区四乡八镇会船的节日。

图4.9　溱湖八景之一　　　　　　　　　　　　图4.10　溱潼会船节

(5) 溱湖八鲜宴(图4.11)　"溱湖八鲜":说是八鲜,其实不止八种,由"溱湖簖蟹"、"溱湖青虾"、"溱湖甲鱼"、"溱湖银鱼"、"溱湖四喜"、"溱湖螺贝"、"溱湖水禽"和"溱湖水蔬"组成。姜堰溱湖八鲜宴于2008年正式入选我国首部饮食文化典籍——《中国名菜大典》。该典按我国行政区划分为35卷,将在海内外发行,该书内容涵盖了56个民族传承的定型风味菜点、地方特色菜。据了解,姜堰此次入选《中国名菜大典》的菜肴既有溱湖八鲜宴,又有姜堰名菜和点心。溱湖八鲜宴由八道冷菜、一道热羹、十二道热菜、两道点心组成;姜堰名菜有鸡汁虾球、蟹粉鱼饼、鸳鸯螺蛳等;姜堰名点为姜堰酥饼、双色马蹄糕和状元对糕。

(6) 麋鹿文化(图 4.12)　溱潼一度临海,夏商时属扬州,春秋时属吴。这里水草丰茂,麋鹿"千百成群",农民"不耕而作"。溱潼镇历史悠久,境内湖西庄、黄介田,周边单塘河、三里泽、青蒲等处出土的新石器、麋鹿角化石表明,数千年前,这里就是先民聚居之所、麋鹿生息之乡。这一带挖出的麋鹿化石,证实了史书上里下湖地区麋鹿成千上万的记载。溱湖地区是麋鹿的故乡,但野生麋鹿种群已在一千年前绝迹,直到 20 世纪 80 年代,在世界野生动物基金会等国际组织的倡议和帮助下,这些流落海外的国宝级珍稀动物才万里迢迢从英国返回故园,在它们远祖生活过的溱湖边重新开始繁衍生息。

图 4.11　溱湖八鲜宴　　　　　　　　　图 4.12　麋鹿文化

(7) 全球 500 佳——河横农业生态园　河横村 1990 年被联合国环境规划署授予生态环境"全球 500 佳"称号。首先是该地的农田建设将"田低沟港多",改造为"河网规格化、排灌系统化、农田方整化";其二是该地的生态建设,建成了"江苏河横绿色食品基地"等。其特置景点有:生态农业园、奶牛场、种鹅场、葡萄园等。

3) 风景资源的数量结构与类型特征

上述统计分析表明,溱湖风景名胜区风景资源具有以下数量结构和类型特征:

(1) 溱湖风景名胜区的资源共有 8 个中类,占全国风景资源 8 中类的 100%,其中 34 个小类占全国 74 个小类的 49.95%。可见,溱湖风景名胜区的风景资源中类齐全,小类的数量亦相当丰富(见表 4.4)。

表 4.4　溱湖风景名胜区资源类型及比例构成

大类	中类				小类		
	分类	全国	溱湖	中类比例	全国	溱湖	小类比例
自然景源	天景	1	1	100.00%	8	1	12.50%
	地景	1	1	100.00%	14	2	14.29%
	水景	1	1	100.00%	10	5	50.00%
	生景	1	1	100.00%	8	5	62.50%
人文景源	园景	1	1	100.00%	8	5	62.50%
	建筑	1	1	100.00%	10	7	70.00%
	胜迹	1	1	100.00%	8	2	25.00%
	风物	1	1	100.00%	8	7	87.50%
合计	—	8	8	100.00%	74	34	49.95%

(2) 从溱湖风景名胜区旅游资源的基本类型组合来看,自然景源中天景有 1 个小类,占溱湖风景名胜区全部风景资源小类总量的 2.94%;地景有 2 个小类,占 5.88%;水景有 5 个小类,占 14.71%;生景有 5 个小类,占 14.71%。人文景源中园景有 5 个小类,占 14.71%;建筑有 7 个小类,占 20.59%;胜迹有 2 个小类,占 5.88%;风物有 7 个小类,占 20.59%。从资源本身性质来看,人文景源的小类明显超过自然景源的小类,两者的比值为 1.62 : 1(图 4.13、图 4.14)。

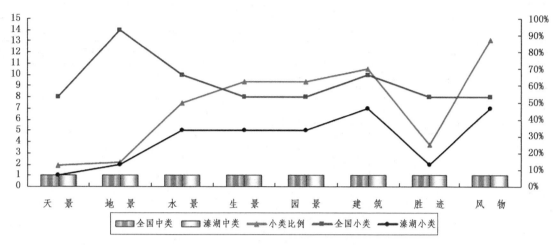

图 4.13 溱湖风景名胜区资源类型结构比较图

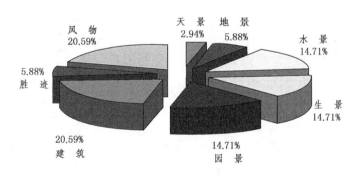

图 4.14 溱湖风景名胜区资源组合现状图

2 风景资源综合评价

1) 溱湖风景名胜区资源的定量评价

(1) 评价依据和方法 依据国家标准《风景名胜区规划规范(GB 50298—1999)》的评价体系,风景资源的评价指标包括"景源价值"、"环境水平"、"利用条件"和"规模范围"4 个综合评价项目,总评价分为 100 分。根据上述因子对风景资源单体进行评价,得出其综合因子评价分值。依据分级标准,分为五级,即特级、一级、二级、三级、四级。其中特级景源应具有珍贵、独特、世界遗产价值和意义,有世界奇迹般的吸引力;一级景源应具有名贵、罕见、国家重点保护价值和国家代表性作用,在国内外著名和有国际吸引力;二级景源应具有重要、特殊、省级重点保护价值和地方代表性作用,在省内外闻名和有省际吸引力;三级景源应具有一定价值和游线辅助作用,有市县级保护价值和相关地区的吸引力;四级景源应具有一般价值和构景作用,有本风景区或当地的吸引力。据此,本规划确定以下分级标准:

特级资源:得分值域 85~100 分;
一级资源:得分值域 70~84 分;
二级资源:得分值域 60~69 分;
三级资源:得分值域 50~59 分;
四级资源:得分值域 50 分以下。

(2)风景资源的定量评价　对溱湖风景名胜区主要风景资源定量评价,其结果如表4.5。

表4.5　溱湖风景名胜区主要风景资源综合评价

评价项目 \ 评价因子	景源价值					环境水平				利用条件	规模范围	评价总分	评价等级
	欣赏价值	科学价值	历史价值	保健价值	游憩价值	生态特征	环境质量	设施状况	监护管理				
溱潼会船节	19	7	20	7	10	5	5	3	2	5	5	88	特级
溱潼古镇	16	10	19	8	8	5	6	3	2	4	5	87	特级
溱湖湿地	19	8	15	9	9	8	6	2	2	4	3	84	一级
宋代山茶	18	10	18	7	8	6	5	2	2	5	3	84	一级
溱湖	15	7	18	9	8	8	6	2	2	4	5	82	一级
溱湖八鲜宴	14	8	17	8	6	6	6	3	2	4	2	76	一级
唐代国槐	15	6	16	5	8	7	5	2	2	4	3	74	一级
麋鹿故乡园	18	8	15	5	8	6	5	3	2	4	4	73	一级
湿地教育中心	16	8	13	5	7	6	5	3	2	4	3	72	一级
溱湖夕照	17	10	10	5	6	6	5	2	1	4	5	71	一级
溱潼八景	15	6	13	6	7	7	5	2	2	4	4	71	一级
河横农业生态园	13	6	10	8	8	7	5	2	2	4	4	69	二级
水乡村落景观	12	9	17	5	7	4	3	2	2	3	4	68	二级
温泉	10	8	6	10	9	7	5	3	2	4	3	67	二级
古寿圣寺	11	5	16	5	6	6	5	3	2	4	3	66	二级
农事体验乐园	16	5	8	8	8	7	6	2	2	3	3	66	二级
民俗风情馆	11	6	14	5	8	4	5	2	2	4	2	63	二级
绿树禅院	13	7	15	6	5	6	3	2	2	3	3	63	二级
婚俗馆	14	8	12	4	7	3	5	2	2	3	2	62	二级
百年牡丹	15	5	13	5	6	5	4	2	2	3	2	62	二级
绿院垂槐	14	5	15	5	5	5	4	2	2	3	2	62	二级
风情文化长廊	15	7	8	7	7	3	5	2	2	3	2	61	二级
溱湖度假村会务中心	13	2	8	8	6	5	5	3	2	5	3	60	二级
渔船文化景观	13	5	14	5	6	4	3	1	1	3	3	58	三级
森林氧吧	13	5	5	8	6	6	5	2	2	2	3	57	三级
鹿鸣楼	10	8	11	4	6	6	3	2	2	3	2	57	三级
鸣禽馆	17	8	8	4	6	3	3	2	2	3	2	56	三级
湿地探险乐园	12	4	8	6	7	6	4	2	2	3	2	56	三级
百果园	12	5	5	8	8	6	5	1	2	2	2	56	三级
普济庵	10	5	14	5	5	4	3	2	2	2	2	55	三级
会船观礼广场	10	5	8	4	6	6	3	3	2	4	4	55	三级
鳄鱼馆	15	8	8	4	6	3	3	2	2	2	2	55	三级
古窑遗址	10	8	11	3	6	5	3	2	2	3	2	55	三级
庙会灯会	12	6	11	4	5	4	3	3	2	3	2	55	三级

续表 4.5

评价项目\评价因子	景源价值					环境水平				利用条件	规模范围	评价总分	评价等级
	欣赏价值	科学价值	历史价值	保健价值	游憩价值	生态特征	环境质量	设施状况	监护管理				
水云楼	13	6	12	2	5	3	4	1	2	3	2	53	三级
积善庵	9	4	12	6	5	5	3	2	2	3	2	53	三级
候船大厅	12	3	6	2	7	5	5	3	2	5	3	53	三级
秋水庵	10	5	10	3	5	5	5	2	2	3	2	52	三级
湖荡迷宫	10	5	8	5	5	6	4	2	2	2	2	51	三级
院士旧居	8	7	10	5	5	4	3	2	2	3	2	51	三级
太平庵	10	5	9	5	5	4	3	2	2	3	2	50	三级
灵猴岛	12	6	7	4	4	4	3	2	2	3	2	49	四级
岳家军遗迹	8	5	10	3	4	5	4	2	1	4	2	48	四级
秋夜白雪	10	4	5	4	3	7	5	1	2	3	3	47	四级
水上商谈处	9	5	8	3	3	5	4	2	2	3	2	46	四级
军体乐园	10	4	5	4	3	7	5	1	1	2	3	44	四级
得胜楼	10	4	9	2	3	3	3	2	2	3	1	42	四级

溱湖风景名胜区资源类型丰富,数量众多,具有较高的生态游憩价值和历史文化价值,同时具有一定的审美价值、科学价值、环境价值和保健价值。其中,溱潼会船节和溱潼古镇属于特级资源,是最具开发价值的风景资源,旅游开发价值较大。今后应以此为核心,进一步主打特色资源,整合优势资源,找准差异地位,挖掘潜力所在,力争将资源优势转化为产品优势,并通过深度开发,进一步提升风景资源的品质,提高旅游产品的吸引力、影响力和竞争力。

2) 风景资源定性评价

(1) 风景资源类型丰富,数量较多,组合优良,观赏游憩价值高 溱湖风景名胜区拥有的自然与人文风景资源,具有类型多样、数量丰富、组合优良的特点。既有溱湖湿地景观、麋鹿、丹顶鹤、扬子鳄、全球茶花王、唐代国槐等丰富的自然资源,又有溱潼古镇、溱潼会船节、庙会灯会等深厚的民族民俗文化底蕴,尤其是溱潼会船节资源等级较高。自然与人文风光浑然一体,相得益彰,集自然湿地之神韵与历史文化之悠久为一体,具有较高的景观审美价值和休闲游憩价值。

(2) 生态资源丰富,环境优良,原真性强,具有较高生态价值、科普价值和保护价值 溱湖风景名胜区生态环境质量较高,风光旖旎,拥有碧波盈盈的湖水,清新宜人的空气,旷阔的湿地及高大茂密的水上森林;此外,还拥有麋鹿、丹顶鹤等国家级的野生保护动物。风景区内动植物资源丰富,古树名木众多,湿地野趣浓厚,生态保护优良,环境质量很高,既是珍贵的生物科普园,又是环境监测和教育基地,具有较高的生态保护价值和科普教育价值。

(3) 溱潼文化资源品位高,具有较高的文化价值和保护利用价值 "中国历史文化名镇"溱潼历史悠久、文化资源丰富、个性特色突出。溱潼古镇的名人古迹融合于独特的自然景观,文物遗产具有数量多、品位高的特点,但保护相对不足,对部分古景点的恢复势在必行,诸如东观观渔、板桥秋月、麻石老街、绿院垂槐、鹿鸣楼、溱潼镇西港、一步两庙、漕济庵、玄帝观等。另外,溱潼会船节为首的民间民俗文化,以及溱湖八鲜宴等特色餐饮的影响力甚大,能够作为其旅游形象的代表,而丰富、优质的文化资源使得溱潼具有较高的文化价值和保护利用价值。

(4) 资源潜力价值较高,旅游后发优势明显 溱湖风景名胜区的风景资源比较丰富,但由于旅游开发投入不足,资源优势多未转化为旅游产品优势,资源产品化程度较低,拳头旅游产品较少。目前多以湿地和古镇观光产品为主,其体系较为单一,具有独占性和强大市场吸引力与竞争力的产品较少。故溱湖风景名胜区在未来发展中应在保护整体环境的前提下,科学、适度开发已有资源,深入挖掘潜力,充分利用良好的水体、湿地生态环境等资源,为休闲度假旅游的开发提供坚实的基础,使风景资源的潜在优势转化为产品优势,为风景区旅游业持续发展创造条件。

3 特色与潜力风景资源分析

1) 风景资源特色分析

可将溱湖风景名胜区的资源用"三色"来概括,即绿色系列、蓝色系列和古色系列。具体如下:

(1) 绿色系列资源 自然湿地风景资源:以湿地、水上森林、珍稀动植物资源等为代表的自然湿地风景资源;农业生态风景资源:以原生态的湿地农田为代表的农业生态旅游资源。

(2) 蓝色系列资源 溱湖自然风景资源:以湖泊、河流、温泉为代表。

(3) 古色系列资源 会船文化风景资源:以溱潼会船节为代表;民俗文化风景资源:以茶花节、八鲜节、庙会灯会、情人节(民俗婚礼)、窑民习俗、渔家习俗和溱湖八鲜宴为代表。

2) 潜力风景资源分析

风景资源的价值是随着资源所处环境的开发程度和市场需求而变化的,其品质和价值也发生相应的变化。因而不仅要对优势资源作出评价,更要对其潜力进行分析。据此,对溱湖风景名胜区的主要风景资源潜力进行分析,结论如下:

(1) 随着溱湖风景名胜区周边地区交通网络的完善,区内水网、河流渡口的建设,将使其区位优势进一步突显,景区的可达性大大增强。在此基础上,资源的开发价值将得到提升,不仅商务、会议、休闲度假旅游的潜力得到更大的发挥,周边生态农业资源的开发价值亦将进一步得以提升。

(2) 会船文化资源将是开发的重点,是形象资源,也是最有潜力的资源。在众多的文化资源中,溱湖要突显其鲜明个性,除了国家湿地公园的旗帜外,还需以"溱潼会船"为代表的文化资源为依托,积极培育和开发特色会船文化资源,提升旅游影响力和竞争力。

(3) 原生态资源有很大的发展空间。以湿地生态景观和农业生态景观为主的绿色生态资源,可为旅游者提供丰富的生态体验活动,有着巨大的开发潜力。目前,观光旅游仍是主体,但对于休闲度假和自驾车旅游的需求日渐旺盛;因此,溱湖在重点发展观光旅游的同时,要依托资源,发展湿地休闲度假游、康体疗养游和以特色水乡古镇和生态农业为依托的乡村旅游,尤其随着对外通达度的进一步提高,近距离自驾游的发展潜力也不容忽视。

(4) 非物质文化遗存资源具备一定的开发潜力。主要应以该地区现今遗留传承下来的特色民俗民间文化活动为主线,将其作为非物质文化遗产的重要项目。除了上文提及的溱潼会船节以外,还有诸如2008年入选《中国名菜大典》的溱湖八鲜宴、茶花节、庙会灯会、窑民习俗、渔家习俗,都是不可多得的文化品牌。随着游客旅游活动参与性需求的不断高涨,应将植根于本土性、原真性、特色鲜明的民俗文化,开发成互动型产品系列,这有助于提升产品的市场吸引力、竞争力和美誉度。

(5) 深圳华侨城集团投资的大型湿地综合性旅游项目的介入,可谓是一把"双刃剑"。一方面,对于推动溱湖旅游业发展,提升地区的知名度和美誉度,打响区域品牌和形象,扩大客源市场范围等方面有着非常积极的影响。另一方面,也带来一些问题,诸如景区空间结构的变化会直接影响风景区生态格局;外部对西侧宁靖盐高速公路、姜溱公路以及沈马公路的隔断,严重影响整个景区内外交通的通畅等问题。尽管如此,充分利用特殊产业的关联力度,对于提升并实现溱湖旅游所蕴含的本体价值及附加值,全面提升溱湖的品位和内涵有着极大的促进作用。

4 风景资源开发方向

(1) 坚持"保护第一、适度开发、合理利用"的开发原则,在有效保护风景资源和湿地生态环境的基础上,适度开发和合理利用风景资源,以确保风景区的持续、协调发展。

(2) 坚持"以资源为依托,以市场为导向,以产品创新为核心"的开发模式,以优美的湿地景观,独特的溱潼民俗为依托,以市场为导向,强调产品的创新性开发,不断挖掘新资源,开发新产品,增强新活力,创新性地开发生态观光、休闲度假、生态农业、会船文化、民俗文化、特色美食以及互动型文化娱乐等旅游产品，提升风景区的核心竞争力。

（3）坚持"差异化、品牌化、特色化"的开发策略，重视风景资源的主题化开发、差异化定位和旅游特色的营造，强化湿地生态旅游、溱潼文化旅游、农业生态旅游、特色节庆旅游等，打造品牌旅游产品，提升景区的旅游吸引力。

（4）以特色水资源为旅游开发基础，通过溱湖旅游休闲的开发建设，最大限度地展现水乡民俗风情；充分挖掘水文化，体现水文化之精髓，提升水文化之品位，打造富有市场吸引力的湖荡湿地型旅游地，包括水上观光、水上娱乐、水上餐饮、水上休闲、水产养殖等。

（5）加强风景资源的有机整合，发挥群体优势，突出开发重点，比如将溱潼八景作为风景资源的综合体进行整体打造和宣传等，同时重视景区与周边资源的组合开发和联动发展。

（6）提高风景资源开发的科技含量，不仅体现在湿地生态环境的监测科研方面，还体现在对于生态科普知识的教育方面，进一步提高产品的生态附加值，注重生态价值的保护和合理开发利用，始终坚持可持续发展的理念不动摇。

■ **课后习题**

1. 请概述风景名胜区调查的工作内容及工作步骤。
2. 如何进行风景资源分类？
3. 风景资源评价有哪些方法？

5 风景名胜区总体规划的编制

■ **本章提示**
1. 掌握风景名胜区总体规划的内容、程序与原则；
2. 掌握风景名胜区规划的范围性质与目标；
3. 掌握风景名胜区的规划分区、结构与布局。

5.1 风景名胜区总体规划的内容、程序与原则

5.1.1 风景名胜区总体规划的内容

风景名胜区规划的成果应包括风景名胜区规划文本、规划图纸、规划说明书、基础资料汇编四个部分。规划文本是以法规条文的行文方式,对规划的各项目标和内容提出规定性要求的文件；规划图纸应清晰准确,图文相符,图例一致,应该包括图名、图例、风玫瑰、规划期限、规划日期、规划单位及其资质图签编号等内容,并且需在标准地形图上进行制图,以满足清晰辨识现状地形信息的目的；规划说明书是对规划文本的具体解释,应分析现状,论证规划意图和目标,解释和说明规划内容；基础资料汇编应包括自然景源、人文景源、景区当地社会经济发展背景、旅游发展现状等基础性原始资料,一般分为文字资料、图纸资料和声像资料等,资料索引需标识清晰,以备引用与核实。风景名胜区总体规划包括如下内容：

(1) 根据地形特征、行政区划和保护要求,划定风景名胜区规划范围,包括外围保护地带；
(2) 确定风景名胜区规划性质、发展目标、规模容量；
(3) 根据风景名胜区功能分区,确定土地利用规划,进行风景游赏组织；
(4) 确定风景名胜资源保护规划,明确保护措施与要求；
(5) 确定风景名胜区天然植被抚育和绿化规划；
(6) 确定风景名胜区旅游服务设施规划；
(7) 确定风景名胜区基础工程规划,包括道路交通、供水、排水、电力、电信、环保、环卫、能源、防灾等设施的发展要求与保障措施；
(8) 确定风景名胜区内居民社会调控规划、经济发展引导规划；
(9) 制定分期发展规划；
(10) 对风景名胜区的规划管理提出措施建议。

5.1.2 风景名胜区总体规划的程序

1) 规划的逻辑程序

风景名胜区规划作为一项系统工程,其核心就是解决风景名胜资源保护与利用过程中遇到的或者未来将遇到的问题,所以规划按照解决问题的逻辑分为以下六个步骤：

(1) 系统分析与评价 根据风景名胜资源系统的组成,研究组成系统的各要素(或子系统)之间的相互关系,研究系统与周围环境之间的联系。系统分析在时间上分为历史分析、现状分析与未来趋势预测,在空间上可以分为系统内部分析与系统外部分析两个部分。系统评价一般包括资源、游览设施和社会经济三个方面,而以资源评价最为重要。

(2) 明确问题

① 明确风景名胜区的组成与边界；② 明确规划性质、规划期限及规划要求；③ 明确规划依据与指导思想；④ 明确风景名胜区规划的总目标及分项目标。

问题的明确需要以对系统的合理分析与客观评价为基础,同时使规划能够针对现状问题,提出适当的系统架构,以解决系统当前存在的问题并满足系统未来发展的需要。

(3) 整合系统 在系统分析与评价和明确问题的基础上,提出多种系统构建整合方案。系统结构需突出资源的保护特征,在保护的前提下完善旅游服务、居民调控、经济发展等各子系统间的关系,即构筑以资源保护为核心的系统架构。

(4) 方案的筛选 方案筛选过程是一个理性评价过程,也是一个决策的过程,需要本着"科学规划、统一管理、严格保护、永续利用"的方针,综合与分析各方案的优势与劣势,对各方案的科学性、可操作性、影响度等指标加以评价,确立科学合理的系统结构及功能布局,使系统组成与关联达到最优。

(5) 系统的优化与完善 以系统结构为基础,对决策方案加以完善与补充,通过保育、游赏、道路系统、居民调控、基础工程等各专项规划,形成总体规划系统的专项支撑子系统,以形成层次分明、结构清晰的规划体系。

(6) 系统的补充与调整 系统的开放性与运动性决定了规划在实施过程中,必然无法完全满足系统发展变化的要求,随着系统的变化而不断补充与调整内容也就成为规划不可缺少的环节。

2) 规划的编制程序

风景名胜区规划是针对资源、社会、经济等各系统进行的宏观调控,整个风景名胜区规划编制大致可以分为五个阶段:调查研究阶段、制定目标阶段、规划部署阶段、规划优化与决策阶段以及规划实施监管与修编阶段。

(1) 调查研究 调查研究不仅是城市规划的必要前期工作,也是风景名胜区规划必不可少的前期阶段。调查研究阶段主要需要完成前期准备、调查工作、现状评价、综合分析等内容,这一阶段是风景名胜区规划重要的基础调研阶段,是风景名胜区规划定性、定量分析的主要依据。调查研究工作一般有三个方面:现场踏勘、基础资料的收集与整理、分析研究。资料收集的丰富性与真实性、人员组成的科学性与协作性、现场调研的深入性与灵活性以及综合分析的准确性与前瞻性都将直接影响规划进度、深度、效能等各个方面。后期的总体规划及相关专项规划都是在调查研究阶段所得成果的基础上开展的。

(2) 制定目标阶段 制定目标阶段主要包括确定性质、确定指导思想、确定规划目标、制定发展指标、架构宏观发展战略等内容。这一阶段是在前期调查的基础上,综合利用各种理论与方法,对风景名胜区发展制定控制性的原则内容,为整个风景名胜资源的保护与利用工作提出大的方向与方针。同时,根据规划目标、风景名胜区的系统分区、结构布局、资源保护与利用方式及强度等诸多内容提出相应的规划方案与构思(如图5.1为江苏省茅山风景名胜区四个景区规划总图;图5.2、图5.3、图5.4为江苏姜堰市溱湖风景名胜区用地规划图、功能分区图及空间结构分析图)。这个阶段十分强调它的政策性与战略性,因此在完成此阶段内容后需要进行专家评审,从风景名胜区整体发展的角度加以把握与引导。

(3) 规划部署阶段 规划部署阶段是在上一阶段所确定并经过专家评审通过的发展目标、技术指标及发展战略的基础上,对资源保护、社会经济调控、游赏服务设施等子系统进行系统的构建、协调与完善的过程,能使系统的整体性、协调性、连续性得到充分的发展,是风景名胜区规划中子系统技术细化与主系统协调完善的过程。

(4) 规划优化与决策阶段 在规划方案形成之后,要在征询规划方案、当地政府、国家主管部门等方面意见的基础上,对规划成果的可行性、可操作性、可视化等方面进行相应的优化和精选,使规划成果更能满足规划实施与管理的需要。

(5) 规划实施监管与修编阶段 风景名胜区规划得到相应人民政府审批后,便成为一份具有法律效力的规范性文件,可以指导风景名胜区事业的各项工作。随着社会经济的发展,规划在实施与监管过程中,会不断出现规划中未能预料的变故,规划必须根据内在条件与外部环境的变化通过修编来不断使自身的系统得到更新与完善,使规划与建设管理永远处于一种良性互动状态。

(6) 规划的审批阶段 风景名胜区规划必须坚持严格的分级审批制度,以保障规划的严肃性和权威性。

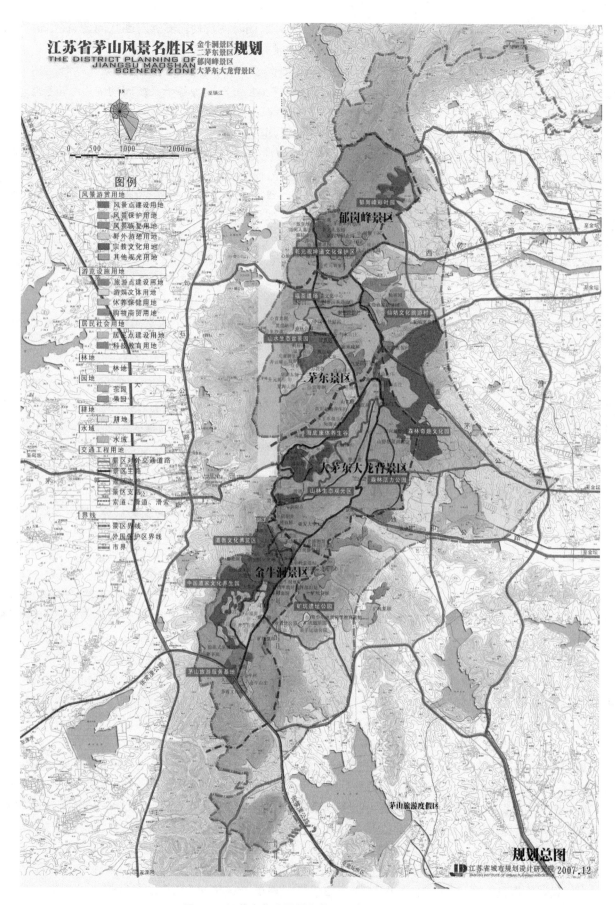

图 5.1 江苏省茅山风景名胜区四个景区规划总图

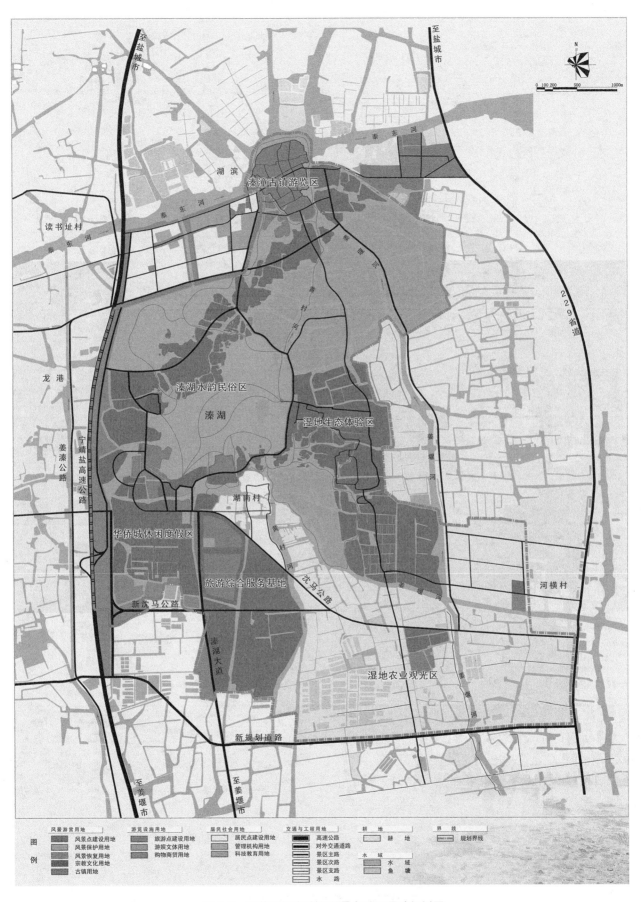

图 5.2 江苏姜堰市溱湖风景名胜区用地规划图

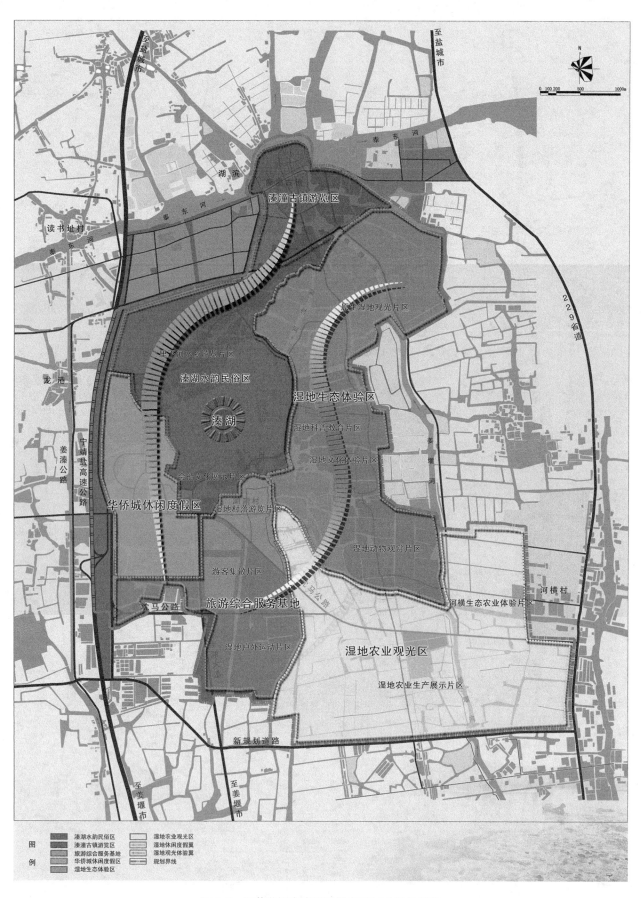

图 5.3 江苏姜堰市溱湖风景名胜区功能分区图

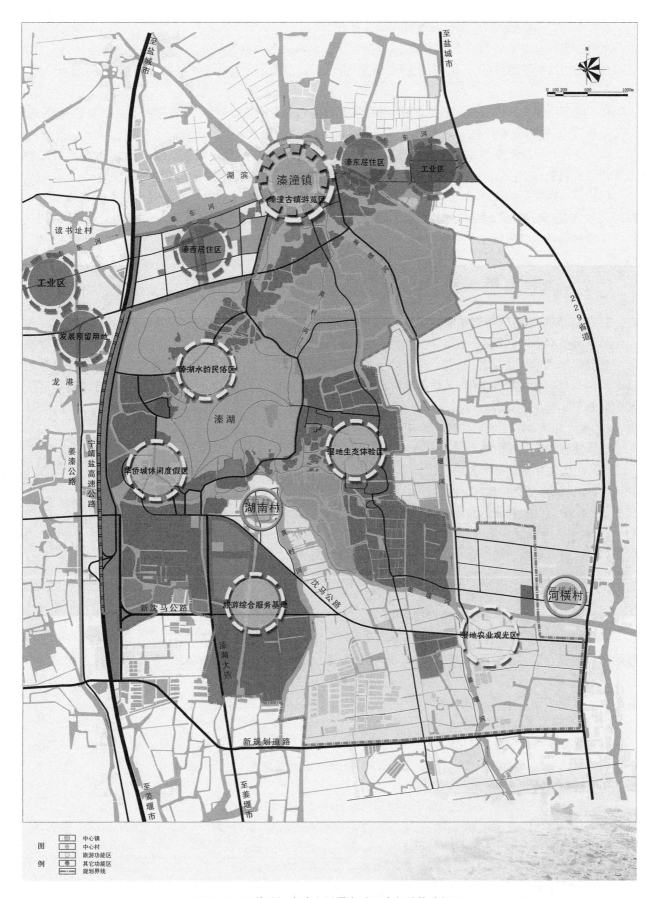

图 5.4　江苏姜堰市溱湖风景名胜区空间结构分析图

5.1.3 风景名胜区总体规划的原则

风景名胜区规划必须符合我国国情,因地制宜地突出本风景名胜区特性,应遵循下列原则:

(1) 应当依据资源特征、环境条件、历史情况、现状特点以及国民经济和社会发展趋势,统筹兼顾,综合安排;

(2) 应严格保护自然与文化遗产,保护原有景观特征和地方特色,维护生物多样性和生态良性循环,防止污染和其他公害,充实科教审美特征,加强地被和植物景观的培育;

(3) 应充分发挥景源的综合潜力,展现风景游览欣赏主体,配置必要的服务设施与措施,改善风景名胜区运营管理机能,防止人工化、城市化、商业化倾向,促使风景区有度、有序、有节律地持续发展;

(4) 应合理权衡风景环境、社会、经济三方面的综合效益,权衡风景名胜区自身健全发展与社会需求之间的关系,创造风景优美、设施方便、社会文明、生态环境良好、景观形象和游赏魅力独特,人与自然协调发展的风景游憩境域。

5.2 风景名胜区总体规划的范围、性质与目标

5.2.1 风景名胜区规划范围的划定

确定风景名胜区范围是风景区规划的重要内容,并时常成为难题。其主要原因是人均资源渐趋紧缺和资源利用的多重性规律,以及它所涉及的责权利关系调控等因素在起作用。正由于规划的范围就是风景名胜区管理机构的管辖范围,风景名胜资源保护与利用、建设与管理的范围,所以规划中对风景名胜区范围的划定显得尤为重要。

1) 确定风景名胜区规划范围及其外围保护地带的原则

(1) 景源特征及其生态环境的完整性;

(2) 历史文化与社会的连续性;

(3) 地域单元的相对独立性;

(4) 保护、利用、管理的必要性与可行性。

2) 划定风景名胜区范围界限的要求

(1) 必须有明确的地形标志物为依托,既能在地形图上标出,又能在现场立桩标界;

(2) 地形图上的标界范围,应是风景区面积的计量依据;

(3) 规划阶段的所有面积计量,均应以同精度的地形图的投影面积为准。

案例 5.1　丹霞山风景名胜区规划范围

1 丹霞山风景名胜区规划控制范围总面积 373 km^2。其中,规划总面积 292 km^2;外围景观环境保护带规划控制面积 81 km^2,北部、西部基本沿新韶仁公路(规划)、省道 246 线(新线,在建)为界,东北、东、东南基本沿国道 106 线和国道 323 线为界。此外,公路外侧视线可达的第一层山脊线范围为外围环境背景控制地带。

2 风景区八至范围

(1) 总体经纬度　东经 113°36′25″—113°47′53″E,北纬 24°51′48″—25°04′12″N。

(2) 几何中心坐标　24°57′55″N,113°42′12″E(金龙山西北坡麓)。

(3) 八至点经纬度

北:25°04′12″N,113°44′08″E(群乐村南侧山丘);

北东:25°01′20″N,113°46′48″E(仁化老界牌南侧新路南山脚);

东:24°59′10″N,113°47′53″E(周田大桥东端南侧浈江左岸线);

南东:24°53′31″N,113°44′07″E(五马山东侧知青场东侧山顶);

南:24°51′48″N,113°39′29″E(湾头村东南浈江右岸线);

南西:24°54′41″N,113°36′45″E(老鹪鸪石南侧山丘南坡山脚)

西:25°00′13″N,113°36′25″E(大坪南侧 212.6 高地东侧山丘顶);

北西:25°02′52″N,113°37′58″E(岩头村后山丘顶)。

5.2.2 风景名胜区性质的界定

风景名胜区的性质应依据风景名胜区的典型景观特征、游览欣赏特点、资源类型、区位因素以及发展对策与功能选择来确定。确定风景区性质是规划阶段的重要原则性问题之一,由于它涉及若干重大原则的论证,因而有时会成为各方关注和争议的焦点。风景名胜区性质的界定涉及对整个风景名胜区资源的定位、发展方向的把握、整体目标的制定等多个方面的内容,所以确定风景名胜区的性质是规划纲要阶段最为重要而具有原则性的问题。风景名胜区的性质界定必须明确表述出风景特征、主要功能、风景区级别等三方面内容,并要求用词突出重点、准确精练。例如:

广东丹霞风景名胜区:以世界罕见的壮年期峰林峰丛式丹霞地貌为主体景观,兼有典型的亚热带常绿阔叶林和独特的丹霞地貌生物群落,丹山-碧水-绿树-田园相辉映,宗教、史迹和乡土文化特色浓郁,适于发展观光、休闲、科教、考察、探险旅游的国家级风景名胜区、国家级自然保护区和世界自然遗产地。

武陵源风景名胜区:由世界罕见的石英砂岩峰林峡谷地貌、丰富的地带性生物群落构成的独特的自然景观,具有极高的科学、审美和启智价值,是世界自然遗产和国家级风景名胜区。

青岛崂山风景区:以山海奇观、千古名胜、滩湾浴场、海天山城协调融合,供游赏观光、休闲度假、开展山海康体和科学文化活动的国家级风景名胜区。

五大连池风景区:以火山地貌为特征的,供旅游观光、疗养度假及科学考察的综合型国家级风景区。

白云山风景名胜区是以南亚热带植被景观、"山瞰城景、城观山色"为特征,以自然生态保护培育、休闲游览为主要功能,具有丰富历史人文资源的国家级风景名胜区。

太湖风景名胜区:以自然山水组合见胜、以吴越文化为内涵特征、以江南水乡田园为景观风貌的,融风景游览、休闲游憩及科学文化活动等功能于一体,自然与人文并重的湖泊型国家级风景名胜区。

峨眉山风景名胜区是世界自然和文化遗产。它是以"雄、秀、神、奇"的天然地质博物馆、动植物王国和佛教圣地而闻名,具有优化川西生态环境,以及观光、朝圣、科考、科研、健身等功能的天下名山和山岳型国家级风景名胜区。

5.2.3 风景名胜区发展目标的确定

风景名胜区的发展目标,应依据风景名胜区的性质和社会需求,提出适合本风景名胜区的自我健全目标和社会作用目标两方面的内容,并应遵循以下原则:

(1) 贯彻严格保护、统一管理、合理开发、永续利用的基本原则;

(2) 充分考虑历史、当代、未来三个阶段的关系,科学预测风景区发展的各种需求;

(3) 因地制宜地处理人与自然的和谐关系;

(4) 使资源保护和综合利用、功能安排和项目配置、人口规模和建设标准等各项主要目标同国家与地区的社会经济技术发展水平、趋势及步调相适应。

风景名胜区规划的核心就是如何调控资源保护与利用关系的问题,所以,风景名胜区发展目标的确定需要在对整个资源保护与利用体系进行深入调查与分析的基础上,从风景名胜区内部系统和外部系统两个方面提出相应的目标。

内部系统目标是将风景名胜区作为单独的系统来考虑内部各子系统、各要素之间的协调关系。内部系统目标可以归纳为以下三个方面:

(1) 建立并完善以保护为基础的风景游赏主体系统;

(2) 建立并完善以便利为主旨的旅游设施配套系统;

(3) 建立并完善以和谐为核心的居民社会管理系统。

外部系统目标是将整个风景名胜区融入更大范围的系统中,来寻求风景名胜区系统与外部各系统之间关系的协调发展,外部系统目标可以归纳为以下三个方面:

(1) 维护生态,保存自然与文化信息的科教基地;

(2) 美化国土,提供国民愉悦身心的游乐空间;

(3) 发展旅游,推动地方经济发展的动力源泉。

内部系统目标与外部系统目标之间有着相互依存、内外联通的关系,也就是说内部系统的发展是外部系统的基础,同时外部系统的发展又直接影响着内部系统的发展,所以在风景名胜区发展目标制定的过程中,二者不可偏废,需要用系统方法来整合资源、合理开发,以达到风景名胜区环境、社会、经济效益协调发展的整体目标。同时,利用发展目标来指导规划、推动规划、检验规划,使规划更具有针对性、科学性和可行性。

发展目标确定的形式,按照不同的标准可以分为不同的类型,比如按照发展目标内容的深度,可以分为总目标和分项目标,同时也可以按照发展目标时序上的安排,来确定近期、中期、远期的分时段的发展目标。

案例5.2 广东丹霞风景名胜区规划目标

1 总目标

将丹霞山发展成为山水风光独特、自然环境优美、乡村田园气息浓郁、科学文化内涵丰富、人与自然和谐共融,国内顶级、国际一流的风景名胜区,培育成集观光、科教、休闲、考察、探险等多种功能于一体的世界名山。

2 分期目标

(1) 近期　加强资源环境保护和培育,启动风景名胜区和世界自然遗产地监测和科学研究机制;配套完善旅游服务设施,调整内部设施布局和规模,基本实现区内游、区外住;通过发展旅游经济,引导风景区居民生产生活方式与行为习惯向有利于风景区保护和发展的方向转变;发展科教旅游,启动世界丹霞地貌研究基地建设。

(2) 中远期　完善和坚持世界自然遗产地的科学监测和基础研究,保护和恢复世界自然遗产地的原生性、真实性和完整性;提高风景资源利用的科学文化品位,建立自然遗产可持续利用的良性机制;通过长期的世界丹霞地貌研究基地建设,使丹霞山成为世界性的科教旅游胜地,成为真正意义上的世界名山;以韶关市区和仁化县城为依托,建成合理的服务设施体系;通过对遗产的合理利用,推动丹霞山及其周边地区的经济发展和社会进步。

3 分层次目标

(1) 自然遗产保护　树立保护第一的思想,按照《保护世界文化和自然遗产公约》要求,做好地质地貌遗迹、原生生态系统、文物古迹和乡村田园的保护,保持自然遗产的原生性、真实性和完整性,成为永久的世界性丹霞地貌科教研究基地和生物多样性保护基地。

(2) 风景资源利用　以资源保护为立足点,以提高资源利用品位和整合区域结构优势为目标,充分挖掘地方特色,规划中期整个风景区恢复良好的生态,远期形成生态环境良好、景观体系成熟、游赏网络合理、设施配套完善、管理运作顺畅、社会—经济—生态效益显著的国内顶级风景名胜区。

(3) 项目建设与产业化发展　完善风景区内外水陆交通体系配套,近期启动南门服务基地建设,中期具有接待能力,远期配套完善;近中期在外围地带策划建设一批不同量级的多功能休闲、度假、会议、康体旅游项目,形成以丹霞山为龙头的韶关旅游产业体系;对风景区内的乡村和周边城镇的经济、就业和需求起到明显的带动作用;旅游经济运行健康有序、集约增长;旅游业综合发展指标和发展水平居全国山岳型风景区前列。

(4) 品牌建设　长期实施形象工程建设,内强素质、外塑形象,使丹霞山的整体品牌成为国内外著名品牌;促使丹霞山的知名度和市场竞争力与国内顶级名山并立。

(5) 管理现代化　将丹霞山周边城镇、乡村的管理纳入丹霞山品牌建设管理系统。将所有从事服务业经营的企业行为和个人行为纳入旅游质量管理体系,实现服务质量管理规范化和制度化;中期末基本实现管理技术尤其是软件建设现代化。

(6) 社区协调持续发展　坚持风景区发展与乡村社区建设一体化原则,有计划地实施旅游富民战略,政府和受益企业共同承担引导、扶持农民发展旅游农业、旅游农产品加工和旅游服务业的责任;培育和美化乡村田园环境,最终形成乡村休闲社区,实现风景区与乡村协调持续发展。

(7) 服务基地建设　实施韶关和仁化城市发展策略,形成以韶关为中心、仁化为辅助的综合性城市接待基地;建设好南、北两大服务基地和东、南、中、西四个服务中心。

(8) 大环境营造　从区域硬环境(建设风貌、基础设施、生态环境、卫生、标识)和软环境(社会、经济、文化、服务、政策)两个方面加强对丹霞山和周边城乡环境的营造,为中远期世界级品牌形成提供环境保障。

5.3　风景名胜区总体规划的分区、结构与布局

5.3.1　风景名胜区的分区

风景名胜区应依据规划对象的属性、特征及其存在环境进行合理的区划。规划分区,应突出各区特点,控制各分区的规模,并提出相应的规划措施,还应解决各个分区间的分割、过渡与联络关系。因此,区划过程中应遵循以下原则:第一,同一区内的规划对象的特征及其存在环境应基本一致;第二,同一区内的规划原则、措施及其成效特点应基本一致;第三,规划分区应尽量保持原有的自然、人文等单元界限的完整性。

风景名胜区的规划分区,是为了使众多的规划对象具有适当的区划关系,以便针对规划对象属性和特征要求,采取不同的规划对策,控制适当的资源保护与利用水平。这既有利于展现和突出规划对象的典型特征,又有利于风景名胜区的整体发展。通常情况下,风景名胜区的规划分区根据不同的主导因子及划分目的,主要可以分为景区划分、功能区划分及保护区划分三种形式。当需调节控制功能特征时,应进行功能分区;当需组织景观和游赏特征时,应进行景区划分;当需确定保护培育特征时,应进行保护区划分。这三种形式都具有不同的侧重,因此在规划中,可以根据风景名胜区的具体情况来选取分区形式。当然,三种分区形式的划分方法并非独立使用,在大型或复杂的风景区中,可以几种方法同时使用或有选择地使用。此外,除了这三种规划分区,生态分区也越来越受到重视。

1) 景区划分

景区是根据景源类型、景观特征或游赏需求而划分的一定用地范围,它包括较多的景物和景点或若干景群,景区的划分是根据风景名胜资源特征的相对一致性、游赏活动的连续性、开发建设的秩序性等原则来划分的,带有明显的空间地域性。划分景区有利于游赏线路的合理组织、游客容量的科学调控、游览系统的分期建设、典型景观的整体塑造。

2) 功能区划分

所谓功能,是指系统与外部环境相互联系和作用过程的秩序和功能。功能区是根据重要功能发展需求而划分的一定用地范围,并形成独立的功能分区特征。功能区划分主要从完善风景名胜区的各项功能出发,统筹整合区内各类用地类型,通过对用地功能的强化来调控资源、游赏、社会、经济各子系统之间的关系,使风景名胜区的环境效益、社会效益、经济效益达到协调统一。伴随着当前风景名胜区日益突出的"城市化、人工化、商业化"问题,功能区划分对于风景名胜资源的永续利用与合理开发工作显得更为重要与迫切。

风景名胜区一般由以下几个功能区组成,但也随各风景区的规模与特点不同而有所变化。

(1) 游览区　这是风景名胜区的主要组成部分。游览区风景点比较集中,具有较高的风景价值和特点的地段,是游人的主要活动场所。

① 以眺望为主的游览区:如安徽黄山的天都峰、莲花峰、光明顶,在这些峰顶可远眺,也可鸟瞰,既可观日出,又可赏日落、晚霞。

② 以峰峦岩石景观为主的游览区:如安徽黄山光明顶的飞来石、浙江杭州西山的飞来峰、广西桂林的独秀峰、湖南武陵源黄石寨的南天一柱等,奇峰异峦、怪石嶙峋、千变万化、景观独特。

③以水景为主体的游览区:如浙江的杭州西湖,江苏苏州、无锡的太湖,浙江的千岛湖,江西的鄱阳湖,黄河的壶口瀑布,贵州的黄果树瀑布,浙江的钱塘江海潮,河北的北戴河等,以及分布在风景名胜区、森林公园和自然保护区内的潭、泉、湖、瀑等极为美妙的水景,既观其形,又闻其声,为风景区最佳游览区之一。

④以溶洞、岩洞为主的游览区:如广西桂林的溶洞群,安徽皖南的溶洞群,贵州黔西、黔西北的溶洞群,湖南湘西的溶洞群,浙江西北部的溶洞,辽宁本溪的水洞资源等都是分布在森林茂美、风景秀丽的山林旷野之中,具有最佳的游览价值。

⑤以森林、植被景观为主的游览区:如北京西山的红叶、长白山的原始森林、云南西双版纳的热带季风雨林,是游人探索森林的奥秘和观赏森林植物群体美的场地。北京香山和长沙岳麓山的红叶,由于黄栌和枫香的树姿叶色不同,而有不同的效果。杭州满觉陇的桂花、九江庐山的桃花更有色香之异。

⑥以自然特色景观为主的游览区:如安徽黄山的云海、四川峨眉山的宝光、新疆的天池、长白山的高山湖、漠河的北极光、山东蓬莱的海市蜃楼等。

⑦以文物古迹、寺庙园林为主的游览区:如四川的乐山大佛、四川峨眉山的报国寺、安徽滁州琅琊山的醉翁亭、陕西周至楼观台的老子说经台、成都的杜甫草堂、江西庐山的东林寺、河南嵩山的少林寺、山西忻州的五台山、浙江天台山的国清寺、甘肃敦煌的莫高窟,以及各地的摩崖石刻、碑记、壁画、古建筑群、关隘、古驿道、古战场等。

游览区又可依其风景特色不同而划分成几个景区。

(2) 运动休闲区(游乐区) 结合游览,在有条件的地段可开展有益于身心健康的体育运动。如大的水面,可开展划船、游泳、垂钓、游艇等各项体育活动;高山可开展登山、狩猎等活动;有滑冰、滑雪条件的风景区,可开展冰雪运动;在西北和内蒙古草原上开展马术训练和骑马越野活动也有着优越的条件。但并不是所有风景名胜区都必须设立单独的体育活动区,可以因地制宜地分散设立各项小型体育活动场所。

另外,还可以设立游人参与性强的游乐项目及设施。

(3) 野营区 在风景名胜区,选择林中空地、草地、空旷地,只要环境幽静、水源充足,有水面、有斜坡、有岩石、有山峰的地方,可划出一定面积的野营区,专供游人开展露宿、野炊等各种野营活动。在野营区可以设置简单的水电接头,供人们随时接用。

在野营者中,对野营地环境的要求各不相同,有些人喜欢隔绝式的荒野野营,有些人喜欢社交性野营。但野营者对野营地的共同要求有三点:第一,良好的卫生服务设施;第二,安全感;第三,野营地附近应具有富有吸引力的自然景观。野营地的选择应考虑地形、坡向、坡位、植被状况、交通、安全和景观等其他因素。

(4) 科学研究、教学考察区 在风景名胜区和自然保护区内,凡是具有科研和教学考察价值的地区,可划作科学研究、教学考察区。这些地区主要有森林植被完整,动植物资源丰富,山体岩石、溶洞地貌发育很好,区域气候独特,水源充足、水质纯净等特点。如川滇藏地区的高山森林、西双版纳的热带雨林、新疆内陆的高山针叶林、东北五大连池火山群等。

风景名胜区和自然保护区被划分为科研和教学考察的地区,在此范围内一般不接待游客,尽量保持其原始地貌和宁静的环境,以利于开展各项科教活动。

在规划设计时,应对该地区的自然资源进行详细登记造册,并标示在图上,便于保护管理。对古树名木、奇花异草、珍稀禽兽、岩石、冰川和冰川遗迹、水源水质,均作特殊保护,严防生物新种被盗外流和对山体岩石的采集破坏,努力保护自然的完整性。

(5) 休养疗养区 风景名胜区因为环境质量好、无污染、距居民点较远,有的风景区还有具备医疗作用的温泉、矿泉等良好条件,所以适宜建立休养、疗养区。但是在风景名胜区中规划休养疗养区时应注意不能把休养疗养区建设在主要风景区,特别是不能建在最佳景点的范围内,以免破坏风景资源。另外休养疗养区在建筑体量、造型及色彩上要和风景区的环境相协调。

(6) 游览接待区 面积较大或离城市较远的风景名胜区,游客当日无法返回,或一二日不能游完全部风景,必须在风景名胜区内留宿、用膳,这就要建立旅游接待区,设立宾馆、饭店、商店、邮局、银行及文化娱乐设施,以满足游客食宿和其他方面的要求。

规划设计时,游览接待设施是集中住宿场所,建筑及相关设施多,为了不影响风景名胜区的自然景观,宜将旅游接待放在风景名胜区外。若接待区的污水直接排放会严重影响风景区环境质量,所以排污要有严格的规范,排污口应放在风景名胜区水源的下游地段。为了方便游客旅行,游览接待区和游览区之间要有便捷的交通联系。

(7) 行政管理区　为行政管理建设用地。主要包括行政管理办公用地、旅行社用地、公共安全机构用地(包括公安、消防、护林、车辆管理等)。

(8) 生产经营区　在较大型、多功能的风景名胜区中,每年高峰时有大量游人涌入,需要消耗大量的农副产品。特别是新鲜果蔬的供应,依靠外地既不经济,损耗也很大,常常主要依靠本地解决。在风景名胜区规划的初期就要考虑在游览高峰期不但可供应必需的新鲜蔬果,也能够从附近调集以保证需要。生产经营区主要包括蔬菜基地;果园、园艺场、茶园用地;奶牛场及奶制品厂用地;畜、禽、鱼类饲养养殖场用地;苗木、花卉、盆景生产基地。

3) 保护区划分

随着风景名胜资源保护工作力度的不断加强,以强化资源保护与培育为目标的分区方式——保护区划分应运而生。保护区划分主要是依据保护各类景观资源的重要性、脆弱性、完整性、真实性等为基本原则,划定相应的生态保护区、自然景观保护区、史迹保护区等区域,并对相应的保护区制定严格的保护与培育措施,使资源的保护在空间上有了明确的限定性,为资源的保护提供了可靠的地域划分界限。另外,在《关于做好国家重点名胜风景区核心景区划定与保护工作的通知》中,强调指出风景名胜区的核心景区是指风景名胜区范围内自然景物、人文景物最集中的、最具观赏价值、最需要严格保护的区域。而核心景区的划定是建立在保护区划分的基础上的。

4) 生态分区

长期的资源保护及低强度的利用,使风景名胜区的生态保护系统保存较为完整,但同时也受到来自人口、城市发展、资源利用等多方面的压力,而表现得更为脆弱和孤立。因此,风景名胜区规划分区中还应适当从生态系统保护的角度作出生态分区。生态分区过程中应遵循以下原则:第一,制止对自然环境的人为消极作用,控制和降低人为负荷,应分析游览时间、空间范围、游人容量、项目内容、开发强度等因素,并划出限制性规定或控制性指标;第二,保持和维护原有生物群落、结构及其功能特征,保护典型而有示范性的自然综合体;第三,提高自然环境的复苏能力,提高氧、水、生物量的再生能力与速度,提高其生态系统或自然环境对人为负荷的承载力。

生态分区应结合规划用地的土地利用方式、功能分区、保护分区和各项规划设计措施等条件,将规划用地的生态状况按照4个等级进行分类(见表5.1)。另外,按照其他生态因素划分的专项生态系统危机区应对热污染、噪声污染、电磁污染、卫生防疫条件、自然气候因素、震动影响、视觉干扰等方面进行专项研究。

表 5.1　生态分区及其利用与保护措施

生态分区	环境要素状况			利用与保护措施
	大气	水域	土壤植被	
危机区	×	×	×	完全限制发展,并不再发生人为压力,实施综合的保护措施
	－或＋	×	×	
		－或＋	×	
	×	×	－或＋	
不利区	×	－或＋	－或＋	应限制发展,对不利状态的环境要素要减轻其人为压力,实施针对性的自然保护措施
	－或＋	×	－或＋	
	－或＋	－或＋	×	

续表 5.1

生态分区	环境要素状况			利用与保护措施
	大气	水域	土壤植被	
稳定区	-	-	-	要稳定对环境要素造成的人为压力，实施对其适用的自然保护措施
	-	-	+	
	-	+	-	
有利区	+	+	+	需规定人为压力的限度，根据需要确定自然保护措施
	-	+	+	
	+	-	+	
	+	+	-	

注：×不利；-稳定；+有利

资料来源：国家质量技术监督局，中华人民共和国建设部.风景名胜区规划规范[S].GB 50298—1999

5.3.2 风景名胜区的结构与布局

1）风景名胜区的结构

风景名胜区的规划结构是为了把众多的规划对象组织在科学的结构规律或模型关系之中，以便针对规划对象的性能和作用结构，进行合理的规划和配置，实施结构内部各要素间的本质性联系、调节和控制，使其有利于规划对象在一定的结构整体中发挥应用的作用，也有利于满足规划目标对其结构整体的功能要求。

规划结构方案的形成可以概括为三个阶段：首先要界定规划内容组成及其相互关系，提出若干结构模式；然后利用相关信息资料对其分析比较，预测并选择规划结构；进而以发展趋势与结构变化对于其反复检验和调整，并确定规划结构方案。

具体到风景名胜区空间布局结构，第一阶段是要全面深入地研究风景名胜区现状资源的类型、数量、质量和分布，在风景名胜区现状资源评价与分析的基础上，提炼出风景名胜区现存的系统结构。第二个阶段要对现存的风景名胜区结构进行纵向的、历时的动态研究，依据风景名胜区的性质以及对风景名胜区未来发展的预测，构思多个风景名胜区规划结构。第三阶段就是在多个风景名胜区规划结构方案中进行分析比较，筛选决策，优化整合，并最终确定风景名胜区规划结构方案。可见，对现状规律的总结与未来发展的预测是规划结构确定的核心内容。所以，风景名胜区规划应依据规划目标和规划对象的性能、作用及其构成规律来组织整体规划结构或模型，并遵循以下原则：

（1）规划内容和项目配置应符合当地的环境承载能力、经济发展状况和社会道德规范，并能促进风景区的自我生存和有序发展；

（2）有效调节控制点、线、面等结构要素的配置关系；

（3）解决各枢纽或生长点、走廊或通道、片区或网点之间的本质联系和约束条件。

风景名胜区的规划结构，因规划目的和规划对象的不同，产生不同意义的结构体系，诸如游人、空间、景观、用地、经济、职能等结构体系。其中，职能结构应给予充分重视。

风景名胜区的职能结构有三种基本类型：①单一型结构：在内容简单、功能单一的风景名胜区，其构成主要是由风景游览欣赏对象组成的风景游赏系统，其结构应为一个职能系统组成的单一型结构。②复合型结构：在内容和功能均较丰富的风景名胜区，其构成不仅有风景游赏对象，还有相应的旅行游览接待服务设施组成的旅游设施系统，其结构应由风景游赏和旅游设施两个职能系统复合组成。③综合型结构：在内容和功能均为复杂的风景名胜区，其构成不仅有游赏对象、旅游设施，还有相当规模的居民生产、社会管理内容组成的居民社会系统，其结构应由风景游赏、旅游设施、居民社会等三个职能系统综合组成。

2）风景名胜区的规划布局

从系统理论角度分析，功能决定结构、结构引导布局，所以结构与布局之间有着紧密的关系。规划布局是在规划分区、规划结构之后,对风景名胜区地域空间进行进一步细化和控制的方法,所以规划布局阶段的主要任务是依据规划结构,利用各种时空联系方式,将风景名胜区内相对独立的诸多系统与要素之间进行有效的连接,使风景名胜区在更大范围环境中成为一个相对独立完整的个体,同时风景名胜区内部各系统之间组成相对依存、相互制约的有机整体。

风景名胜区依据规划对象的地域分布、空间关系和内在联系等条件,采取集中型(块状)、线型(带状)、组团型(集团状)、链珠状(串状)、放射型(枝状)、星座型(散点状)等单独或组合形式,来确定风景名胜区规划的整体布局。在确定规划布局形式的过程中,需要遵循以下原则:

(1) 正确处理局部、整体、外围三个层次的关系;
(2) 解决规划对象的特征、作用、空间关系的有机结合问题;
(3) 调控布局形态对风景区有序发展的影响,为各组成要素、各组成部分的协调统一创造有利条件;
(4) 促进环境、社会、经济效益的有效发挥;
(5) 在保持风景名胜资源真实性与完整性的前提下,创新规划思路和规划内容,突出地域特色。

案例 5.3 哈尔滨太阳岛风景名胜区总体规划(2009—2020年)结构分析

根据太阳岛风景区的实际情况,本规划对其职能结构和空间布局结构进行研究。在结构分析研究的基础上,进行风景区功能区规划和景区规划。

1 职能结构

风景区职能结构涉及风景区的自我生存条件、发展动力、运营机制等重大问题,成为风景区规划综合集成的主要结构框架体系。《风景名胜区规划规范》总结风景区职能结构一般由3个职能系统中的一个或多个职能系统构成。3个职能系统分别是:风景游赏职能系统、旅游接待服务设施职能系统和居民社会职能系统。

太阳岛风景名胜区规划职能结构是由风景游赏和旅游接待服务设施两个职能系统组成的复合型结构。太阳岛风景区位于哈尔滨市南北主城区之间,松花江两岸滨水城区与风景区在交通联络、景观影响、服务设施、基础设施、人员往来等方面联系紧密,为此两岸滨水城区居民社会系统是风景区职能结构的重要补充,太阳岛风景区规划必须作出全面通盘研究。

2 布局结构

在对风景区现状进行充分调查研究的基础上,依据景观资源属性、特征和景观资源地域分布、空间关系,在保持原有的自然地域单元和人文景观单元的完整性,并为景区未来的发展留有足够的弹性空间的原则指导下,遵从风景区的性质,突出风景区的特征,协调风景资源保护与风景游览的关系,为实现风景区的发展目标,确定风景区规划布局结构。

太阳岛风景区布局呈现"星河式"布局模式——松花江水开阔壮丽,众多岛屿星罗棋布。可以概括为:"一江、一核、五片、十区、二十四景"。

一江:松花江。规划使太阳岛与松花江两岸风景线景观与旅游线路有机结合,体现松花江地带风景和谐之美。

一核:核心景区。突出风景区的景观资源保护职能,保护风景区内有科学研究价值、保存价值的生物群落及其环境;以及自然景物、人文景物集中,最具观赏价值,需要严格保护的区域。

五片:将风景区用地划分为五个功能片区,分别是太阳岛休闲服务区、西南部生态恢复片区、西北部湿地生态游览片区、中部"三野"休闲游览片区、东部水上休闲运动片区。

十区:规划十大景区,分别是金河湾湿地公园景区、阳明滩景区、群力外滩景区、天鹅湖景区、动植物观赏景区、太阳岛文化风情景区、水上公园景区、欢乐岛景区、航运港口景区、星海景区。

二十四景:分别是冰雪大世界、雪博园、俄罗斯风情小镇、系列文化博物馆群、水阁云天、太阳门、太阳瀑、太阳桥、极地馆、省博物馆、欢乐岛、世界园艺博览园、冰雪迪斯尼乐园、东北虎林园、西四环大桥、湿地博览长廊、湿地动植物天堂、天鹅主雕、丹鹤塔、冬泳乐园、阳光沙滩、月琴港、阿勒锦水上人家、星海羲湾。

二十四景中的冰雪大世界、雪博园、俄罗斯风情小镇、系列博物馆群、极地馆、冰雪迪斯尼乐园、冬泳乐园、世界园艺博览园、东北虎林园、湿地动植物天堂十大景点具有全国意义乃至世界影响。

■ **课后习题**
1. 请阐述风景名胜区总体规划编制的内容与程序。
2. 谈谈风景名胜区规划的性质与目标的作用。
3. 风景名胜区的规划分区、结构与布局有哪些内容和特点?

6 风景名胜区详细规划的编制

■ **本章提示**
1. 了解风景名胜区详细规划的内容、编制与审批;
2. 掌握风景名胜区控制性详细规划编制的内容;
3. 掌握风景名胜区修建性详细规划编制的内容。

6.1 风景名胜区详细规划概述

风景名胜区详细规划是指在总体规划或分区规划的基础上,对风景名胜区重点发展地段的土地使用性质、保护和控制要求、景观和环境要求、开发利用强度、基础工程和设施建设等作出管制规定。详细规划可分为控制性详细规划和修建性详细规划。

6.1.1 风景名胜区详细规划的内容

详细规划的任务是以总体规划或分区规划为依据,规定风景各区用地的各项控制指标和规划管理要求,或直接对建设项目作出具体的安排和规划设计。在风景名胜区内,应根据景区开发的需要,编制控制性详细规划,作为景区建设和管理的依据。

详细规划的主要内容有:

(1) 详细确定景区内各类用地的范围界线,明确用地性质和发展方向,提出保护和控制管理要求,以及开发利用强度指标等,制定土地使用和资源保护管理规定细则。

(2) 对景区内的人工建设项目,包括景点建筑、服务建筑、管理建筑等,明确位置、体量、色彩、风格。

(3) 确定各级道路的位置、断面、控制点坐标和标高。

(4) 根据规划容量,确定工程管线的走向、管径和工程设施的用地界线。风景名胜区的修建性详细规划主要是针对明确的建设项目而言,主要内容包括:建设条件分析和综合技术经济论证、建筑和绿地的空间布局、景观规划设计、道路系统规划设计、工程管线规划设计、竖向规划设计、估算工程量和总造价、分析投资效益。

6.1.2 风景名胜区详细规划的编制与审批

编制风景名胜区详细规划主要遵循总体规划或分区规划中所确定的风景名胜区职能、布局和发展战略。首先,风景名胜区详细规划要满足风景名胜区职能的要求。不同的风景名胜区侧重点不同,具有不同的职能性质,不同性质的风景名胜区在建筑风格、色彩、密度等方面有不同的要求及表现形式;同一风景名胜区不同区域也有所不同,如黄山风景名胜区,山上主要是从事游览活动,而屯溪老街则主要是从事商业、文化活动。详细规划要反映和体现这些要求。其次,详细规划要满足风景名胜区布局的要求。详细规划在用地结构、开发强度、交通组织等方面应与总体布局相协调,并充分体现风景名胜区总体规划所能提供的各种规定条件。最后,详细规划应反映风景名胜区发展的要求。

国家级风景名胜区详细规划由具备甲级规划编制资质的单位编制。详细规划编制完成后,省、自治区、直辖市建设(规划)行政主管部门组织有关专家进行评审,提出评审意见。编制单位根据评审意见,对详细规划进行修改完善。

6.2 风景名胜区控制性详细规划的编制

6.2.1 控制性详细规划产生的背景及其作用和特点

1）控制性详细规划产生的背景

控制性详细规划这一名称正式出现在原建设部1991年颁布的《城市规划编制办法》之中。控制性详细规划的产生与我国改革开放以及经济体制转型的大背景密切相关。风景名胜区控制性详细规划产生的背景可以分为以下三个方面：

（1）土地使用制度的改革　改革开放以来，中国计划经济体制逐渐向市场经济体制过渡，投资主体由国家主导转向多元利益主体主导。在市场经济的原则下，相关部门将风景名胜资源等同于特种市场商品，"价高者得"为风景名胜区带来了最高利益，但却使风景名胜资源遭到了永久性的破坏。为了保护风景名胜区，我们应在规划的控制下使土地利用结构、风景名胜区布局趋于合理，这就直接导致控制性详细规划的引入与产生。

（2）建设投资主体的多元化　我国的风景名胜区存在着多头管理，各自为政，乱批建设项目，乱分地，乱占地，乱建房等混乱现象，有些管理部门为了获得高利益，甚至允许房地产商在风景名胜区内盖别墅。这一切的行为给风景名胜区带来了毁灭性的破坏。

（3）规划管理及规划设计工作的要求　随着风景名胜区管理工作从依靠行政指令为主转向依靠法治为主，以建设为导向转向以管理控制为导向的转变，作为风景名胜区规划管理重要依据的规划形式与内容必然要发生根本性的变化。这种变化主要体现在：首先，必须适应规划管理工作的需求，能够为规划管理控制提供权威性的依据；其次，规划的形式不必是终极蓝图，但要对开发建设提出明确的要求和指导性意见，并在执行过程中具有一定的灵活性（即规划要有弹性）；再次，规划内容不但要符合风景名胜区总体规划的方针、政策和原则，同时还要体现风景资源特色。

2）控制性详细规划的作用和特点

（1）控制性详细规划的作用　控制性详细规划是风景名胜区总体规划和修建性详细规划的有效衔接。根据我国风景名胜区的实际情况，对风景名胜区建设项目具体的定位、定量、定性和定环境的引导和控制。控制性详细规划在风景名胜区规划与管理中的作用主要体现在：

① 通过抽象的表达方式，落实风景名胜区总体规划的意图　我国规划界倾向将控制性详细规划看作是一个规划层次，起到连接粗线条的作为框架规划的总体规划与作为小范围建设活动的修建性详细规划的作用。即上承总体规划所表达的方针、政策，将风景名胜区总体规划的宏观、平面、定性的规划内容体现为微观、立体、定量的控制指标；下启修建性详细规划，作为其编制的依据。

② 提供管理依据，引导开发建设　控制性详细规划作为一种规划技术手段和规划编制阶段，已成为规划和管理的结合点。控制性详细规划重视规划的可操作性，使风景名胜区规划管理工作做到有章可循。

（2）控制性详细规划的特点

① 承上启下　控制性详细规划上承总体规划、分区规划的构思，并进一步将其深化、完善，为修建性规划作指导。

② 定性和定量相结合　在控制性详细规划中，不仅要控制每块土地的使用性质类型，还要控制每类土地的规划面积、容积率、绿地率、建筑密度、建筑高度、建筑形式与色彩等等。

③ 规定性和弹性　一方面，控制性详细规划必须具备规定性，才能为规划管理服务；另一方面，面对快速发展的经济和瞬息万变的社会，灵活性或弹性又是必不可少的。

④ 复杂性　风景名胜区类型多样、功能多样、土地利用类型多样，这些决定了控制性规划的复杂性。因此，控制性详细规划的控制性要求及控制方式必然是多样的。

6.2.2 控制性详细规划的原则及技术路线

风景名胜区控制性详细规划必须遵循《风景名胜区规划规范》要求，对于它的编制应重点突出风景资源的保护和适度的旅游开发的特定意图。风景名胜区控制性详细规划应当针对规划区的不同情况和要求编制,根据风景名胜区总体规划,处理好规划刚性与弹性的关系,规定性与引导性结合,既严格控制又切实可行,体现规划的可操作性。风景名胜区控规编制技术路线,具体内容如下图6.1所示:

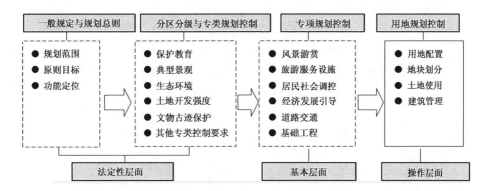

图6.1 风景名胜区控规编制技术路线

资料来源:谭侠.关于风景名胜区控制性详细规划编制的探讨[C]//城市规划和科学发展——2009中国城市规划年会论文集.天津:中国城市规划学会,2009

6.2.3 控制性详细规划的内容

控制性详细规划应当包括下列主要内容:
(1)确定规划用地的范围、性质、界线及周围关系;
(2)分析规划用地的现状特点和发展矛盾,以决定规划原则和布局;
(3)确定规划用地的细化分区或地块划分性质与面积及其发展要求;
(4)规定各地块的控制点坐标与标高、风景要素与环境要求、建筑高度与容积率、建筑功能与色彩及风格、绿地率、植被覆盖率、乔灌草比例、主要树种等控制指标;
(5)确定规划区的道路交通与设施布局、道路红线和断面、出入口与停车泊位;
(6)确定各项工程管线的走向、管径及其设施用地的控制指标;
(7)制定相应的土地使用与建设管理规定。

6.2.4 控制性详细规划的编制程序

风景名胜区控制性详细规划的编制工作分为基础资料收集、地块划分与用地分类、确定控制内容以及成果制作四个阶段。每个工作阶段工作内容如下:

1)基础资料收集

与其他层次的规划相同,控制性详细规划的编制工作首先从基础资料的收集整理入手。编制控制性详细规划需要收集的基础资料有:
(1)总体规划或分区规划对本规划地段的规划要求,相邻地段已批准的规划资料;
(2)土地利用现状,用地分类至小类;
(3)居民点分布现状;
(4)建筑物现状,包括房屋用途、产权、建筑面积、层数、建筑质量、保留建筑等;
(5)公共设施规模、分布;
(6)工程设施及管网现状;
(7)土地经济分析资料,包括有偿使用状况、开发方式等;
(8)所在地区历史文化传统、建筑特色等资料。

2)地块划分及用地分类

根据规划设计构思确定控制内容。控制内容可以分为以下几种类型:
①用地控制指标;②建筑形态控制指标;③环境容量控制指标;④交通控制内容指标;⑤景观设计引导及控制指标;⑥配套设施指标。风景名胜区控制要求,如下表6.1。

3) 编制规划成果

控制性详细规划的成果主要包括规划文本、规划图纸以及附件(含规划说明及基础资料)。

4) 规划审批

按照审批程序和审批要求进行。

表 6.1 风景名胜区规划控制要求一览

控制类别		控制内容	生态保护区	自然景观保护区	史迹保护区	风景游赏区			风景恢复区	发展控制区		
										设施建设区	城乡建设区	非建设区
		保护级别	特级	特级	一级	一级	二级	三级		三级		
保护培育控制		地形、地貌、地物等保护要求	▲	▲		△						
		环境质量标准	▲	▲	△	△			△	△		
		环境容量要求	▲	▲	▲					△	△	
		环境保护要求	▲	▲	▲	▲			△	△		
土地使用	土地使用控制	用地面积	▲	▲	▲	▲			▲	▲		
		用地边界	▲	▲	▲	▲			▲	▲		
		用地性质	▲	▲	▲	▲			▲	▲		
		用地兼容性								△		
环境容量	环境容量控制	容积率				▲	△	△		△		
		绿地率				▲	△		▲	△		
		建筑密度				▲				▲		
		游人容量				▲			▲	▲		
		设施容量/设施密度				▲			▲	▲		
		景区游居比				☆			△			
风景游赏	游线控制			☆		☆			☆	☆		
	游赏项目控制	风景资源的分类与分级		☆		☆			☆	☆		
设施配套	游览设施控制	客房密度				△				△		
		住宿床位数				△				△		
	基础工程设施控制	给水设施								△		
		排水设施								△		
		供电设施								△		
		通讯设施								△		
		综合防灾设施								△		
		其他								△		

续表 6.1

一级	二级	三级	1	2	3	4	5	6	7	8	9
行为活动	交通活动控制	交通组织							☆	☆	
		道路等级							☆	☆	
		红线宽度							▲	▲	
		出入口方位及数量							▲	▲	
		停车泊位							▲	▲	
		道路设施							☆	☆	
	环境保护规定	水污染物允许排放量/排放浓度	▲	▲	△	△	△				
		废气污染物允许排放量	▲	▲	△	△	△				
		固体废弃物控制	▲	▲	△	△	△				
		噪音振动等允许标准值	▲	▲	△	△	△				
		其他	▲	▲	△	△	△				
景观风貌	建筑建造控制	建筑高度				▲				▲	
		建筑后退				▲				▲	
		建筑间距				☆				☆	
		建筑位置				☆				☆	
		建筑形式				☆				☆	
		建筑体量				☆				☆	
		建筑色彩				☆				☆	
		空间组合方式				☆				☆	
		环境要求				☆				☆	
	廊道控制	廊道黄线	△	△	△	△	△		☆	☆	
	植被控制	地表改变率	△	△	△						
		绿化覆盖率	▲	▲	☆	△					
		郁闭度	△	△	☆	☆					
		林缘绿线	△	△	☆						
		群落结构	△	△	☆				☆		
		林相、树种	△	△	☆				☆		
	植物种植控制	植被种植	☆	☆	☆				☆	☆	
		植物种植设计引导	☆	☆	☆				☆	☆	
其他		五线控制							△		

注：▲—表示强制性要求；△—表示规定性要求；☆—表示引导性要求；空格—表示不适用或不做具体要求

案例6.1　广德太极洞国家级风景名胜区控制性详细规划文本(2006—2020年)

目　录

第一章　总　则

第二章　规划依据

第三章　规划原则

第四章　规划范围

第五章　分级保护规划

第六章　土地使用规划

第七章　建筑建设规划

第八章　道路交通规划

第九章　游客容量规划

第十章　基础设施规划

第十一章　环境保护规划

第十二章　安全防灾规划

第十三章　居民调控规划

第十四章　规划实施

第十五章　附　则

第一章　总　则

第一条　规划目的

对广德太极洞国家级风景名胜区(包括太极洞片区、卢湖片区)进行控制性详细规划,是根据国家《风景名胜区管理办法》等有关要求,旨在通过规划控制范围,规定土地使用性质与开发强度,确立建筑设施、配套设施控制指标,实施对风景区的有效保护,开发风景区的游赏与休闲功能,使风景区在保护与利用的过程中得到可持续发展。

第二条　规划性质

《广德太极洞国家级风景名胜区控制性详细规划》是对《广德太极洞国家级风景名胜区总体规划》的深化与完善,是在对风景区进行功能划分和旅游项目策划基础上的以数据控制和图则控制为主要内容的各项控制指标,是规范风景区保护与开发建设的技术性法规文件。

第三条　规划指导思想

以《广德太极洞国家级风景名胜区总体规划》为依据,在有效的保护风景区生态、文化前提下,统一规划,分期实施,配套建设。通过调整用地结构,提升功能,实现风景区功能结构和空间结构的进一步优化,将其建设成安徽省乃至"长三角"地区著名风景区。

第四条　规划内容

为了突出风景资源开发特点,强化保护要求,风景区内的任何建设活动,不管是综合开发还是个体建设,都应该进行控制。为此,本次规划从以下几个方面建构控规体系:

1　分级保护控制;

2　土地使用控制;

3　建筑建设控制;

4　道路交通控制;

5　游客容量控制;

6　基础设施控制;

7　环境保护控制;

8　安全防灾规划；

9　居民调控规划。

第五条　规划期限

1　近期,2006—2010 年；

2　中期,2011—2015 年；

3　远期,2016—2020 年。

第六条　规划实施

本规划通过由安徽省建设厅组织的专家评审后,由广德县建设委员会负责实施。在风景区范围内的土地利用、项目建设及任何人类行为均应符合本规划的规定。

第二章　规划依据

第七条　规划依据

本规划遵照国家、省、市及地方有关规章进行编撰,主要依据的法规与文件如下：

1　《中华人民共和国城市规划法》(1989 年 12 月 26 日第七届全国人民代表大会常务委员会第十一次会议通过)。

2　《中华人民共和国环境保护法》(1989 年 12 月 26 日中华人民共和国主席令第二十二号发布)。

3　《中华人民共和国环境影响评价法》(2002 年 10 月 28 日中华人民共和国第九届全国人民代表大会常务委员会第三十次会议通过)。

4　《中华人民共和国土地管理法》(1986 年 6 月 25 日第六届全国人民代表大会常务委员会第十六次会议通过,根据 1988 年 12 月 29 日第七届全国人民代表大会常务委员会第五次会议《关于修改〈中华人民共和国土地管理法〉的决定》第一次修正,1998 年 8 月 29 日第九届全国人民代表大会常务委员会第四次会议修订,根据 2004 年 8 月 28 日第十届全国人民代表大会常务委员会第十一次会议《关于修改〈中华人民共和国土地管理法〉的决定》第二次修正)。

5　《中华人民共和国森林法》(1984 年 9 月 20 日第六届全国人民代表大会常务委员会第七次会议通过,根据 1998 年 4 月 29 日第九届全国人民代表大会常务委员第二次会议《关于修改〈中华人民共和国森林法〉的决定》修正)。

6　《中华人民共和国水法》(2002 年 8 月 29 日第九届全国人民代表大会常务委员会第二十九次会议通过)。

7　《中华人民共和国水污染防治法》(1984 年 5 月 11 日第六届全国人民代表大会常务委员会第五次会议通过,1996 年修改)。

8　《中华人民共和国自然保护区条例》(1994 年 9 月 2 日国务院第 24 次常务会议讨论通过,1994 年 10 月 9 日中华人民共和国国务院令第 167 号发布)。

9　《风景名胜区条例》(2006 年 9 月 6 日国务院第 149 次常务会议通过)。

10　《风景名胜区规划规范(GB 50298—1999)》。

11　《风景名胜区环境卫生管理标准》(建设部 1992 年 11 月 16 日发布)。

12　《风景名胜区安全管理标准》(建设部 1995 年 3 月 29 日发布)。

13　《水库大坝安全管理条例》(1991 年 3 月 22 日中华人民共和国国务院令第 78 号发布)。

14　《安徽省城市控制性详细规划管理办法》(2004 年 2 月 1 日施行)。

15　《安徽省城镇生活饮用水水源环境保护条例》(2001 年 7 月 28 日安徽省人民代表大会常务委员会颁布)

16　《安徽省旅游业发展总体规划》(2003—2020 年)。

17　《安徽省广德县土地利用总体规划》(1997—2010 年)。

18　《广德县农村公路发展规划》(2000—2020 年)。

19 《安徽省广德县旅游发展总体规划》(2003年8月通过评审)。
20 《广德太极洞国家级风景名胜区总体规划》(2005年11月通过评审)。

第三章 规划原则

第八条 保护原则

严格保护风景区自然与文化遗产,加强地被和植物景观培育,维护生物多样性和生态良性循环,保护水质,防止污染和其他公害;延续风景区历史文化元素,保护地方传统文化。

第九条 发展原则

充分利用风景区内的自然和人文资源,通过科学、积极有效的开发,凸现风景区游览休闲特色,在保护自然风景、挖掘地方传统文化、发展旅游产业的过程中,增加地方财政收入,改善居民生活质量,实现环境效益、经济效益和社会效益的和谐发展。

第十条 人本原则

科学处理风景区各建设项目的空间关系,在水陆交通、公共场所、休闲娱乐、饭店餐饮等休闲服务设施配置方面,强调人的舒适感和愉悦感,即人作为活动主体的美好感受,充分体现风景区建设以人为本的宗旨。

……

案例6.2 九宫山船埠景区控制性详细规划

1 船埠景区概况

九宫山国家级风景名胜区,位于湖北省东南部通山县境内,距武汉178 km,距咸宁市区40 km。总面积210 km²。是湖北省旅游业的精品名牌和旅游名山。

根据总体规划,船埠景区作为九宫山风景区的服务次区,地点位于船埠村,占地面积0.90 km²。可选择设置行政管理、公共设施、商业服务、旅馆接待、娱乐接待、娱乐游览、修养疗养、后勤保障、民用居住、备用基地等用地。

2 功能定位

1) 功能完善的入口服务区

2) 九宫山风景区的重要旅游景区

3 旅游发展定位

作为九宫山风景区的入口以及重要旅游区,其主要功能界定为人流集散和交通换乘;同时兼具休闲、观光、度假、科普教育等功能。是以自然景观为主,人文景观为辅的旅游区。

4 控制体系与内容

1) 保护培育控制

根据《风景名胜区规划规范(GB 50298—1999)》中对风景保护的要求并结合船埠景区生态敏感度和地质敏感度的要求,将船埠景区分为三级保护用地。并提出相应的控制要求(图6.2)。

2) 容量的控制

(1) 景区旅游环境容量分析与预测

① 船埠入口综合服务区旅游容量分析 远期日容量为:4 000人次/d;年度假容量为:96万人次/a。

② 九宫山风景名胜区旅游容量分析 远期日容量为:20 000人次/d;年度假容量为:480万人次/a。

(2) 入口综合服务区建设规模测算

① 九宫山旅游服务中心 游客服务中心总建筑面积约5 500 m²。

② 九宫山风景区停车场 游客停车场分二期建设,约1 700个停车位,其中大型巴士停车位300个,小型汽车停车位1 400个。

③ 九宫山风景区巴士换乘站 游客换乘中心建筑占地面积1 000 m²,停车场占地面积12 000 m²。

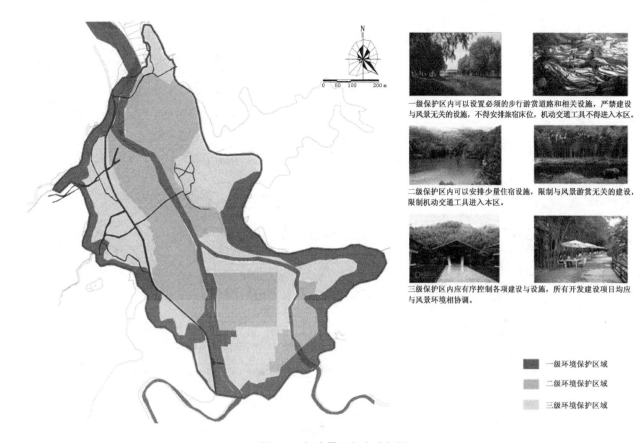

图 6.2 船埠景区保育分级图

④ 船埠田园步行商业街 建设用地 5.1 hm²，建筑面积 26 300 m²。
⑤ 船埠旅游酒店 占地 6.5 hm²，建筑面积 22 000 m²，可供 300 人住宿。
⑥ 沿河景观带 占地 2.0 hm²。
⑦ 船埠旅游新村 规划供 1 000 人住宿，就餐，娱乐。

3) 设施配套控制

(1) 游览设施控制 游览设施主要包括景区售票处、游客接待中心、游客换乘中心、医务室、问询处、社会法庭、保卫处、管理机构办公处、停车场、餐饮服务点、旅宿服务点、商业购物点、公厕、公用电话、紧急救护点、垃圾收集点、邮政服务点等。

(2) 基础工程设施控制 基础工程设施控制包括：给水、排水、污水、电力、通讯、环卫、消防、综合防灾(防洪、防震、排涝、森林防火、旅游安全防范)8 种。

4) 行为活动控制

包括交通活动控制和环境保护规定。交通活动控制主要指明确景区内部和外部交通，对景区内部交通方式、道路红线宽度、控制点坐标、交通出入口方位等提出控制要求(图 6.3)；环境保护规定则主要针对废气、水环境、噪声、固体废弃物、野生动植物、视觉环境保护等提出控制和保护要求。

5) 景观风貌控制

(1) 建筑建造控制 针对船埠入口景区的特点，对建筑风貌的控制主要从建筑限高(图 6.4)、建筑风格(图 6.5)和建筑规模三方面进行控制。

(2) 植被控制 植被控制包括河湖水系植被规划、交通公路和游览路线的植被规划、人工改造景观林规划、村镇环境的植被规划、绿化建设分期规划等内容。根据景观风貌和适地适树的要求，对种植形式和植被类型提出引导性要求(图 6.6)。

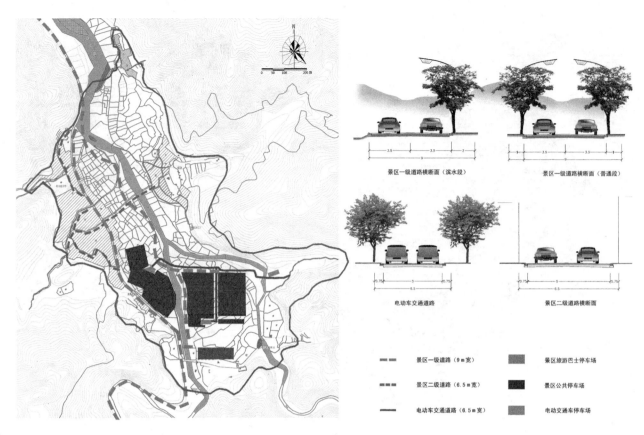

图 6.3　交通活动控制图

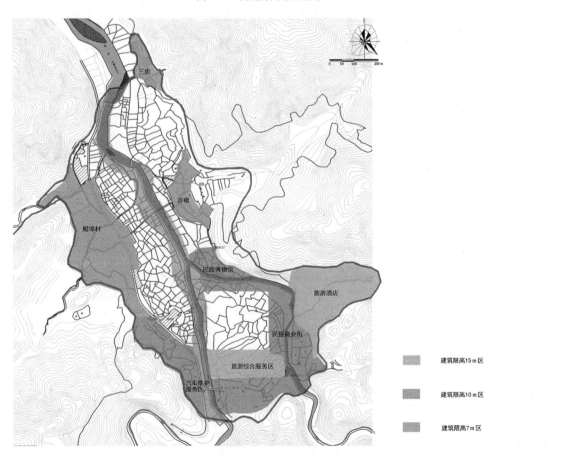

图 6.4　建筑高度控制图

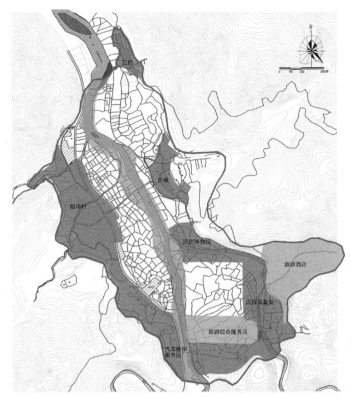

图 6.5　建筑风格引导图

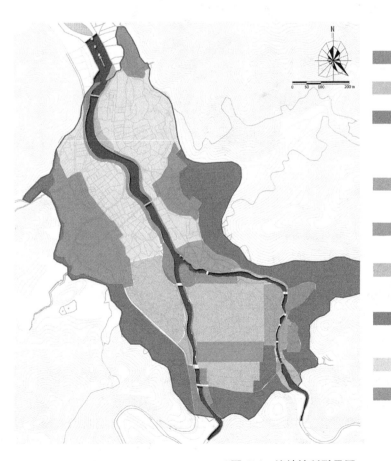

图 6.6　植被控制引导图

101

6) 土地使用控制

(1) 用地性质的确定 船埠景区用地共分为八大类,根据船埠景区的现状,以中类用地为主。另外,考虑景区土地的集约利用,在不破坏景区生态环境的前提下开展立体空间的开发利用(主要是立体停车系统的使用)。

(2) 地块划分 综合考虑船埠景区交通、地形、植被等因素,借鉴城市控规的经验,将船埠景区划分为19个管理单元(图6.7 管理单元划分图)。

图6.7 管理单元划分图

(3) 用地兼容性控制 根据用地分类分级的规定,对各分区内相关服务设施等提出兼容性控制要求。明确各保护区内允许修建、禁止修建及特殊情况下可以修建的项目类型(表6.2)。

6.3 风景名胜区修建性详细规划的编制

6.3.1 修建性详细规划的任务和特点

1) 修建性详细规划的任务

修建性详细规划的根本任务是按照风景名胜区总体规划、分区规划以及控制性详细规划的指导、控制和要求,以风景名胜区中准备实施开发建设的待建地区为对象,对其中的各项物质要素,如建筑物的用途、面积、体形、外观形象、各级道路、基础设施等进行统一的空间布局。编制修建性详细规划的依据主要来自于两个方面:一个是风景名胜区总体规划、控制性规划对该地区的规划要求以及控制指标,另一个是来自开发项目本身的要求。修建性详细规划要综合考虑这两方面的要求。

表6.2 船埠景区用地兼容性协调表

适建建筑类别 \ 规划用地使用类别	一级保护区 风景游赏用地	一级 旅游设施用地	一级 居民社会用地	一级 交通与工程用地	一级 林地	一级 园地	一级 耕地	一级 草地	一级 水域	二级 风景游赏用地	二级 旅游设施用地	二级 居民社会用地	二级 交通与工程用地	二级 林地	二级 园地	二级 耕地	二级 草地	二级 水域	三级 风景游赏用地	三级 旅游设施用地	三级 居民社会用地	三级 交通与工程用地	三级 林地	三级 园地	三级 耕地	三级 草地	三级 水域
景观建设	✓			×	✓	✓	✓	✓	✓	✓	✓	✓	×	✓	✓	✓	✓	✓	✓	✓	✓	×	✓	✓	✓	✓	✓
低层住宅	×			×	×	×	×	×	×	×	✓	✓	×	×	×	×	×	×	×	✓	✓	✓	×	×	×	×	×
多层住宅	×			×	×	×	×	×	×	×	☆	×	×	×	×	×	×	×	×	☆	✓	×	×	×	×	×	×
商业住宅	×			×	×	×	×	×	×	×	×	×	×	×	×	×	×	×	×	✓	✓	×	×	×	×	×	×
居住区区域小区级配套公建	×			×	×	×	×	×	×	×	△	☆	×	×	×	×	×	×	×	✓	✓	×	×	×	×	×	×
行政办公建筑	×			×	×	×	×	×	×	×	☆	✓	×	×	×	×	×	×	×	✓	✓	×	×	×	×	×	×
大中型商业建筑	×			×	×	×	×	×	×	×	×	×	×	×	×	×	×	×	×	✓	✓	×	×	×	×	×	×
小型商业服务设施（包括邮电所、储蓄所）	✓			×	×	×	×	×	×	△	✓	✓	×	×	×	×	×	×	×	✓	☆	×	×	×	×	×	×
大中型农副产品交易市场	×			×	×	×	×	×	×	×	×	×	×	×	×	×	×	×	×	☆	☆	×	×	×	×	×	×
小型农贸市场	×			✓	×	×	×	×	×	☆	✓	☆	✓	×	×	×	×	×	×	✓	✓	×	×	×	×	×	×
小型市政设施（变电所、泵站、调压站、加油站）	×			×	×	×	×	×	×	✓	☆	✓	×	×	×	×	×	×	☆	✓	✓	✓	×	×	×	×	×
中小学、幼儿园、托儿所	×			×	×	×	×	×	×	×	☆	✓	×	×	×	×	×	×	×	✓	✓	×	×	×	×	×	×
卫生机构	×			×	×	×	×	×	×	×	✓	✓	×	×	×	×	×	×	×	✓	✓	×	×	×	×	×	×
派出所、房管所、市政公用等基层管理机构	×			✓	×	×	×	×	×	×	✓	✓	✓	×	×	×	×	×	×	✓	✓	✓	×	×	×	×	×
消防站	×			✓	×	×	×	×	×	×	✓	✓	✓	×	×	×	×	×	×	✓	×	✓	×	×	×	×	×
停车场	×			✓	×	×	×	×	×	×	✓	✓	✓	×	×	×	×	×	×	✓	×	✓	×	×	×	×	×

注："✓"表示允许修建，"☆"表示原则上有条件允许修建，"×"表示不允许修建，"△"表示原则上不允许修建，但必不可少的配套设施或公需要，经采取措施符合有关规定后可以酌情修建

2) 修建性详细规划的特点

相对于控制性详细规划,修建性详细规划具有以下特点:

(1) 以具体、详细的建设项目为依据,计划性较强;
(2) 是风景名胜区空间、形象与环境的形象表达;
(3) 是多元化的编制主体;
(4) 是建筑设计的重要依据。

6.3.2 修建性详细规划的编制内容、程序及成果

1) 修建性详细规划的内容

修建性详细规划应包括下列主要内容:

(1) 分析规划区的建设条件及技术经济论证,提出可持续发展的相应措施;
(2) 确定山水与地形、植物与动物、景观与景点、建筑与各工程要素的具体项目配置及其总平面布置;
(3) 以组织健康优美的风景环境为重点,制定竖向、道路、绿地、工程管线等相关专业的规划或初步设计;
(4) 列出主要经济技术指标,并估算工程量、拆迁量、总造价及投资效益分析。

2) 修建性详细规划的编制程序

修建性详细规划的编制通常分为以下几个阶段:

(1) 基础资料收集;
(2) 方案构思比较;
(3) 规划设计成果制作。

3) 修建性详细规划成果组成

修建性详细规划成果主要由规划说明书和规划图纸组成。

(1) 规划说明书　规划说明书由以下部分组成:

① 现状条件分析;② 规划原则和总体构思;③ 用地布局;④ 空间组织和景观特色要求;⑤ 道路规划;⑥ 各项专业工程规划及管网综合;⑦ 竖向规划;⑧ 主要技术经济指标;⑨ 工程量及投资估算。

(2) 图纸

① 规划地段位置图;② 规划地段现状图;③ 规划总平面图;④ 道路交通规划图;⑤ 竖向规划图;⑥ 单项或综合工程管网规划图。

■ **课后习题**

1. 简述我国风景名胜区详细规划的内容。
2. 风景名胜区控制性详细规划的编制程序有哪些?
3. 风景名胜区修建性详细规划的任务和特点有哪些?
4. 简述风景名胜区修建性详细规划编制的程序。

7 风景名胜区专项规划的编制

■ **本章提示**

掌握保护培育规划、风景游赏规划、典型景观规划、游览设施规划、道路交通规划、基础工程规划、居民点社会调控规划、经济发展引导规划、土地利用协调规划、分期发展规划相关内容。

7.1 保护培育规划

保护培育国土、树立国家和地区形象是风景名胜区的基本任务和作用之一,因而,在风景名胜区规划中,特别是在总体规划阶段,就需要把保护培育的内容作为一项重要的专项规划来做。

风景名胜区的保护培育规划是对需要保育的对象与因素实施系统控制和安排,使被保护的对象与因素能长期存在下来,或能在被利用中得到保护,或在保护条件下能被合理利用,或在保护培育中能使其价值得到增强。

7.1.1 保护培育规划的基本内容

构成风景名胜区的基本条件是风景资源,它是历史人文信息和生态信息的载体,它很好地反映了风景名胜区的形成过程中人与自然的关系。对风景名胜区的保护不仅是对地球有限资源的保护,同时其所包含的自然和人文资源也是无法替代和再生的,如果被破坏,原来的状貌就再也无法恢复,依附在风景名胜区上的信息和价值也就荡然无存。因此,风景名胜区管理的首要任务就是保护风景资源。

我国现行的风景名胜区保护培育规划应包括三方面的基本内容。

首先,是查清保育资源,明确保育的具体对象和因素。其中,各类景源是首要对象,其他一些重要而又需要保育的资源也可被列入,还有若干相关的环境因素、旅游开发、建设条件也有可能成为被保护因素。

其次,在此基础上,要依据保护对象的特点和级别,划定保护范围,明确保育原则。例如,生物的再生性就需要保护其对象本体及其生存条件,水体的流动性和循环性就需要保护其汇水区和流域因素,溶洞的水溶性特征就需要保护其水湿演替条件和规律。

再次,依据保育原则制定保育措施,并建立保育体系。风景名胜区保护培育规划应依据风景名胜资源的特点和保护利用的要求,确定分类和分级保护区,分别规定相应的保护培育规定和措施要求,合理划定核心景区、景区,将分类与分级保护规划中确定的重点保护区(如重要的景观保护区、生态保护区、史迹保护区)划定为核心景区,确定其规划范围界限,并对其保护措施和管理要求做出强制性的规定,同时应根据实际需要对当地的历史文化、民族文化、传统文化等非物质文化遗产的保护作出规定。

7.1.2 分类保护与分级保护

1)分类保护

在保护培育规划中,分类保护是目前风景名胜区保护培育规划中应用最为广泛的一种保护形式,我国现行的相关技术规范中没有对其划分的具体方法做出明确的要求,在不同国家的规划体系当中,其划分方式也有很大的差别。它是依据保护对象的种类及其属性特征,并按土地利用方式来划分出相应的保护区。风景名胜区保护的分类依据地块间的异同分别制定保护原则和保护策略。风景名胜区保护的分类应包括生态保护区、自然景观保护区、史迹保护区、风景恢复区、风景游览区和发展控制区,并应符合以下规定:

(1)生态保护区

① 区划规定 对风景名胜区内有科学研究价值或其他保存价值的生物种群及其环境,应划出一定的范围与空间作为生态保护区。

② 保护规定 在生态保护区内,可以配置必要的研究和安全防护设施,应禁止游人进入,不得建设任

何建筑设施,严禁机动交通及其设施进入。

(2) 自然景观保护区

① 区划规定　对需要严格控制开发行为的特殊自然景源和景观,应划出一定的范围与空间作为自然景观保护区。

② 保护规定　在自然景观保护区内,可以配置必要的步行游览和安全防护措施,宜控制游人进入,不得安排与其无关的人为设施,严禁机动交通及其设施进入。

(3) 史迹保护区

① 区划规定　在风景名胜区内各级文物和有价值的历代史迹遗址的周围,应划出一定的范围与空间作为史迹保护区。

② 保护规定　在史迹保护区内,可以安置必要的步行游览和安全防护措施,宜控制游人进入,不得安排旅宿床位,严禁增设与其无关的人为设施,严禁机动交通及其设施进入,严禁任何不利于保护的因素进入。

(4) 风景恢复区　是很有当代特征和中国特色的规划分区,它具有较多的修复、培育功能和特点,体现了资源的数量有限性和潜力无限性的双重特征,是协调人与自然关系的有效方法。

① 区划规定　对风景名胜区内需要重点恢复、培育、抚育、涵养、保持的对象与地区,例如森林与植被、水源与水土、浅海及水域生物、珍稀濒危生物、岩溶发育条件等,宜划出一定的范围与空间作为风景恢复区。

② 保护规定　在风景恢复区内,可以采用必要技术措施与设施,应分别限制游人和居民活动,不得安排与其无关的项目与设施,严禁对其不利的活动。

(5) 风景游览区

① 区划规定　对风景名胜区的景物、景点、景群、景区等各级风景结构单元和风景游赏对象集中地,可以划出一定的范围与空间作为风景游览区。

② 保护规定　在风景游览区内,可以进行适度的资源利用行为,适宜安排各种游览欣赏项目,应分别限制机动交通及旅游设施的配置,应分级限制居民活动进入。

(6) 发展控制区

① 区划规定　在风景名胜区范围上,对上述5类保育区以外的用地与水面及其他各项用地,均应划为发展控制区。

② 保护规定　在发展控制区内,可以准许原有土地利用方式与形态,可以安排同风景区性质与容量一致的各项旅游设施及基地,可以安排有序的生产、经营管理等设施,应分别控制各项设施的规模与内容。

2) 分级保护

在保护培育规划中,分级保护也是常用的规划和管理方法。这是以保护对象的价值和级别特征为主要依据,结合土地利用方式而划分出相应级别的保护区。在同一级别保护区内,其保护原则和措施应基本一致。依据《风景名胜区规划规范(GB 50298—1999)》相关要求,风景名胜区保护的分级保护一般应包括特级保护区、一级保护区、二级保护区、三级保护区4级内容。这4级保护区应符合以下规定:

(1) 特级保护区

① 区划规定　特级保护区也称科学保护区,相当于我国自然保护区的核心区,也类似于分类保护中的生态保护区。风景区内的自然保护核心区以及其他游人不应进入的区域应划为特级保护区。

② 保护规定　特级保护区应以自然地形地物为分界线,其外围应有较好的缓冲条件,在区内不得建设任何建筑设施。

(2) 一级保护区

① 区划规定　在一级景点和景物周围应划出一定范围与空间作为一级保护区,宜以一级景点的视域范围作为主要划分依据。

② 保护规定　一级保护区内可以安置必需的步行游赏道路和相关设施,严禁建设与风景无关的设施,

不得安排旅宿床位,机动交通工具不得进入此区,控制游人数量。

(3) 二级保护区

① 区划规定　在景区范围内以及景区范围之外的非一级景点和景物周围应划为二级保护区。

② 保护规定　二级保护区内可以安排少量旅宿设施,但必须限制与风景游赏无关的建设,应限制机动交通工具进入本区,控制游人数量。

(4) 三级保护区

① 区划规定　在风景区范围内,对以上各级保护区之外的地区应划为三级保护区。

② 保护规定　在三级保护区内应有序控制各项建设与设施,并应与风景环境相协调,调控人口规模。

7.1.3 分区保护与专项保护

1) 核心景区保护

(1) 核心景区的概念　核心景区是指风景名胜区范围内自然景物、人文景物最集中,最具观赏价值、最需要严格保护的区域,包括规划中确定的生态保护区、自然景观保护区和史迹保护区。核心景区的保护和合理规划是风景保护的核心和重点,是实现风景名胜区可持续利用的基础。

(2) 核心景区保护规划的内容

① 科学划定核心景区范围　要依据风景名胜资源性质、特点和管理条件,科学界定风景名胜区核心景区的范围,作为编制风景名胜区规划的强制性内容和景区保护与管理的依据。一般总体规划确定的风景名胜区内生态保护区、自然景观保护区、史迹保护区等相关区域,应当划为核心景区。

② 确定保护重点和保护措施　在核心景区内严格禁止与资源保护无关的各种工程建设,严格限制建设各类建筑物、构筑物。符合规划要求的建设项目,要严格按照规定的程序进行报批;手续不全的,不得组织实施。对核心景区内不符合规划、未经批准以及与核心景区资源保护无关的各项建筑物、构筑物,都应当提出搬迁、拆除或改作他用的处理方案。

③ 编制核心景区专项保护规划　核心景区专项保护规划是风景名胜区总体规划保护专项规划的重要组成部分。核心景区专项保护规划要对核心景区保护管理和质量现状作出评定,对核心景区的划定、保护和管理的要求与措施予以明确规定。对核心景区内不符合规划、未经批准以及与核心景区资源保护无关的各项建筑物、构筑物,都应当提出搬迁、拆除或改作他用的处理方案。

④ 落实核心景区的保护责任　风景名胜区管理机构的主要负责人是核心景区保护的第一责任人,要按照权责一致的原则层层落实保护责任制。

⑤ 加强对核心景区保护工作的监督　住建部将结合国家级风景名胜区遥感监测系统的建立,严格实施对核心景区保护的动态监测。各省、自治区建设行政主管部门、直辖市园林行政主管部门应设立专职人员,对核心景区保护情况进行监督,及时发现和制止各种破坏景观与生态环境的行为。

2) 外围保护地带

外围保护地带是存在于风景名胜区之外的区域,主要是为了保护风景名胜区整体环境、维护风景环境的完整性、协调风景名胜区与周边区域的景观环境。外围保护地带内破坏风景名胜区视觉景观、污染风景名胜区环境的设施不得建设。对已破坏的风景环境应采取相关措施来加以改善景观风貌。在外围保护地带内按规划建设的各项设施,其布局、高度、体量、风格和色彩等,都应与风景名胜区整体环境相融合。

3) 专项保护

(1) 生物多样性保护　进行生物多样性专项保护,就是保护动植物栖息与繁衍的环境免受破坏。

① 动物资源保护　对风景区内的动物资源保护应做好以下几方面的工作:

a. 做好动物资源普查,对风景区野生动物的科、属、种登记造册,研究动物种群、食物链的构成等。

b. 了解动物的活动规律和活动区域,旅游开发利用时避免对动物形成干扰,制定保护措施,保护野生动物种源繁殖、生长、栖息的环境。

c. 严禁捕杀、贩卖野生动物,保护动物的生活环境。

d. 根据《濒危野生动植物种国际贸易公约》,对珍稀濒危物种制定严格的特殊的保护措施。

　　e. 加强科研投入和科普教育。

　　② 植物资源保护　风景区植被是构成风景名胜区及生态系统的基础。对风景区内的植物资源保护应做好以下几方面的工作:

　　a. 做好植物资源普查,对风景区植物的科、属、种登记造册,研究植物群落构成等。

　　b. 根据《濒危野生动植物种国际贸易公约》,对珍稀濒危物种制定严格的特殊的保护措施。

　　c. 禁止乱砍滥伐,严格保护植被。并根据地带性植物和植物群落要求,做好植被恢复工作。采用本地物种进行森林培育、林相改造和生物繁育。

　　d. 做好森林防火、病虫害防治工作;营造各种形式的混交林,对单一林相的纯林进行改造,提高森林的生命活力。

　　e. 严格论证外来物种的引入,尤其要防止引进侵入物种,防止生物多样性的丧失。

　　f. 做好封山育林、退耕还林、植树绿化工作,保护植物种源繁殖、生长、栖息的环境。

　　g. 加强科研投入和科普教育。

　　(2) 地质地貌景观保护　地质地貌景观资源在自然景观资源中占有重要地位。内外地质相互作用的结果造就了风景名胜区内千姿百态的地质地貌景观,需要千百万年的地质作用过程才得以形成一个优美的自然景观,而且绝大部分是不可再生的,所有的风景名胜区都是大自然和人类文化活动的宝贵遗产。因此在利用这些宝贵资源的同时,做好保护工作是至关重要的。具体的保护措施有:

　　① 保护风景名胜区内具有突出普遍价值的地质结构,包括各类地质珍迹、地质剖面和地质景观。

　　② 保护代表地球演化历史主要阶段的突出模式的岩群,并促进其相关研究的开展。

　　③ 维护地质结构周边环境的完整,保持风景区内的地质结构与风景区周边的地质结构。

　　④ 保护各类风景资源(景点)地貌的完整性,风景点的建设必须与自然环境相互协调,防止发生破坏性的建设,对一些地质地貌景观价值极高的景点,除少量必要的人工防护设施外,尽量保持其自然原貌。

　　(3) 水域景观保护　风景名胜区水域为整个景区生态系统和生态环境增加了动态美,也是重要的风景资源。因此保护水域对风景名胜区极为重要。具体的保护措施有:

　　① 结合退耕还林、植树造林、移民搬迁等工程,提高风景名胜区林木覆盖率,减少水土流失。加强对溪流中乱石、淤沙的清理,提高水域的蓄水能力,突出风景名胜区水景特色。

　　② 规划予以保留的服务设施及居民点建设应该离开溪流一定距离,给水应集中供给,严禁擅自截流、引水,生活污水应集中处理,严禁向山体、水体直接排放。

　　③ 风景名胜区内居民点必须进行污水处理,集中解决生产、生活污水。结合居民点调控规划,居民点内溪流两侧应建设防护绿带,严禁向溪内排放污水、倾倒垃圾。

　　④ 风景名胜区内的农田、果园、茶园及其他林地,加强对化肥、农药使用的管理,防止污染水域。

　　⑤ 水源地周围严禁一切人为建设活动,钉立界桩,设标志牌,保护其良好的生态环境。

　　⑥ 风景名胜区内修建水库、水坝等工程设施必须经过专家论证,避免对下游水系的影响。

　　(4) 古树名木保护　古树名木是具有历史价值、纪念意义的树木,具有较高的科研价值,它们是一笔文化遗产,是物种种群内部个体多样性的一个重要表现,不仅是非常重要的风景资源,也为科学研究提供了良好的素材,因此,要加强对古树名木的保护的重视。具体的保护措施有:

　　① 对景区内的古树名木进行调查登记、拍照,用图片、文字标明地点、海拔、学名、树龄、树高等,并建立完整的资料档案。

　　② 在古树名木周围因地制宜划出保护区域,结合自然立地条件进行人为艺术加工的保护围栏或圈地。

　　③ 对古树名木实行专人看护,层层落实,责任到人。不定期聘请专家、技术人员进行实地检查诊断,做到防范及时。

　　④ 制订《古树名木保护管理的试行条例》,景区内各个管理部门和经营单位广泛宣传贯彻并发行古树名木保护宣传册。

(5) 文物建筑保护

① 根据文物建筑的历史、艺术、科学价值,分别确定为国家级重点文物保护单位、省级重点文物保护单位、市级重点文物保护单位和区级重点文物保护单位4个不同的等级,按照《中华人民共和国文物保护法》有关条款进行保护。同时对没有定级的文物建筑,设定相应的暂保等级,并建议按此申报和进行保护。

② 风景名胜区主管部门可制订《×××风景名胜区文物建筑保护细则》。

③ 根据文物建筑的级别划定保护范围和外围控制地带,建立标志。

④ 文物建筑不得随意拆除、移动、复建、加建,对文物建筑的任何改动都要报风景名胜区建设行政主管部门审查同意,并按文物保护的法定程序报请文物主管部门批准。任何单位和个人不得随意拆除、改动和复建文物建筑。

⑤ 文物建筑的修复、修缮和日常维护必须保证文物的真实性,对于修复、修缮必须要有详细的规划设计,并在文物专家指导下进行。

⑥ 对于侵占文物建筑的单位和个人,应无条件予以退还。

⑦ 禁止与文物保护无关的一切利用行为,如作为宾馆、餐厅等,已被占用的要无条件移交文物保护部门。

⑧ 落实消防措施、杜绝安全隐患。文物建筑必须配备消防设备,严格控制电器设备的使用,严禁乱拉电线,防止由于线路老化、损伤而引发的安全事故。在非指定的宗教活动场所禁止鸣放鞭炮。文物建筑必须安装避雷设备。必要的基础设施建设不能破坏文物景观,所有管线必须入地。

⑨ 对于寺庙等场所应严格加强管理,不得擅自改变寺庙格局,不得私自搭建、拆除房屋和砍伐树木,不得以宗教活动名义破坏文物建筑的真实性和完整性。

⑩ 文物部门应会同规划建设部门、宗教部门对各寺庙保护、修缮和建设编制环境保护整治规划,各寺庙应严格按照规划执行。

(6) 石刻碑刻专项保护

① 建立石碑、石刻档案,明确位置、年代、内容、损坏程度等,根据石刻碑刻的历史、艺术、科学价值,分为不同的等级,从而制定相应的保护等级及修复、保护措施。

② 可制订《×××风景名胜区石刻碑刻管理细则》。

③ 石刻碑刻不得随意移动、敲砸、涂抹和践踏,不得随意捶拓。

④ 严禁在前人的石刻上刻字,或将前人的石刻磨平重刻。

⑤ 文化遗产集中区、自然遗产集中区内不宜增加新的石刻碑刻。

⑥ 新增石刻碑刻的题材内容要与风景区的历史文脉相协调,并应经过严格充分的专家论证。

⑦ 对受水流侵蚀严重的石碑、石刻,应采取相应的防护措施,通过科技手段,延缓风化速度。

⑧ 对位于游客集中处的碑刻、石刻,应设防护栏和标示牌,禁止游客践踏、触摸。

⑨ 对历史、艺术价值较高的石刻可采取封闭式保护或室内保护。

⑩ 保护石刻碑刻的岩体载体及周边环境。

案例7.1 江苏省宿迁市骆马湖—三台山风景名胜区总体规划——保护培育规划(图7.1)

1 保育原则

保护风景名胜区生态环境;保护风景名胜区内原生植被及植被丰富地区;保护景观资源;保护史迹遗址,延续地域文脉;保护自然景观,保持风景名胜区的可持续发展。保护风景名胜区的水域景观和饮用水源,优化人居环境,改善生活质量。

2 保育规划

从可持续发展的角度,对生态和景观资源提出保护和控制发展的要求。规划根据风景资源游览价值、用地开发控制强度,分为7大类型:生态保护区、自然景观保护区、史迹保护区、风景游览区、风景恢复区、发展控制区、规划协调区(区外)。

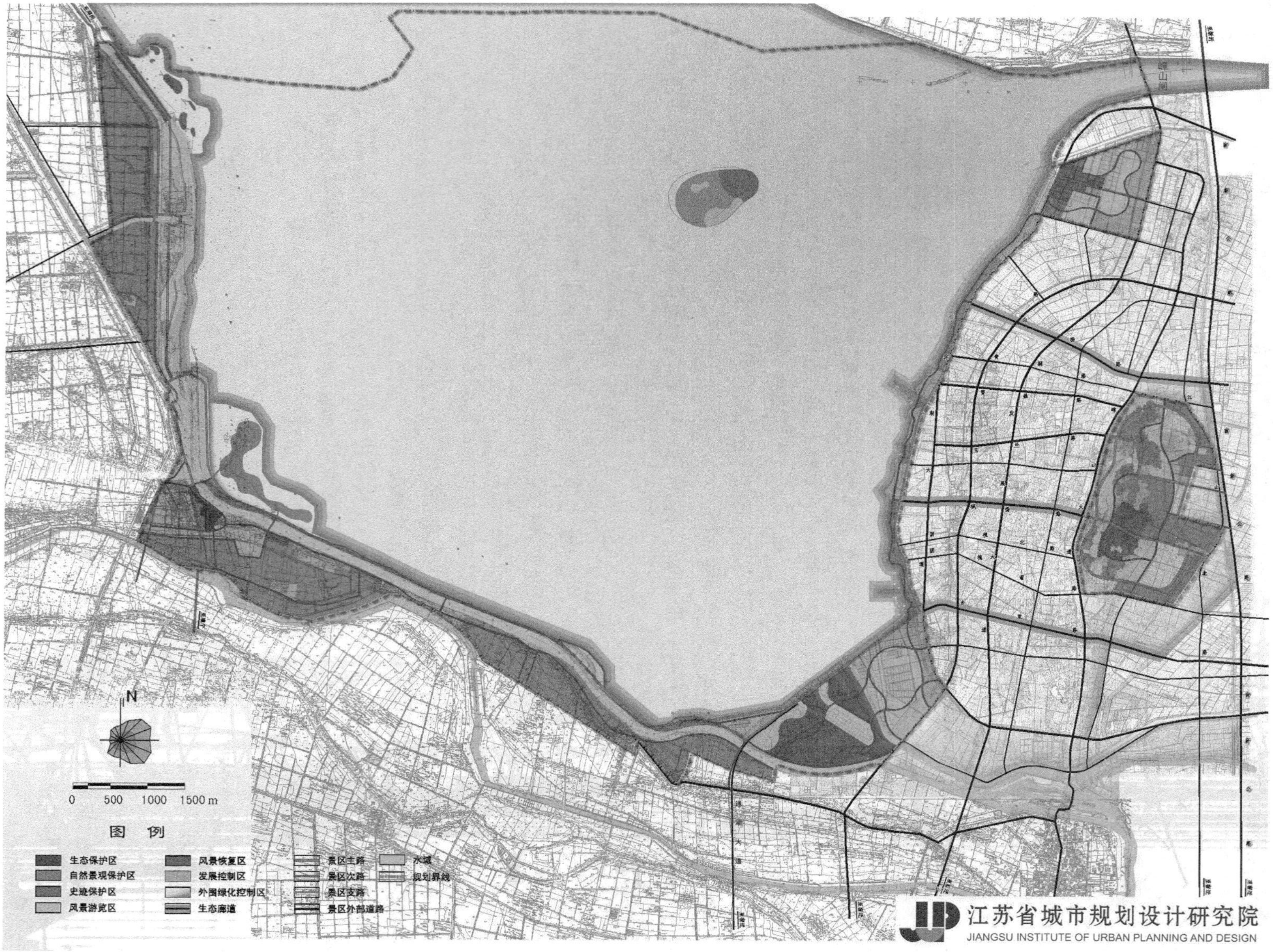

图 7.1 江苏省宿迁市骆马湖—三台山风景名胜区总体规划——保护培育规划图

1) 生态保护区

(1) 保育范围　风景名胜区内具有科学研究价值和其他保存价值的生物族群(主要指山林植被和湖泊湿地生物族群),划出一定的范围与空间作为生态保护区。

(2) 保育措施　配置必要的研究和安全防护措施,禁止游人进入,不得建设任何建筑设施,禁止机动交通及其设施进入。

2) 自然景观保护区

(1) 保育范围　主要包括湖泊、湿地、现状基础较好的成片林地等重要斑块、生态战略空间、生物迁徙廊道,以及对维护风景名胜区生态环境及整体景观风貌起决定性作用的地形坡地。

(2) 保育措施　注重生态保育及植被培育,严格控制人为活动,严格禁止污水排放,可以开辟必需的步行游赏道路和相关服务设施,严禁建设与风景无关的设施,对电线及其他必要的工程设施进行遮蔽,管线入地,不得安排旅宿床位和餐饮设施。

骆马湖及周边湿地是区域最重要的生态斑块,环湖大道以西,除局部地区进行旅游开发外,应以生态保护为主,严格控制建设,保护湖滩湿地生态系统的完整性。

3) 史迹保护区

(1) 保育范围　有价值的历史遗迹以及建设年代较久远的宗教建筑周边一定范围。

(2) 保育措施　通过一定的修复和恢复措施,设置必要的步行游览和安全防护设施,严禁增设与史迹内涵和建筑原始功能无关的人为设施,严禁机动交通及其设施进入,严禁任何不利于保护的因素进入。

4) 风景游览区

(1) 保育范围　指具有较高的人文价值或自然观赏价值的地区及周围一定范围的地区。

(2) 保育措施　所有开发建设活动尊重原有的景观特征,适宜安排一定的游览观赏项目,有序引导游览设施配置。不得进行与风景游览无关的项目和设施建设,现状风景游览区内的居民逐步搬迁。可以安排少量生态旅宿设施,有序引导机动交通的进入,推广环保交通方式。

5) 风景恢复区

(1) 保育范围　指因恢复重要自然景观风貌或协调周边景观环境而对原有居民点或其他建筑拆除后形成的景观区域。

(2) 保育措施　尊重场地原有的景观特征,拆旧建绿,重视植被保护和培育。严禁开山采石,通过工程手段或新科技的应用进行生态复绿,或者结合一些科教活动的开展,建设科普基地,进行场景教育。

6) 发展控制区

(1) 保育范围　旅游服务设施等建设量相对集中成片的区域。结合风景名胜区的建设,对风景名胜区外围地带,特别是诸如三台山片区与古黄河风光带之间的联系地带等关键性地带,进行发展控制,形成风景名胜区外围的保护地带,沟通风景区与其他旅游资源之间的联系。

(2) 保育措施　重视植被保护和培育,有序引导项目和设施建设,配置一定规模的旅宿设施,道路交通生态环境较好,限制居民活动。有序控制项目和设施建设,与风景名胜区环境相协调。

7) 规划协调区

(1) 保育范围　风景名胜区外围重要的生态保育空间、风景区周边200 m范围、景区主要视点和沿主要游览线路的视线可及区域。重点为骆马湖周边湿地和三台山片区南、北、东三个重要的生态绿化控制区域。

(2) 保育措施　准许原有土地利用方式与形态,可安排有序的生产、经营管理和旅游设施,但是应对建设风格与规模进行严格控制,重点保证用地的自然组分,维持三台山及周边地域的多年生乔、灌木生态群落状态和水面、湿地的原生态状态,保证区域生态系统具备较强的抗性、稳定性和恢复能力。

- 骆马湖水域及周边湿地

骆马湖及周边湿地是区域最重要的生态斑块,除本规划所确定的局部地区进行旅游开发外,应以生态保护为主,严格控制建设,保护湖滩湿地生态系统的完整性。所有水上活动的开展必须在保证水质安全和不影响生态安全的前提下进行。

- 三台山周边生态绿化控制区域

三台山片区南、北、东三个重要的控制区域,在开发建设过程中必须严格控制开发规模和保证较高的自然组分,并尽量减少对景观资源的影响。严格控制污染,做好垃圾收集、转运和处理工作,保障清洁的环境。建议控制区域北至北杨路、南至古黄河—运河风光带、东至宿新公路。

3 核心景区的划定与保护

核心景区作为风景名胜资源最集中的区域,是衡量风景名胜区自然景观、历史文化、生态环境品质和价值高低的重要条件,是实现可持续利用的基础,是特别需要加强保护的区域。

骆马湖—三台山风景名胜区的核心景区包括生态保护区、史迹保护区和自然景观保护区。

骆马湖—三台山风景名胜区的核心景区的保护要求包括:

(1) 生态保护区、史迹保护区和自然景观保护区内的各种活动都应满足各自区内保育措施的相关要求;

(2) 核心景区内严格禁止与资源保护无关的各种工程建设,严格限制建设各类建筑物、构筑物;

(3) 符合规划要求的建设项目,要严格按照规定的程序进行报批;手续不全的,不得组织实施。

7.2 风景游赏规划

风景游览对象是风景区存在的基础,是风景名胜区开发利用、开展旅游活动的主要载体。它的属性、数量、质量、时间和空间等因素决定着游赏系统规划,是各级各类风景名胜区专项规划中的主体内容。通过认识并发挥风景资源的综合潜力,规划应充分展现风景游览的欣赏主体,突出景观的多样化和自然美。风景游赏规划涉及的内容很多,通常包括景观特征分析与景象展示构思、游赏项目组织、风景结构单元组织、游线组织与游程安排、游人容量调控和游赏结构分析等内容。

7.2.1 景区规划

景区规划是实施风景名胜区战略的重要技术步骤,一般要通过景观特征分析与景象展示构思、景区划分、景区主题确定、景区结构布局等来完成。

1) 景观特征分析与景象展示构思

景观是风景名胜区内可以引起视觉感受的某种现象,或一定区域内具有特征的景象。在风景游赏规划中,景观是其主要的规划素材。风景名胜区规划从某种意义上说,就是对其景观进行调控和优化组合。

景观特征分析与景象展示构思是景区规划的重要基础与前提,主要是运用审美能力对景观实施具体的鉴赏和理性分析,探讨与之相适应的展示措施和具体处理手法。包括对景物素材的属性分析,对景物组合的审美或艺术形式分析,对景观特征的意趣分析,对景象构思的多方案分析,对展示方法和观赏点或欣赏点的分析(图 7.2)。

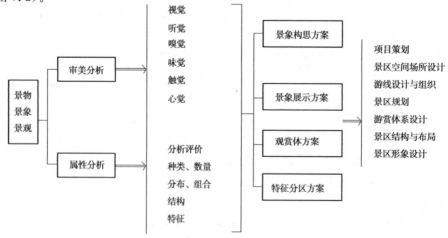

图 7.2 景观特征分析示意

资料来源:魏民,陈战是. 风景名胜区规划原理[M]. 北京:中国建筑工业出版社,2008

景观特征分析与景象展示构思应遵循景观多样化和突出自然美的原则，大致包括如下内容：

(1) 景物的种类、数量、审美属性与其组合特点的分析与区划；
(2) 景观的种类、结构、特征与其画境的分析与处理；
(3) 景感类型、欣赏方式与意趣表现的调控；
(4) 景象空间展现构思与意境的表达；
(5) 赏景点的选择、视点、视角、视域和景深层次的优化组合。

景观特征分析的结果主要以景观分析图或综合的景观地域分布图来表示，以此提示某个风景名胜区具有的景感规律和赏景关系，并蕴含着规划构思的若干相关内容。由风景名胜区规模和尺度的原因，景观特征分析的表现也会不同。一般来说，景观分析图适用于中小尺度的风景名胜区规划，而综合景观地域分布图则多适用于大型风景名胜区。

2) 景区的划分

景区的形成是根据景源类型、景观特征或游赏需求而划分的一定用地范围。它包含有较多的景物和景点或若干景群，具有相对独立的分区特征。规划必须明确规划对象的区划关系，以便针对规划对象的属性和特征分区，进行合理的规划设计与安排，提出恰当的建设和管理措施。

(1) 景区划分依据和原则

① 统一性 同一景区内的景观属性、特征、地理分布及其存在环境应保持基本一致。对于类型、属性、特征相近的相邻景观应进行合并，并统一划分区域。

② 完整性 对于景区内所包含的景观资源应具有完整性，景点应相对集中。除此之外，景区划分还应维护原有的自然单元、人文单元相对完整，现状地域单元相对独立。

③ 特色性 各个景区应有鲜明的主题，特色明显，且与整个风景名胜区的主题相呼应、相联系。同时，景区还应围绕风景名胜区的主题强化整体特色。

④ 可操作性 景区的划分应合理解决各分区之间的分隔、过渡与联系的关系。景区之间应合理安排游览路线，便于游览、保护与管理。

(2) 分区模式 景区规划分区的大小、粗细、特点应随着规划的深度变化而变化。规划越深则分区越精细，分区越小，各分区的特点、功能也越显简洁或单一，各分区之间的分隔、过渡、联系等关系的处理也越精细和丰富。

景区的划分基本为单一分区模式与综合分区模式：

① 单一分区模式 一般适用于规模较小或功能单一、用地简单的风景名胜区(图 7.3)。此类风景名胜区的景观特色突出，具有垄断性，在景区规划中，一般均以游憩活动区(风景游览)为主划分景区，而其他的服务设施诸如接待区、商业区等只是作为功能区存在，并在景区规划的范围内。大多数传统的风景名胜区多为单一分析模式，如泰山、黄果树等。

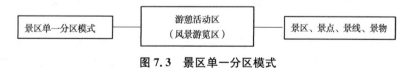

图 7.3 景区单一分区模式

资料来源：魏民，陈战是. 风景名胜区规划原理[M]. 北京：中国建筑工业出版社，2008

如泰山风景名胜区分为9个景区，包括登天景区(主景区)、天烛峰景区、桃花峪景区、樱桃园景区、玉泉寺景区、齐鲁长城景区、灵岩寺景区、古地层景区、待开发景区。

黄果树风景名胜区以黄果树大瀑布景区为中心，分布有石头寨景区、天星桥景区、滴水滩瀑布景区、霸陵河峡谷三国古驿道景区、陡坡塘景区、郎宫景区以及石鸡晓唱景点、上坰景点、关脚瀑布七大景区三点。

② 综合分区模式 一般适用于规模较大或功能形式多样、内容丰富、用地复杂的风景名胜区，它是一种将风景名胜区用地结构整合的分区模式(图 7.4)。该分区模式将以往的功能区、景区、保护区等整合并用，并将各类风景素材归纳分类，景区被分别组织在不同层次和不同类型的用地结构单元之中，使其在一

定的结构单元中发挥应有作用,使各景物间和结构单元之间有良好的相互资借与相互联络条件,使景区在整个风景名胜区的结构规模下得到清晰明确的定位。

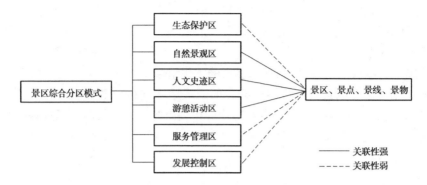

图7.4 景区综合分区模式

资料来源:魏民,陈战是. 风景名胜区规划原理[M].北京:中国建筑工业出版社,2008

图中确立的六种基本区划,可以涵盖风景区范围的各种土地利用方式,并易于同海外国家公园衔接,便于与原有的规划分区相对接,便于识别与管理。较常见的综合分区模式是与功能区整合划分,形成"风景区—功能区—景区—景点"的结构层次。

案例7.2 太阳岛风景区(1998年版规划)

以江漫沙滩岛、江湾湖沼为地貌特征,以湿地草甸植被、疏林草地为植物景观特征,以北国冰雪风光、冰雪艺术为季相特点,以野游探险、冰雪游赏、消夏避暑、休闲度假、娱乐运动为功能特征,具有海内外影响的城市型风景名胜区,总面积38 km²。

依据景源属性、特征及其存在环境,并保持原有的自然单元、人文单元的完整性,还考虑到未来发展的需要,将风景区划分为5个功能区、16个景区(如表7.1)。

表7.1 太阳岛风景区景区划分

功能区	江滩草原游览区	野生动物观赏区	田园牧场度假区	沿江野外活动区	休闲娱乐管理区
景区	阳明滩景区 古兰滩景区 江汉游览线	东北虎林园景区 珍稀禽鸟兽景区 草食动物景区	观光农牧景区 假日农耕乐园 园艺垂钓景区	江滨沙滩浴场 野营野餐基地 划船游艇港湾	服务管理区 太阳岛四季园区 月亮湾游乐景区 上坞休养景区

资料来源:魏民,陈战是. 风景名胜区规划原理[M].北京:中国建筑工业出版社,2008

3) 景区的主题

景区主题是景区划分的定性工作。它是景区建设的思想与灵魂,主要包括景区承载的基本特征、规划期望确立的形象定位等。

景区的主题应突出特征,而特征通常是由诸多因素决定的,例如自然因素、社会因素、经济因素等,自然因素决定景区的基本地域、资源特征,社会因素决定景区的发展趋势和发展方向,经济因素涉及风景名胜区经济发展状况、经济结构等,它影响着景区的物质与空间特征,并可以转化成构景要素。

景区的形象定位包括景观定位、功能定位、游客定位、发展定位等,它是景区有目的性地展开建设内容的依据,并指导景区的规划设计。

各景区主题做到特色突出、功能互补、整体化、系列化、网络化,以适应不同使用人群的需求。

4) 景区的结构布局

景区的结构布局应具体分析各景区的潜力与制约的因素,并在此基础上着重研究点与区、区与中观以及整体的相关性,经过比较与调整,在风景名胜区各景区之间形成性质分类、功能分区、成组布局、整体最优的多维网络结构,原则如下:

① 层次性　处理好局部、整体和外围的关系；
② 协调性　解决规划对象的类型、特征、功能、空间关系的有机结合问题；
③ 发展性　促进风景名胜区协调有序发展，协调各组成部分，为实现整体最优创造理想条件；
④ 特色性　构思新颖，体现地域特征和资源特色。

(1) 风景单元组织结构　游赏系统的基本单位是景物。景物是指具有独特欣赏价值的风景素材的个体，是风景名胜区构景的基本单元。由同类或异类景物组合而成的群体环境和意境单元是景点。由几个景点构成的相对封闭的空间称景群。在风景名胜区规划中，根据景源类型、景观特征或游赏需求而划分的一定用地范围，包含有较多的景物和景点或若干景群，形成相对独立的分区特征就形成了景区。景区的组织就是把不同风景单元组织在科学的结构规律或模型中，使整个游览系统主次分明，景观丰富。

风景单元组织具有明显的层次特性。一般层次由高到低，包括景区、景群、景点(景线、园苑、院落)、景物等不同类型的单元结构。风景单元组织应遵照以下组织原则：
① 依据景源内容与规模、景观特征分区、构景与游赏需求等因素进行组织；
② 使游赏对象在一定的结构单元和结构整体中发挥良好作用；
③ 应为各景物间和结构单元间相因借创造有利条件。

具体而言，景点组织具体应包括景点的构成内容、特征、范围、容量；景点的主、次、配景和游赏系列组织；景点的设施配备；景点规划一览表四部分。景区组织具体应包括景区的构成内容、特征、范围、容量；景区的结构布局、主景、景观多样化组织；景区的游赏活动和游线组织；景区的设施和交通组织要点四个部分。

(2) 空间布局　景区的布局是在界限范围内，将规划构思通过不同的规划手法和处理方式，全面、合理、系统地安排在适当位置，使各个景区的各组成要素均能发挥良好作用，使风景区成为有机整体。同时景区的布局应依据规划对象的地域分布、资源特征、空间关系和内在联系进行综合部署，形成合理、完善又体现自身特点的布局结构。

景区的布局结构的模式，有散点式、串联式、渐进式、组团式、核式5种基本布局。在实际布局结构中，由于风景名胜区独特复杂的环境现状，大多数风景区多综合以上各种典型的布局形式，灵活组织，呈现综合型布局形成。

① 散点式　一般适于风景资源特征分布较为均衡，景区规模近似，且较为独立的风景名胜区，因此景区的布局易形成平行并列的结构，各个景区的连接方式也易成网络型。

庐山景区"牯岭景区、山南景区、沙河景区、九江市景区、独立风景区(3个)"呈四区三点散点式布局。

② 串联式　串联式是较常见的景区布局方式，分环形和线形2种。串联式的布局以旅游路线依次串接景区，景区之间没有明显的主次关系，功能、特色均衡，各景区连接简单，无选择障碍，对于游客来说是最便捷的道路、最节省的时间的游览方式，其中以环形多出入口布局系统为佳，不走回头路，利于游客疏散与容量控制。

③ 渐进式　它与串联式布局接近，也可分环形和线形2种。但渐进式布局的景区具有明显的序列关系，呈现起承、转合、高潮的线性顺序，同时要考虑正向序列和逆向序列的关系。同时，此类布局方式的风景名胜区存在核心景区，且与其他景区关系密切，相互依存。

泰山主景区从岱庙景区—红门景区—中天门景区—南天门景区—岱顶景区，呈现渐进式的景区序列布局。

④ 组团式　组团式的布局方式的景区划分具有层次式，易形成圈层式组团结构。武夷山 79 km²，分武夷山景片、城村景片2个景片；武夷山景片又分5个景区：溪南景区、武夷宫景区、云窝天游桃源洞景区、九曲溪景区、山北景区；城村景片分：城村景区……(2001年规划)。

⑤ 核式　以一个或多个主要精华景区作为中心，四周通过道路、山脉、河流等沟通连接其他景区，形成核心结构，易形成放射状布局。

崂山形成的以巨峰风景游览区为中心,沿放射状山脉分布其他7个风景游览区,通过放射状的山涧、山岭、登山游览路沟通(1986年规划)。

泰山、黄山等也具有中心高潮景区,其他景区环绕的核式结构。

井冈山风景区采取"以茨坪中心景区为核心,向黄洋界、龙潭景区、主峰景区、笔架山景区、桐木岭景区、湘洲景区、仙口景区有序推进"的核式空间布局战略(1999年规划)。

7.2.2 游赏项目规划

风景名胜区拥有良好的风景资源和环境,必然会引起多样的游览欣赏活动项目和相应的功能技术设施设备。项目的组织是因景产生、随景变化。景源越丰富,项目就越有可能多样。景源特点、用地条件、社会生活需求、地域文化观念和功能技术条件都是影响游赏项目组织的因素。游赏项目规划要根据这些因素,遵循保持景观特色并符合相关法规的原则,选择适宜的游赏活动项目。

1) 游赏项目设计

游赏项目组织应包括项目筛选、游赏方式、时间和空间安排、场地和游人活动等内,并遵循以下原则:

(1) 在与景观特色协调,与规划目标一致的基础上,组织新、奇、特、优的游赏项目;
(2) 权衡风景资源与环境的承受力,保护风景资源永续利用;
(3) 符合当地用地条件、经济状况及设施水平;
(4) 尊重当地文化习俗、生活方式和道德规范。

表7.2就列举了六类48项游赏项目,可以为游赏项目组织提供参考。

表7.2 游赏项目类别表

游赏类别	游赏项目
1. 野外游憩	①消闲散步 ②郊游野游 ③垂钓 ④登山攀岩 ⑤骑驭
2. 审美欣赏	①览胜 ②摄影 ③写生 ④寻幽 ⑤访古 ⑥寄情 ⑦鉴赏 ⑧品评 ⑨写作 ⑩创作
3. 科技教育	①考察 ②探胜探险 ③观测研究 ④科普 ⑤教育 ⑥采集 ⑦寻根回归 ⑧文博展览 ⑨纪念 ⑩宣传
4. 娱乐体育	①游戏娱乐 ②健身 ③演艺 ④体育 ⑤水上水下运动 ⑥冰雪活动 ⑦沙草场活动 ⑧其他体智技能运动
5. 休养保健	①避暑避寒 ②野营露营 ③休养 ④疗养 ⑤温泉浴 ⑥海水浴 ⑦泥沙浴 ⑧日光浴 ⑨空气浴 ⑩森林浴
6. 其他	①民俗节庆 ②社交聚会 ③宗教礼仪 ④购物商贸 ⑤劳作体验

资料来源:国家质量技术监督局,中华人民共和国建设部.风景名胜区规划规范[S].GB 50298—1999

2) 项目筛选

项目筛选是建立在对风景名胜区的用地条件、市场需求以及项目相关性的分析基础上,对项目进行综合分析与评价,最终选取风景名胜区适宜的特色项目。

(1) 环境条件分析 在项目筛选时,考虑到用地适宜性、气象、水文、地质以及其他环境条件对游赏项目的限制问题,必须分析并充分利用原有的环境资源,研究其立地条件,同时也必须符合风景名胜区管理的相关规定。

(2) 市场需求分析 市场需求分析是建立在调查统计基础上,来研究不同消费群体和需求特点,并通过对项目区位的市场辐射结构的确认,对细分市场进行深度研究,为项目设计寻求依据。

(3) 项目相关性分析 同一风景区可以同时开展多项游憩活动,各项活动之间相互关系主要有以下几类:

① 连锁关系 一项游憩活动的发生会带动其他活动的发生,如海滨游泳与太阳浴、沙浴的连锁性;
② 冲突关系 两项游憩活动在同一空间发生相互冲突,如钓鱼与划船、狩猎与攀岩;

③ 观赏关系　一项游憩活动成为被观赏的对象从而产生出另一项活动,如滑雪与风景观赏;
④ 相互无关　两项游憩活动可以在同一空间发生,互不影响,互不干涉,如钓鱼与散步。

因此,相互冲突的游憩活动不得规划于同一空间,同时对于具有连锁关系、观赏关系的游憩活动在规划中应充分利用其空间上的关联性,互相借景,合理布局。

7.2.3　游线组织规划

风景名胜区以其独特的景物、景点、景区等景观系统,吸引着全国乃至世界各地的游客到访,游线的组织决定游人们的游览路线,游线组织规划则是最终实现风景名胜区景观特征的一个关键子系统,它与景观环境一起构成了风景名胜区游赏体系的基本内容。

1) 游线的设计与组织

游览路线也称游线,是为游人安排的游览、欣赏风景的路线。游线的设计应为游客提供多种选择的机会,为游客需求的多样性、散客旅游的发展、容量调节创造条件。

游线组织应依据景观特征、游赏方式、游人结构、游人体力与游兴规律等因素,精心组织主要游线和多种专项游线,并应包括下列内容:

- 游线的级别、类型、长度、容量和序列结构;
- 不同游线的特点差异和多种游线间的关系;
- 游线与游路及交通的关系。

(1) 游线的选线　游线应满足形式融于自然,与自然相结合的原则,其选线应至少考虑以下几方面的影响:

① 综合考虑旅游流的影响,满足游客在旅游线路上自主性的流动的交通组织需求,并根据旅游的主流方向来确定风景区的主要入口、道路的分布与走向。

② 考虑风景名胜区地形、地貌等自然条件的影响,应因地制宜地处理好游线与山体、水体的关系,同时考虑地质、地段承载力和工程技术条件,对游线进行经济、合理、科学地安排。

③ 资源保护的影响,应以对自然生态环境影响最小为原则,合理安排游线的位置、密度与规模等,如草原、森林等区域的游线安排密度应小,而山地应避免破坏山体,尽量依据等高线设计安排游线等。对于生态敏感地区的游线选线应"近而不入",也就是尽可能在其外围安排路线,只能接近而不能进入,避免对生态造成影响和破坏。

④ 考虑景观特色的影响,它是游线区别于其他道路的重要特征,景观特色应是游线选线的主要依据,选线应有利于将景区内有价值的景观资源组织、串接,有利于对现有景观的利用、展示,同时还有利于提高环境质量,彰显游线特色。

(2) 游线的序列　在游线上,游人对景象的感受和体验主要表现在人的直观能力、感觉能力、想象能力等景感类型的变换过程中。因而,风景区游线组织,实质上是景象空间展示,时间速度进程、景感类型转换的艺术综合。因此为了使游客有一个更好的游览经历,游线组织要求形成一个良好的游赏过程,因而就有了顺序发展、时间积累、连贯性等问题,就有起景—高潮—结景的基本段落结构。如此将一系列不同景观特征、使用功能的空间按一定的观赏路线有秩序地贯通、组合起来,就是游线的序列。由于游览序列关系到游线全局,游线序列因此被认为是关系到游览结构和整体布局的重要问题。

规划中经常要调动各种手法来突出景象高潮和主题区段的感染力,诸如空间上的层层递进、穿插贯通、景象上的主次景设置、借景配景,时间速度上的景点疏密、展现节奏,景感上的明暗色彩、比拟联想,手法上的掩藏显露、呼应衬托等,通过对游线序列的巧妙组合,增强游客对景象的感受。

风景名胜区游线序列的组织有许多成功的例子,比如我国"五岳"之首的泰山,雄浑壮观,具有极其美丽壮观的自然风景,其登天游线,沿着红门—中天门—南天门—岱顶共6 600余级步行蹬道台阶的游览序列,通过对游客登山游线的序列的合理安排,节奏的松紧急缓以及空间抑扬明暗等控制,使游客的心理体验在登山过程中逐渐增强,在到达岱顶时达到顶峰。即便是幽深隐秘的宗教型风景区,也能让游客感受不同的感受和体验,通过对道路的曲折、景致的藏露等把握,同样可以形成精彩的游览序列,比如青城山,古常道观的位置隐蔽,沿线利用若干小品建筑物结合地形之变化、景观之特色,创造了起承转合之韵律。峨眉山的轴线景观空间序列设计为:天下名山至报国寺(起景)—伏虎寺至中峰寺(过渡)—清音阁至仙峰寺(次高潮)—洗象池至接引殿(续景)—金顶(高潮)—千佛顶至万佛顶(尾声)。游人对景观的体验随着景观的不断变幻而变化。

(3) 游线的主题　游线具有不同的景观组织和性格特征,游线的主题设计可以更好地突出和深化景观特色,增加游线的可识别性,并帮助游客准确把握景观资源的主要特征,增强游客的感受与体验。游线的景观种类繁多,一般游线主题根据旅游活动类型主要分为观览类、体验类、休闲类、运动类、教育类、商务类等类型,然后再结合具体的资源景观内容进行细化分类。如:海坛风景名胜区(1992年规划)分为海滨海岛、山岳湖泊、海蚀地貌、遗址遗迹、渔村风情、军事遗址、运动娱乐、特色行业8个游线主题;峨眉山风景名胜区(1999年规划)分为地质科考、度假休闲、登山探险、观花玩雪、商务会议、体育健身6个游线主题;武夷山风景名胜区(1983年规划)分为古越文化、朱子文化、武夷岩茶、民俗旅游、自然保护区、革命传统教育6个游线主题。

2) 游览方式与游程

在游线组织中,不同景象特征要有与之相适应的游览欣赏方式。而游赏方式可以是静赏、动观、登山、涉水、探洞,也可以是步行、乘车、坐船、骑马等。不同的游赏方式,将出现不同的时间速度进程,也需要不同的体力消耗,因而涉及游人结构的年龄、性别、职业等变化所带来的游览规律差异。

(1) 游览方式

① 分类　不同的游览方式会产生完全不同的旅游体验,根据景源的特征,设置与之相匹配、适宜的游览方式,并配合游线的安排,进一步展示风景名胜区的景观特色。

按交通工具分,有徒步、自行车、汽车、轨道等;

按游览速度分,有静止、慢速、中速、快速等游览方式;

按游览途径分,有自助式、解说式、向导式等。

由于交通工具、解说工具等技术的发展,使得游线不再仅局限于地表,而是水陆空全方位、多角度地发展,使游线的设计与组织变得更加丰富多彩。

如澳大利亚大堡礁国家公园(Great Barrier Reef)是世界七大自然奇迹之一,面积约35万 km²,是世界上最大的珊瑚礁。在大堡礁区域内,共有400多种珊瑚、4 000多种软体动物和1 500多种鱼类,是儒艮和大绿龟等一些濒临绝迹动物的栖息之地。广阔的珊瑚礁群与丰富多样的海洋鱼类、透明见底的海水等赋予这一地域独特的吸引力,每年吸引上百万游客前来观光游览。大堡礁作为水下生物体,多样化的游览方式引导游客从多角度观赏。大堡礁作为水下生物体,游览方式有潜水、浮水、空中、透明船、陆上五种方式,形成五维风景。其中,空中游览是澳大利亚自然公园的一种重要游览方式,空中游览工具主要是直升机、热气球等,把三维风景向四维、五维拓展。

② 换乘组织　合理安排线路的转换节点十分重要,它是不同性质游线的连接处,是不同旅游方式的切换点,也是不同游客群体的游线分岔点。换乘节点的分布应相对集中,避开核心区,在景区入口、景区集散地等处设立。节点处一般应安排停车场、交通换乘中心和适当的服务设施。

不同的线路可进行多种、多次的换乘组织,丰富游览活动,减少因线路过长引起的单调乏味感。如漓江游览线,总长83 km(桂林至阳朔),经过水陆换乘、分站式游览,使游览质量大大提高,而游览的心理时间大大缩短(1979年规划)。

③ 无障碍设计　风景名胜区内应充分考虑、残疾人、儿童等人群的需求,考虑设施公平使用的权利,所有入口通道、主要游览区应尽可能地进行无障碍设计,对于有高差的地方均应合理地设计步行或轮椅行走的地道。为了满足人体舒适感需求,体现以人为本,应结合步行空间设计,在适当的地方设置带座椅的休息场所,同时与游线相配套的公共设施设计也应考虑残疾人和儿童专用的设备。

(2) 游程　游程就是游线在时间上的体现与安排,受游赏内容、游览时间、游览距离限定。不同的游客对游览时间、线路、活动等都有不同程度的要求。因此,游线的组织应根据具体情况,结合相应的旅游活动,合理安排旅游活动,如一日游、二日游、多日游等不同时间的游线,适合各个游客群体。

7.2.4 游人容量的计算

游人容量作为风景名胜区保护、开发与管理的重要依据与手段,是风景名胜区开展旅游活动、进行风景游赏规划的前提。游人容量是指在保持景观稳定性,保障游人游赏质量和舒适安全,以及合理利用资源的限度内,单位时间、一定规划单元内所能容纳的游人数量,是限制某时、某地游人过量集聚的警戒值,也是一个涉及生态、社会心理、功能技术等诸多方面的风景区管理手段。

1) 确定游人容量的基本程序

确定一个风景名胜区的游人容量,一般需要经过以下主要的步骤与程序,主要包括指标的选择、容量的测算等关键步骤,最终才能得到游人容量,见图7.5。

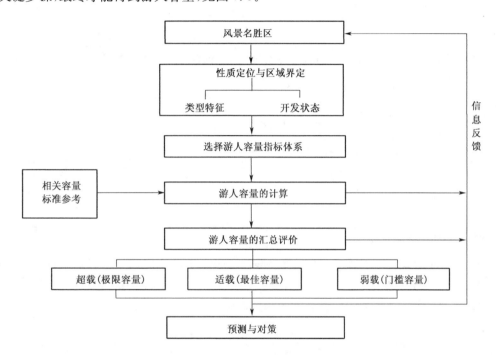

图7.5 游人容量确定的基本程序

资料来源:魏民,陈战是. 风景名胜区规划原理[M].北京:中国建筑工业出版社,2008

2) 游人容量的指标选择

对于游人容量的指标选择,由于不同类型的风景名胜区环境地域的差异性、风景资源类型的复杂性和游览方式的多样性,最终所选择的游人容量指标也有所不同。因此,规划人员在确定风景区的游人容量时,应从实际出发对不同类型风景名胜区的游人容量指标的具体内容做一定的取舍。目前我国国家级风景名胜区共208处,国务院于1982年、1988年、1994年、2002年、2004年、2005年、2009年先后公布了7批国家级风景名胜区,其中山岳型风景区约占1/2,国内游人容量的实证研究也多数以山岳型风景区为研究对象(表7.3)。

表7.3 山岳型风景名胜区游人容量指标体系示例

一级指标	二级指标	三级指标
游览环境容量	线容量	人均占路长度
	面容量	人均占地面积
	景点最大负荷人数	
	景区最大负荷人数	

续表 7.3

一级指标	二级指标	三级指标
生活环境容量	供水能力,供水标准	供水人数
		供水时间
		供需平衡
	住宿接待能力、床位数	总床位数
		景区床位数
		分档床位数
旅游用地容量	可供开发使用的土地面积	游憩用地
		旅游接待服务设施用地
		旅游管理用地
自然环境容量	水体纳污能力	水体自净能力
		污水处理能力
	旅游垃圾处理能力	垃圾填埋
		垃圾焚烧
		垃圾回收

资料来源:刘玲.旅游环境承载力研究[M].北京:中国环境科学出版社,2000

当今对于游人容量合理指标的确定,采用的数据普遍来自于已开发风景名胜区的接待旅游活动量的经验归纳,尽管游人容量在精确量测方面还没有达成学术共识,但就目前的容量研究趋势来看,已倾向于建立一些容量统计方法来检查年度的风景名胜区相关指标变化,以此确定游人容量。

3)游人容量的计算方法

游人容量的计算主要包括游览空间容量、设施容量、生态容量、社会容量四种基本容量。

(1)游览空间容量

Ⅰ.瞬时容量计算公式

a. 面积测算法

$$瞬时游人容量(人) = \frac{景区或游览设施面积 A}{单位规模指标 B} \quad (公式7\text{-}2\text{-}1)$$

式中:A 景区或游览设施面积有三种计算可能:

① 整个风景名胜区面积计算,这样虽有简化的优点,适应于风景名胜体系规划或战略性规划,而在风景名胜区总体规划中就显得过于概略。

② 风景名胜区"可游面积"计算,这样虽适合于总体规划中使用,但"可游面积"难以准确地确定,与总体规划中的各种专项规划也难以相接,因此只能是一个估算,有一定的主观成分,并且与其他专项规划难以衔接,所以可用性不强。

③ 景点、景区面积计算,适用于规划的各个层次,并可以同各专项规划协调,适应性较强,同时,还可以衡量一个风景名胜区中景点疏密状况和风景区划界的合理程度。当然,对景点面积以外的范围,也可以用更加概略的指标匡算其容量,以补充某些风景名胜区中仅以景点面积计算的不足。

B 单位规模指标的确定:

单位规模指标,是指在同一时间内,每个游人的风景游览活动所占用的最小面积,单位一般用 $m^2/人$ 表示。这个指标的确定主要是对经验的总结和归纳,有着较大的经验成分,所以应当具体问题具体分析。

单位规模指标一般为：

主景景点：50～100 m²/人

一般景点：100～400 m²/人

浴场海域：10～20 m²/人（海拔 0～-2 m 以内水面）

浴场沙滩：5～10 m²/人（海拔 0～+2 m 以内沙滩）

b. 线路测算法瞬时

$$瞬时游人容量(人) = \frac{道路长度 A}{游人间距 B} \qquad (公式7-2-2)$$

式中：A 道路长度有两种计算可能

① 全景区线路长度，全线容量，满足客流分布均匀的条件，属于静态容量，便于对风景名胜区作宏观总体评价。

② 全景区分段线路长度，路段容量，满足客流分布不均的条件，属于动态容量，便于对风景名胜区局部调控管理，控制合理规模。

B 游人间距的确定一般取经验值。

$$瞬时游人容量 = \frac{游览道路面积 A}{平均每位游客占用面积 B} \qquad (公式7-2-3)$$

式中：A 游览道路面积计算有利于体现游路的宽度。

B 平均每位游客占用面积，一般为 5～10 m²/人。

c. 卡口测算法

$$游人容量 = 瓶颈游人容量 \qquad (公式7-2-4)$$

卡口测算法是实测卡口处单位时间内通过的合理游人量，是一种极限计算方法，是以某一必游景区内的一个极限因素确定的，单位以"人次/单位时间"表示。如：必须游览的景区、景点的最大容量，必经道路的限制容量及配套供应的极限数据等作为游人的最大容量，也可以说这是一个安全容量。比如，华山的千尺幢、泰山的天街、武夷山的九曲溪等。

Ⅱ. 日容量量测公式

$$风景名胜区日游人容量 = 瞬时容量 \times 日周转率 \qquad (公式7-2-5)$$

式中：风景名胜区日周转率有两种计算可能

以单个景区、景点的日周转率来计算，相对应的瞬时容量也以单个景区景点取值。适合大型风景名胜区景区之间联系松散、景区独立管理的情况，是一种静态量测。

以整个风景名胜区的日周转率来计算，相对应的瞬时容量也以整个风景名胜区取值，适合大型风景名胜区每个景区都不构成卡口、景区相互开放的情况，考虑游客游览整个风景名胜区的连续动态的行为过程，是一种动态量测。

案例 7.3　江苏省姜堰市溱湖风景名胜区游人容量计算

表7.4　溱湖风景名胜区游人容量一览表

用地类型	计算面积（hm²）	计算指标（m²/人）	一次性容量（人/次）	日周转率（次）	日游人容量（人次/d）	备注
风景游赏用地	1 144	/	14 660	/	16 157	
湿地生态体验区风景游赏用地	264	1 000	26	2	5 280	
华侨城休闲度假区风景游赏用地	131	500	2 620	0.5	1 310	

续表 7.4

用地类型	计算面积 (hm²)	计算指标 (m²/人)	一次性容量 (人/次)	日周转率 (次)	日游人容量 (人次/d)	备注
溱湖水韵民俗区风景游赏用地	146	300	486	0.5	2 433	面积法
溱潼古镇游览区风景游赏用地	25	300	833	1	83	
旅游综合服务基地风景游赏用地	55	500	100	1	1 100	
湿地农业观光区风景游赏用地	5	50	10	2	200	
宗教文化用地	125	500	500	2	5 000	
其他	393	0	0	0	0	
游览设施用地	100	150	667	1	667	
居民社会用地	36	500	720	0.5	360	
交通与工程用地	100	300	3 333	2	6 667	线路法
耕地	540	5 000	1 080	0.5	540	面积法
水域	630	5 000	1 260	1	1 260	
合计	2 550	/	21 720	/	25 650	/

日游人容量为25 650人，若日周转率为1，全年宜游天数为260天，则年游人容量为667万人。

案例7.4 江苏省宿迁市骆马湖—三台山风景名胜区游人容量计算

表 7.5 骆马湖—三台山风景名胜区景区瞬间游人容量计算表

用地类型	计算面积(hm²)	计算指标(m²/人)	一次性容量(人/次)	日周转率(次)	瞬时容量(人次/d)
三台山片区					
风景点建设用地	84.69	420	2 016	2	4 033
风景保护用地	158.82	7 500	212	1	212
风景恢复用地	0	/	/	/	0
野外游憩用地	152.78	800	1 910	1	1 910
其他观光用地	74.66	5 600	133	0.5	67
游览设施用地	44.44	200	2 222	0.5	1 111
居民社会用地	1.47	262	56	0.5	28
林地	100.9	6 000	168	1	168
园地	68.95	5 600	123	1	123
耕地	88.17	4 350	203	1	203
景区水域	42.53	600	709	1	709
小计	817.4	/	7 752	/	8 563

续表 7.5

用地类型	计算面积(hm²)	计算指标(m²/人)	一次性容量(人/次)	日周转率(次)	瞬时容量(人次/d)
骆马湖片区					
风景点建设用地	514.86	420	11 321	2	24 517
风景保护用地	740.88	8 000	726	1	926
风景恢复用地	8.16	6500	13	1	13
野外游憩用地	0	/	/	/	0
其他观光用地	605.21	6 000	1 009	0.5	504
游览设施用地	93.08	300	2 869	0.5	1 551
居民社会用地	238.47	200	11 924	0.5	5 962
林地	509.39	7 600	670	1	670
园地	0	/	/	/	0
耕地	679.41	8 500	799	1	799
景区水域	825.43	800	10 318	1	10 318
水域	28 000	/	/	/	/
小计	32 177.84	/	39 648	/	45 260

表 7.6 景区道路瞬时游人容量计算表

名　称	道路长度(m)	人均指标(m/人)	瞬时游客容量计算(人)
三台山片区			
景区主路	15 011	20	751
景区次路	10 640	10	1 064
景区支路	0	5	0
骆马湖片区			
景区主路	46 570	50	931
景区次路	68 863	30	1 722
景区支路	7 959	10	796
合计	/	/	5 264

规划骆马湖—三台山风景名胜区瞬时容量为 59 087 人,其游客到访率根据经验取 75%,日游客容量为 44 315 人,规划游客在风景区内平均游览时间为 2 天,年可游天数为 200 天,风景区年游客容量为 443.2 万人次/年。

案例 7.5　江苏省茅山风景名胜区四个景区游人容量计算

表 7.7　茅山风景名胜区四个景区游人容量计算表

用地类	计算面积 (hm²)	计算指标 (m²/人)	一次性容量 (人/次)	日周转率 (次)	日游人容量 (人次/d)	景区年容量 (万人次/年)
风景游赏用地						
风景点建设用地	224.29	500	4 486	2	8 972	
风景保护用地	588.9	8 000	736	1	736	
风景恢复用地	5.23	5 000	10	1	10	228.7
野外游憩用地	60.74	4 000	152	1	152	
宗教文化用地	70.33	500	1 407	1	1 407	
其他观光用地	31.65	2 000	158	1	158	
游览设施用地						
旅游点建设用地	30.24	300	1 008	0.5	504	
游娱文体用地	4.09	1 000	41	1	41	20.74
休养保健用地	47.07	2 500	188	0.25	47	
购物商贸用地	8.91	400	223	2	446	
居民社会用地						
居民点建设用地	5.06	200	257	1	257	6.1
科技教育用地	9.354	2 000	48	1	48	
交通与工程用地	14.94	200	759	2	1 518	30.36
林地	492.4	12 000	417	1	417	8.34
园地	43.29	3 500	126	1	126	2.52
耕地	5.64	5 000	12	1	12	0.24
草地	26.5	4 000	68	1	68	1.36
水域	91.41	800	1 160	1	1 160	23.2
合计	1 760	/	11 210	/	16 078	321.56

（2）设施容量　风景名胜区的设施容量包括供水、供电、交通运输等基础设施容量和宾馆、饭店、游乐场等接待服务设施容量。一般来讲，日设施容量具有现实意义。

$$\text{服务设施容量} = \frac{\text{服务设施数（如床位数、座位数）}}{\text{使用率}} \quad \text{（公式 7-2-6）}$$

$$\text{基础设施容量} = \frac{\text{基础设施数（如总蓄水量、交通运输量）}}{\text{每人标准}} \quad \text{（公式 7-2-7）}$$

式中：使用者在总规划阶段宜细分，总人口包括外来游人、服务职工、当地居民三类人口容量，居民容量也要考虑淡水、用地、相关设施等的利用。

$$\text{设施总容量} = \text{某种瓶颈设施容量（如交通容量、生活容量等）} \quad \text{（公式 7-2-8）}$$

交通容量、生活容量（水、电等）对设施容量容易构成瓶颈，尤其在山地型风景区，供水供电设施是构成风景区基础设施瓶颈中最主要的因素。

设施容量用于管理或规划用途时,一般不将其作为制定游人容量的限度,因为设施容量本身的变动幅度较大,并且易于建设,消除瓶颈的难度小,而且随着季节性变化也有较大的变动。例如大多数旅游区在旺季时,严重超载,而淡季时又严重弱载,这都可以通过临时设施等手段进行调整。

一般来讲,近期建设中,风景名胜区可能会受设施容量的限制;远期发展中,风景名胜区的容量瓶颈常常是生态容量。

案例 7.6 观光型山岳风景名胜区——以黄山为例

黄山风景名胜区因地下水缺乏,生活饮用水主要靠地表水,加之旅游事业迅速发展,游客数量逐年增加,其供水问题较为突出,水资源与游客量在旅游旺季的供需矛盾尖锐,直接影响到景区接待能力,成为限制旅游发展的瓶颈因素。其中,玉屏景区是黄山游人容量最小的景区(如表 7.8)。

表 7.8 黄山各景区日设施容量(供水人数)

主要指标	景区	温泉	云谷	北海	玉屏
可利用蓄水容量(m^3)		123 368	13 200	45 576	3 840
日需水量(m^3)		738.46	147.84	698.06	118.24
人均用水指标(L/人·d)	标准床位	400	400	400	400
	普通床位	150	150	150	150
	不住宿游客	20	20	20	20
	常住游客	150	150	150	150
日可供水人数(人次/d)		7 187	4 547	5 100	4 487

资料来源:刘玲.旅游环境承载力研究[M].北京:中国环境科学出版社,2000

(3) 生态容量 生态容量是指在一定时间内景区的生态环境不致退化或短时间内可以自行恢复的前提下,综合确定其生态环境可以安全承受的游客人数。

① 生态指标公式 根据风景名胜区的一般情况,《风景名胜区规划规范》中收集了游憩用地的一些概略性生态容量经验指标(如表 7.9)。由于使用范围的宽泛,所以表中所列指标幅度变化很大,对风景名胜区的战略性规划具有一定的参考意义。具体使用时应结合其他生态单项容量进行校核,计算公式与面积法相同。

$$\text{生态容量} = \frac{\text{风景名胜区生态分区面积}}{\text{生态指标}} \quad \text{(公式 7-2-9)}$$

表 7.9 游憩用地生态容量指标

用地类型	允许容人量和用地指标		用地类型	允许容人量和用地指标	
	(人/hm^2)	(m^2/人)		(人/hm^2)	(m^2/人)
1. 针叶林地	2~3	5 000~3 300	6. 城镇公园	30~200	330~50
2. 阔叶林地	4~8	2 500~1 250	7. 专用浴场	<500	>20
3. 森林公园	<15~20	>660~500	8. 浴场水域	1 000~2 000	20~10
4. 疏林草地	20~25	500~400	9. 浴场沙滩	1 000~2 000	10~5
5. 草地公园	<70	>140			

资料来源:国家质量技术监督局,中华人民共和国建设部.风景名胜区规划规范[S].GB 50298—1999

② 净化能力公式 当因旅游发展所带来的污染物的产出量超出风景名胜区自然生态系统的自我净化和吸收能力时,必须依靠人工方法对污染物进行处理。这样,从自然生态环境对旅游产生的废物处理能力的角度也可以确定风景名胜区的生态容量。反映净化能力的生态容量指标目前主要有:固体垃圾处理设

施、废水处理设施可接纳的最大游客容量,一般而言,旅游者在风景名胜区产生的污染物,应在风景名胜区内或附近进行处理,主要是进行自然净化和吸收,不宜向风景名胜区以外的区域扩散。故生态容量的测定应以风景名胜区为基本空间单元。

$$\text{生态容量} = \frac{\text{自然环境能够吸纳的污染物之和} + \text{人工处理掉的污染物之和}}{\text{游客每人每天产生的污染物量}} \quad \text{(公式 7-2-10)}$$

案例 7.7　生态型风景名胜区——以九寨沟为例

九寨沟是以自然景观为主的风景区,区域森林覆盖率高达 42%,对于旅游活动所产生的有害气体(主要是汽车尾气)具有较强的自净能力。由于风景名胜区自身的特点,评价大气环境容量选取总悬浮微粒为指标,取大气环境有效厚度为 10 km。对作为观赏水体的水质主要是水色、透明度的要求而富营养化是目前九寨沟水体最突出的问题,因此选生化需氧量(BOD)为水环境容量的评价指标。在评价固体垃圾的环境容量时,考虑到九寨沟旅游发展对环境视觉美要求较高,因此基本上不考虑固体垃圾的自然净化,全部采用人工处理,以人工处理固体垃圾总量及旅游者人均每日产生量加以计算,旅游者对植被的破坏方式主要是对游览线路两侧植被的践踏及个别采摘行为,九寨沟景点旅游具有沿线进行的特点,故在计算植被环境生态容量时,以主要景点游览线路里程(不含景点之间里程)和旅游者沿线活动范围(线路两侧各 5 m)为依据,通过现场检测,确定承受标准(15 m²/人),从而计算出植被环境生态容量(如表 7.10)。

表 7.10　九寨沟区域旅游生态容量表

水环境容量	大气环境容量	环境的固体垃圾容量	植被环境生态容量	生态容量
6 365 人	5 427 人	6 204 人	7 500 人	5 427 人

资料来源:李艳娜,张国智.旅游环境容量的定量分析:以九寨沟为例[J].重庆商学院学报,2000(6):32-34

(4) 社会容量　社会容量,也称作心理容量或行为容量。这里主要是指旅游地居民所能承受的因旅游业带来的环境、文化和社会经济影响对旅游者数量和行为最大的容忍上限。社会容量与单纯的自然生态容量相比,要更复杂并难以认定,也很难以量化的手段建立函数对应关系。

游客特征影响因子,比如年龄、性别、收入、消费的可能性、出游动机、民族和种族背景、行为类型、旅游设施使用水平、停留时间、旅游活动类型、游客满意度等,这些都会对游人社会容量产生不同程度的影响。

一般来讲,难以量化的社会容量只是分析人们能承受的因旅游业带来的环境影响的忍耐用度。体现上限最常用的指标是"饱和状态容量",即游客和居民感到"拥挤"状态时的容量值,对于它的测算是一个比较复杂的问题。目前问卷调查法是国内外应用最为广泛的方法,也是了解游客满意度、当地居民对旅游地及文化影响态度的有效方法,但在实际运用时问卷中的指标选择则是它最大的难点。只有风景名胜区建设越成熟,社会容量才会越大。

7.2.5　游赏解说系统

游赏解说系统是风景名胜区实施旅游功能、教育功能、服务功能、保护功能的必要基础,是帮助游客正确解读景区空间环境信息的重要手段,但是,目前风景名胜区在解说系统建设方面还是一个薄弱环节,重视程度不够,在研究与实践上也存在着不足、管理力量薄弱、解说物单一,设计不专业等问题。

风景名胜区游赏解说系统的意义在于,通过对解说系统的合理规划,提高风景名胜区的建设和管理水平,挖掘其历史文化内涵,并体现风景名胜区的鲜明特色,提高其文化品位和地区活力,从而改变整个风景名胜区的整体形象。

2003 年原建设部《国家重点风景区总体规划编制报批管理规定》中第十七条"风景游赏规划应提出景区的景观特征和游赏主题,并提出游赏景点以及游赏路线、游程、解说等内容的组织安排",规定的出台说明解说已成为风景名胜区规划中不可缺少的内容。解说是指通过实物、人工模型、景观及现场资料向公众介绍关于文化和自然遗产的意义及相互关系的宣传过程,风景名胜区的解说要与游客的亲身经历相结合,重点是向游客介绍、阐明并指导他们的户外活动。风景名胜区内的解说不同于一般的信息,它是游客服务的重要组成部分。

自导式解说系统,即非人员解说,也称实物解说、物品解说。一般情况下,游赏解说系统都是指自导式解说系统,它是由书面材料、标准公共信息图形符号、语音等无生命设施、设备向游客提供静态的、被动的信息服务。但自导式解说受篇幅、容量的限制,其提供的信息量有一定限度,但是正式由于这一限制使得自导式解说系统的解说内容一般都经过了精心挑选和设计,具有较强的科学性和权威性。游客在这种解说方式下获取的信息也没有时间限制,可以根据自己的爱好、兴趣和体力自由决定获取信息的时间长短和进入深度。当然自导式解说系统也存在容易受到自然的和人为的破坏等弱点。

1) 游赏解说系统主要内容

让游客了解的景区,应具备良好的景区解说系统,即自导式解说系统。利用物品进行解说是风景名胜区展示的主要手段,具体包括游客中心、景区标牌标识、印刷品、音像品等。其中,游客中心与景区标牌标识的布置需要进行精心的安排。

(1) 游客中心　游客中心是作为向游客提供传统信息服务的物质实体,是游客获取第一手资料的重要场所。游客中心的位置一般设在风景区入口、边缘、餐宿集中的地区,或是进入风景名胜区的路线上,相对不隐蔽地带。游客中心的位置可依据实际情况,别出心裁,比如澳大利亚大堡礁国家公园的解说中心就设在游船上,利用游客坐游船的时间,通过录像向游客讲解大堡礁的特点。

(2) 景区牌示标识　景区的解说牌示标识是指导游客参观游览最普遍也是最为常见的一种方式,按功能大致可以分为全景地图型、目的导引型、景点说明型、环境教育型、警示型、服务型6大类,标识的设置需根据景区的环境、特色及其总体规划和详细规划综合考虑,标识的对象也不仅应涉及物或空间,还应反映多样的社会系统与文化现象的内涵。

① 全景地图　全景地图型标识通过表示整个景区或者局部景区的道路、景点、服务设施等总体状况,表明景区内景点的位置关系及当前所在位置,帮助游客快速定位,并获取自己需要的信息。全景地图型标识有平面图、鸟瞰图、简介文字等表现形式,主要布置在入口、路口等人流集散处,可与目的导引型解说物结合使用。目前最常见的是风景名胜区入口的"景区导游图",它主要向游客展示风景区整体形象,因而也是策划、设计的重点,耗资较多,制作精致。

② 目的导引　目的导引型标识具有引导游客到达目的地的功能,应清晰地、直接地表示出方向、前方目标、距离、旅行时间等要素,有时可以表示一个或多个目标地的信息,并提供到达的方式和路径。目前景区的目的导引标识多以表示方向和前方目标为主,很少表示出距目标的距离和步行所需时间。

目的导引标识主要布置在主要人流集散地、交叉路口、重要景点、主要休息点处,分为独立型和组合型两种。独立型单独布置,形状鲜明突出,易于吸引车辆与行人的注意力,导向性更强烈。组合型与其他几种标识组合布置,需近距离观看。

景区解说系统规划中,应将目的导型引放在最重要的地位,使之自成一个独立完整的、贯穿整个景区的引导子系统,并串联其他几种解说标识,构成整个景区解说系统的网架,以此辐射到其他景区。目的导引子系统通过游客在旅途的过程中连续确认发挥功能。因此,通过现场观测考察,在力求较确切地预测利用者移动状况的基础上,对应于游客的移动路线做导引的配置规划。辐射范围应结合其他景区景点的等级和风景区总体规划的游览路线来设定。

③ 景点说明　景点说明型标识用以说明单个景点的性质、历史、内涵等信息,为了便于各种类型的游客使用,解说的信息要准确、有趣、简洁、易懂,同时还要体现解说系统的教育功能。景点说明型标识主要布置在景点前、景点中或最佳观赏点处。

④ 环境教育　环境教育型标识是在游客在进行游憩活动的同时,为了启发和提高游客生态环境意识而设置的。主要是通过营造人与自然和谐的游览氛围,倡导健康、环保、生态、文明的旅游方式。

⑤ 警示　为了保障安全与维护景区环境与空间秩序以及游客的人身安全,应设置具有提示、告诫或劝阻游客行动的警示型标识。如标示"禁止……""注意……"等具体指示内容,此种指示牌多用红色等突出的颜色,设置在需游人止步或引起注意的地方,如山体危险处、湿滑地、维修地以及管理用地等。

⑥ 服务　主要指向服务功能建筑物的导引标识,包括厕所、餐厅、冷饮、小卖部、照相、休息场所、游船

码头等牌示。除此之外，其他温馨提醒如景区专有车辆的使用说明、车次通告等设置，都应从游客的角度加以设计，充分满足游客的需求。

2）游赏解说系统规划

游赏解说系统规划是游赏规划的重要组成部分，通过实现游赏解说的体系化，形成景区空间结构构成要素在视觉环境意义上的体系化，强化景区内的联系、促成景点、设施的网络化，诱导空间秩序的形成。

游赏解说系统的空间布局应在风景名胜区的总体规划、详细规划及其他专项规划基础上，以旅游地特征为依据，紧密结合游客的需求及行为心理的研究进行统筹安排。一般来说，成果以解说系统布局图为表现形式。

7.3 典型景观规划

我国地大物博，风景资源丰富，而且几乎每个风景区都有着能够体现本风景区特色的主体景观，即典型景观，其中更是不乏具有独特风景价值的珍贵资源。风景名胜区规划应依据其主体特征景观或具有特殊价值的景观进行规划，要做好典型景观规划，充分利用景区资源，突出风景名胜区的特色。

7.3.1 典型景观规划的任务与原则

1）典型景观规划的任务

风景名胜区中最具备吸引力的景观资源当属景区中的典型景观。典型景观规划主要通过对景区内的景观资源进行分类分析与评价，找出特别突出的、能够代表本风景区的景观资源进行重点保护、合理规划、确定典型景观规划的目标、原则，依据风景区主体特征景观或有特殊价值的景观进行规划，保护好景区内景观本体及其景观、生态环境，保持典型景观的永续利用；充分挖掘与合理利用典型景观的特征及价值，突出特点，组织适宜的游赏项目与活动；还要妥善处理好典型景观与风景区整体景观及其他景观的关系。

2）典型景观规划的原则

（1）保护景观主体及环境，保持典型景观的永续利用　制定保护规划方案对景观本体及环境进行保护，使其可以永续发展利用。风景名胜区的典型景观资源十分可贵，对它的保护开发需要以可持续发展的原则进行。风景区的典型景观是经过一个漫长的岁月逐渐积累而成，不管是物自天开的自然景观，还是历经风霜的人工景物，其形成和发展均非旦夕之间。因此，规划的首要任务应从其成因及发展规律出发，合理制定保护规划方案对景观的本体及其环境进行保护，使其可以永续发展利用。

以广东丹霞山风景名胜区为例，它在漫长历史发展过程中沉淀并孕育出独特的丹霞地貌。它对资源保护的要求严格，主要以丹霞地貌核心区的沟壑纵横、崖壁直立、森林茂密为主，因"色如渥丹、灿若明霞"而著称。到目前为止，丹霞山风景名胜区仍保持着较完好的原始生态群落，它的生态系统目前也是呈现无人干扰的原始状态，拥有大量的生物景观。

（2）充分挖掘与合理利用典型景观的景观特征与价值　对风景名胜区的典型景观资源进行充分挖掘、合理利用，不仅是对景观资源的保护，更是对它的尊重。同时，突出典型景观的特点，组织适宜的观赏项目与活动，可以充分地利用资源，吸引游客，寓景于情，寓教于游，使景区典型景观资源得到最大限度的发挥。

以自然景观为主的庐山风景名胜区、以岛屿景观为游赏对象的鼓浪屿景区、以建筑风貌为主景的青岛八大关景区、以古建筑群为主的敦煌石窟等等，都是充分突出其典型景观特征、挖掘其深刻内涵的成功范例。

（3）妥善处理典型景观与其他景观的关系　要处理好典型景观与其他景观的关系，风景名胜区的景观风貌一般是以典型景观为主，结合区内其他景观资源构成。整体是由部分组成，部分也离不开整体，典型景观的价值体现更是离不开风景区整体环境的烘托。因此做好典型景观的规划与保护的同时，还应妥善处理好景区典型景观与其他景观的关系。

7.3.2 典型景观规划的内容

典型景观规划应包括典型景观的特征与作用分析,规划原则与目标,规划内容、项目、设施与组织,典型景观与风景区整体的关系等内容。

风景名胜区内典型景观的构成要素往往很复杂,在诸多风景结构单元中,景物、景点、景区多以自然景观为主。而园苑、院落则需要较多的人工处理,甚至以人造为主,具有特定的使用功能和空间环境,游人在其中以内向活动为主。例如我国杭州西湖风景名胜区,山外青山楼外楼,自古多少文人墨客为之倾倒,留下众多脍炙人口的诗篇,断桥残雪、花港观鱼、苏堤春晓、平湖秋月,它不仅拥有独特的山水景观,西子湖畔还有大量遗存的名胜古迹,为西湖风景区增添了古色古香,印证着它的悠久历史与灿烂文化。对典型景观进行规划,必须分析归纳其最突出的特色景观资源,对其进行详细的规划。其次,典型景观规划需要与景区其他景观相协调,充分尊重其周边的自然环境及特有的人文历史环境。再次,典型景观规划属于专项规划阶段,但由于它对整个风景名胜区有着全局性的重要意义,所以对它的规划在深度上会比其他专项规划更为详细,图纸比例会更大些,成果一般包括:景点的平面和竖向的规划,对风景建筑从风格、体量、色彩、外观等方面做出相应的规定,规划意向效果示意图直观地表现出规划效果,划定景区周边生态环境的保护范围,制定出恢复与更新方案。

典型景观的规划可以归纳为以下几个方面:

1) 植物景观规划

除少数特殊风景名胜区以外,植物景观始终是风景名胜区的主要景观。风景名胜区内所覆盖的植被的品种是极其丰富的,几乎包含我国植物的绝大多数种属,其中有许多经济植物、药用植物,还有不少珍贵的稀有植物,它们形成大片延展的"风景林",即以游赏为主要目的、类型不同的森林植被景观。植被景观的特点表现为:

(1) 具有明显的地带性特征 在我国,植被划分为:大兴安岭北部寒温带落叶针叶林区域,东北、华北温带落叶阔叶林区域,华中、西南常绿阔叶林区域,华南、西南热带雨林、季雨林区域,内蒙、东北温带草原区域,西北温带荒漠区域,青藏高原高寒草甸、草原区域,以及高寒荒漠区域8个植被区域,每个植被区的植物各具特色。

(2) 具有较高美学价值特征 植物自身的树干、树枝、树叶、树皮等都具有结构美,而且植物景观与景点组合成景,可以为名胜古迹、自然风光锦上添花,甚至成为风景名胜区的特色与标志。如南京栖霞山风景名胜区以枫香为主的红叶林、安徽黄山风景名胜区的黄山松林、泰山孔庙的侧柏古林等,使植物景观成为自然与人文特征完美结合的典型代表,并激发人们的观光兴致。

(3) 具有规模性特征 中国自古就有"众木为林"之说,要构成"森林"氛围,就不能是小片的、单个的树木,而需要分布面积较大、郁闭度较高、数量较多的树林,或沿河流、山谷带状分布,或在山区片状延伸。

(4) 具有景象变化的特征 由于树种组成、生长发育阶段及景观位置不同,植物景观景象的特点也是多变的。"春赏花、夏避暑、秋尝果、冬观枝"指的就是:春季繁花似锦、欣欣向荣,夏季绿树成荫、浓荫密枝,秋季硕果满园、色彩缤纷,冬季梅香四溢、长松点雪。正如杭州西湖的苏堤桃柳是春景,曲院风荷是夏景,满陇桂雨是秋景,孤山踏雪赏梅是冬景等等。

在植物景观规划中,要维护原生种群和区系,不应大砍大伐而轻易更新改造;要因景制宜提高林木覆盖率,不应毁林开荒造这修那;要利用和创造丰富的植物景观,不应搞大范围的人工纯林;要针对规划目标,分区分级控制植物景观的分布及其相关指标。

在处理各项用地比例时,要分别控制其绿地率和林木覆盖率,其中新建区的绿地率不得低于30%,并应有相当比例的高绿地率(大于70%)控制区。

在处理风景林时,要分别控制其水平郁闭度和垂直郁闭度,其中,由单层同龄林构成,其水平郁闭度在0.4~0.7之间者为水平郁闭林;由复层异龄林构成,其垂直郁闭度在0.4以上者为垂直郁闭林,常由3~6个垂直层次组成。

在处理疏林草地时,要分别控制其乔—灌—草比例,其疏林的乔木水平郁闭度应在0.1~0.3之间,其草地的乔木水平郁闭度一般在0.1以下,即在草地上仅有少量的孤植树或树丛。

植物景观规划应符合以下规定:

① 维护原生种群和区系,保护古树名木和现有大树,培育地带性树种和特有植物群落;

② 因境制宜地恢复、提高植被覆盖率,以适地适树的原则扩大林地,发挥植物的各种功能优势,改善风景区的生态和环境;

③ 利用和创造多种类型的植物景观或景点,重视植物的科学意义,组织专题游览环境和活动;

④ 对各类植物景观的植被覆盖率、林木郁闭度、植物结构、季相变化、主要树种、地被与攀援植物、特有植物群落、特殊意义植物等,应有明确的分区分级的控制性指标及要求;

⑤ 植物景观分布应同其他内容的规划分区相互协调;在旅游设施和居民社会用地范围内,应保持一定比例的高绿地率或高覆盖率控制区。

2) 建筑风貌规划

在风景要素中,有把建筑比作"眉眼",点缀装饰、画龙点睛;有把建筑物当做"组织"和"控制"风景的手段;有把建筑物作为"主景",把山水作为"背景"或"基座"。可见建筑物和建筑景观,无疑是风景名胜区中的活跃因素。

风景名胜区中建筑风貌规划主要涉及建筑的选址和建筑的形式。建筑选址不仅体现建筑与周围环境的关系,而且还体现与风景区内其他景观的联系。风景区的建筑常常或依山或傍水。与山相关的建筑选址,既要在山麓、山腰、峰峦或谷洞中进行选择,还要注意与山洞、巨石、古树名木、流水叠瀑等天然景物进行关联;与水相关的建筑选址,可以或借江河或借湖海,既可在高旷处起高阁俯视江河,也可在低临江河水面上坐涛观景,还可在水之滨享"近水楼台"之乐。建筑形式是一种历史与文化的载体,建筑形式美是在长期发展过程中、在特定历史文化背景条件下形成,要实现建筑有机地融合到风景中去,需要考虑建筑的性质、功能、构图要求以及周边环境的要求。

建筑风貌规划应符合以下规定:

① 应维护一切有价值的原有建筑、建筑遗迹、古工程及其环境,严格保护文物类建筑,保护有特点的民居、村寨和乡土建筑及其风貌;

② 风景名胜区的各类新建筑,应服从风景环境的整体要求,不得与大自然争高低,在人工与自然协调融合的基础上,创造建筑景观和景点;

③ 建筑布局与相地立基,均因地制宜,充分顺应和利用原有地形,尽量减少对原有地物与环境的损伤或改造;

④ 对风景名胜区内各类建筑的性质与功能、内容与规模、标准与档次、位置与高度、体量与体型、色彩与风格等,均应有明确的分区分级控制措施;

⑤ 在景点规划或景区详细规划中,对主要建筑宜提出:总平面布置、剖面标高、立面标高、同自然环境和原有建筑的关系4项控制措施。

3) 溶洞景观规划

溶洞风景是能引起景感反应的溶洞物象和空间环境,溶洞景观包括特有的洞体构成与洞腔空间,特有的石景形象,特有的水景、光象和气象,特有的生物景象和人文景源,岩溶洞景,可以是风景区的主景或重要组成部分,也可以是一种独立的风景区类型。当前,我国已开放游览的大中型岩洞已有200多个,因而溶洞景观在风景名胜区规划中占有重要地位。人们不能安全到达和无法欣赏的岩溶地下环境没有风景意义,只有具备一定的游览设施和欣赏条件的溶洞,才有风景价值。在大型洞府中,常常需要附加人工光源和相关设施才能欣赏风景。因此溶洞景观规划有着独特的内容和规律。

溶洞景观规划应符合以下规定:

① 必须维护岩溶地貌、洞穴体系及其形成条件,保护溶洞的各种景物及其形成因素,保护珍稀、独特的景物及其存在环境;

② 在溶洞功能选择及游客容量控制、游赏对象确定与景象意趣展示、景点组织与景区划分、游赏方式

与游线组织、导游与赏景点组织等方面，均应遵循自然与科学规律及其成景原理，兼顾洞景的欣赏、科学、历史、保健等价值，有度有序地利用与发展洞景潜力，组织适合本溶洞特征的景观特色；

③ 应统筹安排洞内与洞外景观，培育洞顶植被，禁止对溶洞自然景物滥施人工；

④ 溶洞的石景与土方工程、水景与给排水工程、交通与道桥工程、电源与电缆工程、防洪与安全设备工程等，均应服从风景整体需求，并同步规划设计；

⑤ 对溶洞的灯光与灯具配置、导游与电气控制，以及光象、音响、卫生等因素，均应有明确的分区分级控制要求及配套措施。

4）竖向地形规划

随着生产力的发展和工程技术手段的进步，人们改造地球、改变地形的力度和随意性都在加大。然而，随意变更地形不仅带来生态危害，而且使本来丰富多彩的竖向地形景观逐渐趋同或走向单调，同时，这也是同巧于利用自然的人类智慧背道而驰的。

竖向地形是其他景观的基础，也是最常见而又丰富多彩的风景骨架。为了保护和展现地形特征，保护自然遗产，对典型景观重点地段必须制定具体的竖向规划，用以指导后期的工程设计。这是针对竖向地形规划提出的常规而又易于被忽视的基本要求。

竖向地形规划应符合以下规定：

① 维护原有地貌特征和地景环境，保护地质珍迹、岩石与基岩、土层与地被、水体与水系，严禁炸山采石取土、乱挖滥填盲目整平、剥离及覆盖表土，防止水土流失、土壤退化、污染环境；

② 合理利用地形要素和地景素材。应随形就势、因高就低地组织地景特色，不得大范围地改变地形或平整土地，应把未利用的废弃地、洪泛地纳入治山理水范围加以规划利用；

③ 对重点建设地段，必须实行在保护中开发、在开发中保护的原则，不得套用"几通一平"的开发模式。应统筹安排地形利用、工程补救、水系修复、表土恢复、地被更新、景观创意等各项技术措施；

④ 有效保护与展示大地标志物、主峰最高点、地形与测绘控制点，对海拔高度高差、坡度坡向、海河湖岸、水网密度、地表排水与地下水系、洪水潮汐淹没与浸蚀、水土流失与崩塌、滑坡与泥石流灾变等地形因素，均应有明确的分区分级控制；

⑤ 竖向地形规划应为其他景观规划、基础工程、水体水系流域整治及其他专项规划创造有利条件，并相互协调。

案例7.8　江苏省宿迁市骆马湖—三台山风景名胜区总体规划——典型景观规划

1 规划原则

保持地域原真性是典型景观规划的首要原则。典型视觉景观一般都是在特定区域范围及特定历史环境（自然人文环境）条件下形成的，一旦离开这一特定环境，其景观特征的典型性将不再显露。因此在保护典型景观的同时，也要注重区域整体景观的保护与改善。

2 山林景观规划

维护原有山林轮廓线，严格控制三台山地区的开发建设，禁止在风景名胜区范围内开山采石、破坏山体地貌形态和山林植被。

保护风景名胜区内多样的植物生态群落，特别是"三台揽胜"山水景观区植被条件较好的地区，划定生态保留地，严格控制人为活动，其他山林地区通过特色观赏景区的建设，有机融入游赏活动中。

对于珍稀物种的保护要从点扩大到面，注重改善其生存环境，通过生态监测等手段，整体保护生物的丰富性和多样性。

对局部遭到破坏的山林景观区，如与城市和耕地相邻的地区，根据适地适种、维护生态平衡等原则进行植被恢复，达到植被景观的整体协调。

3 水体景观规划

（1）水源地水体景观　骆马湖周边地区的饮用水源地上游地区，应严格控制旅游接待、餐饮等污染排放量大的设施布局，现状已建的该类型设施必须实行污水处理，达标排放；禁止水上游乐活动的开展，滨水地区只布置少量观赏游乐设施,以湿生林地景观为主,发挥其涵养水源、净化水质的作用。

(2) 非水源地水体景观　骆马湖周边一般地带以及相思湖、白马涧、三坝水库附近可以配套一定的旅游接待服务设施,开展滨水观光和游憩活动,同时,注重景观水体的保护,控制污染,保持其可持续发展。

4　建筑景观规划

(1) 宫苑、庙宇建筑景观　骆马湖—三台山风景名胜区现状主要的宫苑庙宇建筑有乾隆行宫、菩提寺等,建筑风格相对独立,对规划恢复的宫观建筑,应综合考虑历史记载、周边环境、现有建筑风格等因素,形成比较协调的整体风貌。

(2) 服务性建筑景观　景区的接待服务性建筑应通过植被绿化等环境营造手段,使接待设施更好地融入景区环境中。规划新建的休闲服务设施,选址要充分考虑地形、水系、植被等自然条件,利用原有地形,建筑高度一般不超过原有林木高度,弱化对周边生态环境的影响。

(3) 村落建筑景观　景区内的居民安置房以及外围的文化旅游村和民俗文化村的建筑风貌、色彩、体量要充分尊重地方建筑特色,与风景名胜区整体环境相协调。

5　植物景观规划

(1) 植被分布现状分析　经过现场详细调查和资料分析,景区植被条件总体状况良好,但还存在以下不良特征:

① 湿地植被生存环境较为脆弱,易被破坏　由于滨湖地区的逐步开发和建设,以及水产养殖的发展,骆马湖沿岸的湿地植被生存环境较为脆弱,存在被破坏的危险。

② 林相和季相单调　三台山风景片区内主要植被以落叶阔叶林为主,林相相对比较单一,色叶植物、花灌木及草花品种和数量分布很少,目前片区内植物季相变化单调,植被景观缺乏吸引力。

③ 植被层次和结构单一　山林覆盖区除上层大乔木和下层小灌木外,中间层的灌木、小乔木发育不完全,种类单一,森林复合生态结构系统尚不健全。

(2) 植物景观规划重点

① 注重滨水色叶景观林的营造,充分体现沿湖岸线的季相性变化,形成独具魅力的滨湖植物景观带。

② 注重风景名胜区与城市相邻地带的植物过渡景观,充分运用植物群落和植物色彩的搭配,既为城市增添跳跃的植物景观元素,又为风景名胜区提供生态过渡的植物群落。

③ 在特色的旅游景点、各景区的出入口以及各级旅游服务基地,通过观赏园林植物的点缀和搭配,形成风景区内景致怡人、赏心悦目的精品植物景观。

④ 结合风景名胜区的两个片区之间联系廊道的建设,充分发挥植物景观的生态引导和联系作用,为两个片区的生态物种迁徙提供廊道。

(3) 植物景观规划原则

① 生态原则　以生态学理论为指导,维护植被群落类型和斑块的完整性和延续性,增强保护意识,科学、合理、有序地保护和开发利用森林资源。

② 景观原则　根据现状植物资源调查和主要视点视面分析结果,在重要景观可视地段进行林相改造和植物景观营造。

③ 保护原则　在现有的植物资源基础上,利用多种技术手段,逐步恢复裸岩和矿石开采地的植被,并加强对天然次生林和人工林的抚育、改造,不断提高森林自身调节能力。

④ 适地适树原则　充分发挥乡土树种的综合能力,注重与各景区的自然要素相协调,突出自然野趣,体现环境的生态性、景观性、游憩性、娱乐性、保健性和文化性,形成各具特色的植物景观。

(4) 植被特色景观分区规划　景区的植被规划以保护原有自然生态环境为主,完善自然生态林系统,加强景区植被景观的丰富性,形成景区独特的植被景观。规划以现状植被条件为基础,从改善视觉景观、保护水源地、丰富生物多样性等方面,对局部地段的植被进行改造。形成自然生态林系统、人工改造景观林系统、水域涵养林系统、湿地生态系统、茶果经济林系统、旱地农业生态系统等六大类植被类型(图7.6)。

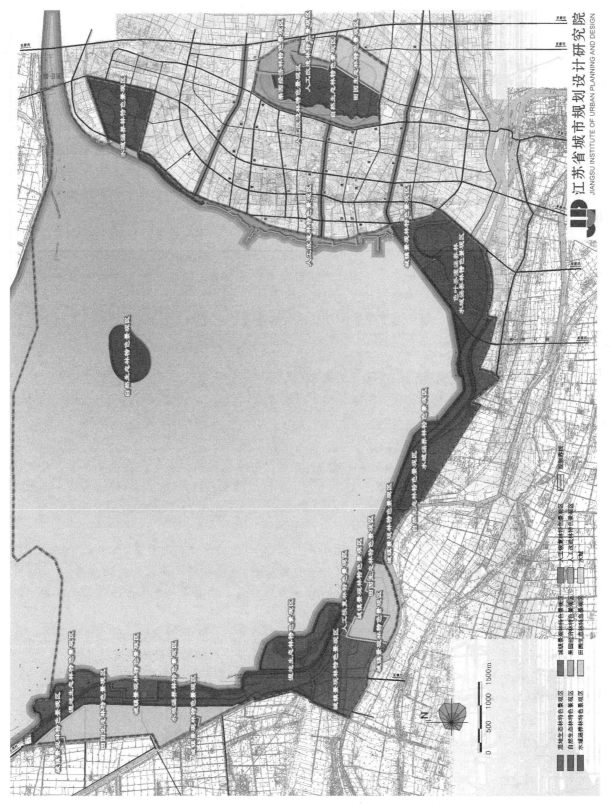

图7.6 江苏省宿迁市骆马湖—三台山风景名胜区总体规划——植物景观规划图

① 自然生态林特色景观区　主要位于山地中上部，属于原有植被保留相对较完好的区域。该区域主要以保护原有地带性植被结构为主，植物主要以杉木林、杂阔林、林地、针阔混交林、松林、栎林等植被类型为主。

② 湿地生态林特色景观区　结合各类水域及生态湿地，加强生态湿地的建设保护工作，完整地构建和保护湿地的生态系统，大力发挥湿地的各类生态功能。

③ 人工改造林特色景观区　应避免破坏性的建设，以保证整个植被系统的稳定与完整。考虑到原有植被缺乏色相和季相变化，可适当作林相改造，丰富植被景观，对局部地段进行植被改造，突出植被景观特色。增加彩叶树种和花灌木等的应用。植物主要以药用植物、盆景植物、花卉植物、彩叶植物、竹林等植被类型为主。

④ 人工恢复林特色景观区　对于一部分搬迁的居民点，在原址上种植人工恢复林，以速生的植被类型为主。

⑤ 水域涵养林特色景观区　主要布局在湖滨地区和湖泊池潭周边地区，植物主要以湿地植物和杉木等植被类型为主。

⑥ 果园经济林特色景观区　依托现状果园建设，主要指位于三台山片区的果园和经济林等，植被以桃树、梨树果木等为主。

⑦ 田园生态林特色景观区　主要指依托现状农田改造建设的田园与生态林结合的复合农业生态空间，植被类型以田园粮食作物与意杨等防护林系统为主。

⑧ 城镇景观林特色景观区　结合风景名胜区内的保留城镇居民点建设用地，运用园林观赏植物进行城镇绿化和美化，形成城镇绿化特色景观区。

案例7.9　江苏省姜堰市溱湖风景名胜区总体规划——典型景观规划

就溱湖风景名胜区而言，典型景观规划主要包括水域景观规划、湿地景观规划、植被景观规划、动物景观规划、建筑景观规划和古镇景观风貌规划。

1　水域景观规划

大面积的水体是溱湖风景名胜区最有特色的景观，应对现有水域面积和质量进行严格保护。规划区内水体可分为溱湖、池塘和河汊网络三大部分，这些水体之间既是相互独立，又有水道相通，形成一个动态连接的生态景观基底。

1）水体形态分析

湖泊和池塘　湖泊和池塘是区内数量最多、面积最大、形态各异的水体构成要素，大多以"填充物"的形式充满整个"网络"，而池塘间的塘基则有如迷宫。这种由湖泊、池塘和河汊共同构建的形态，体现了单元与单元之间的同质性，这种同质单元在规划范围内的存在更加强了溱湖湿地水体形态区别于其他水体形态的可识别的特征。

河汊网络　河汊网络是溱湖湿地水体的主要骨架，成网络分布。众多河流向中部汇集形成里下河洼地，在低洼处形成了里下河流域众多的溪、湖荡，港汊纵横，形成水网交错的独特湿地景观。

掌状生长水系　依托向多方蔓延扩展的河道，构成基地内纵横交错的水系形态，同时又与基地内的村落形态遥相呼应，沿水系生长，体现等级层次特征。

2）具体规划措施

溱湖　维持平面格局不变，在垂直方向上，强化湖滨、岛屿的绿化，种植水杉、池杉、柳树等乔木，增加湖面的空间围合感，丰富景观层次；强化河渠的景观视线通廊作用；逐步改善溱湖水质，满足景观用水的要求；提高湖面的利用率，适度开展水上项目；强化湖滨地带景观设计，东部保持现状并结合湖东侧道路进行景观改造，南部、西部对村落进行修缮突出渔家特色的景观建筑形态。

池塘　主要分布在湿地生态体验区和湿地农业观光区，应保留自然形态和水质较好的池塘，为鸟类和鱼类提供多样性的生存环境。梳理各类鱼塘展示湿地生态系统的同时，展示水质净化、生态农业等内容。

此外,选取条件良好的池塘进行改造,形成水生植物生产基地,既兼顾游人的体验与游赏,又满足溱湖湿地水生植物的自给自足。对于受周边村落污染较严重的池塘,要及时清淤或更换池塘底泥、种植吸附能力强的水生植物,或放养河蚌、螺丝等软体动物增强池塘的自净能力。

河汊网络 在风景名胜区内,丰富的河汊和水塘作为湖水的蓄分通道,纵横交错的河渠网络是溱湖湿地系统的动脉,它们担负着游览交通、水交换、物质交换等功能。强化河渠网络系统局部地区进行疏通,使其更加顺畅、连通;保留河渠凹凸有致的自然岸线,丰富河渠的空间感;通过清淤等工程措施恢复填堵的河道和沟通河汊的水系,保证水流畅通,满足行船要求;丰富沿岸的景观类型,丰富植物种类,增加水道的空间感和立体感,形成富有特色和规模的植物群落。

另外,纵横的河汊将溱湖湿地划分为众多的墩岛和滩地,其上又分布着大量池塘、植物或苇草。考虑其在游览、生产和生活中的作用,确定开发方向,强化岛屿边缘的景观设计,美化河岸景观;尽可能保留岛上的水塘,部分池塘间栽植落羽杉等耐水性树木,丰富垂直景观界面。同时,将沟通水系及池塘清淤所产生的淤泥集中堆积在众多浅水区域的边缘,创造泥滩地,裸露的泥地随水涨水落间歇性的淹没,形成多样性的生境条件,是野生动物良好的栖息场所。

2 湿地景观规划

在不同区域中湿地景观有不同的种植方式和特色,按照分布区域及功能的不同,划分为栖息地型、环保型、科普型、观赏型、生产型、保健型等六种湿地群落类型。

(1)栖息地型湿地群落 以为野生动物提供原生态栖息地为主要目的,能为栖息的动物提供充足的隐蔽所和食物。植物配置以地域性、多样性和自维持能力为设计考虑的重点,群落类型和结构有利于向地域特征的顶级群落演替,群落的物种根据栖息的物种而定。

(2)环保型湿地群落 以层次差异和污染源的来源、类型、浓度分布为依据,选择抗污染及净化能力强的植物按生态学理论进行配置,构成芦苇、林地、草丛、菌类、沼泽等湿地类型,通过湿地自然恢复,改良湿地生境,塑造景观多样性,形成典型的半自然湿地景观,吸引更多的水禽繁衍生息。

(3)科普型湿地群落 要突出溱湖湿地的自然野趣,通过水生植物的搭配形成由"沉水植物—浮水植物—挺水植物—湿生植物"组成的序列性变化,体现水陆渐变的特点。以乡土植物为主,在近水湿地特殊生境地段,建立湿地林植被群落,既发挥其净水水质、防止边岸土壤侵蚀的功能,又形成特殊的湿地森林景观。通过水生植物柔化、美化水岸,净化水体;结合水产种植,在河畔种植莲藕、芡实、菱角等经济作物。

(4)观赏型湿地群落 保护原有湖滨与河道两侧的植被,进行梳理整治,不同的河汊网络配置特色植物,同时结合湿地水域面积较大但整体性较差的特点,因地制宜地规划面积不等、种类不一、具有观赏性的水生植物群落类型,提高游客的参与意识和回归湿地的欲望。

(5)生产型湿地群落 主要在湿地农业观光区内,在注重植物的经济效益,实现生态、经济双赢。以农田、果林和农业大棚为主,结合景观和生产,重点打造农田景观的自然状态,植物布局粗放。沿岸种植睡莲、菱、莲等水产植物,并结合美人蕉等花卉,提升景观度。

(6)保健型湿地群落 该类型的湿地群落构成以人与植物的物理生化特点的对应关系为基础,利用植物的有益分泌物和挥发物质,达到增强人体健康、防治疾病的目的,并利用湿地植物的色彩和形态提供良好的视觉环境,达到镇静、清爽、调养的效果。

3 植被景观规划

1)植被景观规划原则

(1)生态性原则 在绿化设计时,必须确保在真实性和完整性不被破坏的基础上,进行优化调整,创造风格独特、品位高雅的植物景观,充分发挥植被的生态效应和景观美化功能。

(2)景观性原则 充分发挥湿地植物资源的自然特征,维护地方特色,强调回归自然与朴实野趣的湿地特色,防止人工化、城市化、商业化过重。同时植物景观设计应保护好物种多样性和景观异质性,采用多树种进行造景,以乔木树种为主,乔、灌木合理搭配,水生与陆生错落,形成疏密有致、高矮有序、富有情感的景观特色,增添人与自然的亲近感。

(3) 功能性原则　一是原有植被保护与修复;二是外围林带建设;三是特殊植物主题的营造。应充分发挥植物的生态维护功能,排除外围干扰功能,以可持续发展观审视湿地生境的特殊性。在树种选择上,既能满足景观和文化的需要,又要考虑树种对特殊生境的适用能力。

(4) 可持续性原则　考虑湿地生态系统演替和发展是一个具有时间连续性的过程,因此植物配置要注重长远效应,速生与慢生树种结合,以形成科学、稳定的植物群落为目标,兼顾观赏效果。

2) 重点植被景观规划地段

(1) 内部道路两侧植被　建设环湖林带,丰富植被景观,保持水土,以利于开发建设景点。在内部生态廊道的边缘梳理和加强原有植物群落培育,注重生态景观建设与文化内涵的结合,发挥景观美化和科普教育功能,形成具有一定连续性、观赏性的植被群落廊道。在廊道中间则形成一定变化的低矮湿生、水生植物群落。通过多条林冠线有效地调整原有相对单一的群落结构和林相面貌。同时,在沿线布局一定面积的疏林草地,不仅能够丰富森林景观类型,更重要的是为游客提供停留、休闲场所,也为今后的生态维护提供场地。

(2) 河道两侧植被　形成陆、水交接的生态植被体系。保护原有湖滨与河道两侧的植被,进行梳理整治,不同的河汊网络配置特色植物,同时结合湿地水域面积较大但整体性较差的特点,因地制宜地规划面积不等、种类不一、具有观赏性的水生植物群落类型,提高游客的参与意识和回归湿地的欲望。水边的植物配置,主要是通过植物的色彩、线条以及姿态来组景和造景的。在水边种植垂柳、落羽松、池松、水杉等,均能起到线条构图的作用,但水边植物配置切忌等距种植及整形或修剪,以免失去画意。草坪种植以耐践踏品种,如高羊茅、结缕草、马尼拉等为主。

(3) 外部道路两侧植被　重视风景名胜区外部道路绿化,主要是外界高速公路及主要道路两侧要求有足够的绿化植被,同时也起到隔离的作用。风景名胜区周边是高速公路和部分主要交通干道,车流量较大,为了减弱来自外围的干扰,应注重外围防护林带建设,作为风景名胜区的缓冲区域。外围公路两侧选用香樟为建群树种,同时配以水杉、池杉、枫香等树种形成季相变化,突出地带性风貌,并辅以柳树、臭椿、楝树、珊瑚树、海桐等起到隔噪降尘等改善环境质量的作用,强化生态防护功能。

(4) 农田植被　建设农田林网,同时保持优质农田的合理开发和利用,建设生态农业。在充分考虑生态功能基础上,注重植物的经济效益,实现生态、经济双赢。

(5) 居民建筑周边植被　强化居民点周边植被建设,形成特色村落植被景观。

(6) 水生植被　突出溱湖湿地的自然野趣,通过水生植物的搭配形成由"沉水植物—浮水植物—挺水植物—湿生植物"组成的序列性变化,体现水陆渐变的特点,以乡土植物为主。在近水湿地特殊生境地段,建立湿地林植被群落,既发挥其净化水质、防止边岸土壤侵蚀的功能,又形成特殊的湿地森林景观。对于湖中岛屿,在保持原有植被特征的基础上,根据需求补充建设岛屿植被。

4　动物景观规划

溱湖风景名胜区拥有诸多的动物种类,其中不乏国家级珍稀动物。据统计有鸟类97种;兽类21种,包括国家一级保护动物麋鹿,省级保护动物刺猬等;鱼类38种;其他浮游动物21种。规划针对不同动物提出保护和创造适宜其生存的环境。

规划措施:溱湖野生动物主要集中在湖东地区的湿地动物大观园,此处不仅要满足野生动物对栖息地的基本需求,包括:食物、水、庇护场所、活动领域等需求;也要满足游客观赏休闲的需求。规划将其融入整个湿地本底,增加景观的连通性,避免栖息地的破碎化。营造贯通的廊道结构提高连通性,缩小斑块间的距离。同时,要加强跟踪观测的动物的种类、数量以及栖息地的变化情况,以科学研究的成果指导溱湖建立稳定的生态系统。

对于鸟类而言,主要保护现有的常绿阔叶林、落叶阔叶林、竹林以及其他树木灌丛等,尽量连成区域片状结构,形成连续的林带。外围防护林带的建设要保证有足够的林带厚度和丰富的植物种类,避免外界环境的干扰,为鸟类营造更多的活动空间。在景区内鸟类活动集中的地区补充适合其食用的浆果类植物和池塘中的各种鱼类。鸟类观测点的设置应处于边缘地带,严禁游人进入鸟类栖息地;各鸟类观测点的入口通道要隐蔽,避免对鸟类的惊扰;对有特殊科研意义的鸟类通过配望远镜或预设探头进行观测研究并设专人监督管理。

5　建筑景观规划

1) 规划原则

(1) 保护利用原则　严格保护现存有价值的传统建筑物、构筑物及其环境,恢复原有乡土建筑风貌,并通过新的功能业态的组织,使其焕发活力。在自然协调、安全、无污染的原则下,体现地方特点,不破坏周围环境气氛和轮廓;现有民居村庄应根据项目建设要求进行改造,以保持当地民居建筑风格为前提,适当修缮;内部改造可考虑时尚、现代,作为旅游接待服务之地。

(2) 和谐创新原则　湿地各类建筑风貌应服从景区整体要求,与传统风貌和谐共处,融入自然的建筑景观和风貌。建筑风格保持溱湖地区传统风格,处理好传统与创新之间的关系,造就具有特色的建筑个性与特征。

(3) 节能性原则　建筑设计应严格按照国家有关节能设计的规范要求进行,对建筑采取多方位的节能措施,以取得更好的效果。

2) 规划措施

风景名胜区的建筑与园林,总体上应强调传承溱潼古镇建筑与园林的特点,采用青砖小瓦,突出天然材料的自然质感,布局应依水而筑,与自然环境融为一体。具体规划应维护一切有价值的传统建筑及其环境,严格保护文物类建筑,恢复有特色的民居、乡土建筑及其风貌;景区内的各类新建筑,应服从风景环境的整体需求,在人工与自然协调融合基础上,创造建筑景观和风貌;建筑布局应因地制宜,充分顺应利用原有地形,尽量减少对原有生物与环境的破坏或改变;对传统的建筑风貌应尊重历史信息,而对待与历史并无联系的新的功能性建筑和标志性构筑物的设计应充分反映传统民居的特点。

景区内所有建筑(单体建筑和组群)的布局必须与其所处的环境充分融合,特别是与水体的关系。传统建筑根据历史时期和人文背景的不同,可分为文人别业、庙庵、水乡民居、水乡街市、水乡村落、田园农舍等类型。具体而言,对于文人别业和庙庵等文物古迹建筑重在环境的营造,注意现有建筑的保护,通过整合丰富其游览观赏内容,延长游人的停留时间;对于水乡民居、街市以及村落都充分体现"临水而居、面水而商"的特色,充分体现渔家风貌,今后应利用部分搬迁农户的宅院,通过整修突出农家小院的气息,将旅游服务融入其中。

建筑风格上,应充分体现里下河地区的乡土建筑特色,临水而建,但要严格控制建筑密度,均以低密度建筑为主。对建筑高度应该严格加以控制,其中村民住宅宜为2层;公共建筑和旅游休闲度假建筑的主题建筑不宜超过3层。

6　古镇景观风貌规划

严格按照《溱潼总体规划2004—2020年》和《姜堰市溱潼镇历史文化名镇保护规划》的指导思想,进一步健全城镇功能,提高整体品位,优化城镇人居环境,改善交通条件,增强镇区的服务功能和承载能力。重视水乡生态环境和历史遗存的保护,建设城镇特色,发展绿色经济,实现经济的可持续发展。溱潼镇不仅具有丰厚的历史文化遗产,而且具有高品质的水生态环境特色,规划将其定位为以古镇历史文化、水乡风情为特色的旅游、商贸型城镇。今后应着重开发溱潼古镇与溱湖之间的水系、陆路通道,形成有机联系,重点打造溱潼水乡古镇游览区。

为了更好地保护溱潼古镇的风貌特色,应按照《姜堰市溱潼历史文化名镇保护规划》提出的"一环—双街—三夹河—两区—八景"的名镇保护格局实施,在古镇风貌的整体保护上,应注重对古镇整体空间形态保护,古镇整体立体轮廓保护,置换生产性用地,保护古镇整体环境,恢复夹河,整治古镇水系水体环境,优化与完善古镇区道路交通。

7.4 游览设施规划

衡量风景名胜区的建设水平除了吸引游人的风景游览欣赏对象外,直接为游人服务的游览条件和相关设施是必不可少的建设内容。虽然游览设施规划在风景名胜区中属于配套系统规划,如果对其进行合理的规划与设计,其本身也可以成为游览对象;反之,如果规划设计不当,则可能会成为风景名胜区规划的败笔。因此有必要对其进行系统规划与布局,将其纳入风景名胜区的有序发展和有效控制之中是很有必要的。

各项游览设施配备的直接依据是游人数量。因而,游览设施系统规划的基本内容首先要从游人与设施现状分析入手,然后分析预测客源市场,并由此选择和确定游人发展规模,进而配备相应的游览设施与服务人口。游览设施规划应包括游人与游览设施现状分析、客源分析预测与游人发展规模的选择、游览设施配备与直接服务人口估算、旅游基地组织与相关基础工程、游览设施系统及其环境分析等内容。

7.4.1 现状分析及相关预测

1) 游人与游览设施现状分析

游人现状分析应包括游人的规模、结构、递增率、时间和空间分布及消费状况。游人现状分析的目的是为了掌握风景名胜区内的游人情况及其变化态势,既为风景名胜区游人发展规模的确定提供内在依据,也是风景名胜区发展对策和规划布局调控的重要因素。其中,年递增率积累的年代愈久,数据愈多,其综合参考价值也愈高;时间分布主要反映游人数量在淡旺季和游览高峰变化情况;空间分布主要反映游人在风景名胜区的客流分布情况;消费状况主要反映游人的消费类型、消费支出、消费偏好及潜在消费能力等情况,对游览设施标准的制定和景区经济效益的评估有一定意义。

游览设施现状分析应表明供需状况、设施与景观及其环境的相互关系。游览设施现状分析,主要是掌握风景名胜区内设施规模、类别、等级等状况,找出供需矛盾关系,掌握各项设施与风景及其环境是否协调,既为设施增减配套和更新换代提供现状依据,也是分析设施与游人关系的重要因素。

2) 客源分析预测

不同性质的风景区,因其特征、功能和级别等方面的差异而呈现出的不同,以及主要客源地、重要客源地和潜在客源地等差异。客源市场分析的目的,在于更加准确地选择和确定客源市场的发展方向和目标,进行预测、选择和确定游人发展规模和结构。客源分析与游人发展规模选择应符合以下规定:①分析客源地的游人数量与结构、时空分布、出游规律、消费状况等;②分析客源市场发展方向和发展目标;③预测本地区游人、国内游人、海外游人递增率和旅游收入;④游人发展规模、结构的选择与确定,应符合表7.11的内容要求;⑤合理的年、日游人发展规模不得大于相应的游人容量。

表7.11 游人统计与预测

项目	年度	海外游人	国内游人	本地游人	三项合计	年游人规模 (万人/年)	年游人容量 (万人/年)	备注
统计								
预测								

资料来源:国家质量技术监督局,中华人民共和国建设部.风景名胜区规划规范[S]. GB 50298—1999

3) 客源市场定位

旅游客源市场是指一定时期内,某一地区中存在的对旅游产品具有支付能力的现实的和潜在的购买者。它是狭义的旅游市场范畴。必须具备旅游者、旅游购买力、旅游购买欲望和旅游购买权利等四个要素才能形成旅游客源市场。旅游者数量是旅游客源市场规模的表现。对某一旅游接待地来说,旅游者数量越大,就意味着所需旅游产品数量越大,反之亦然。旅游客源市场中的又一重要因素就是旅游者购买力,它是由人们收入水平和可自由支配收入决定的。如果这一条件缺乏,旅游市场只是一种潜在市场。旅游产品购买欲望也是形成现实旅游消费者的必要条件之一。而旅游购买权利因素对国际旅游者的影响较大,如旅游目的国和客源国之间的政策限制、外交关系等的协调都会影响旅游购买,有时可成为主导因素。旅游客源市场的内容包括客源市场规模、客源市场结构(如年龄、来源地、职业、文化程度、生活方式、性格、饮食和住宿的偏好、出游目的等)、旅游者行为规律(消费结构、旅游组织方式、路线和交通工具的选择、停留时间、旅游者时空分布规律及流动、旅游动机、旅游者对旅游地的评价和印象、旅游地信息的来源等)、主要客源地的社会、经济、文化特征、旅游目的地的旅游资源特色、布局、内外交通条件和环境容量、与相邻旅游地的合作与竞争等。

(1) 客源市场结构　风景区的客源市场结构受景区地理区位与经济区位条件的制约,也与景区的资源类型及开发程度直接相关。

客源市场结构的研究其核心就是研究旅游者的旅游偏好。虽然旅游者具有一些共同的心理特征和需求,但具体到每个人身上,必然存在着差异。由于不同旅游者的兴趣、能力、气质和性格的不同,决定了各自的个性特征,因此在认知活动、情感和意向活动方面都不尽相同。这些心理上的差异是个体对客观现实的主观反应。旅游者对旅游地类型的偏好就通过对客观现实的主观反应表示出来。其具体主要表现在三个方面:

① 年龄　随着年龄和生活的经历在不断地发展和变化,人的个性也发生着改变,其表现出来的旅游动机和旅游需求也不断地发生变化。儿童天真活泼好动,好奇心强,正处于对事情充满想象、充满热情的阶段,科普旅游、游乐设施等是其兴趣所在;年轻人精力充沛,体能较好,性格叛逆,渴望新事物和新体验,偏爱富有挑战和参与性强的旅游项目,如:蹦极、探险、漂流、农家乐等旅游形式;老年人闲暇时间多,追求安逸,喜清静,钟爱逛公园、博物馆等活动。

② 学历　不同的学历反映旅游者所受的教育不同,具有高学历和高素质的人基于他们对外部世界的了解,对去哪里、看什么目的性很明确,针对性较强,热衷参与性强、文化底蕴浓厚的旅游活动;中等学历的人产生旅游的愿望更多地受大众媒介的影响,从众心理较强,对于去哪、看什么都没有前者主动。

③ 职业　旅游者从事的职业多种多样,有工人、农民、师生,有公务员、干部、军人,还有退休闲居者。由于职业对可自由支配收入和闲暇时间产生的影响较大,所以不同的职业从事者表现出不同的旅游的偏好。

(2) 旅游者行为特征　旅游者行为包括旅游的全过程,旅游需求的产生、旅游费用的取得、制定旅游计划(旅游支出和支出结构)、旅游者心理和行为活动,以及对旅游产品的实际消费。旅游行为也就指旅游者的旅游行为,因为这种行为最具有市场意义,最为政府旅游机构和旅游企业所关心。

旅游者行为非常复杂。研究旅游者行为就是要研究不同旅游者的各种旅游行为,分析影响旅游心理和行为的种种因素,归纳总结旅游行为的变化规律。

旅游者行为的主要研究内容包括消费结构、旅游组织方式、路线和交通工具的选择、停留时间、旅游者时空分布规律及流动、旅游动机、旅游者对旅游地的评价和印象、旅游地信息的来源等。政府旅游机构和旅游企业根据旅游者行为,制定合适的旅游营销策略和游路政策,并对旅游者的旅游行为加以引导。

(3) 主要客源地特征　社会、经济、文化特征,旅游目的地的旅游资源特色、布局,内外交通条件和环境容量,与相邻旅游地的合作与竞争。

旅游客源地特征是多方面和多样化的。首先,是社会各类资源的综合利用程度。利用的幅度越广阔,所起到的拉动作用也就越大;而利用的程度越深,所取得的边际效益也就越高。其次,是产品的多样化。在综合性的基础上形成的多样化将会更加具有原创性,也就更加具有独特性与唯一性。再次,是各个方面的协调与合作,其中包括政府部门之间、政府与企业之间以及各企业之间的协调合作。最后,是旅游目的地与当地居民的合作。旅游者来到某一旅游目的地,带来属于他们的外来文化、生活方式是不可避免的,或者说,他们所进行的旅游活动本身就会对旅游目的地居民带来一定的冲击,因此本地居民有时也可能演化成为某种程度上的商业化存在,从而由此形成一种互动关系。这种互动关系最终会发展成为良性的或是恶性的互动,则取决于旅游目的地地区与目的地居民的合作。

案例 7.10　江苏姜堰市溱湖风景名胜区客源市场分析

溱湖风景名胜区的目标市场以国内客源市场为主,以海外旅游市场为辅,以长三角地区市场为主,中远程市场为辅。区域旅游市场定位如下:

表 7.12　区域旅游市场的定位

客源市场	入境旅游市场定位	国内旅游市场定位
一级市场(核心市场)	台港澳、日本、韩国、东南亚等国	长三角地区(重点是沪宁都市带)
二级市场(开拓市场)	美国、欧洲等国	除一级市场以外的沪苏浙地区、山东、安徽、河南
三级市场(机会市场)	除一、二级市场意外的其他国家和地区	除一、二级市场外地全国其他地区

一级目标市场——长三角地区(重点是沪宁都市带)

江苏本区:江苏客源市场,特别是泰州周边地区,应成为目前重点开发的目标市场。针对这类市场客源距离较近、交通便利、停留时间较短的特点,在促销中应以中青年、家庭市场以及商务会议为重点目标市场,以宣传周末城郊休闲度假旅游和小"黄金周"短途休闲旅游为主。

上海市:上海游客是溱湖风景名胜区最大的外地客源市场,其比例约占总游客量的1/4。该地的中老年游客喜欢采取团队出游,而中青年游客喜欢自助游的出游方式,并且崇尚自然与环保。根据以上特点,在促销中应以银发、青年人和家庭市场为主,通过与上海旅行社合作、利用网络、到客源地促销等多种方式,在宣传中重点介绍溱湖的休闲度假性质和原生态湿地环境。

二级目标市场——除一级市场以外的沪苏浙地区、山东、安徽、河南

上述相邻地区由于距离上的优势,可以成为溱湖客源市场开拓的一个重点,促销偏重于突出景区的休闲度假性质。近期以团队出游、青年自助和家庭市场作为主要目标市场。

三级目标市场——除一、二级市场以外的全国其他地区

随着一级和二级目标市场的开拓和稳定,景区可以通过加强宣传力度,扩大市场的覆盖面,积极开拓国内其他地区客源市场,其中又以经济发达地区为主要开拓重点,争取实现国内旅游的持续发展,以求稳定长久的客源市场。

4) *游人发展规模预测*

风景名胜区旅游的需求规模,可以通过对风景名胜区环境容量和游客量的计算来估算,以需求定供给。所求得的环境容量和游客容量是一个确定数值,然而风景名胜区旅游的游客规模是一个不确定的数值,如果只单纯依据所计算的容量规划供给的规模,很可能出现设施不能充分利用,造成浪费或因设施不足,景区超负荷运转,不能满足游客的需求,不论是那种情况,都不利于风景资源的保护。为此,在制定风景名胜区规划方案时,仅仅计算容量是不够的,还要对游客增长规模进行预测并且有计划地接待,才能做到供需平衡。

在客源分析的基础上,结合本风景名胜区的吸收力、发展趋势和发展对策等因素,首先分析和选择客源市场的发展方向和目标,再对本地区游人、国内游人、海外游人递增率和旅游收入进行预测,最终确定主要、重要、潜在三种客源地,对三者相互变化、分期演替的条件和规律进行预测。当然,确定的年、日游人发展规模均不得大于相应的游人容量。

(1) 游人规模预测的计算指标

① 游人抵达数　是指到达旅游地的游客数,即游人的规模,不包括在机场、车站、码头逗留后即离开的过境游客,可分为:

a. 年抵达人数(人/年),游览设施的种类、规模可大致通过年抵达游人数来决定,并且同各旅游地间进

行比较,从历年抵达的人数统计中可以方便地观察到某些地区的经济发展动向及游人增长方向,有助于旅游地开发规模决策的制定。

b. 月抵达人数(人/m),一个旅游地的季节特性可以通过各月份游人量变动数来加以判断。通过它可以确定旅游淡旺季、全年的旅游时间、游览设施的规模以及确定劳动力和旅馆的经营管理办法。

c. 日抵达人数(人/d),也在确定游览设施规模中具有重要参考价值。

② 游人日数(或游人夜数)　是游人数与每个游人在旅游地度过的天数的乘积。游人日数是一种抽样调查确定的平均值,通过旅馆的平均住宿率统计也可以得到游人日数,所以也称"游人平均逗留期(天)"。

③ 游人流动量　单位时间内各交通线的旅游人数及往返的流向。交通流线、游览设施的标准与规模都同游人流动量有关,并从中可以得到旅游地哪些是主要客源,可以看出游人倾向于选择哪些交通工具。游人流动量也是交通规划的主要依据。

④ 游人开支总额　能够为确定旅游需求提供信息,但计量困难。为此可通过税收测量、利用日计账计量或从设计的"旅游开支模型"中获得。

(2) 游客规模的预测方法(年抵达人数)

游客规模预测有长期预测、中期预测和短期预测。预测的方法很多,可以分为定性预测和定量预测两类,这里介绍几种常用方法。

① 德尔菲(Delphi)法　德尔菲法是专家意见法的一种,主要是通过信函的形式,轮番征求专家们对预测对象的匿名预测意见,使不同的专家意见得到充分表达。它是由美国公司于20世纪40年代提出的一种预测方法,德尔菲是古希腊神话中的圣地,因其有座阿波罗神殿能够预测未来,故借其名。该方法能客观地综合多数专家经验和主观判断的技巧,能对大量非技术性的无法定量分析的因素做出概率估算,并将概率估算结果告诉专家、充分发挥信息反馈和信息控制的作用,使分散的评估意见逐渐收敛,而后达成一致,最终得到预测结果。其主要过程如下:

a. 明确预测主题,准备背景材料。即开展预测之前,预测组织者要根据预测所要达到的目的,确定预测的主题,并收集、整理有关调查主题的背景材料。

b. 拟定意见征询表。依据预测主题和有关背景材料,拟定需要了解的问题,并细化为预测意见征询表。征询的问题力求清楚明确,重点突出,建议问题数量不宜过多。意见征询表的设计可以与调查问卷的设计相似。

c. 选择专家。德尔菲法中专家的选择是非常重要的。所要求的专家,应当是对预测主题和预测问题有比较深入的研究、知识渊博、经验丰富、思路开阔、富于创造力和判断力的人。专家的人数要适当,一般以20～50人为宜。

d. 征询专家意见。征询专家意见需要有多次信息沟通。首先,将征询表和背景材料邮发给选聘的专家,在第一轮征询意见回收后,预测组织者以匿名方式将各种不同意见进行综合、分类和整理;然后,再次邮发给专家征询意见,各位专家在第二轮征询过程中,可以坚持自己的意见,之后,再回寄给预测组织者。如此几经反馈,一般在3～5轮后,各位专家意见基本渐趋一致。

e. 汇总专家意见,量化预测结果。经过上述几轮的征询工作,基本可以得出具有一致性的专家意见,但是由于仍然存在一种以上的不同预测,所以需要经过汇总、整理、分析、处理,最后才能得出定量化的预测结果。

② 分析预测法　从总数预测部分值,例如从预测的旅游者到达总数(一个国家或一个地区),应用自己市场在历史上占总数的百分比,得出自己市场到达的旅游者数据。

案例7.11　江苏省宿迁市骆马湖—三台山风景名胜区游客容量预测

骆马湖—三台山风景名胜区处于开发初期,发展比较缓慢,进入快速发展阶段以后,游客量的预测不能仅仅依据历史数据,参考《宿迁市旅游发展总体规划(2006—2020年)》来预测骆马湖—三台山风景名胜区的游客规模。

表7.13 骆马湖—三台山风景名胜区游客容量预测表

名称	2006年	2010年		2020年	
	游客量(万人次)	游客量(万人次)	增长率(%)	游客量(万人次)	增长率(%)
宿迁市	235.69	500	23	1 500	7
骆马湖—三台山风景名胜区	36.1	88.1	25	228.6	10

案例7.12 江苏姜堰市溱湖风景名胜区游客容量预测

溱湖风景名胜区虽然开发较早,但是由于建设与发展比较缓慢,规划充分考虑溱湖风景名胜区客源市场的接待现状、风景资源禀赋、未来的投资强度和市场潜力,对溱湖风景名胜区的客源市场预测如下:

溱湖风景名胜区2008年和2009年,分别接待游客量为68.1万人次、98.63万人次,增长率为44.8%。以此为基数,按照2010年游客人数15%的年增长率,2011—2012年以5%~10%的年增长率计算,到2010年,溱湖风景名胜区接待游客规模为113万人次,2015年游客接待规模为167万人次,2020年游客接待规模为213万人次。

③ 自然增长率预测法 此方法是取多年的平均增长率来计算游人的增长量。如明年的旅游者人数等于今年的旅游者人数乘以过去10年的平均增长率。所取的年数要保证一定的数量,只有包括足够的年数,才足以抵消随波动变化的影响。其公式表达为

$$y = x \times [(1 + y_1 + y_2 + y_3 + \cdots\cdots + y_n)/n] \quad (公式7\text{-}4\text{-}1)$$

式中:y——预测值;

x——今年游客人数;

y_1、y_2……y_n——历年游客增长率;

n——年数。

④ 加权平均数法 此方法适用于每年旅游者人数变化波动较大的风景区。参与预测的一组历史数据中,一般远期数据影响小,近期数据影响大。为减少预测误差,按各个数据影响程度的大小赋予权数,并以加权算数平均数作为预测值的方法。其计算公式为

$$y = (y_1 w_1 + y_2 w_2 + \cdots\cdots y_n w_n)/(w_1 + w_2 + \cdots\cdots + w_n) \quad (公式7\text{-}4\text{-}2)$$

式中:y——预测值;

y_n——第n年的观察值;

w_n——第n年数据的权数。

⑤ 回归预测法 所谓回归分析,就是对具有相互关联的现象,根据大量的观察找出其关系形态,用一种数量统计选择合适的数学模型,近似地表达变量的平均变化关系,这个数学模型称为回归分析预测,其中把要预测的经济现象称作因变量,而把那些与其有密切关系的现象称作自变量。

如果研究的因果关系涉及2个变量,并且变量间存在确定的线形关系形态,则被称为一元线性回归。一元线性回归数学模型如下:

$$y = a + bx \quad (公式7\text{-}4\text{-}3)$$

式中:y——游客客流量预测值(因变量);

a——直线截距(回归参数);

b——趋势线斜线(回归参数);

x——时间变量(自变量)。

如果研究的因果关系与多个因素的变化有关,则可以用多个相关因素的变化来预测一个因素的变化,如二次曲线回归预测法。其数学模型为:

$$y = a + bx + cx^2 \qquad (公式7\text{-}4\text{-}4)$$

式中：y——游客客流量预测值；

a、b、c——系数；

x——时间变量。

(3) 风景名胜区旅游客源季节变动的预测（月抵达人数） 为了合理地确定风景名胜区旅游的建设规模，不但要用上述任一种方法计算风景区年客流量，还要进一步转化为每月客流量。每月接待游客人数用下式计算（月抵达人数）：

$$Y_月 = P_月 \cdot Q \qquad (公式7\text{-}4\text{-}5)$$

式中：$Y_月$——月接待游客量（人/月）；

$P_月$——月份指数；

Q——每月平均接待游客量。

式中的月份指数 $P_月$＝月份平均游客人数/全年月份总平均数，

全年月份总平均数 ＝ 历年月份平均游人数之和 /12

每月平均接待游客量 Q ＝ 预测年游客总人数 /12

(4) 游宿床位预测与直接服务人口估算

a. 旅宿床位预测 旅宿床位应是游览设施的调控指标，应严格限定其规模和标准，应做到定性、定量、定位、定用地范围，计算公式如下：

$$床位数 = \frac{平均停留天数 \times 年住宿人数}{年旅游天数 \times 床位利用率} \qquad (公式7\text{-}4\text{-}6)$$

b. 直接服务人口估算 应以旅宿床位或饮食服务两类游览设施为主，其中，床位直接服务人口估算可按下式计算：

$$直接服务人口人员 = 床位数 \times 直接服务人口与床位数比例 \qquad (公式7\text{-}4\text{-}7)$$

式中，直接服务人口与床位数比例为 1∶2～1∶10。

7.4.2 游览设施规划的内容

1) 游览设施的配备

游览设施是风景名胜区游览接待服务设施的总称。游览设施配备应包括旅行、游览、饮食、住宿、购物、娱乐、保健和其他等 8 类相关设施。旅行设施指旅行过程中所必需的交通、通信相关设施；游览设施指游览所必需的导游、休憩、咨询、环卫、安全等相关设施；饮食和住宿设施指为旅游出行提供的饮食就餐和住宿休息的相关设施，有比较明确的等级标准；购物设施指有风景名胜区特点的、用于购物活动的相关商贸设施；娱乐设施指有风景名胜区特点的、文体娱乐、艺术表演等相关设施；保健设施包括卫生、保健、救护、医疗、休疗养、度假等相关设施；将上述类型之外的、体现风景名胜区特点的审美欣赏、科技教育、社会民俗、宗教礼仪及宜配新项目合并成一类，称为其他类。

风景名胜区规范规定游览设施配备应依据风景名胜区、景区、景点的性质与功能，游人规模与结构，以及用地、淡水、环境等条件，配备相应种类、级别、规模的设施项目。

游览设施配备的原则，要与游人需求相对应，既要满足游人的多层次、多方面需要，也应考虑设施自身管理的要求，还应考虑必要的弹性或利用系数，合理协调地配备相应类型、级别、规模的游览设施。

在 8 类游览设施中，住宿床位反映着风景名胜区的性质和游程，影响着风景名胜区的结构和基础工程及配套管理设施，因而，这是一种标志性的重要调节控制指标，必须严格限定其规模和标准，应做到定性质、定数量、定位置、定用地面积或范围。

（1）住宿设施规划 住宿设施的规划建设主要考虑三方面的问题：一是根据游客规模的预测以此确定

旅馆床位数；二是从区域规划及风景区性质、空间布局等角度，研究旅馆的位置、等级、风格、密度、面积等；三是结合未来扩建的需要。

风景名胜区提供住宿的设施可以分为三种：一是旅馆；二是临时性住宿设施，如野营帐篷、竹楼、木楼、简易棚房等；三是辅助住宿设施，如农舍、别墅、寺观厢房等。旅馆的服务能力不具有季节性，而旅游具有季节性，所以通过对临时住宿设施和辅助住宿设施的调节，既能满足旺季时游人的需要，在淡季时又不致使旅馆大量过剩，从而大大降低成本。因此在旅游淡旺季明显的旅游地应尽量多提供临时和辅助住宿设施。在国外，供旅游旺季使用的补充住宿床位数量甚至比正规床位还要多。

① 旅馆的功能分类、等级　据统计，在一次旅游活动中，旅游者在旅馆中度过的时间占旅游时间的1/3到1/2。旅馆所提供的服务也应该要丰富，不仅要能提供基本的住宿和膳食服务，还要能向旅行者提供健身、娱乐等服务项目。在旅游者的消费支出中，约有一半左右用于食、宿和娱乐。因此旅游者对旅游中食宿及各种设施都有着强烈的要求。因此旅游地在食宿上也应有较大的投资，要以满足旅游者的要求为目标精心规划、精心设计、精心建造，一般要求使用50年以上。

a. 功能分类　旅馆除了具有住宿、餐饮的一般功能外，还具有多种专门的功能。

商务功能　旅馆饭店通过设立专门的商务中心，为旅游者提供各种方便快捷的服务，如传真、国际直拨电话、互联网、文件处理等。商务性饭店可以在客房中配备齐备的商务设施，包括传真机、2条以上的电话线、与电话接驳的打印机、电脑互联网络的接口等，为商务游客提供工作便利。

度假功能　主要为旅游度假的游客提供服务。它注重为游客营造旅游活动中的家庭气氛，设施要求宽松舒适，并配备齐全的康乐设施。

会议功能　主要为各种商业展览、商贸洽谈、科学讲座和新闻发布等活动提供食宿和有关的设施及功能服务。旅馆内设置各类大小、规格不等的会议室、谈判间、演讲厅、展览厅等，并配备专业人员服务。

家居功能　指为那些专门为居住期较长的（几个月、半年甚至超过一年）长住游客提供家庭式服务的旅馆。

b. 旅馆等级　旅游饭店的等级是按照设备、建筑材料、造价、服务人员、房间的比例以及所在地点管理服务水平等因素来划分的。国际上按照饭店的建筑规模、设备水平、舒适程度，形成了比较统一的标准，通行的旅游宾馆饭店分为5个等级，通常用"星"的数目来表示旅馆饭店的等级，即一星、二星、三星、四星、五星（含白金五星级）。其中，二星、三星属于中等；四星、五星属于高级豪华旅馆；无星旅馆一般比较简陋。在星级旅馆门口设有标志明文规定旅馆等级。此外，也有一些类似的表示方法，如美国旅游饭店以皇冠为标志，皇冠数量越多，饭店级别越高；美国汽车旅馆协会的等级标准虽没有固定模式，但划分方法、分类依据等基本一致。星级宾馆的划分条件从宾馆布局、内外装修、公共信息图形、采暖和制冷设备、计算机管理系统、前厅、客房、餐厅及酒吧、厨房、公共区域等几个方面进行定性和定量规定。星级旅馆的一般标准是：

一星：适用性饭店，设备简单、具备食、宿两个基本功能，能满足客人最基本的旅游要求，属于经济等级，所提供的服务符合经济能力较低的游客需要，标准客房平均建筑面积50 m^2，宾馆的标准间客房的净面积小于15 m^2；

二星：经济型饭店，设备一般，除具有客房、餐厅基本设备外，还有小卖部、邮电、理发等综合服务设施，可满足中下等收入水平的游客需要，标准客房平均建筑面积48～56 m^2，宾馆的标准间客房的净面积15～18 m^2；

三星：中档饭店，设备齐全，不仅提供食宿，还有会议室、游艺厅、满足中产阶级以上游客需要，标准客房平均建筑面积60～72 m^2，宾馆的标准间客房的净面积18～20 m^2；

四星：高档饭店，设备豪华，综合服务设施齐全，服务项目多，客人不仅能得到高级的物质享受，也能得到很好的精神享受，标准客房平均建筑面积74～80 m^2，宾馆的标准间客房的净面积21～23 m^2。

五星（含白金五星级）：豪华型饭店，设备十分豪华，服务设施齐全，服务质量很高，是游客进行社交、商务、会议、娱乐、购物、消遣、保健等的活动中心，收费标准高，标准客房平均建筑面积80～100 m^2，宾馆的标准间客房的净面积23~25 m²。

1988年8月22日,国家旅游局发布了《中华人民共和国旅游涉外饭店星级标准》,自1988年9月1日起与国际接轨,采用星级标准对旅游宾馆进行等级划分。1993年9月1日,国家技术监督局发布了《旅游涉外饭店星级的划分及评定(GB/T 14308—1993)》。1998年5月1日,国家技术监督局发布了《旅游涉外饭店星级的划分及评定(GB/T 14308—1997)》,其中对三星级以上旅游饭店提供了一些选择性项目,以鼓励旅馆特色化经营。2010年11月19日国家技术监督局发布了2010版《旅游饭店星级的划分与评定(GB/T 14308—2010)》,新版国家标准是自1988年制定并实施以来的第四次修订,体现了饭店转型升级的要求,细化了星级宾馆的划分,强调了星级饭店的必备项目、核心产品、绿色环保等方面的要求。

② 露营地的种类及布局　风景名胜区中的露营地形式包括帐篷营地和拖车营地,帐篷和拖车露营是旅游接待设施中最便宜的形式。在西欧,由帐篷和拖车提供的床位空间远多于宾馆提供的床位。在美国,使用可移动车房去度假比欧洲更普遍。我国于2003年加入了世界汽车露营总会,并开始着手规划宿营地的建设问题。有关部门计划2008年之前在全国风景旅游区、自然保护区建成1 000个国际标准化房车宿营地,这将对减少星级宾馆建设投资、吸引世界各国爱好者到中国起到积极的作用。辽宁省大连市金石滩十里黄金海岸西部的汽车宿营地占地6 hm²,能够停泊50辆车,并设立公厕、冲凉房、购物超市、餐饮店、沙滩睡吧、运动场等相关硬件设施。河北省石家庄沙湖风景度假区的沙湖汽车宿营地位于石家庄市郊,占地近460 hm²,可以为自驾车游客提供住宿、沙滩越野车、水上漂流、拓展训练、骑马、划船等活动。

用于露营的场地需要满足以下条件:便捷的入口、良好的排水、平缓的坡度、很好的朝向,而且在可能的条件下,露营地之间要有树木和绿篱相隔(挡风和私密性考虑)。

在西欧国家以及美国,依据露营地中设施、空间和环境的组合情况,对帐篷营地和拖车营地采取了若干种不同标准。依据结构的分类:

露营帐篷:在营地支起供临时使用的帆布折叠结构;
露营者面包车:作为自驱车辆的一个组成部分的可移动住所;
旅行活动房或拖车:汽车拖动的置于底盘上的临时住室结构;
可移动车房:置于底盘上的可移动或可拖动的全年候居住单元。

拖车停靠点应和帐篷营地相对隔离,尽管二者可以布局在同一营地,但两种游客的兴趣不同,可能会有冲突,而且拖车对基础设施的要求更高。

a. 露营地种类　一般露营地可划分为7种主要类型(如表7.14):

表7.14　露营地的分类

种类	特　征
临时营地	设施最少,滞留时间一般不超过48小时
日间营地	营地仅限于白天使用,或有时仅可滞留一夜
周末营地	分布于乡村地区,允许进行户外游憩活动,提供运动设施。通常还为儿童提供游戏场地以及其他一些设施和环境(在法国,80%的旅行活动房拥有者将其房车作为周末平房使用)
居住营地	比周末营地更为长久。主要为旅行活动房、可移动车房或临时平房建筑使用。露营点(平房点最小面积200 m²)以年度为基础租赁,或以完全产权销售或产权租赁方式转让使用权
假日营地	靠近资源质量较高(海滨、湖滨、森林)、交通方便的地区
森林营地	在美国,森林营地配合森林游憩是典型的家庭度假地。中低密度开发,每一处营地多至25个单元,两单元之间最少留有35 m的间隔,配有全套服务设施
旅游营地	高标准的假日营地,靠近或就在旅游度假区内

资料来源:(英)鲍德-博拉 曼纽尔,劳森 弗雷德.旅游与游憩规划设计手册[M].唐子颖,吴必虎,等,译.北京:中国建筑工业出版社,2004

在发展中国家,帐篷通常由风景区提供。在其他地方,各人拥有或自主租赁帐篷、设备较常见,场地运营者提供空间、服务和公共设施。

b. 露营地密度与规模　露营地密度各国不一。在法国,露营地内每个单元(帐篷或拖车及小汽车)占用的最小面积为 90 m²。在德国,根据不同情况,在 120～150 m² 之间。荷兰森林管理局推荐的密度更低:每单元 150 m²(而且周围需是大片未开发用地)。为保证一定程度的与大自然的接触,美国国家公园推荐的露营地密度变化很大:将所有设施集中在一起的中央营地为 3 000 m²/单元;可容纳 400～1 000 人、有道路入口和服务设施的森林营地为 800～10 000 m²/单元,且周围为大片林地所包围;容纳 50～100 人、不配备任何设施的边疆(猎人)营地为 15 000 m²/单元,周围是原野地区。

对于一个每公顷可接待 200～300 人的高密度露营地,其合适的营地规模为 3～5 hm²,其允许的容量限度约为 600～1 500 人左右。

③ 旅馆用地计算

a. 旅馆区总面积的计算

$$S = n \times P \quad \text{(公式 7-4-8)}$$

式中　S——旅馆区总面积;
　　　n——床位数;
　　　P——旅馆区用地指数。

据建筑研究资料,$P=120\sim200$ m²/床,表 7.15 为北戴河床位指标:

表 7.15　北戴河床位指标资料统计表

床位性质	现状床位用地指标(m²/床)	规划采用的床位用地指标(m²/床)
旅游	136	200
外事	365	200
国内旅游	76	110
休疗养	317.8	休:120～200 疗:150～225

资料来源:魏民,陈战是.风景名胜区规划原理[M].北京:中国建筑工业出版社,2008

b. 旅馆建筑用地面积

$$F = \frac{n \times A}{\rho \times L} \quad \text{(公式 7-4-9)}$$

式中　F——旅馆建筑用地面积;
　　　n——床位数;
　　　A——旅馆建筑面积指标;
　　　ρ——建筑密度;
　　　L——平均层数。

旅馆建筑密度 ρ:
一般标准:20%～30%,高级旅馆:10%。
旅馆建筑面积指标 A 是指每床位平均占建筑面积:
标准较低的旅馆:8～15 m²/床;
一般标准旅馆:15～25 m²/床;
标准较高的旅馆:25～35 m²/床;
高级旅馆:35～70 m²/床。

(2) 饮食服务规划　在风景区,饮食业是一个很重要的组成部分,如黄山虽然扩建了很多饮食服务点(表 7.16),但在旺季仍不能满足要求。因此应对风景区饮食服务作出规划,满足游客需求。

表 7.16 黄山各景区饮食服务点情况

地点	店名	供应品种	最大供应量（人）	建筑面积（m²）	营业面积（m²）	建筑质量
温泉	松源宾馆 黄山宾馆	中西餐 中餐	400 650	1 451 840	561.6 598.5	永久 永久
汤口		中餐	350	403.2	250.2	永久
慈光阁			710	136.2		临时建筑
云谷寺				784.8	360	永久
玉屏楼		中餐、快餐	2 700	220	98	木结构（临时）
北海		中餐	2 900	1 932	543	永久
西海		中餐	1 800	473	180	木结构（临时）
松谷庵		中餐	80	74	38	永久
温泉（集体投资饭店）		中餐点心	200	80	45	临时性厨房、餐厅

资料来源：魏民，陈战是.风景名胜区规划原理[M].北京：中国建筑工业出版社，2008

饮食接待能力与饮食提供服务的方式有关，如同样面积，快餐店由于人们就餐时间短，可以多接待一些人；而在餐馆里，人们就餐时间长，接待的人就少一些。一般的，饮食接待能力取决于营业总面积、人均就餐所需面积、营业时间、人均就餐所需时间等因素，有时还取决于原材料供应。

①饮食服务设施的类型

a. 独立的饮食服务设施　这种饮食服务不同其他行业联合，单独经营。独立饮食服务一般设置在旅游起点的接待区、旅游路线的中间地带及游览区几个部位，其规划设计的要点是：

• 布局和服务功能要考虑旅游行为，在起始点准备、顺路小憩、中途补充、活动中心、歇脚眺望等处，都是游人要进餐的地方，应安排餐饮供应。

• 饮食点作为旅游地景观的组成部分，既要在设计上有特色成为景观，同时又能作为很好的观景场所。

• 体现使用的多功能用途，如用餐时作餐厅，平时兼买茶水、冷热饮，需要时还可举行文娱活动。这样在游客增多时不拥挤，游人减少时也不闲置。

b. 旅馆附设餐饮设施　国外旅馆所经营的餐饮业务，其收入占整个旅馆收入的50%，从而引起旅馆极大的重视。这些旅馆常设酒吧、咖啡厅、音乐茶座等。

一般旅馆的住宿面积和餐饮面积有一定的经验关系，表7.17为美国几个大旅馆所设饮食服务项目及面积定额。

表 7.17 美国几个大旅馆所设饮食服务项目及面积定额

项目	定额（m²/人）	300 间客房		500 间客房		1 000 间客房	
		单位（人）	餐饮面积（m²）	单位（人）	餐饮面积（m²）	单位（人）	餐饮面积（m²）
咖啡馆	1.6	120	192	200	320	300	480
餐馆	1.8	120	216	150	270	250	450
西餐厅	2.2	—	—	—	—	150	33
风味餐厅	2.0	80	160	80	160	2×80	320
小餐厅	2.0	—	—	2×30	120	8×30	180

续表 7.17

项 目	定额(m²/人)	300间客房 单位(人)	300间客房 餐饮面积(m²)	500间客房 单位(人)	500间客房 餐饮面积(m²)	1 000间客房 单位(人)	1 000间客房 餐饮面积(m²)
屋顶餐厅	2.0	—	—	120	240	—	—
夜总会(可跳舞)	2.2	—	—	—	—	250	550
门厅酒吧	1.4	40	56	60	84	80	112
鸡尾酒吧	1.4	80	112	100	140	160	224
风味酒吧	1.4	—	—	—	—	40	56
快餐酒吧	1.6	30	48	40	64	80	128
游泳池酒吧	1.4	—	—	12	17	12	17
衣帽间	0.07	320	23	610	42	1 200	84
公共卫生间	5.4/格	8 格	43	12 格	65	12 格	130
净面积			850		1 522		3 061
×20%			170		304		612
设计面积			1 020		1 830		3 670

资料来源:丁文魁.风景科学导论[M].上海:上海科技教育出版社,1992

② 餐位计算 必须针对旅客需求量最高的一餐(中餐或晚餐)来计算,并以餐位数来表达。

餐位数=[(游客日平均数+日游客不均匀分布的均方差)×需求指数]/(周转率×利用率)

(公式 7-4-10)

(3) 停车场 对于风景名胜区来说,凡是有车可达的,需要开辟停车场。国外一般标准,旅馆每2~4个房间要求一个汽车空位。我国可以根据私人小汽车拥有量,对停车场地进行增减。

其所需的面积可用下列公式计算:

$$A = r \cdot g \cdot m \cdot n / c$$

(公式 7-4-11)

式中 A——停车场面积(m²);
r——高峰游人数(人);
g——各类车单位规模(m²/辆);
m——乘车率(%);
n——停车场利用率(%)
c——每台车容纳人数(人)

乘车率和停车场利用率均可取80%。各类车的单位规模可见表7.18。

表7.18 各类车的单位规模

车的类型	小汽车(2人)	小旅行车(10人)	大客车(30人)	特大客车(45人)
单位规模(m²/辆)	17~23	2~32	27~36	70~100

资料来源:杨赉丽.城市园林绿地规划[M].北京:中国林业出版社,2006

休疗养所停车场,比旅馆的要少,一般可采用20~30床位设一个车位。

2) 旅游服务基地的规划与建设

为了使游览设施要发挥应有的效能,游览设施要有相应的级配结构和合理的单元组织及其布局,并能与风景游赏和居民社会两个职能系统相互协调。依据《风景名胜区规划规范(GB 50298—1999)》要求,游览设施布局应采用相对集中与适当分散相结合的原则,应方便游人,利于发挥设施效益,便于经营管理,减少干扰。应依据设施内容、规模大小、等级标准、用地条件和景观结构等,分别组成服务部、旅游点、旅游村、旅游镇、旅游城、旅游市6级旅游设施,并提出相应的基础工程原则和要求。

（1）旅游基地选择的原则　风景名胜区规范中规定旅游基地选择原则有以下几点：

① 应有一定的用地规模,既应接近游览对象又应有可靠的隔离,应符合风景保护的规定。严禁将住宿、饮食、购物、娱乐、保健、机动交通等设施布置在有碍景观和影响环境质量的地段。

② 应具备相应的水、电、能源、环保、抗灾等基础工程条件,靠近交通便捷的地段,依托现有的游览设施及城镇设施。

③ 避开有自然灾害和不利于建设的地段。

④ 游览基地应为游人提供安全、舒适、方便的服务条件。服务设施应满足不同文化层次、年龄结构和消费层次游人的需要,应与旅游规模相适应,建设高、中、低不同的档次,季节性与永久性相结合的旅游服务系统。

在以上4项原则中,用地规模应与基地的等级规模相适应,但在山地风景名胜区有时很难实现,因为其景观密集且用地紧缺,因此,可以通过缩小设施建设规模或降低设施标准,甚至取消某些设施基地的配置,而用相邻基地的设施代偿作为补救等措施。

设施基地与游览对象的可靠隔离,山水地形通常被作为主要手段,也可用人工物隔离,或两者兼而用之,并充分估计各自的发展余地同有效隔离的关系。

基础工程条件在陡峭的山地或海岛上难以满足常规需求时,不宜勉强配置旅游基地,宜因地因时制宜,应用其他代偿方法弥补。例如:可以设置邻近、临时、流动设施等。

（2）旅游服务设施与旅游服务基地的分级配置　依据旅游设施内容、规模大小、等级标准、用地条件和景观结构的差异,通常可以组成6级旅游设施基地,分别为：

① 服务部　服务部的规模小,其标志性特点是没有住宿设施,其他设施也比较简单,可以根据需要而灵活配置。

② 旅游点　旅游点的规模虽小,但已开始有住宿设施,其床位常控制在数十个以内,可以满足简易的宿、食、游、购需求。

③ 旅游村　旅游村或度假村已有比较齐全的行、游、食、宿、购、娱、健等各项设施,其床位常在百计,可以达到规模经营,需要比较齐全的基础设施与之相配套。旅游村可以独立设置,可以三五集聚而成旅游村落,又可以依托在其他城市或村镇。例如:黄山温泉区的旅游村群,鸡公山的旅游村群,武陵源的锣鼓塔旅游村和索溪峪的军地坪旅游村。

④ 旅游镇　旅游镇已相当于建制镇的规模,有着比较健全的行、游、食、宿、购、娱、健等各类设施,其床位在数百个以内,并有比较健全的基础设施相配套,也含有相应的居民社会组织因素。旅游镇可以独立设置,也可以依托其他城镇或为其中的一个镇区。例如:庐山的牯岭镇,九华山的九华街,衡山的南岳镇。

⑤ 旅游城　旅游城已相当于县城的规模,有着比较完善的行、游、食、宿、购、娱、健等类设施,其床位规模可以过万,并有比较完善的基础工程配套。所包含的居民社会因素常自成系统,所以旅游城已经很少独立设置,常与县城并联或合为一体,也可能成为大城市的卫星城或相对独立的一个区。例如:漓江与阳朔、嵩山与登封、海坛与平潭。

⑥ 旅游市　旅游市已相当于省辖市的规模,有完善的游览设施和完善的基础设施,其床位可以万计,并有健全的居民社会组织系统及自我发展的经济实力。它同风景游览欣赏对象的关系也比较复杂,既相互依托,也相互制约。例如:杭州与西湖、苏州无锡与太湖、泰安与泰山。

旅游设施的分级配置,应注意:第一,设施本身有合理的级配结构,便于自我有序发展;第二,级配结构能适应社会组合的多种需求,同依托城镇的级别相协调;第三,各类设施的级配控制,应同该设施的专业性质及其分级原则相协调。

在风景名胜区规划中,对于所需要的游览设施的数量和级配,均应提出合理的测算和安排。依据《风景名胜区规划规范(GB 50298—1999)》要求,应依据风景名胜区的性质、结构布局和具体条件的差异,各项游览设施既可以将其分别配置在规划中的各级旅游基地中,也可以将其分别配置在所依托的各级城镇居民点中。但其总量和级配关系,均应符合风景名胜区规划的需求,且应符合表 7.19 的规定。

表 7.19 服务设施与旅游基地分级配置表

设施类型	设施项目	服务部	旅游点	旅游村	旅游镇	旅游城	备注
一、旅行	1. 非机动交通	▲	▲	▲	▲	▲	步道、马道、自行车道、存车、修理
	2. 邮电通讯	△	△	▲	▲	▲	话亭、邮亭、邮电所、邮电局
	3. 机动车船	×	△	△	▲	▲	车站、车场、码头、油站、道班
	4. 火车站	×	×	×	△	△	对外交通,位于风景区外缘
	5. 机场	×	×	×	×	△	对外交通,位于风景区外缘
二、游览	1. 导游小品	▲	▲	▲	▲	▲	标示、标志、公告牌、解说图片
	2. 休憩庇护	△	▲	▲	▲	▲	坐椅桌、风雨亭、避难屋、集散点
	3. 环境卫生	△	▲	▲	▲	▲	废弃物箱、公厕、盥洗处、垃圾站
	4. 宣讲咨询	×	△	△	▲	▲	宣讲设施、模型、影视、游人中心
	5. 公安设施	×	△	△	▲	▲	派出所、公安局、消防站、巡警
三、饮食	1. 饮食点	▲	▲	▲	▲	▲	冷热饮料、乳品、面包、糕点、糖果
	2. 饮食店	△	▲	▲	▲	▲	包括快餐、小吃、野餐烧烤点
	3. 一般餐厅	×	△	△	▲	▲	饭馆、饭铺、食堂
	4. 中级餐厅	×	×	△	△	▲	有停车车位
	5. 高级餐厅	×	×	△	△	▲	有停车车位
四、住宿	1. 简易旅宿点	×	▲	▲	▲	▲	包括野营点、公用卫生间
	2. 一般旅馆	×	△	▲	▲	▲	六级旅馆、团体旅舍
	3. 中级旅馆	×	×	▲	▲	▲	四、五级旅馆
	4. 高级旅馆	×	×	△	△	▲	二、三级旅馆
	5. 豪华旅馆	×	×	×	△	△	一级旅馆
五、购物	1. 小卖部、商亭	▲	▲	▲	▲	▲	
	2. 商摊集市墟场	×	△	△	▲	▲	集散有时、场地稳定
	3. 商店	×	×	△	▲	▲	包括商业买卖街、步行街
	4. 银行、金融	×	×	△	△	▲	储蓄所、银行
	5. 大型综合商场	×	×	×	△	▲	
六、娱乐	1. 文博展览	×	△	△	▲	▲	文化、图书、博物、科技、展览等馆
	2. 艺术表演	×	△	△	▲	▲	影剧院、音乐厅、杂技场、表演场
	3. 游戏娱乐	×	×	△	△	▲	游乐场、歌舞厅、俱乐部、活动中心
	4. 体育运动	×	×	△	△	▲	室内外各类体育运动健身竞赛场地
	5. 其他游娱文体	×	×	△	△	△	其他游娱文体台站团体训练基地
七、保健	1. 门诊所	△	△	▲	▲	▲	无床位、卫生站
	2. 医院	×	×	▲	▲	▲	有床位
	3. 救护站	×	×	△	△	▲	无床位
	4. 休养度假	×	×	△	△	▲	有床位
	5. 疗养	×	×	△	△	▲	有床位

续表 7.19

设施类型	设施项目	服务部	旅游点	旅游村	旅游镇	旅游城	备 注
八、其他	1. 审美欣赏	▲	▲	▲	▲	▲	景观、寄情、鉴赏、小品类设施
	2. 科技教育	△	△	▲	▲	▲	观测、实验、科教、纪念设施
	3. 社会民俗	×	△	△	△	▲	民俗、节庆、乡土设施
	4. 宗教礼仪	×	×	△	△	△	宗教设施、坛庙堂祠、社交礼制设施
	5. 宜配新项目	×	×	△	△	△	演化中的德智体技能和功能设施

注:限定说明:禁止设置×;可以设置△;应该设置▲
资料来源:国家质量技术监督局,中华人民共和国建设部.风景名胜区规划规范[S].GB 50298—1999

(3) 旅游服务设施的建设及控制的原则与方法　旅游服务设施的盲目建设会对风景名胜区带来巨大的危害,比如破坏风景名胜资源,破坏视觉景观,破坏生态环境平衡,影响风景区的可持续发展,影响风景区的生命周期。因此在进行旅游服务设施规划与建设时,应当对其合理布局,严格执行风景名胜区总体规划,对重点景区景点分别编制控制性详细规划和环境整治规划,核心景区禁止任何住宿设施的建设。在严格保护风景名胜区资源的同时,控制风景区内的接待设施总量,实现合理化安排。

① 严格执行风景名胜区规划　规划中明确确定了风景区的性质、特点、功能布局、线路组织以及相应的游览设施项目等内容。要严格规划管理,按照规划,核心景区禁止任何过夜接待设施的建设,已有的接待设施应该逐步拆除。

② 游览设施应与风景区自然环境和景观统一协调　宾馆、饭店、休疗养院、游乐场等大型永久性建筑,必须建在游览观光的外围地带,不得破坏和影响风景区景观。山岳型风景区中旅馆的位置应尽量选址在山外,实行山上游、山下住的原则。但有些地处特殊地域的风景区如峨眉山、华山、黄山、泰山及庐山等,应满足游人在山上观日出、云海、佛光的需求,据统计约有30%～90%的游人要在山上过夜,这就应考虑在山上建适当规模、体量的旅馆,但要注意的是馆址要选在不影响景观的地方,以隐蔽位置为最佳。

③ 改善风景名胜区内外的交通联系　一方面,在完善风景名胜区内的内部交通网络的同时,应尽可能采用环保机动交通工具,缩短游客在风景区内停留的时间,使游客能够在风景名胜区内快速扩散,加快游客周转,并且景区内使用低排放的交通工具,或使用清洁能源的交通工具,可以大大减少交通工具对风景区环境带来的破坏。另一方面,加强同景区外部的联系,加快游客向风景名胜区外的服务基地扩散,并减轻景区内的接待压力。

案例 7.13　江苏省宿迁市骆马湖—三台山风景名胜区总体规划——游览设施规划(图 7.7)

1　游览服务设施分级规划

骆马湖—三台山风景名胜区的保护、开发与建设同风景名胜区本身及周边地区的旅游服务业的发展息息相关。规划在提升风景名胜区景观品质的同时充实风景名胜区及周边地区的旅游服务功能,建立比较完善的旅游服务体系。规划依托宿迁湖滨新城及 RBD 的建设,建设服务于整个风景名胜区的功能齐全、能够提供综合性的旅游服务、满足各类旅游人群不同需求的旅游服务基地体系,骆马湖—三台山风景名胜区内部的旅游服务体系分为三级,依次为:一级旅游服务基地、二级旅游服务基地、三级旅游服务基地。

1)一级旅游服务基地　规划两个一级旅游服务基地,分别为三台山北部旅游服务基地和皂河旅游服务基地,提供较全面的交通、游览休憩、餐饮、住宿、购物、娱乐、保健和科技教育等服务内容。

2)二级旅游服务基地　规划5个二级旅游服务基地,分别为翻水闸服务基地、湿地科普服务基地、洋河滩闸服务基地、农业观光园服务基地和三台山主入口服务基地,提供交通、游览休憩、餐饮、住宿、购物、科技教育等服务内容。

3)三级旅游服务基地　规划6个三级旅游服务基地,分别为运河船闸服务基地、古黄河渡口服务基地、古运河驿站服务基地、湖滨浴场服务基地、森林浴场服务基地、三坝水库服务基地,提供交通、游览休憩、餐饮等服务内容。

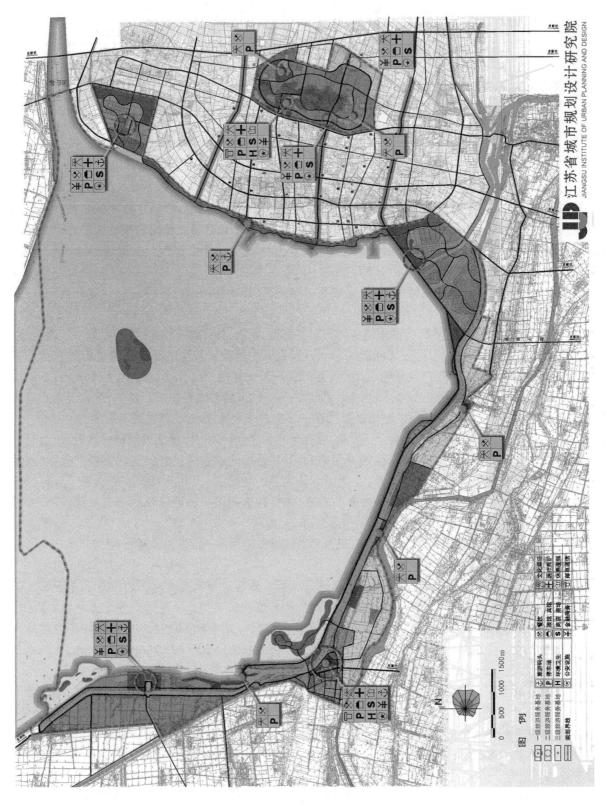

图7.7 江苏省宿迁市骆马湖—三台山风景名胜区总体规划——游览设施规划图

风景名胜区内各级旅游服务基地布局及功能配置见表7.20。

表7.20 风景名胜区内旅游基地配置表

旅游基地名称	位置	服务内容
一级旅游服务基地		
三台山北部旅游服务基地	三台山北部旅游服务中心	交通、游览休憩、餐饮、住宿、购物、娱乐、保健和科技教育等服务内容
皂河旅游服务基地	"皂河古镇"文化风貌区	
二级旅游服务基地		
翻水闸服务基地	"水利之光"科普文化区	交通、游览休憩、餐饮、住宿、购物、科技教育等服务内容
湿地科普服务基地	"湿地徜徉"生态涵养区	
洋河滩闸服务基地	"骆马渔趣"休闲体验区	
农业观光园服务基地	"田园闲情"生态农业观光区	
三台山主入口服务基地	"三台之门"主入口标志景观区	
三级旅游服务基地		
运河船闸服务基地	"水利之光"科普文化区,船闸旁	交通、游览休憩、餐饮等服务内容
古黄河渡口服务基地	"古运民风"文化展示区,古黄河渡口	
古运河驿站服务基地	"古运民风"文化展示区,古运河驿站	
湖滨浴场服务基地	"水岸新城"滨水休闲区,湖滨浴场	
森林浴场服务基地	"三台揽胜"山水景观区,森林浴场	
三坝水库服务基地	"三台揽胜"山水景观区,三坝水库	

2 游览服务设施规模

规划年游客规模为228.6万人次/年,按年可游天数为200天计算,规划平均日游客规模为11 430人次/d。按照风景名胜区住宿游客约占总游客人数15%计算,风景名胜区日住宿游客约1 714人,预测床位利用率为70%,须规划床位数约2 400个。其中风景区内提供床位1 080个(见表7.21),其他依托湖滨新城提供。

表7.21 风景名胜区内住宿容量配置

服务基地名称	位置	规划床位数(个)
三台山北部旅游服务基地	三台山北部旅游服务中心	260
皂河旅游服务基地	"皂河古镇"文化风貌区	320
翻水闸服务基地	"水利之光"科普文化区	120
洋河滩闸服务基地	"骆马渔趣"休闲体验区	100
湿地科普服务基地	"湿地徜徉"生态涵养区	160
农业观光园服务基地	"田园闲情"生态农业观光区	120
三台山主入口服务基地	"三台之门"主入口标志景观区	100
合计	/	1 180

7.5 道路交通规划

道路交通系统是风景名胜区不可缺少的组成部分。道路交通规划指的是在确定规划期限、目标的基础上,根据各类交通流量和设施的调查、分析和预测等,分析各类交通存在的问题,提出相应的解决措施,制订的交通结构与道路网的规划。

7.5.1 道路交通规划的内容构成

风景名胜区交通结构分为对外交通和内部交通两方面内容,内外要求相差较大,常有"旅要快、游要慢"、"旅要便捷、游要委婉"之说。

1) 风景名胜区对外交通

风景名胜区对外交通是风景名胜区与外部进行联系的各类交通的总称,其主要形式有航空、铁路、公路、水运等。同时风景名胜区的对外交通往往需要依托风景名胜区周边城市的相应交通设施,包括机场、铁路线路及站场、长途汽车站场、港口码头等。风景名胜区对外与对内交通之间应具有相互联系、转换的关系。

2) 风景名胜区内部交通

风景名胜区内部交通通常是指风景名胜区范围以内的交通,主要包括游览交通和社会服务交通,其中游览交通又分为车行游览交通和步行游览交通。

3) 风景名胜区道路

风景名胜区中担负交通功能的主要设施就是风景名胜区道路,它是游人和车辆通行的基础设施。风景名胜区道路能够将风景名胜区的各个组成部分联系在一起,既是风景名胜区布局结构的骨架,又是风景名胜区安排给水、排水以及其他工程基础设施的主要空间。在一些风景名胜区内由于客观的原因,也会存在一些社会交通道路,这就要求风景名胜区内的道路规划要综合考虑这些因素,能利用的尽量利用,不能利用的就要将其消极负面影响降到最低。道路规划应在交通网络规划基础上形成路网规划。并根据各种道路的使用任务和性质,选择和确定道路等级要求,进而合理利用现有地形,正确运用道路标准,进行道路规划设计。

目前,没有专门针对风景名胜区道路设计的设计规范,在实践中是以《公路路线设计规范(JTG D20—2006)》、《公路工程技术标准(JTG B01—2003)》、《城市道路交通规划设计规范(GB 50220—1995)》、《城市道路工程设计规范(CJJ37—2012)》等国家或行业技术标准规范做参考进行设计。

7.5.2 道路交通规划的基本原则

风景名胜区道路规划基本原则应符合以下规定:

(1) 风景名胜区道路系统规划应与风景名胜区游赏系统规划相结合,把道路本身作为风景游赏的重要组成部分。

(2) 合理利用地形,因地制宜地选线,同当地景观和环境相配合。

(3) 对景观敏感地段,应用技术手段进行检验,提出相应的景观控制要求。

(4) 不得因追求某种道路等级标准而损伤景源和地貌,不得损坏景物和景观。

(5) 应避免深挖高填,因道路通过而形成的竖向创伤面的高度或竖向砌筑面的高度,均不得大于道路宽度。并对创伤面提出恢复性补救措施。

7.5.3 道路交通规划的基本要求

1) 充分利用地形和道路,合理规划景区道路

风景名胜事业的蓬勃发展带来了风景名胜区内的交通流量的迅速增长,使得很多风景名胜区的交通压力日趋增加。大量的车行旅游交通、步行游览交通、货运交通等在风景名胜区内经常相互混杂,不仅对风景资源的保护带来负面影响,而且也给游人带来诸多的不便。风景名胜区大多位于地形较为复杂的区域,地形地貌的保护是风景资源保护中重要的内容。因此,在道路系统规划时要合理利用地形,因地制宜,

尽量大幅度调整地形。在路网规划、道路等级以及道路选线等方面,要同风景环境相结合,尽量利用现有道路,减少工程量。

2）道路系统与整体环境相互协调

风景名胜区道路是组织空间的有效途径,能有效地组织旅游线路;纵横交错的路线可构成一个完整的游览道路网,同时又把整个风景名胜区分成若干个区,既丰富风景名胜区景观,又可引导游人从不同的线路、不同的方位去观赏不断变换的景观。因此,风景名胜区道路系统与整体环境相互协调显得尤为重要,应根据风景名胜区的具体情况并结合风景名胜区的功能布局,把各个游览景区、主要景点联系起来,在保护风景资源的前提下,使风景名胜区道路能够满足组织空间、引导游览的基本功能的要求,成为风景名胜区景观结构的重要骨架。因此,在道路选线时,应避免形成单调呆板的道路景观,应该创造动态变化而又连续的视觉环境,注重对视域内风景环境的保护和恢复,可使用对景、借景及障景等手法,把道路沿线附近的风景资源有机地组织起来,并尽可能运用变化构图的手法,进行道路规划时有意识地进行曲折变化,改变景观在构图中的位置和视角,使主景对象与配景对象之间相互呼应,互为因借,不仅是"因景设路",而且是"因路得景",达到道路可行、可游,行游统一。

3）要最大限度地保护风景资源

虽然道路起到了引导游人、组织游览的重要作用,但也给风景名胜区的生态环境带来人为地破坏。如道路对重要物种的生态斑块进行人为分割,从而导致物种生存空间受到威胁;道路的修建也会阻碍动物觅食或繁殖、迁徙的通道,使动物面临灭绝的危险致使旅游景区失去珍贵的动物资源。所以,道路选线必须避开或远离珍稀濒危植物保护区,严禁对特殊地质、地貌遗迹及具有观赏性的地貌进行干扰;最大限度减少道路对自然地形、地貌和植被的破坏,减小对天然河道的挤压,保持沿线的自然面貌;调查珍稀野生动物活动规律,防止道路建设对动物生存的影响;尽量避开不稳定地质区域,适当降低建设规模、减少开挖量,尽量保护自然原貌。

4）对外交通要快速便捷

风景名胜区对外交通是风景名胜区与外界联系的主要通道,对外交通一般应从风景名胜区入口服务区与直接通达风景名胜区附近的火车站、飞机场、公路站点、水运码头相联系。一般根据风景名胜区出入口的数量设定对外交通道路的数量。风景名胜区对外交通要求快速便捷,将其设置于风景名胜区以外或边缘地区,然后转为内部交通。

通常风景名胜区的对外交通可以利用周边的交通道路（国道、省道、县道）形成快速进出风景名胜区的对外交通。如果周边没有可以利用的交通道路,也可以按照游赏和资源保护的要求规划建设对外交通,并与已有的交通线路相衔接。一般风景名胜区的对外交通道不应低于国家规定的三级公路标准,在国家级风景名胜区或游客数量较多的风景名胜区,一般要按二级公路标准来进行规划建设。

5）内部交通要形成合理的网络

内部交通应具有方便可靠和适合风景名胜区特点,并形成合理的网络系统,以便满足不同游赏形式的需要。风景名胜区内部交通要求适合风景游赏的特点要求、保护风景资源,在其交通流量上应与风景名胜区游人容量相协调,在其交通流向上要综合考虑各个景区间、各个游人集散地间及相互间的联系,方便游人的游赏需要,根据各个风景名胜区的特点完善内部交通网络系统,以便满足不同游赏形式的需要。对内部交通的水、陆、空等机动交通的种类选择、交通流量、线路走向、场站码头及其配套设施,均应提出明确而有效的控制要求和措施。

对于那些有大量居民的风景名胜区,在规划建设内部交通时,要考虑风景名胜区内居民社会的要求,考虑内部居民的客流及货流的需要,这些交通流与风景名胜区游赏交通之间要尽量避免不必要的混杂和相互干扰。

7.5.4 道路系统规划

根据风景名胜区总体布局结构,根据具体地形和景区、功能区的分布等条件统筹考虑布置道路具体线形走向,应尽可能地对风景名胜区现有道路进行利用、调整和完善,形成主干道、次干道、步行道、登山小径相结合的交通游览体系,通过它们之间有机联系、相互补充,把风景名胜区内的景区与景点串联起来,方便游人快速到达各景区进行游览,将风景名胜区的优美景色展现在游人面前。景区道路依照交通功能主要分为三大类:

① 进出风景名胜区的主干道 一般路宽8~20 m,以交通功能为主,以游览汽车通行为主。沿途主要是动态景观,规划要注重远眺、鸟瞰等成片的景观效果。

② 进入各景区的次干道 一般路宽3~7 m,以交通、游赏的功能为主,以小型游览车通行为主。沿途以动态景观为主,注重展示成片的森林绿化、山脊轮廓线景观。

③ 步行游览道 步行游览道大多设置在风景特征比较集中的部位,常常是风景名胜区内部各个景点间的连线,是为游览者步行游览提供的通道,具有组织游览、集散游人的作用。规划设计步行游览通道时,应根据景区内景点分布状况和道路现状,因山就势、路随山转,与周围环境充分融合,逐步形成完善的步行游览系统。一般而言,1°~5°平缓山坡车行容易,5°~15°缓山坡步行容易,15°~25°半急山坡情况下游人能步行,在15°以下坡度的步行道为舒适的坡道,超过15°时行走较费力,山坡大于25°时属于急山坡或峻急山坡,步行游览道应设计台阶步行道(磴道)。在山坡大于45°时属于峭壁、断崖地形,步行游览道的设置上应适当延长线路,降低坡度,迂回而上;当线路延展困难时,则应设计成云梯(石台阶)。步行游览道宽度应根据游人数量和停留时间考虑,一般以0.8~1.5 m为宜,并在场地较为宽敞处,设置避让集散点。在一些游人需要停留观景或小憩的地段,可以利用地形设置一片平台地,并安置一些石桌、石凳,供游人休憩、停留。

7.5.5 交通设施

完善的交通设施,是合理组织交通的前提,一般风景名胜区的交通设施主要由交通车站(码头)、停车场及交通标志3部分组成,在建设材料、色彩及风格上应尽量与风景环境相协调。

1) 交通车站(码头)

根据风景名胜区分布及游览组织,在风景名胜区的外部设置交通车站(码头),并对客运交通及车辆(船舶)统一管理,树立旅游文明服务窗口形象。交通车站(码头)建设规模应服从风景名胜区总体规划的要求,功能布局应合理,容量能充分满足游客接待量要求;景观环境和建设风格应与风景名胜区整体风貌相协调。交通车站(码头)标志规范、醒目、美观。

2) 停车场

风景名胜区停车场的规划设置一般在对外交通和内部游览专用车行道接口处以及对外交通和步行游览道接口处,以方便游客集散和换乘车辆。停车场宜因地制宜、就地取材,尽量选用当地的材料铺设地面;在停车场设计允许的坡度范围内,宜顺应原有地形的起伏,不必强求地形的平整;较大型的停车场内须通过设置分车带种植树木,对停车场进行绿化遮阴;停车场周边应利用乔木、灌木、微地形等进行视觉遮蔽,最大限度地减少对周围自然景观的破坏,把优美的景观展现在人们的视线范围内。

3) 交通标志

自进入风景名胜区地域范围起,风景名胜区内的各个路口都应设置指示牌,标明道路名称;无人看管路口,交通信号指示灯需完善;景区内坡陡弯急处,必须设置限速指示牌和防护桩,必要时可设置反光镜;道路易滑坡处,必须设置警示牌及相关防护措施。

案例7.14 江苏省茅山风景名胜区四个景区规划——道路交通规划(图7.8)

1 交通组织构思

风景名胜区道路以通行轿车、非机动车和人行为主,除基本的交通功能外,还具有引导游人以最佳角度观赏景物的作用,规划应当把风景引到路边,延伸至水边。

本方案原则上将机动车截流于各功能分区边缘。

景区的道路交通规划综合考虑了景区游览性道路和居民服务性道路的协调组织,将居民服务性道路引导到景区外围,在景区东侧开辟南北贯通的居民服务性道路,减少两者之间的干扰。

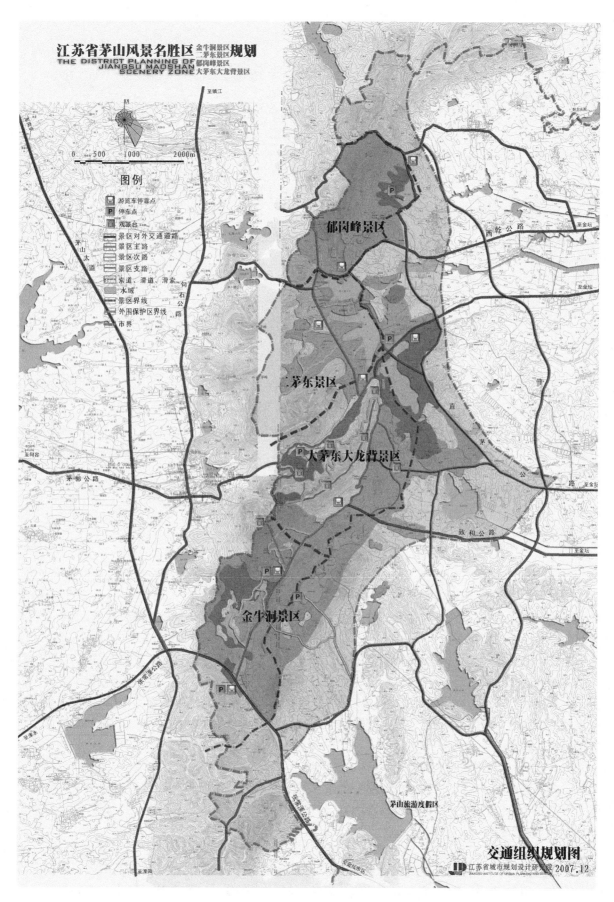

图7.8 江苏省茅山风景名胜区四个景区道路交通规划图

2　道路系统规划

风景区内部道路系统,在满足各功能区基本要求和组织景观的前提下,原则上尽量利用现状路网和周边道路形成相互沟通的体系,主要由景区主路、景区次路和景区支路形成,其中景区支路可采用游览步道、山林蹬道等方式。

(1) 景区主路　是风景区与周边道路相衔接以及各功能分区之间相联系的主要功能干线。道路线型尽量保持与地形相应流畅。道路宽度 7 m,规划道路长度 12.3 km,材料可采用沥青路面。游览主路可以通行轿车和非机动车以及其他应急车辆。

(2) 景区次路　主要是功能分区内部联系道路,通向或连接主要景点,路宽 4～5 m,规划道路长度 13 km,材料以混凝土和块石相结合,形成较为亲切与自然的路面。可结合不同功能分区或项目景点的内容相应设计分格或图案。该类道路以人行和通行非机动车为主,但可以通行应急车辆。

(3) 景区支路　可分为一般游览步道和山林蹬道。是风景区深入每个景点的游览线,道路可以曲折蜿蜒,随地形而变化。

① 游览步道　主要指登龙道,位于大茅东大龙背景区,道路宽度为 1.5～2 m,规划步道长度 2.4 km,材料用片石、块石、混凝土预制块、卵石、瓦片等。

② 山林蹬道　主要用于较陡峭的山地,指位于森林活力公园内的登山道,道路宽度为 1.2～1.8 m,规划长度 2.9 km,材料用条石、块石。

3　停车设施规划

(1) 对外停车场　对外停车场主要设于景区的入口区域,与外围道路相接,将主要车流截流于景区的边缘,保护景区环境。规划在金牛洞入口地区和仙姑村入口地区布置对外停车场。

(2) 内部停车场　规划在金牛洞公园、海底康体养生谷天星潭附近、阳山水库农庄等地段结合二级旅游服务基地建设景区内部停车场,满足接待及特殊的停车要求。另外,在具有接待功能及游人集中的项目和景点内部开辟内部小型停车场。

另外,应因地制宜布置游览车停靠点,满足电瓶车、自行车等环保交通方式临时停靠要求。

7.6　基础工程规划

风景名胜区的基础工程规划不同于城市的基础工程规划。一方面,是由于我国风景名胜区的性质、等级、风景资源、地理位置、用地规模及环境条件等十分丰富,因而所涉及的基础工程项目也异常复杂,多种形式的基础工程,如给水、排水、电力、邮电、通讯、防洪、防涝、防灾、环保等等都有可能涉及,但是由于风景名胜区的空间形态和空间布局、土地利用方式和强度及使用群体的规模和特征等等,很难实现统一化、标准化的建设要求和建设方式。另一方面,大多数的基础工程已有各自专业的国家或行业技术标准规范,甚至有相关的地区技术要求,可以作为风景名胜区基础工程规划的指导,并不需要另行制定标准。所以,在进行风景名胜区的基础工程规划时要做到:规划项目选择要适合风景名胜区的实际需求;各项规划的内容和深度及技术标准应与风景名胜区规划的阶段要求相适应;各项规划之间要在风景名胜区的具体环境和条件下进行协调。

7.6.1　基础工程规划的主要内容

风景名胜区基础工程规划的主要任务是:依据风景名胜区规划发展目标以及对不同类型基础设施的具体要求状况,科学预测确定各项基础设施的具体规划建设方案,合理有效布局各项设施,制定相应的设施建设策略与保护措施。

(1) 给水工程规划主要任务　根据风景名胜区及周边城镇的供水情况,以最大程度保护和利用水资源为目标,合理选取确定风景名胜区供水水源、供水指标和预测供水负荷,并进行必要的风景名胜区水源规划和水资源利用供需平衡工作;确定给水设施的规模、容量;科学布局风景名胜区供水设施和各级供水管网系统,满足风景名胜区内各类用户对供水水质、水量、水压的相应要求;同时,制定或提出相应的供水水源保护措施。

(2) 排水工程规划主要任务　根据风景名胜区自然环境和用水需求情况以及周边城镇的排水设施规划建设情况,合理确定规划期内的风景名胜区污水排放量、污水处理方式和处理设施规模,雨水排放方式和排放设施规模;科学布局污水处理厂(站、装置)等各种污水处理与回收设施和排涝泵站等雨水排放设施,以及各级污水、雨水收集管网系统;制定或提出相应的风景名胜区水环境保护、污水治理和利用对策与措施等。

(3) 供电工程规划主要任务　结合风景名胜区内部和周边城镇电力资源和供电设施供需情况,合理预测规划期内的风景名胜区用电量负荷,并确定供电电源以及风景名胜区输、配电设施的规模,容量,电压等级;科学布局变电所(站)等变配电设施和配电网络;制定或提出各类供电设施和电力线路的具体保护措施。

(4) 通信工程规划主要任务　结合周边城镇通信现状和发展趋势,确定规划期内风景名胜区通信发展目标,合理预测通信需求并合理确定规划期内风景名胜区邮政、电信、广播、电视等各种通信设施的规模和容量;科学布局各类通信设施和通信线路;制定或提出通信设施综合利用相关对策与措施以及通信线路的保护措施。

(5) 环境卫生设施规划主要任务　依据风景名胜区发展目标和风景名胜区规划布局,结合周边城镇环卫设施建设现状和发展规划,制定风景名胜区环境卫生设施配置标准,合理预测规划期内风景名胜区各类生活垃圾产生量,确定垃圾收集、运输、处理方式;合理确定风景名胜区主要环境卫生设施的数量和规模;科学布局垃圾收集、转运设施和公共厕所等各种环境卫生设施;制定或提出风景名胜区环境卫生设施的隔离和防护措施并提出垃圾回收利用对策。

(6) 防灾工程规划主要任务　根据风景名胜区自然环境特点、灾害区划和风景名胜区地位,确定风景名胜区各项防灾标准,合理确定各项防灾设施的等级、规模;科学布局风景名胜区各项具体防灾设施;充分考虑防灾设施与风景名胜区常用设施的有机结合,制定防灾设施统筹建设、综合利用、防治管理等的对策与措施。

7.6.2 基础工程规划的原则

风景名胜区基础设施工程规划是风景名胜区总体规划中必不可少的专业内容规划,其主要作用是为景区内的各项旅游观光、休闲娱乐活动、餐饮住宿等旅游服务设施正常运行提供必要的基础设施保障条件,与城市基础设施工程规划不同,风景名胜区基础设施工程规划特别强调设施与风景名胜区的自然、人文风貌相和谐统一。

因此,风景名胜区基础设施工程规划应遵循以下基本原则:

(1) 强调基础设施工程的基础性原则　基础设施工程作为风景名胜区总体功能发挥和各项游览、游赏活动正常开展的基础性支撑保障系统,其规划必须与风景名胜区的总体规划相吻合,必须与风景名胜区的规划目标、规划年限相一致,与风景名胜区的规划功能性质、职能定位相适应。

(2) 强调基础设施工程的保护性原则　合理利用地形、因地制宜地选线,同当地景观和环境相协调,同风景名胜区的特征、功能、级别和分区相适应,不得破坏自然景观和影响游览观赏视线,尽可能实现与周围自然人文景观的和谐、协调、统一。在景点和景区范围内,不得布置暴露地表的大体量给水和污水处理设施。对于大型工程或干扰性较大的工程项目,必须进行专项景观论证、生态与环境敏感性分析,并提交环境影响评价报告。

(3) 强调基础设施工程的现实适应性原则　基础设施规划项目内容与风景名胜区对其实际需求状况相一致;规划深度与风景名胜区规划阶段相适应。要确定合理的配套工程,发展目标和布局,并进行综合协调。

(4) 强调基础设施工程的经济性原则　对需要安排的各项工程设施的选址和布局提出控制性建设要求。充分考虑周边城镇现有基础设施条件和规划发展趋势,具备条件的,应尽可能和周边城镇的基础设施共享利用,避免设施重复建设,减少工程投资,节省运行成本,提高设施利用效率。

(5) 强调基础设施工程的规范性原则　基础设施工程规划技术标准应与各个专业相应的国家或行业技术标准、规范相一致,并遵循各自专业的国家或行业技术标准、规范。

7.6.3 给水工程规划

风景名胜区给水工程规划的目标是安全可靠、经济合理地供给风景名胜区所需的各项用水,满足各类用水对象对供水水量、水质和水压的要求。

1) 用水量指标确定

风景名胜区内的用水类型,按照不同的用途可划分为生活、养护、造景、消防 4 大类,其中生活用水包括旅游者用水、常住人口用水,如餐饮、洗涤及冲厕用水等;养护用水主要包括风景名胜区内的广场道路保洁用水、植物浇灌、车辆冲洗用水等;造景用水主要用于人工水景(如喷泉、瀑布、跌水等)以及景观河湖补水等;消防用水,主要是指为保障风景名胜区内一些重要或特殊建筑物等的防火安全所需要的用水。风景名胜区总用水量是各类用水量的总和,各类用水量是根据用水量标准进行预测确定的。

用水量指标是指规划期内风景名胜区不同用水对象所采用的用水量定额。用水量指标的确定既是风景名胜区用水量预测的基础,也是风景名胜区给水、排水工程规划设计的主要依据。用水量指标的确定必须科学合理,指标选取得过高或过低,都会影响风景名胜区的正常运转和长远发展。不同用水对象,应采用不同的用水量标准。不同地区自然条件以及社会经济发展水平的差异,也将直接影响到用水量标准的大小。规划确定风景名胜区各不同用水对象的用水量指标,除参照国家现行《城市给水工程规划规范(GB 50282—1998)》《室外给水设计规范(GB 50013—2006)》《建筑给水排水设计规范(GB 50015—2003)》和《风景名胜区规划规范(GB 50298—1999)》等相关规范规定外,还应结合当地用水的实际情况和未来发展趋势,经综合考虑后再确定。为提高给水工程规划的适应性和指标选取时的可操作性,用水量指标应保持一定的弹性,即指标值包含一定范围的变化幅度。

2) 用水量预测

风景名胜区用水量预测是指采用一定的预测方法,对某一规划时期内的风景名胜区用水需求总量进行预测。用水量预测时限与风景名胜区总体规划年限相一致,一般分近期(5 年左右)和远期(15~20 年),见表 7.22、表 7.23。

表 7.22 供水供电及床位用地标准

类别	供水(L/床·d)	供电(W/床)	用地(m²/床)	备 注
简易宿点	50~100	50~100	50 以下	公用卫生间
一般旅馆	100~200	100~200	50~100	六级旅馆
中级旅馆	200~400	200~400	100~200	四五级旅馆
高级旅馆	400~500	400~500	200~400	二三级旅馆
豪华旅馆	500 以上	1000 以上	300 以上	一级旅馆
居民	60~150	100~500	50~150	
散客	10~30L/人·d			

注:表中的标准定额幅度较大,这是由于我国风景区的区位差异较大的原因,在具体使用时,可根据当地气候、生活习惯、设施类型级别及其他足以影响额定的因素来确定

资料来源:国家质量技术监督局,中华人民共和国建设部. 风景名胜区规划规范[S]. GB 50298—1999

表 7.23 旅游服务设施和配套服务设施用水量指标

用水设施名称	单位	用水量指标	备 注
宾馆客房 旅客 员工	L/(床·d) L/(床·d)	250~400 80~100	不包括餐厅、厨房、洗衣房、空调、采暖等用水;宾馆指各类高级旅馆、饭店、酒家、度假村等,客房内均有卫生间
普通旅馆、招待所、单身职工宿舍	L/(床·d)	80~200	不包括食堂、洗衣房、空调、采暖等用水
疗养院、休养所	L/(床·d)	200~300	指病房生活用水

续表 7.23

用水设施名称	单位	用水量指标	备注
商业场所	L/(m²·d)	5～8	
餐饮、休闲娱乐业 中餐、酒楼 快餐店、职工食堂 酒吧、咖啡馆、茶社、卡拉OK厅	L/(人·次) L/(人·次) L/(人·次)	40～60 20～25 5～15	
办公场所、游客服务中心	L/(人·班)	30～50	
道路浇洒用水	L/(m²·次)	1.0～1.5	浇洒次数按气候条件以2～3次/d计
绿化用水	L/(m²·d)	1.0～2.0	
洗车用水	L/(辆·次)	40～60	指轿车采用高压水枪冲洗方式
消防用水			按《建筑设计防火规范》(GB 50016—2006)规定确定
不可预见水量			含管网漏失水量,按上述用水量的15%～25%计算

资料来源:中华人民共和国住房和城乡建设部,中华人民共和国国家质量监督检验检疫总局.建筑给水排水设计规范[S].GB 50015—2003
中华人民共和国建设部,中华人民共和国国家质量监督检验检疫总局.室外给水设计规范[S].GB 50053—2006

针对风景名胜区内用水对象和用水类型的特殊性,用水总量预测通常采用分类用水量求和的方法得到,如下式:

$$Q = \sum Q_i \tag{公式7-6-1}$$

式中:Q——风景名胜区总用水量;

Q_i——风景名胜区各类用水量预测值。

3)供水水源选择

风景名胜区供水水源选择,根据规划期风景名胜区用水需求量预测情况,首先考虑是否具备能和邻近的城市(镇)共享共用供水设施的条件。不具备条件时,需独立选择供水水源。风景名胜区供水水源选择会影响到风景名胜区总体布局和给水排水工程的布置,应认真进行深入的调查、踏勘,结合相关自然条件、水资源勘测、水质监测、水资源规划、水污染控制规划、风景名胜区远近期发展规模等进行分析和研究。

风景名胜区供水水源分为地下水源和地表水源。地下水是指埋藏在地下孔隙、裂隙、溶洞等含水层介质中存储运移的水体。包括潜水(无压地下水)、自流水(承压地下水)和泉水。由于经地层过滤且受地面气候及其他因素的影响较小,具有水质稳定、水质较好、不易受污染等优点。地表水主要是指江河、湖泊、蓄水库等水体。水质状况受各种外部因素影响较大,易受到污染、硬度较低、径流量一般较大,季节变化性较强。

风景名胜区供水水源选择,需根据风景名胜区所在地水源供给条件、用水需求量大小等实际情况,经技术、经济比较后确定。一般来说,风景名胜区规模较大,用水量需求较高,不具备与周边城市(镇)共用供水设施的条件,但在一些地区供水水源条件较为优越的情况下,水源选择按照统筹考虑地表水和地下水,优先考虑选用水量充沛、水质较好、距离较近、取水条件便利的地表水源作为供水水源,地下水源作为补充备用。随着整个社会对风景名胜旅游观念的改变,逐渐由过去的低层次、粗放式旅游向正规化、高品质旅游方向发展,人们对于风景区各种自然资源和生态保护的意识不断增强。当前大多数风景区在进行总体规划时,都尽可能地提出了风景区内游外住、山上游、山下住的规划设计理念和思路,并据此理念规划布置各类配套旅游服务设施,因此,真正风景区内的实际用水需求量并不大。针对这种情况,通常选择水量足够、水质稳定较好、不会对周边环境造成影响的地下水源或山溪、泉水作为风景名胜区内的供水水源。

不论是地表水,还是地下水,供水水源水质都应当符合《生活饮用水水源水质标准(CJ 3020—1993)》规定,其中地表水源还需满足《地表水环境质量标准(GB 3838—2002)》中适宜作为生活饮用水水源的标准要求。

4) 给水工程规划

按照工作流程主要有供水工程、净水工程、输配水工程三个部分组成风景名胜区给水系统。设置供水厂的目的是通过一系列的净水构筑物和净水处理工艺流程,去除原水中的悬浮物质、细菌、藻类等常规有害物质以及铁、锰、氟等金属离子和某些有机污染物,使净化后的水质能够满足风景名胜区内的各项用水水质要求。输配水管网是满足风景名胜区正常供水需求的重要设施,同时也与道路、排水等其他基础设施的规划布局密切相关,因此必须对其布置原则提出明确的规划要求。

(1) 供水厂规划布置　根据风景名胜区总体规划所确定的各项旅游服务设施和配套服务设施用地布局规划方案,在风景名胜区内选取邻近主要用水区域,特别是用水量最大区域的合适位置,规划建设风景区供水厂。供水厂的确定需要作多方面的比较,如风景区的水文地质、工程地质、地形、人防、卫生、施工等方面的条件。水厂厂址应选在工程地质较好、不受洪水威胁、地下水位低、地基承载能力较大、湿陷性等级不高的地方,以降低工程造价;同时,尽可能设在交通便利、供电安全可靠、生产废水处置方便、环境卫生良好、利于设立防护带的地段。水厂厂区周围要求设置宽度不小于 10 m 的绿化带,有利于水厂的卫生防护和降低水厂的噪音对周围的影响。

为了使水质适应生产和生活使用需求、符合规定的卫生标准,需要提出地表水水厂净水工程规划。符合《生活饮用水水源水质标准(CJ3020)》中规定的一级水源水,只需经简易净水工艺(如过滤),消毒后即可供生活饮用。符合《生活饮用水水源水质标准(CJ3020)》中规定的二级水源水,说明水质受轻度污染,可以采用常规净水工艺(如原水→絮凝→沉降→过滤→消毒→出水等)进行处理。水质比二级水源水差的水,不宜作为生活饮用水水源。若限于客观条件的制约,需加以利用时,在毒理性指标没超过二级水源水标准的情况下,应采用相应的净化工艺进行处理(如在常规净水工艺前或后增加预处理或深度处理)。地表水水厂均宜考虑生产废水的处理和污泥的处置,防止对水体的二次污染。

供水厂设计规模按风景名胜区最大用水需求量确定,并根据风景名胜区的规划期限,考虑近远期结合和分期实施的要求。不同建设规模水厂的用地指标,依据《室外给水排水工程技术经济指标(1966)》和《城市给水工程规划规范(GB 50282—1998)》,可参照表 7.24 确定。

表 7.24 供水厂用地控制指标

水厂设计规模	单位供水量用地指标($m^2 \cdot d/m^3$)	
	地表水沉淀净化处理工艺综合指标	地表水过滤净化处理工艺综合指标
10 万 m^3/d 以下	0.2~0.3	0.2~0.4
2 万~10 万 m^3/d	0.3~0.7	0.4~0.8
1 万~2 万 m^3/d	0.7~1.2	0.8~1.4
0.5 万~1 万 m^3/d	0.7~1.2	1.4~2.0
0.5 万 m^3/d 以下		1.7~2.5

资料来源:建筑工程部北京给水排水设计院编.室外给水排水工程技术经济指标[M].北京:中国工业出版社,1966

(2) 供水管网系统布置原则　供水管网是供水工程的一个重要部分,管网的合理布置,不仅能保证供水需求,并且有很大的经济意义。供水管网由输水管(由取水水源到供水厂的管道)和配水管(由供水厂到各用户的管道)组成,供水管网定线力求简短。供水管网的布置形式,应根据风景名胜区总体规划方案、未来发展目标以及用户分布和对用水的要求等进行规划布局。通常在风景名胜区主要供水区采用环状管网,提高供水安全可靠性;在用户分散的边远地区或用水量不大且用水保证率要求不高的地区可采用枝状管网布置方式,节省投资。在旅游村镇和居民村镇宜采用集中给水系统,主要给水设施可安排在居民村镇及其附近。

风景名胜区供水管网的布置应充分考虑近期建设和远期发展的需要,留有余地。根据规划用水区域的地形条件,应尽量沿现有或规划道路敷设,并尽量避免在重要道路下敷设,方便以后的检修工作。供水管道埋深,需根据当地气候、水文、地形、地质条件以及地面荷载情况确定。一般来说,在满足供水要求的前提下,优先考虑选用性价比高,易施工并且维修便利的新型供水管道管材,如新型塑料给水管或玻璃钢管。要加强风景名胜区内供水管道的日常维护管理与检修工作,减少供水事故发生,提高供水安全可靠性。

7.6.4 排水工程规划

排水工程规划即是对风景名胜区内产生的各种污水、雨水的达标处理和顺利排出进行全面系统的安排和布局,保护环境免受污染,实现风景名胜区社会效益、经济效益和生态效益全面协调发展。

1) 排水体制选择

按照来源和性质,风景名胜区内需要排除的水可分为污水和雨水两大类。通常,风景名胜区污水主要为生活污水,来源于客房用水、餐厅、厨房、商业娱乐、办公管理场所及居民点等处,这类污水中含有较多的有机污染物质,必须经过处理,达到相应的标准后,方可排放。雨水则可进行适当回收再利用。

依据《室外排水设计规范(GB 50014—2006)》,排水体制(分流制或合流制)的选择,应根据景区的总体规划,结合当地的地形特点、水文条件、水体状况、气候特征、周边城镇排水设施状况、污水处理程度和处理后出水利用等综合考虑后确定。同一景区的不同区域可采用不同的排水体制。由于风景名胜区对环境保护的要求较高,排水体制通常采用雨、污分流制。风景名胜区内各项服务设施产生的各种生活污水,经污水管道收集、输送至污水处理设施处理达标后排入水体或进行再生利用。雨水的排除通常通过地面径流,就近进入风景名胜区内明沟、小溪流或较大的排放水体。在旅游村镇和居民村镇宜采用集中排水系统,主要污水处理设施可安排在居民村镇及其附近。

2) 污水工程规划

污水工程规划分为污水管道系统规划和污水处理设施(污水处理设备、站或厂)规划两部分。污水管道系统规划的主要任务包括预测风景名胜区污水排放量、划分排水区域、确定排水体制和进行排水系统布局等内容。污水处理厂规划主要是厂址的选择、用地规模确定以及污水处理工艺的选择等。

(1) 污水量预测 风景名胜区污水产生量的预测可以通过综合用水量(平均日)乘以污水排放系数求得。污水排放系数是指在一定计量时间(年)内的污水排放量与用水量(平均日)的比值。由于风景区的用水主要是由各类生活用水组成,风景区污水产量由综合用水量(平均日)乘以综合生活污水排放系数得到。相对城市而言,风景区给排水设施完善程度和排水设施规划普及率都将更高,污水排放系数可取 0.85～0.9,即污水产量可按综合用水量(平均日)的 85%～90% 进行估算预测。地下水位较高地区,还应适当考虑地下水的渗入量。

(2) 污水管道系统布置 风景区污水管道系统布置应根据风景区总体规划布局,并结合竖向规划和道路布局、坡向以及污水受纳体和污水处理厂的位置进行划分和系统布局。平原宜避开土质松软地区、地震断裂带、沉陷区以及地下水位较高的不利地带;起伏较大的山区,应结合地形的特点合理布置管线位置,并应避开滑坡危险地带和洪峰口。污水管道一般沿现有或规划道路布置并与道路中心线平行,通常设置在污水量较大、地下管线较少的一侧。污水输送尽可能采用重力流式,顺坡敷设,尽量不设或少设中途提升泵站,以节省建设投资及日常运行管理与维护费用。若遇到翻越高地、穿越河流、软土地基、长距离输送污水等特殊情况,无法采用重力流或重力流不经济时,可采用压力流。

工程管线地下敷设时,在满足技术要求的情况下,最好采用最小覆土深度,主要是为了满足施工方便和经济节约的原则。管道最小覆土深度需根据当地的冻土深度、管道外部荷载、管材材质等进行分析,以保证在外部荷载下不损坏管道。当然,也一定要考虑施工过程中的荷载,特别是道路面层施工过程中压路机的荷载不能使管道受到破坏。设置在机动车道下的埋地塑料排水管道不应影响道路质量,最小覆土厚度不小于 0.7 m,在非车行道下其最小覆土厚度可以适当减少。通常情况下,污水管道为重力流,管道都有一定的坡度,在确定下游管段埋深时需考虑上游管段的要求。在气候温暖、地势平坦的地区,污水管道最小覆土厚度往往决定于管道之间衔接的要求。

污水管道管材应具备抗渗性能好,耐腐蚀性强、有一定的强度等特点,并应优先考虑造价,尽量就地取材。目前,常用的污水排水管渠主要有混凝土管、钢筋混凝土管和塑料管。混凝土管和钢筋混凝土管制作方便、造价较低、易于就地取材,在排水工程中应用十分广泛,但容易被碱性污水侵蚀,且质量大,搬运不便,管段较短,接口较多。埋地塑料管道可采用硬聚氯乙烯管、聚乙烯管或玻璃纤维增强塑料夹砂管,由于其具有较强的耐腐蚀性及良好的水力特性,材质轻,施工维修方便,得到了广泛的应用。管道接口应根据管道材质和地质条件确定,污水和合流污水管道应采用柔性接口。当管道穿过粉砂、细砂层并在最高地下水位以下,或在地震设防烈度为7度及以上设防区时,必须采用柔性接口。

通常情况下,污水管道系统的上游部分流量很小,若根据流量计算,在坡度不改变的情况下,即流速不变,流量和管径呈正相关,其管径必然很小,而管径过小容易造成污水管道堵塞。当采用较大管径时,可选用较小的坡度,使管道埋深减少。若按计算所得的管径小于最小管径,可采用最小管径。设计流量很小而采用最小管径的设计管段称为不计算管段。不计算管段不进行水力计算,没有设计流速,可直接规定其管道的最小坡度。依据《室外排水设计规范(GB 50014—2006)》规定,污水管道最小管径和最小设计坡度可按表7.25确定。

表7.25 污水管道最小管径和最小设计坡度

管道位置	最小管径(mm)	相应最小设计坡度
污水管	300	塑料管0.002,其他管0.003

资料来源:中华人民共和国建设部,中华人民共和国国家质量监督检验检疫总局.室外排水设计规范[S].GB 50014—2006

污水管网系统规划必须正确预测远景发展规划,以近期建设为主,考虑远期发展需要,并在规划中明确分期建设安排。以免造成容量不足或过大,致使浪费或后期在管道附近再敷设地下管线,造成施工上的困难。

(3) 污水处理设施规划　进行污水处理设施规划,首先考虑周边城镇是否建有污水处理设施,是否具备与其共享的便利条件。否则,需独立设置风景区污水处理设施(装置、站、厂等)。其次,结合风景区的总体规划和用地布局方案以及各项旅游服务设施、配套服务设施的布设情况,规划设置风景区污水处理设施。

通常,污水处理设施的选择宜满足下列要求:
a. 在景区相邻水系的下游并应符合供水水源防护要求;
b. 在当地夏季最小频率风向的上风侧;
c. 与景区内人群密集区域以及其他公共设施保持一定的卫生防护距离;
d. 靠近污水、污泥的排放和利用地;
e. 应有方便的交通、运输和水电条件。

污水处理厂建设用地面积与污水产生量和处理方式有关,针对不同污水产生量、不同处理级别污水处理厂所需的用地面积指标,可参照表7.26确定,同时还需要根据具体情况,考虑未来风景区就进一步发展扩大对污水处理厂发展用地的需求。

表7.26 污水处理厂规划用地指标

建设规模	污水量(m³/d)				
	20万以上	10万~20万	5万~10万	2万~5万	1万~2万
用地指标 (m²·d/m³)	一级污水处理指标				
	0.3~0.5	0.4~0.6	0.5~0.8	0.6~1.0	0.6~1.4
	二级污水处理指标(一)				
	0.5~0.8	0.6~0.9	0.8~1.2	1.0~1.5	1.0~2.0
	二级污水处理指标(二)				
	0.6~1.0	0.8~1.2	1.0~2.5	2.5~4.0	4.0~6.0

注:1. 用地指标是按生产必需的用地面积计算;

2. 本指标不包括厂区周围绿化带用地；
3. 污水处理级别按处理工艺流程划分：
一级处理工艺流程，主要为泵房、沉砂、沉淀、初次沉淀、曝气、二次沉淀及污泥浓缩、干化处理等；
二级处理（一），其工艺流程主要为泵房、沉砂、沉淀、初次沉淀、曝气、二次沉淀及污泥浓缩、干化处理等；
二级处理（二），其工艺流程主要为泵房、沉砂、沉淀、初次沉淀、曝气、二次沉淀、消毒及污泥提升、浓缩、消化、脱水及沼气利用等
资料来源：国家质量技术监督局，中华人民共和国建设部. 城市排水工程规划规范[S]. GB 50318—2000

污水处理设施工艺流程的选择，根据出水出路和用途确定。处理后的出水排入地表水体，其处理工艺应能满足出水水质符合《地表水环境质量标准（GB 3838—2002）》和《城镇污水处理厂污染物排放标准（GB 18918—2002）》中的相关规定。处理后的出水回收并用于风景区杂用水、景观环境用水以及补充水源用途，污水处理工艺应能满足出水水质达到国家相关污水再生利用水质标准，如《城市污水再生利用城市杂用水水质（GB/T 18920—2002）》和《城市污水再生利用景观环境用水水质（GB/T18921—2002）》等相关标准规定要求。污水处理工艺在满足相应的出水水质要求前提下，应力求占地小、简单高效，以降低投资、减少成本、方便运行管理。污水处理按处理程度划分，通常分为一级、二级和三级。一般情况下，风景名胜区污水采用常规二级生化处理工艺即可达到国家规定排放水体的标准要求，若风景名胜区水体对出水排放要求特别高或考虑出水进行再生利用，可采用更进一步的三级深度处理工艺。妥善考虑风景名胜区污水处理厂污泥的运输和无害化处理、处置途径问题。

3）雨水工程规划

雨水管渠的作用是及时地汇集并排除暴雨形成的地面径流。而雨水管渠系统规划的主要任务是确定或选用当地暴雨强度公式，划分排水区域与排水方式，进行雨水管渠的定线并确定调节池、泵站和雨水口位置等。

（1）雨水管渠水力计算　雨水管渠的设计，假定降雨在汇水面积上均匀分布，选择降雨强度最大的雨量作为设计依据。根据当地多年的雨量记录推算得出的暴雨强度公式，作为雨水管渠设计的依据。

按照我国《室外排水设计规范（GB 50014—2006）》中规定，我国一般采用的暴雨强度公式形式为：

$$q = 167A_1(1 + c\lg p)/(t + b)^n \qquad (公式 7\text{-}6\text{-}2)$$

式中：q——暴雨强度（L/S·10^4 m²）；

p——重现期（年）；

t——降雨历时（min）；

A_1, c, b, n——地方参数，根据各地统计方法进行计算确定。

通常，各地都有可直接应用的暴雨强度公式，在进行风景名胜区雨水管渠系统规划设计时，直接采用即可。

（2）雨水管渠系统规划　风景名胜区内的雨水径流的水质和它流过的地面情况有关。由于风景名胜区是以观赏游赏、休闲娱乐等功能为主，一般不可能存在易产生污染的工业企业，因此，初期雨水会比较清洁，即便是直接排入邻近水体，也不会污染水体而造成使用功能和经济价值的降低。

一般情况下，风景名胜区的地形较为复杂，适合雨水的自然排放，可形成特殊景观。雨水排除可充分利用地形条件，按照高水高排、低水低排的原则，依靠重力流将雨水就近排入邻近的河湖、洼地、山溪等自然水体，不需另行处理。若风景名胜区的主要规划区域是傍山建设，需在建设区周围设截洪沟渠（管），拦截坡上的径流，排除山洪雨水。明渠造价低，但容易淤积，影响环境卫生，且明渠占地大，使道路的竖向规划和横断面设计受限；在地形平坦、埋设深度或出水口深度受限制的地区，可采用暗渠（盖板渠）排除雨水。

参照《室外排水设计规范（GB 50014—2006）》，为使雨水地面径流顺畅，设计道路纵坡应控制在0.3%～6%范围之内。

为确保雨水管渠正常工作，避免发生淤积、冲刷等情况，《室外排水设计规范（GB 50014—2006）》对雨水管渠的最小管径和最小设计坡度做出了相应的规定，具体为：

a. 雨水支干管最小管径300 mm，相应的最小设计坡度为0.003；

b. 雨水口连接管最小管径200 mm,设计坡度不小于0.01;

c. 梯形明渠底宽最小0.3 m;

d. 雨水管渠的最小覆土厚度,在车行道下一般不小于0.7 m;在冰冻深度小于0.6 m的地区,可采用无覆土的地面式暗沟。

案例7.15 江苏省茅山风景名胜区四个景区规划——给水排水工程规划

1 用水量预测

景区用水量标准按住宿游客、不住宿游客、服务管理人员和居民四类划分,住宿游客平均用水量300 L/(床·d),不住宿游客平均用水量30 L/(床·d),服务管理人员平均用水量100 L/(床·d),居民平均用水量150 L/(床·d)。茅山风景名胜区内日用水量为1 039 m³。详情见表7.27。

表7.27 茅山风景名胜区日用水量一览表

人群分类	规模(人)	用水量标准[L/(人·d)]	日用水量(m³/d)
住宿游客	2 000	300	600
不住宿游客	10 900	30	327
服务管理人员	443	100	44
居民	455	150	68
合计	13 798	/	1 039

2 给水工程规划

(1) 自来水厂 规划风景名胜区的供水系统与周边镇村实行一体化,充分利用现状已有或镇村规划中规划新建的薛埠自来水厂、水塘坝水库自来水厂、东进水库自来水厂、海底水库自来水厂进行风景区供水。

景区主要用水点有茅山旅游服务基地、中国道家文化养生园、道教文化博览区、海底康体养生谷、森林奇趣文化园、仙姑文化旅游村、福茶道场、乾元观坤道文化保护区。在地势较高的用水点,如道教文化博览区和乾元观坤道文化保护区,规划设给水增压泵站。

(2) 给水管线 规划风景名胜区南部供水管线作为镇村供水的支线引出,北部供水管线主要从海底水库自来水厂引出,供水管线主要沿景区主路敷设,并与景区消防有效结合。规划给水主管管径不低于300 mm,支管管径不低于150 mm。

3 排水工程规划

规划风景名胜区内采用雨污分流的排水体制,雨水主要采用地面排水,根据地形特点就近收集到附近的河流和沟渠中。规划在开发强度较大的金牛洞入口地区和海底水库下游地区,建设金牛污水处理站和仙姑村污水处理站,将污水处理后集中排放。污水排放达到国家Ⅰ级A标准,回用作景区绿化灌溉或排入下游河道。污水管根据地形主要沿景区主路敷设。

7.6.5 供电工程规划

为确保风景名胜区内各项活动正常有序的开展,安全可靠的供电系统是必不可少的重要基础保障条件。特别是旺季,对电力系统要求更高,风景名胜区必须实现平稳、充足、可持续的电力供应需求。风景名胜区供电规划,应提供供电及能源现状分析、负荷预测、供电电源点和电网规划三项基本内容。并应符合:在景点和景区内不得安排高压电缆和架空电线穿过;在景点和景区内不得布置大型供电设施;主要供电设施宜布置于居民村镇及其附近的要求。

1) 用电负荷预测

用电负荷指区域内所有用户在某一时刻实际耗用的有功功率的总和。用电负荷预测是供电工程规划的基础依据,供电规模、变配电站(所)容量、输配电线路的输电能力等均依据用电负荷预测结果来确定。若变配电站(所)和输配电线路的容量选择过大,会造成资源的浪费。过小则会影响景区各项活动的正常开展。为此,科学合理的预测用电负荷是供电系统规划的基础。

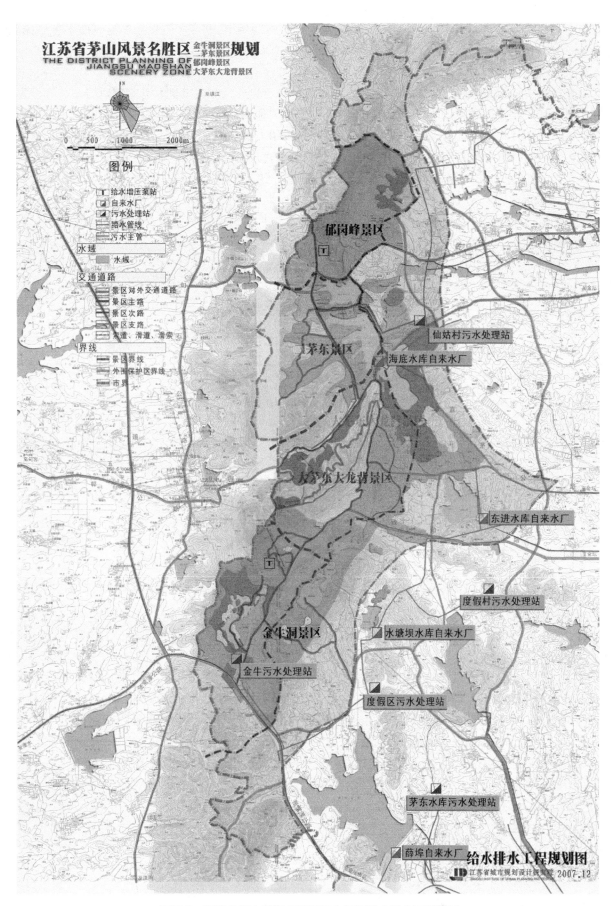

图 7.9 江苏省茅山风景名胜区四个景区给水排水工程规划

风景名胜区用电主要由宾馆旅社、餐饮饭店、休闲娱乐活动场所、商业零售场所等旅游服务设施用电；行政管理办公场所、游客服务中心等风景区公共配套服务设施用电；风景区广场、道路照明用电、风景区供排水处理设施用电居民点用电等几部分组成。

参照《城市电力规划规范(GB 50293—1999)》和其他相关规范、规定，风景名胜区用电量负荷预测根据不同用电场所的用电性质和用电类别，综合采用单位建设用地负荷密度指标法和单位建筑面积负荷密度指标法进行预测。若风景名胜区内含部分城镇居民，则采用人均城镇居民生活用电量指标进行用电量负荷预测。公共建筑单位建筑面积负荷密度大小，主要取决于建筑等级、规模和需要配套的用电设备完善程度。其中，宾馆、饭店还与所选用空调制冷机组的型号、综合性营业项目(餐饮、娱乐、影剧等)的多少有关；商业建筑还与营业场地的大小、经营商品的档次、品种等有关。

风景名胜区单位建设用地用电负荷密度指标和部分公共建筑单位建筑面积用地负荷密度指标的选取，可分别参照表7.28和表7.29。

表7.28 规划单位建设用地用电负荷指标

用地分类	单位	用电量指标
居住用地	(kW/hm²)	100～400
公共设施用地	(kW/hm²)	300～1 200

资料来源：国家质量技术监督局，中华人民共和国建设部.城市电力规划规范[S].GB 50293—1999

表7.29 单位建筑面积用电指标

建筑类别	用电指标(W/m²)	变压器容量指标(VA/m²)
公寓	30～50	40～70
宾馆、饭店	40～70	60～100
商业建筑	一般 40～80	60～120
	大中型 60～120	90～180
展览馆、博物馆	50～80	80～120

资料来源：住房和城乡建设部工程质量安全监管司.全国民用建筑工程设计技术措施电气[M].北京：中国建筑标准设计研究院，2009

2）供电工程规划

(1) 变配电所规划　风景名胜区供电电源通常引自相邻城镇变电所(站)，变电所(站)电压等级一般为110 kV、35 kV和10 kV。

根据风景名胜区用电量负荷预测情况和风景名胜区规划用地布局方案以及各项旅游服务设施和配套服务设施的布设情况，选择在风景名胜区供应工程用地，靠近用地负荷中心区域的合适位置设置配电所及开关站，并从邻近城镇变电所(站)引入风景区供电电源。变电所主变压器台数不宜少于2台或多于4台，单台变压器容量应标准化、系列化。主变压器容量过大，造成低压出线过多，带来出线走廊困难，或造成低压线输送过远，不经济。35～110 kV变电所主变压器单台容量选择，应符合表7.30的规定：

表7.30 35～110 kV变电所主变压器单台容量表

变电所电压等级	单台主变压器容量(MVA)
110 kV	20、31.5、40、50、63
35 kV	5.6、7.5、10、15、20、31.5

资料来源：国家质量技术监督局，中华人民共和国建设部.城市电力规划规范[S].GB 50293—1999

规划新建变电所用地面积预留,可按表7.31选取:

表7.31 35～110 kV变电所规划用地面积控制指标

变压等级(kV)一次电压/二次电压	主变压器容量与台数(MVA/台)	变电所结构形式及用地面积(m^2)		
		全户外式用地面积	半户外式用地面积	户内式用地面积
110(66)/10	20～63/2～3	3 500～5 500	1 500～3 000	800～1 500
35/10	5.6～31.5/2～3	2 000～3 500	1 000～2 000	500～1 000

资料来源:国家质量技术监督局,中华人民共和国建设部.城市电力规划规范[S].GB 50293—1999

供电设施应根据其所处地段的地形、地貌条件和环境要求,选择与周围环境、景观相协调的结构形式与建筑外形。风景名胜区的配电所一般采用布置紧凑、占地较少的户外式或半户外式结构。配电所的配电变压器一般为2台,单台变压器容量不宜超过630 kVA,进线两回。315 kVA及以下的变压器宜采用变压器台,户外安装在风景名胜区主要道路、绿地和建筑物中。具备条件时,可采用电缆进出线的箱式配电所。进行风景名胜区10 kV公用配电所和开闭所布局时,供电半径一般不宜大于500 m,以埋地电缆供电时,供电半径不宜大于300 m。

风景名胜区变电所可与其他建筑物合建,也可独立设置。风景名胜区变电所选址应符合下列要求:
a. 符合风景名胜区总体规划用地布局要求;
b. 靠近负荷中心,以减少输电费用;
c. 便于各级电压线路的引入和引出;
d. 交通运输方便,以便运输设备和建筑材料;
e. 应考虑对周围环境和邻近工程设施的影响和协调,如风景区其他基础工程设施;
f. 应满足防洪标准要求:35～110 kV变电所的所址标高,宜高于洪水频率为2%的高水位;
g. 应满足抗震要求,具体参照《35～110 kV变电所设计规范(GB 50059—1992)》;
h. 应有良好的地质条件,避开断层、滑坡、塌陷区、溶洞地带、山区风口和易发生滚石场所等不良地质构造。

(2) 配电网络规划 地下电缆线路的路径的选择,除应符合国家现行《电力工程电缆设计规范(GB 50217—2007)》的有关规定外,尚应根据道路网规划,与道路走向相结合,并应保证地下电缆线路与风景名胜区其他工程管线间的安全距离。风景名胜区配电网络一般采用放射式,负荷密集地区及电缆线路宜采用环式。风景名胜区内部分不能中断的重要用电设施部位采用双电源供电,不具备双电源供电条件的,设置自备发电机组供应系统,提高风景名胜区供电安全可靠性,应对突发事故时满足室内应急疏散照明、消防等一级负荷用电需求。

通常,风景名胜区内供电线路的敷设除了在变电站出线集中地段采用电缆沟槽或电缆管孔排管敷设外,在不易经常开挖的地段,宜采用直埋敷设的方式。在地下水位较高的地方和不宜直埋且无机动荷载处,当同路径敷设电缆根数不多时,可采用浅槽敷设方式。电力电缆线埋设路径的选择,应考虑安全、可行、维护便利及节省投资等条件,通常沿风景区的现有或规划道路一侧埋地敷设。电缆从地下或电缆沟引出地面时,地面上下2 m的一段应用金属或金属罩加以保护。

电缆需根据线路敷设方式确定结构和形式。在条件适宜的情况下,优先采用塑料绝缘电缆。低压配电电缆可用单芯塑料电缆,便于支接。电缆导线、材料与截面的选择除按输送容量、经济电流密度、热稳定、敷设方式等一般条件校核外,一个电网内35 kV及以下的主干线电缆应力求统一,每个电压等级可选用2种规格,预留容量,一次埋入。

加强风景名胜区内电力电缆线路的日常检修、维护管理工作、减少事故发生,提高供电安全性能。

7.6.6 通信工程规划

风景名胜区通信工程规划包括邮政设施(邮政所)、通信设施(有线电话系统与无线通信系统)、有线电视、广播等通信设施系统规划。通信工程规划需充分考虑现有通信设施情况,避免重复建设,宜按照近细远粗的原则进行规划。

1) 邮政设施规划

为方便游客办理邮政业务,如收寄各类零星函件、包裹、汇款、景区明信片发行,刊物宣传等,通常情况下会在风景区人群活动聚集处设置邮政设施(邮政所或代办点)。

依据风景名胜区规划布局和服务半径、服务人口、业务收入等基本因素,根据邮政通信量的需求,分别配置相应的一、二、三等邮电所,并形成邮电服务网点和信息传递系统。其选址原则如下:

(1) 所址应设在景区文化游览区、公共活动场所等人群活动集聚的场所;

(2) 所址应交通便利,运输邮件车辆便于出入;

(3) 所址应有较平坦地形,地质条件良好;

(4) 符合景区总体规划要求。

2) 通信设施规划

(1) 有线电话系统(电话局所)规划 有线通信线路按使用功能分为长话、市话、郊区电话、有线电话、有线广播、计算机信息网络等,按通信线路材料来分主要有电缆、光缆、金属线等三种。风景名胜区固定电话需求量采用单耗指标套算法进行预测,单耗指标是根据规划地区建筑性质或人口规模而描述的一种电话"饱和状态",并根据电话总用量换算成电话设备容量。在总体规划阶段,按照住宅电话每户一部(每户按3.5人计)、非住宅电话(指业务办公电话)一般占住宅电话的1/3的标准计算需求量。在详细规划阶段,主要是通过电话主线的服务面积来套算需求量。具体到风景名胜区内各类建筑电话服务建设面积指标可参照各地相关部门的标准选取确定。

在风景名胜区详细规划阶段,主要是通过电话主线的服务面积来套算需求量,而风景区内不同建筑性质和游人规模也会影响需求量的结果。

风景名胜区分散旅游服务点按2门/处考虑,景区主要游览道路每隔300~500 m设置一部急救公用电话。

风景名胜区一般不单独设置电话局所。新增电话需求容量通常由邻近城镇的现有电话端局来满足。现有城镇电话端局容量不足时,通过对现有端局进行扩容或引入新的电话端局的方式,满足风景名胜区电话使用需求。

线路是各电话局之间、电话局与用户之间的联系纽带,是电话通信系统最重要的设施,合理确定线路路由和线路容量是电话线路规划的两个重要因素。规划线路应留有足够的容量,在经济、技术允许的情况下,应优先选用通信光缆或同轴电缆等高容量线路,以提高安全性和可靠性。

线路敷设的最理想的方式是管道埋设,其次是直埋。线路应尽量直达、便捷,避免拐弯。电缆管道的设置应满足以下要求:

a. 管道宜敷设在人行道或非机动车道下,不宜敷设在机动车道下;

b. 管道中心线与道路中心线平行;

c. 管道埋深(管顶到路面)宜为0.8~1.2m,确因条件限制无法满足时,可适当减小;

d. 管道应埋在冰冻以下,且在地下水位以上;

e. 管道敷设应有一定的坡度,一般采用3‰~4‰,不得小于2.5‰,以利于渗入管内地下水的排除。

直埋电缆、光缆路由要求与管道线路路由相同。线路不宜敷设在地下水位高、常年积水的地方,一般情况下,直埋电缆、光缆的埋深宜为0.7~0.9 m,并应加覆盖物保护,设置标志。

有线电话系统管道埋设或直埋线路,与其他地下管线及设施间均应保持一定的最小净距,并在日常管理中加强线路检修与维护管理,确保风景区内的通信服务安全畅通。

(2) 无线通信系统(移动电话网)规划 近年来,我国城市无线通信系统发展十分迅速,覆盖范围几乎遍及全国所有地区的城市,服务质量也在不断提高。

随着城市无线移动电话通信网络的不断发展,其通信容量完全可以满足人们的使用需求,可能会存在个别风景名胜区由于地形地势的特殊原因而产生信号不好或存在信号盲区的问题,可通过在适当区域增设信号基站的方式解决。收、发信场宜布置在交通方便、地形较平坦的台地,周围环境应无干扰。

(3) 有线电视、广播系统规划　　与近年来我国城市无线移动电话通信网络发展迅速状况类似,城市有线电视、广播系统建设也得到了快速的发展,有线电视信号网络和广播信号传送网络覆盖范围也基本上遍及全国所有的城镇,网络信号质量稳定,服务质量不断提高。

现有城市有线电视、广播站容量和信号传输线路的容量,也完全可以满足各地风景名胜区对有线电视和广播系统设施的需求,为游人提供丰富的精神文化生活,无需规划新的有线电视和广播站。

从城镇引入风景名胜区的有线电视、广播线路应尽可能短直,少穿越道路,便于施工及检修维护。有线电视、广播线路路由上有通信光缆,且技术经济条件许可,经与通信部门商议同意,可利用光缆的一部分作为有线电视、有线广播线路。有线电视电缆、广播电缆线路路由上如有通信管道,可利用管道敷设电视电缆、广播电缆,但不宜和电力电缆共管孔敷设。通常情况下,为节省投资,风景名胜区有线电视电缆、广播线路采用埋地电缆线路。风景名胜区建筑物内敷设电视电缆、广播线路宜采用暗线方式,保持美观。有线电视系统应有可靠的防雷与接地措施。

加强风景名胜区内有线电视、广播线路的日常管理与检修维护工作,确保信号通畅。

案例7.16　江苏姜堰市溱湖风景名胜区总体规划——供电电信工程规划

1　电力规划

参考《风景名胜区规划规范(GB 50298—1999)》,景区用电功率标准按照住宿游客、不住宿游客、服务管理人员和居民四类划分。住宿游客平均400 W/床,不住宿游客平均50 W/人,服务管理人员平均150 W/人,居民平均200 W/人。同时使用系数取50%,远期用电负荷约1 700 kW(见表7.32)。

表7.32　溱湖风景名胜区供电量计算表

人群分类	规模(人)	供电标准(W/人)	用电负荷(kW)
住宿游客	1 230	400	492
不住宿游客	6 951	50	348
服务管理人员	409	150	61
居民	12 500	200	2 500
合计	21 090	/	3 401

充分利用已有的供电电源引入溱湖风景名胜区内,主要是北部溱潼古镇和南部溱湖大道的市政输电线路。按照溱潼镇总体规划要求保留现状110 kV变电所和35 kV,镇区从变电所引10 kV主干线路,完善镇区配电网,在全镇根据用户实际情况建设10 kV配电所,其电源可由10 kV主干线路直接引入,电力线原则上架设在路南侧或东侧,与电信线分开,分置道路两侧。

镇区电力线路应按道路走向及规划的电力线路走廊统一布置架设。镇区中心地段逐步实现10 kV电力线路电缆地埋化。

风景区内主要以主干道为主线引入供电线,配置总开关和分段控制开关,根据现状近期采用架空和电缆埋地敷设相结合,远期至各景点和居民点的线路均沿景区内主要道路采用电缆埋地敷设。对于路灯和广场照明,可采用专线供电、分段控制。

控制要求:核心景区的自然景观保护区和一级风景游览区内严禁建设电力线路。史迹保护区内所有电力线路均应埋地敷设或布置在周边区域。严禁建设与景区设施无关的电力线路穿越景区,且现状架空高压线路,应适时进行迁移或下地。外围保护地带内原则上不宜建设电力架空线路,以埋地敷设方式为主。

2　电信规划

在接待服务中心设邮电所一座,由溱潼镇邮电所管辖,负责溱湖风景名胜区南部地区的需要。由于移动通信的强覆盖和灵活度,规划风景区内除会船文化展示片区、溱潼古镇、湿地生态体验区和部分改造的村庄铺设电信线路以外,其他功能区内采用无线通信,减少投资和对环境的干扰。

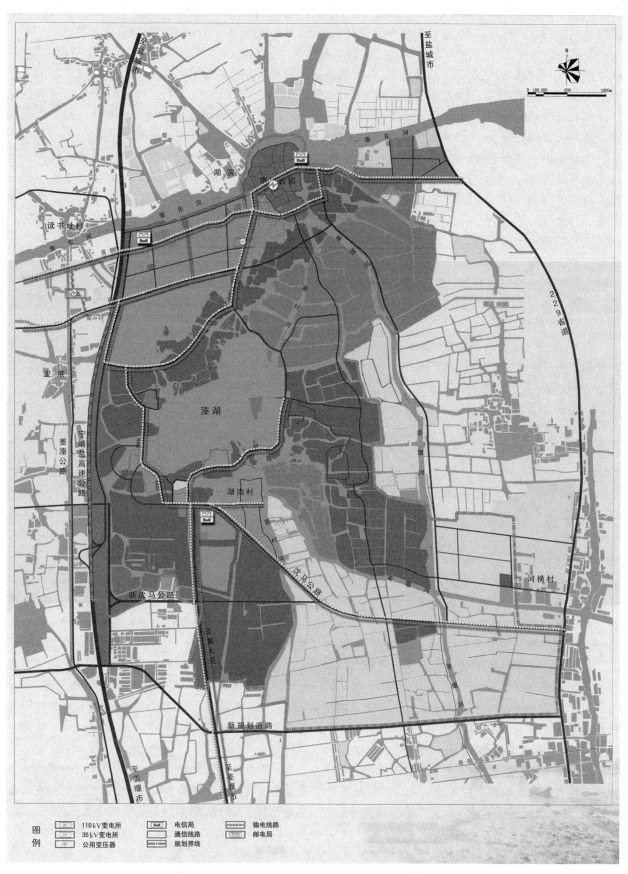

图 7.10 江苏姜堰市溱湖风景名胜区电力电信规划图

控制要求：核心景区的生态保护区、自然景观保护区内严禁建设架空通信线路。史迹保护区、一级风景游览区内所有通信线路均应埋地敷设；严禁与景区设施无关的通信线路穿越景区。现状架空通信线路应适时进行迁移或下地。核心景区的自然景观保护区和一级风景游览区内禁止新建无线移动独立基站；史迹保护区内严格控制新建基站。外围保护地带内不宜新建架空通信线路，所有通信线路均应埋地敷设；现状通信线路在条件许可的情况下，应适时进行迁移或下地；风景区内不宜新建无线移动独立基站，应充分利用现有的设施。

7.6.7 环境卫生设施规划

为了营造干净、舒适的休闲游憩环境，加强环境卫生设施的规划建设与管理水平，关于环境卫生设施的系统规划则是一项重要基础设施保障条件。它主要包括公共厕所和生活垃圾处理设施两类环卫设施系统的规划。公共厕所规划，按照风景名胜区总体规划方案，以数量满足需要、布局合理、建设标准与风景区级别相一致、建筑风格与周边环境相协调的原则进行布置。环境卫生设施的规划设置必须从整体上满足风景名胜区垃圾收集、运输、处理和处置等功能，贯彻垃圾处理无害化、减量化和资源化原则，实现生活垃圾的分类收集、分类运输、分类处理和分类处置。

1) 公共厕所规划

公共厕所是人们比较敏感的环境卫生设施，作为风景名胜区一项基础的配套环卫设施，其数量多少，布局是否合理，建设标准的高低以及建筑形式与外观色彩的选用，都直接影响到风景名胜区内游人的游览舒适程度和景观环境视觉感受环境卫生面貌。

风景名胜区公共厕所按照统一规划、合理布局、美化环境、整洁卫生、方便使用的原则进行统筹规划。风景名胜区内主要观光游览区、商业零售服务区、游客服务中心、休闲广场、停车场等公共场所区域应设置公共厕所。

公共厕所设置数量，可参照如下的标准要求确定：

(1) 游人密集商业服务区公厕服务半径 300～500 m；
(2) 主要观光游览区域 500～700 m；
(3) 一般观光游览道路 700～1 000 m。

公共厕所位置应符合下列要求：

a. 设置在人流较多的道路沿线、大型公共建筑及公共活动场所附近；
b. 独立式公共厕所与相邻建筑物间宜设置不小于 3 m 宽绿化隔离带；
c. 附属式公共厕所应不影响主体建筑的功能，并设置直接通至室外的单独出入口；
d. 公共厕所宜与其他环境卫生设施合建；
e. 在满足环境及景观要求条件下，城市绿地内可以设置公共厕所。

建设与管理标准根据风景名胜区的性质与级别确定，并符合国家《旅游厕所质量等级的划分与评定(GB/T 18973—2003)》要求，一般不应低于二星级的等级标准要求，部分核心地段不低于三星级标准要求，并实行统一专人管理。独立式公共厕所与相邻建筑物间宜设置不小于 3 m 的绿化隔离带，在满足环境及景观要求下，风景名胜区绿地内可以设置公共厕所。独立式公共厕所用地面积 60 m^2/座。具备条件的，应规划建设附建式公共厕所，公厕建筑形式与外立面色彩力求与周边的景观环境、建筑风格相协调。

公共厕所的附近和入口处，应设置明显的统一标志，公共厕所内部应空气流通，光线充足，以防止蚊虫、蝇鼠和臭气扩散。公共厕所的粪便应与风景名胜区或城镇生活污水一并统一收集、集中达标处理排放。没有污水管道的区域，应设立化粪池或贮粪池等排放系统。

案例7.17　江苏省宿迁市骆马湖—三台山风景名胜区总体规划——环卫设施规划（图 7.11）

1　规划目标

风景名胜区内生活垃圾无害化处理率达到 100%，生活垃圾收集容器化达到 100%。垃圾的收集、运输、处理和最终处置，由环卫部门统一管理。

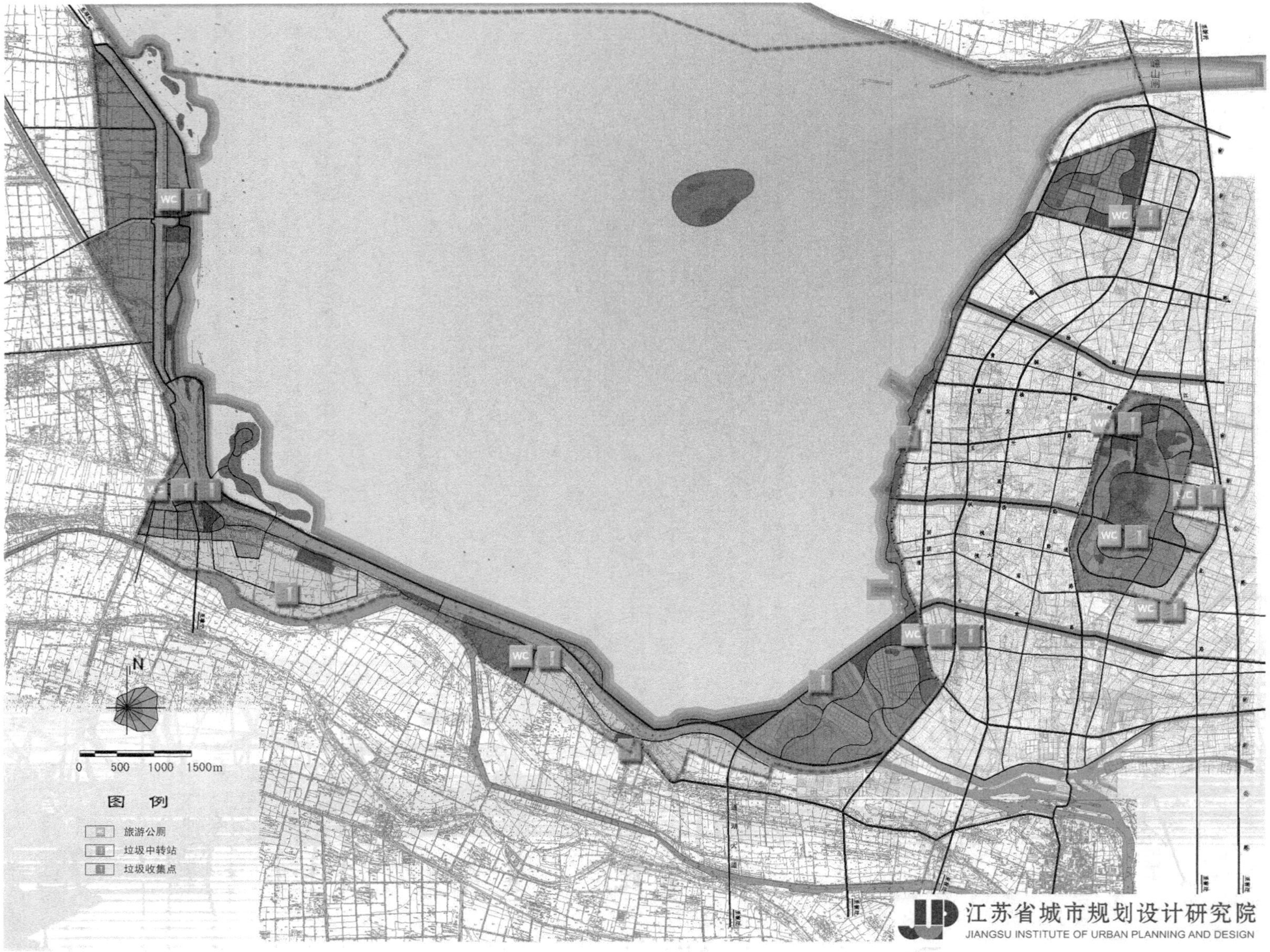

图 7.11 江苏省宿迁市骆马湖—三台山风景名胜区环卫设施规划图

2 垃圾收集处理

风景名胜区内所有垃圾统一运至湖滨新城垃圾处理场处理,规划在三台山和骆马湖两个片区设置小型垃圾中转站,在景区旅游点和主要服务部设置小型垃圾收集点,由风景名胜区管理部门组织人员定期收集、清理、转运至垃圾中转站。

规划完善配套各类环卫设施,逐步实现风景名胜区生活垃圾分类收集,实现垃圾收集运输的容器化、密闭化、机械化。

规划在主要景点附近,约每隔50 m设置一个废物箱;次要景点附近,约每隔100～150 m设置一个废物箱。

对一些范围较大,游人较分散的景区建议采取配发环保垃圾袋的制度,使游人参加到自觉维护环境的行动中来。

3 公厕设置

在风景名胜区综合服务中心和各服务部均设置公共厕所,皆为免水冲卫生厕所,数量与设施功能内容相配套,应根据高峰日游客量而定。

风景名胜区内可根据游人分布密度,沿道路平均每2 km设置1处移动厕所。厕所位置选择要注重隐蔽,不影响视觉景观,但要做好标识系统,方便游客。

2) 生活垃圾处理设施规划

风景名胜区生活垃圾处理设施系统规划包含生活垃圾的收集、清运、处理、处置与利用等几个方面的内容,应满足用地布局,方便社会公众使用,满足卫生环境和景观环境要求;其中生活垃圾收集点、废物箱的设置还应满足分类收集的要求。最终实现生活垃圾的减量化、无害化、资源化处理目标。

(1) 垃圾产生量预测指标　风景名胜区生活垃圾的来源主要包括风景名胜区内游人和管理人员的日常生活垃圾、商业和公共旅游服务行业的商业垃圾、风景名胜区公共场所的清扫垃圾等组成。垃圾主要成分包括废纸制品、织物、废塑料制品、炊厨废物、废弃蔬菜瓜果与废旧包装材料等。随着我国经济发展和生活水平的不断提高,风景区生活垃圾产生量增长不断加快,和城市一样,生活垃圾成分无机物减少,有机物增加,可燃物增多趋势明显。通常生活垃圾中除了易腐烂的有机物和灰土外,其他各种废品基本上都可以回收利用。

风景区生活垃圾产量略低于城市产量,规划预测时,根据风景区所处的不同具体地区,参照城市生活垃圾产生量规划人均指标值选取,由人均指标乘以规划的游人容量则可得到风景区生活垃圾总量。

(2) 垃圾处理设施规划

① 生活垃圾的收集与运输　风景区生活垃圾的收集与清运,是指垃圾产生以后,由相关的容器将其收集起来,集中到垃圾收集站点后,用清运车辆将垃圾运送至垃圾转运站或处理场。垃圾收运系统是整个垃圾处理系统的重要环节,直接影响到垃圾的处理方式。

生活垃圾的收集方法从源头上可分为混合收集和分类收集两种。混合收集,是将产生的各种垃圾混在一起进行收集,该收集方法简单方便,对设施和运输的条件要求低,但不利于后期的无害化处理和资源的回收利用。分类收集,是将风景区所产生的生活垃圾分为可回收物(如纸张类、塑料、织物、瓶罐等)、有害垃圾(如废弃电池、日用化学品等)和其他垃圾三类,通过设置不同颜色的回收容器进行分类回收。对于有回收利用价值的垃圾,应尽可能进行回收利用,实现资源化目标。对于有害垃圾,必须进行焚烧、填埋或特殊处理。对于其他垃圾可视具体情况进行焚烧或填埋处理。

生活垃圾的清运是从各垃圾收集站点把垃圾装运到转运站、处理厂的过程。垃圾清运力求快速、经济和卫生,风景名胜区生活垃圾运输宜采用集装箱式密闭化转动,并实行机械化运输方式,要求日产、日收、日清。风景区生活垃圾收集运输方式的选择,按照保护环境、高效合理、节省投资、为后续处理创造有利条件的原则进行。风景名胜区生活垃圾收集,原则上应采取容器化、密闭化的分类收集方式。垃圾袋装化后,投入设置于风景名胜区内建筑物旁、道路、广场、停车场等处的垃圾收集箱内,垃圾袋装可避免清运过程中垃圾的散失,减少垃圾箱周围臭气和蚊蝇滋生。风景名胜区内垃圾收集箱的设置间距根据道路功能、广场等公共设施性质与游人容量状况选取确定。风景名胜区内主要游览道路每隔80～100 m,一般游览道路每隔200～400 m,在道路两侧设置垃圾收集箱。风景名胜区人流密集区域或景点每隔30～50 m设置一个垃圾桶或果皮箱。风景名胜区内的垃圾箱应美观、卫生、耐用、防雨、阻燃,并力求和周围景观环境相协调。

集中废物处置是解决固体废物的最终宗旨,固体废物资源化是指从固体废物中回收有用物质和能源,以减少资源消耗,保护环境,这有利于环境的可持续发展。为避免垃圾处理过程对风景区景观风貌和环境质量造成影响,节约土地,提高垃圾处理设施的利用效率与处理效益,通常考虑利用周边相邻城镇的垃圾处理、回收利用设施,来实现垃圾无害化处理与资源化目标。通常选择在风景名胜区环境工程用地内,交通条件便利,符合卫生要求的合适位置(如主导风向的下风向)设置生活垃圾中转站。中转站的作用是将从各收集点收运来的垃圾,在中转站换成大型运输车辆或其他运输成本更低的运输工具,送往周边城镇垃圾处理厂或处置厂,同时,必要情况下,还可将转运站设计成具有压缩集装功能的综合性转运站,在此进行垃圾的压缩打包与分选分类,从而提高垃圾运量后续处理效率。垃圾转运站用地面积根据风景名胜区的日垃圾转运量确定。转运站应与周围建筑物保持一定的间隔防护距离,一般不小于5 m。参照《城市环境卫生设施规划规范(GB 50337—2003)》,风景名胜区生活垃圾转运站设置标准参考表7.33确定。

表7.33 生活垃圾转运站设置标准

转运量(t/d)	用地面积(m²)	与相邻建筑物间距(m)	绿化隔离带宽度(m)	转运量(t/d)	用地面积(m²)	与相邻建筑物间距(m)	绿化隔离带宽度(m)
>450	>8 000	>30	≥15	50～150	800～3 000	≥10	≥5
150～450	2 500～10 000	≥15	≥8	≤50	200～1 000	≥8	≥3

资料来源:中华人民共和国建设部,国家质量监督检验检疫总局.城市环境卫生设施规划规范[S].GB 50337—2003
注:1. 表内用地面积不包括垃圾分类和堆放作业用地;
   2. 用地面积中包含沿周边设置的绿化隔离带用地;
   3. 当选用的用地指标为两个档次的重合部分时,可采用下档次的绿化隔离带指标;
   4. 二次转运站宜偏上限选取用地指标

② 生活垃圾处理与处置　风景区规划期内生活垃圾无害化处理率应达到100%。当前,生活垃圾处理方法通常采用填埋、堆肥、焚烧及其他处理方法,其中,相对处理技术比较成熟、操作管理简单、投资和运行费用较低的垃圾填埋方法,应用最为广泛。填埋是指将固体废物填入确定的谷地、平地或废矿坑等,然后用机械压实后覆土,使其发生物理、化学、生物等变化,分解有机物质,达到减容化和无害化的目的。但其占地面积大、垃圾渗滤液二次污染问题突出、填埋过程产生的沼气易爆炸或燃烧、场址选择受地形条件和水文地质条件限制等缺点也较突出。随着我国深入开展资源节约型社会建设的不断推进和经济实力的不断提高,可以大量节约土地资源和最大限度实现垃圾处理再生资源回收利用目标的生活垃圾处理方法,将成为未来垃圾处理方式的必然选择,如采用堆肥与填埋相结合、焚烧与填埋相结合的垃圾综合处理方式,逐步开展垃圾处理综合利用,最终实现减量化、无害化、资源化处理目标。

风景名胜区内所产生的生活垃圾,要尽可能地利用周边城镇生活垃圾处理设施进行处理与处置,最大限度地发挥区域性基础设施的投资建设与处理效益。

7.6.8 综合防灾系统规划

根据风景名胜区名胜古迹众多、依山傍水而建、森林植被茂盛等特点,综合防灾系统规划通常包括森林防火、建筑物防火、防洪排涝、地质灾害防治、森林病虫害防治以及风景名胜区安全预警系统规划五个方面的具体内容。按照"预防为主、防治结合、防救结合"的原则,风景名胜区防灾工作是依据其环境特点和各项功能,确定防灾目标或标准;提出防灾对策措施;布置防灾设施,并注重各灾种防抗系统的彼此协调、统一指挥、共同作用,强调防灾的整体性和防灾设施的综合利用。

1) 森林防火和建筑防火规划

风景名胜区消防规划包括森林防火和建筑防火两个方面的内容,是综合防灾系统规划的重点。其目的是建立、完善风景名胜区内的各项消防安全设施,加强消防管理工作,教育和提高全民消防安全意识等。

(1) 森林防火规划　森林火灾是森林最危险的敌人,也是林业最可怕的灾害,它会给森林带来最有害,最具有毁灭性的后果。

风景名胜区森林防火措施主要包括：

一是，在风景名胜区山林入口处建立森林防火站，对进山游客进行防火宣传教育和防火安全检查，禁止游客将易燃易爆品带入山上；

二是，森林防火期内，禁止在森林防火区野外用火。因防治病虫鼠害、冻害等特殊情况确需野外用火的，应当经县级人民政府批准，并按照要求采取防火措施，严防失火；

三是，森林高火险期内，进入森林高火险区的，应当经县级以上地方人民政府批准，严格按照批准的时间、地点、范围活动；

四是，建立各级森林防火指挥系统，组建专业、半专业扑火队伍和群众义务防火队；购置专业扑火设备和扑火工具；建立畅通无阻的森林防火通信网络；

五是，建立森林防火监控体系，实行森林防火地面巡护和监管制度；在风景名胜区最高峰设立小型防火瞭望塔，实现风景名胜区森林防火瞭望覆盖率达到100%；

六是，必要时建设风景名胜区森林防火阻隔网络，充分利用河流、道路和抗火的经济林、杂阔林以及人工林，把林区分成各自独立封闭又有联系的防火网络；

七是，加强风景名胜区内河、湖、库、塘水体的保护与治理，在作为风景区景观水体同时，充分利用其作为补充消防供水水源。

(2) 建筑物防火规划　　风景名胜区内除了存在为游人服务的公共建筑，古建筑作为观赏游览对象，是国家重要的历史文化遗产，是国家文明的重要标志。

关于风景名胜区建筑物防火措施主要包括：

一是，建设用地规划力求合理布局，民用液化气贮配站点、加油站点等特殊危险设施用地选址应严格遵循相关的规范、标准要求，特别是要保持规范要求的安全防火间距，减少风景名胜区火灾发生隐患。凡古建筑的管理、使用单位，必须严格对一切火源、电源和各种易燃易爆物品的管理。禁止在古建筑保护范围内堆存柴草、木料等易燃可燃物品。严禁将煤气、液化石油气等引入古建筑物内。

二是，禁止利用古建筑当旅店、食堂、招待所或职工宿舍。禁止在古建筑的主要殿屋进行生产、生活用火。在厢房、走廊、庭院等处需设置生产用火时，必须有防火安全措施，并报请上级文物管理部门和当地公安机关批准，否则一律取缔。在重点要害场所，应设置"禁止烟火"的明显标志。指定为宗教活动场所的古建筑，如要点灯、烧纸、梵香时，必须在指定地点，具有防火设施，并有专人看管或采取值班巡查等措施。

三是，凡与古建筑毗连的其他房屋，应有防火分隔墙或开辟消防通道。古建筑保护区的通道、出入口必须保持畅通，不得堵塞和侵占。为预防雷击引起火灾，在高大的古建筑物上，应视地形地物需要，安装避雷设施，并在每年雷雨季节前进行检测维修，保证完好有效。

四是，若涉及古村落或古建筑改造保护，规划设计方案应保持一定的防火间距，相邻建筑物之间必须留出规定的消防间距和消防通道，满足消防车通行需要。参照城市消防规划要求，两建筑物之间的防火间距：一、二级耐火等级之间的距离最少采用6 m，三级与三级耐火等级之间的距离采用8 m，四级与四级耐火等级之间的距离采用12 m。消防通道宽度应不小于3.5 m，净空高度不小于4 m，尽端式消防通道的回车场尺寸应不小于15 m×15 m。同时，较为常见的砖木结构古建筑在更新改造过程中，应采用防火建筑装饰材料或对建材进行防火阻燃处理，提高建筑物防火、耐火等级。

五是，按要求合理布局设置消防站、消火栓、消防水池、消防给水管道等消防设施。参照《城市消防站建设标准（建标152—2011）》规定，风景名胜区需单独设置消防站时，一般可按小型普通消防站标准规划布置，用地控制面积为400~1 400 m²，必要时设置标准型普通消防站，用地控制面积为2 400~4 500 m²，消防站建筑物的耐火等级不应低于二级。风景名胜区内建筑物密集地区主要道路一般每隔120~150 m间距，设置1个室外地上式消火栓，室外消火栓与风景名胜区或城镇供水系统相连通，设有明显标识。

六是，建立、健全风景名胜区内的消防巡逻检查制度，及时发现火灾隐患，重视风景名胜区内居民、游客的消防安全意识宣传教育工作，通过加强防火安全教育，减少人为失误引起火灾的概率。组建风景名胜区义务消防队伍,普及消防知识,增强群众自救和辅助专业消防队伍扑救火灾的能力。

森林防火规划要明确规划目标、规划原则与技术标准,确定消防控制室的位置和面积,确定消防供水网、储水设施,确定森林防火隔离带、森林防火林带,确定消防通讯线路、森林防火瞭望工程、道路交通组织、防火疏散路线,确定灭火装备及规格,明确消防管理内容。

2) 防洪排涝规划

风景区规划范围内或邻近周边存在河流、湖泊等易发生洪涝灾害水体时,会因为降水无法及时排除而引发洪涝灾害,为此,需采取相应的防洪排涝措施或加强对相关防洪排涝安全要求。

风景名胜区的防洪排涝对策应从源头的保护与治理入手,蓄排结合,共同防治。具体措施如下:

(1) 重视风景名胜区内的水土保持、植被保护工作,加强水土流失治理,控制地表径流和泥沙,减少其进入河槽。

(2) 加强风景名胜区内水库、湖泊、堰塘的安全维护,充分利用现有水库、湖泊、堰塘、洼地的拦蓄或滞蓄功能,提高洪水调蓄能力,消减洪峰流量。

(3) 加强风景名胜区内河道、沟渠的疏浚治理工作,并考虑景观要求,设置必要的堤防、护岸、截(排)洪沟等防洪设施,临水建筑与河道保持一定的防护距离。

地势低洼处,应采取相应的防涝措施,如修建排涝泵站等。截(排)洪沟的布置,根据山坡径流、坡度、土质及排出口位置等因素综合考虑,因地制宜,因势利导,就近排放,截(排)洪沟走向宜沿等高线布置,选择山坡缓、土质较好的坡段,并尽可能与风景名胜区内的园林绿化、水土保持、河湖水系规划相结合。

需根据其等级、旅游价值、知名度和受淹损失程度来确定洪灾威胁的风景名胜区防洪标准,受洪灾威胁的风景名胜区防洪标准的确定,根据其等级、旅游价值、知名度和受淹损失程度,参照国家《防洪标准(GB 50201—1994)》相关规定,本着"既要设防,又要适度"的原则,参照表7.34选取。

表7.34 游览设施的等级和防洪标准

景源分级	风景旅游价值、知名度和受淹损失程度	防洪标准[重现期(年)]
一级	国线景点,知名度高,受淹后损失巨大	100～50
二级	国线相关景点,知名度高,受淹后损失较大	50～30
三级	一般旅游设施,知名度较低,受淹后损失较小	30～10

资料来源:国家质量技术监督局,中华人民共和国建设部.防洪标准[S]. GB 50201—1994

若风景名胜区内包含有不耐淹的文物古迹,参照《防洪标准(GB 50201—1994)》规定,根据其文物保护的级别分为三个等级,各等级的防洪标准按表7.35选取。

表7.35 文物古迹的等级和防洪标准

等级	文物保护的级别	防洪标准[重现期(年)]
Ⅰ	国家级	≥100
Ⅱ	省(自治区、直辖市)级	100～50
Ⅲ	县(市)级	50～20

资料来源:国家质量技术监督局,中华人民共和国建设部.防洪标准[S]. GB 50201—1994

对于既是风景名胜区内的文物古迹,也是旅游景点的情况,这类防护对象的防洪标准,应依照上述两者较高的防洪标准来进行规划,其目的在于使该保护对象具有较高的防洪安全度,以更好地保护风景名胜区内的文物古迹;对于风景名胜区内一些特别重要又不耐淹的文物古迹、文化遗产和旅游设施,可以根据具体情况适当提高适当提高其防洪标准。

防洪排涝规划要明确规划依据、规划目标、规划原则与防洪标准,明确防洪水文计算与分析,明确防洪的方针、对策和防治措施,制定防洪工程设施规划、防洪工程规划方案,明确排洪的方针、对策和防治措施,制定排涝工程设施规划,排涝工程规划方案等内容。

3）地质灾害防治规划

地质灾害，包括自然因素或者人为活动引发的危害人民生命和财产安全的山体崩塌、滑坡、泥石流、地面塌陷、地裂缝、地面沉降等与地质作用有关的灾害。风景名胜区地质灾害防治规划，主要是针对风景名胜区内常见的地质灾害，进行有效的监测、预防和抗御。我国的许多风景名胜区都位于山区。以陡、峻、险、奇而闻名的诸多风景名胜区或景点，是自然地质作用的产物，也往往是存在崩塌、滑坡、泥石流等地质灾害隐患的危险区或危险点。

通常情况下，风景名胜区内低山地区的岩石，经过长期的自然风化、剥蚀和侵蚀，其风化壳厚度可达十多米，甚至几十米，当遭遇暴雨和山洪时，极易形成滑坡、崩塌、泥石流等地质灾害，对风景名胜区游人的游览活动和建筑物财产安全造成一定的潜在危险和危害。近年来，特别是在每年的雨季，一些旅游区（点）发生了崩塌、滑坡、泥石流等地质灾害，对游客和当地人民的生命安全以及部分旅游设施造成了极大危害。

风景名胜区滑坡、崩塌、泥石流等地质灾害的区域地段，应采取工程措施和非工程措施（生物措施）相结合的防治方式，进行灾害预防和抗御，包括修筑人工护坡、截排洪沟、导流堤、陡槽；固定坡面，使坡面保持稳定，必要时在滑坡、塌方处设置挡构筑物；以及加强植被覆盖保护，控制水土流失，防止冲刷等一系列的相关防治措施，同时，要加强工程地质勘察工作，避免在滑坡体、塌陷区、断裂带等易发生地质灾害的地段上规划建设各类建设工程项目。

地质灾害防治规划一般包括：①地质灾害现状与发展趋势预测；②指导思想、基本原则和目标；③主要任务；④防治分区划分和评价，包括地质灾害易发区、重点防治区及地质灾害防治重点项目；⑤防治方案；⑥防治实施安排和保障措施等内容。

4）森林病虫害防治规划

森林病虫害防治，是指对森林、林木、林木种苗及木材、竹材的病害和虫害的预防和除治。为有效防治森林病虫害，保护森林资源，促进林业发展，维护自然生态平衡，对于拥有良好森林资源条件的风景区，加强森林病虫害防治工作十分必要。由于全球气候变化和自然生态环境受到污染破坏，诸如近年来在广大南方地区所发生的松材线虫病，流行速度很快，风景名胜区植物一旦遭受，将有可能对森林资源造成毁灭性的破坏危害，必须引起高度重视，并积极采取各种有效的防治措施。森林病虫害防治实行"预防为主，综合治理"的方针。风景名胜区森林病虫害防治措施，主要包括：

（1）在风景名胜区入口处设立检疫检查站，严禁各类带有或易传播病虫害的木材产品进入林区，发现新传入的危险性病虫害，应当及时采取严密封锁、扑灭措施，不得将危险性病虫害传出。

（2）采取有效措施，保护好风景区内的各种有益生物，并有计划地进行繁殖和培养，发挥生物防治作用。

（3）积极采用人工防治诱捕防治、化学防治和飞机喷洒等多种综合性森林病虫害防治措施，逐步改变森林生态环境，提高森林抗御自然灾害的能力。

（4）针对松树林易发生的病虫害的特点，推广采用林下植树的方式，促使松树纯林改变为针阔混交林，提高林分抗病虫害能力。

（5）特别针对风景名胜区内的各种古树名木，采取逐株综合保护措施，防虫去病，提高古树名木的生长力，施药必须遵守有关规定，防止污染环境，减少杀伤有益生物。

森林病虫害防治规划内容包括：①林分状况：树种、郁闭度、树龄、树高；②虫情、病情：病虫种类、虫态虫龄、虫口密度（感病指数）、天敌种类数量；③防治方法：施药方式、用药种类、防治时间；④防治地点：乡、村、面积；⑤效益预测：经费预算、效益预估。一般还需附防治规划示意图，飞机施药作业附飞防作业设计和航带作业图表及文字说明。

5）风景名胜区安全预警系统规划

加大对景区防灾和监测预报的投入，建立景区预警系统，并加强旅游区域求助报警通讯系统建设，保证旅游通讯设施通畅。风景名胜区安全预警系统包括安全救护系统和安全管理系统。

（1）安全救护系统

a. 建立专门避灾防险救护机构和必要的人员设置。在入口区建立救援中心，在景区内服务中心设救护点。

b. 制定旅游安全救护应急预案,成立快速救援队伍,遇有意外,在第一时间作出快速反应,及时处理。

(2) 安全管理系统

a. 设立旅游安全管理机构　景区、景点设立安全岗位流动观察哨,观察和监督防灾、减灾工作。及时检查交通车辆、索道、道路、护栏、险塞景点及可疑人员是防治灾害发生的有力手段。建设监察队伍,严厉查处违法违规行为。

b. 健全安全管理法规体系　制定景区安全管理条例,对游人实施灾害意识教育,以法律手段保护旅游资源和旅游环境,实现安全管理。

c. 完善安全标识系统　旅游线路中雄险陡峭地段,设置警示标志,划定游人活动区和限制区,严禁保护区攀折树木,采集标本植物,增强人们安全防范心理意识。

d. 建立环境容量控制系统　科学测定旅游区环境容量及旅游景点的安全系数,采取空间和时间上的分流及控制门票出售量等途径来进行调控。

e. 建立数字景区和管理信息系统　旅游网站是信息公开、旅游信息发布和品牌展示的重要平台。建立景区视频监控系统、网络服务平台,实现景区游览、森林防火、交通治安和规划建设等景区管理工作24小时监控。

案例7.18　江苏姜堰市溱湖风景名胜区总体规划——防灾系统规划

1 防洪规划

1) 现状分析

里下河地区的湖荡洼地,长期以来存在洪涝威胁。为了减轻洪涝灾害,当地进行开渠挖塘与筑墩等整治工程,风景区范围内的河流主要是泰东河、姜溱河、河横河、黄村河等。溱湖周围有十多条河湖港汊与溱湖有水体交换。这些河流的形成与里下河洼地的排涝、泄洪、航运交通有关。

常水位:1.1~1.2 m;

洪水位:历史最高水位为3.41 m(1991年7月11日),历史最低水位为0.6 m(1979年3月25日)。

2) 防洪工程规划要求

结合环湖景观路建设,形成溱湖重点游览区域防护体系,既是景观路,又是防洪堤。改造溱湖各处圩堤,按规划要求圩堤标准为堤顶4.5 m,并适当加宽,顶宽4 m,坡比1:2,同时进行绿化营造工作,主要景点和旅游接待设施均应按防洪要求修建防洪围堤,确定周边相应的建筑物及场地标高。

应与农田灌溉、水土保持、绿化及给水、排水等结合起来,达到综合利用河、湖、湿地的目的。

处理好风景名胜区建设与防洪工程、城镇建设其他工程的矛盾,如公路、建筑物、电力电讯等,在规划中做到统筹兼顾,合理安排,部分新建设施在规划设计时必须考虑防洪安全。在主要交通干道和游览步道进行一定的土方工程,以保持交通道路的防洪安全要求。在部分地区要退地、退塘还湖,及时进行航道的疏浚工程,清除障碍,提高防洪、泄洪能力。

3) 防洪规划措施

景区的防洪规划应与农田水利规划、水土保持及植树造林规划等统一考虑。主要措施如下:①整治河道。整治溱湖上游河道,提高河道泄洪能力,采用疏浚河床、取直河道等方法。疏浚河床是清疏河床的淤积部分,通常采用挖深而非加宽的办法;取直河道则是为了加大水力坡度,提高河床排泄能力。②整治湿地湖塘。湿地在控制洪水、调节水流方面功能十分显著,是蓄水防洪的天然"海绵"。对湖塘洼地加以保留和整治,用以养鱼垂钓,也可适当连通扩大容量,既可调节气候,增加环境景观,又能蓄积雨水,提高蓄洪能力。

2 消防规划

严格执行《中华人民共和国消防法》、《建筑设计防火规范(GB 50016—2006)》,以防为主,防消结合。按100米的间距设户外消火栓,公共设施旁就近设消火栓,水域设置消防艇。根据建筑保护的具体情况设置消防水泵、消防栓或配备消防水池,室内配备一定数量的手持式泡沫灭火器。为了做好整个风景区的防火工作,应配置电子设施、消防器材、灭火设备等,建立完善的火灾预警系统,同时可利用生物防火隔离带、自然河汊、游览步道等形成护林防火网络。

3 防震规划

新建工程按照国家《城市抗震防灾规划标准(GB 50413—2007)》建设,按照国家相关标准采取必要的工程治理措施,对于重要的建筑尚应采取适当的加强措施,并有效利用风景名胜区内绿地、农田、广场等开敞空间为避震疏散场地。

4 救护规划

道路宽度、材料及承载力都要求保证救护通道能够直接到达各类建筑前,满足救护要求。建立定期巡查制度,及时发现并排除各种危害因素。

建立良好的救护通讯系统,风景区内不留通讯盲区。

直接与游客接触的一线员工应掌握最基本的救护常识和应急抢险的能力。

与姜堰市区的医院建立紧密联系。

7.7 居民社会调控规划

居民社会调控规划是风景名胜区专项规划的重要组成部分。凡含有居民点的风景名胜区,应编制居民点调控规划;凡含有一个乡或镇以上的风景名胜区,必须编制居民社会系统规划。它以保护风景资源和生态环境,促进风景名胜区多功能、多因素协调发展为目的,主要对风景名胜区内一定规模的常住人口(包括当地居民和直接服务、维护管理的职工人口),在居民点、人口规模、经济发展、生产布局、劳动力结构等方面提出科学的调控要求,对居民社会进行整体的控制、调整和布局。

7.7.1 居民社会调控规划的意义

我国发展风景名胜事业已有 20 多年,风景名胜区得到了有效的保护。在这些风景优美的风景名胜区内,由于历史的成因,仍然广泛地分布着一些居民点。这些居民点主要以城市(城镇)、集镇和农村居民点的形式存在。近年来,风景名胜区的开发、保护与城市发展之间的矛盾日益突出,景区内居民点扩张带来一系列的冲突,景区的"城市化、人工化、商业化"现象屡见不鲜。产生这些问题的原因除了规划体制不完善、实施管理力度不够之外,规划本身也存在较大的缺陷。因为许多风景名胜区的规划研究中常常回避居民点问题,所以造成风景名胜区土地的无序利用和资源的破坏。因此,从规划角度采用积极的方式探索并解决此类问题已成为当务之急。

7.7.2 居民社会调控规划的原则

风景名胜区居民社会调控规划应遵循以下原则:

① 严格控制人口规模,建立适合风景区特点的社会运转机制;
② 建立合理的居民点或居民点系统;
③ 引导淘汰型产业的劳力合理转向。

7.7.3 居民社会调控规划的内容

风景名胜区居民社会调控规划内容应包括:风景名胜区居民社会现状、特征与趋势分析;风景名胜区常住人口发展规模与分布;经营管理与社会组织;居民点性质、职能、动因特征和分布;用地方向与规划分布;产业和劳力发展规划等内容。

1) 限定风景名胜区常住人口发展规模与控制

居民社会调控规划应科学预测和严格限定各种常住人口规模及其分布的控制性指标;应根据风景名胜区需要划定无居民区、居民衰减区和居民控制区。

风景名胜区常住人口包括当地居民和职工人口,职工人口又分为直接服务人口和维护管理人口。在规划中控制景区常住人口的具体操作方法是:在风景名胜区中分别划定无居住区、居民衰减区和居民控制区。在无居住区,禁止常住人口落户;在衰减区,要分阶段地逐步减少常住人口的数量;在控制区,要详细制定允许居民数量的控制性指标。

2) 制定风景区居民点系统规划

在居民社会因素比较丰富的风景名胜区可以形成比较完整的居民点系统规划。居民点系统规划应与风景区所在地域的城市规划和村镇规划相互协调,应从地域相关因素出发,在与风景名胜区内外的居民点规划相互协调的基础上,对已有的城镇和村落从风景资源保护、利用、管理的角度提出调控要求;对规划中拟建的旅游基地等,要提出相应的控制性规划纲要。

我国幅员辽阔,风景资源类型丰富多样。在一些面积较大的风景名胜区内,存在着数量不等的小城镇,如衡山风景名胜区的南岳镇、九寨沟风景名胜区的漳扎镇等。那些跨区域、跨市县的大型风景名胜区,如太湖风景名胜区所辖范围内包含的小城镇数量相当多。由于风景名胜区的类型不同,其内部小城镇的数量和现状发展条件也各不相同。只有在认真地进行现状调研的基础上,以风景资源保护为前提,研究确定这些小城镇的性质、规模,科学选择各城镇产业发展方向,合理进行小城镇空间布局、景观风貌建设,才能实现小城镇与风景名胜区的协调发展,开创风景资源保护与居民社会发展"双赢"的良好局面。

规划中,对居民点的具体调控方法,尤其在农村居民点调控体系中,要根据资源保护和新农村建设发展需要,按人口导向趋势,分别划出搬迁型(少数占据重要游览线路或景点,近期需要搬迁的小村落)、缩小型(景区内大部分广为分散的村落,通过外围聚集型居民点的吸引,其人口将渐趋衰减)、控制型(景区内某些规模较大的村落,居民生产稳定,环境条件较好,只要控制人口规模与合理改造,其存在有利于风景区保护和建设)和聚居型(通过政策和经济上的鼓励,在景区外面的非风景地段有规划地改造或新建少数居民点,使它们比景区内居民点有更多的就业机会和更好的生产与生活条件,而成为吸引景区内居民的场所)四种基本类型,分别控制其规模、布局和建设管理措施。

3) 居民社会用地方向及用地布局规划

在风景名胜区居民社会用地规划中,应选择合理的土地利用方式,调整用地结构及布局。不得在风景区范围内安排工业项目、城镇建设和其他企事业单位用地,不得安排有污染的工副业和有碍风景的农业生产用地,不得破坏林木而安排建设项目。

案例7.19　江苏姜堰市溱湖风景名胜区总体规划——居民社会调控规划(图7.12)

1　调控规划原则

(1) 社区受益原则;

(2) 严格控制景区人口规模;

(3) 引导产业转型和劳力合理转向;

(4) 按照镇域总体规划的要求,逐步引导部分居民向镇区集中;

(5) 开展以"改路、改水、改厕、改房、改线和美化村庄"的环境建设原则。

2　调控规划措施

由于风景区内的地形地貌特征,居住形态较为聚集,这样有利于村庄合并。具体而言,位于风景游赏用地、原生湿地观光片区内的村庄,直接作为搬迁对象;区位条件差,对外交通不便,用水通电困难的村庄应向主要道路沿线、发展条件较好的村庄搬迁;因大型或重点基础设施的建设,需要搬迁的村庄,也应该积极搬迁。按照溱潼镇总体规划村镇撤并方案,将溱东、南寺、湖滨、读书址和湖北五个村庄并入镇区;将龙港、洲南、湖西三个村庄并入洲城;湖南村保持不变,从而形成"一镇两村"的格局,即溱潼镇、湖南村和洲城。本次规划修编人口调控坚持因地制宜的原则,将景区划分为搬迁型居民点、缩小型居民点、控制型居民点、聚居型居民点等四种类型。

1) 搬迁型居民点

湖北村、湖西村、东部湿地生态体验区内部的村落、南寺应划为搬迁型,鉴于风景区内村落分散、人口较多,在近期内将居民完全迁出有较大难度。因此,应有步骤、有次序地采取措施引导居民点迁往规划聚居区。在居民迁出之后,保留修缮原有居民建筑,进行绿化景观营造,利用原有的村落布局和建筑,有计划、有步骤地改造为旅游服务点。

2) 缩小型居民点

主要涉及双星村,搬迁型的大部分居民点也应划为缩小型,采取逐步搬迁原则,将居民迁出。

3) 控制型居民点

将湖南村和溱潼古镇划为居民控制区,一方面保证有一定的居民在此生活,另一方面又要控制人数增

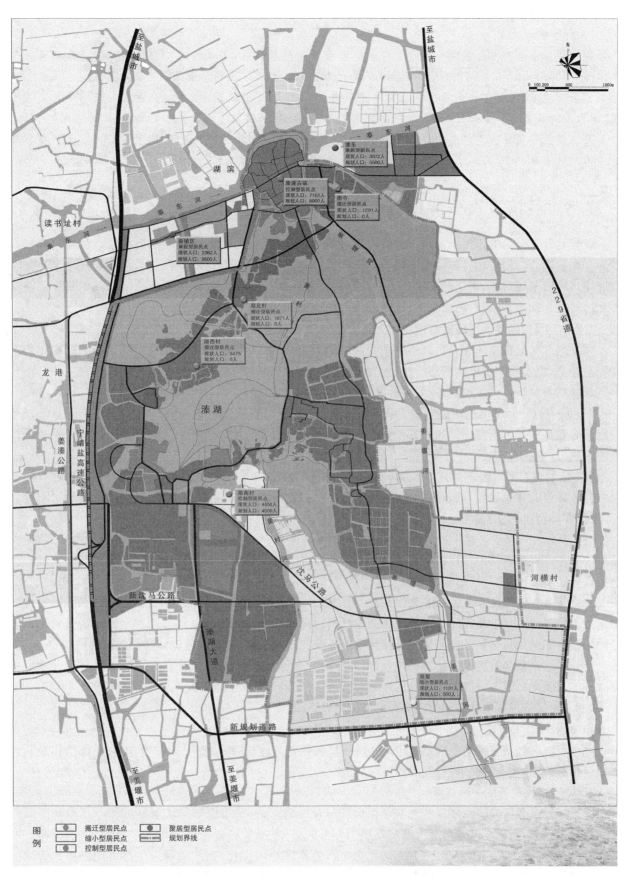

图 7.12 江苏姜堰市溱湖风景名胜区居民社会调控规划图

长。走一条严格控制区内人口，严禁区外人口流入，鼓励居民向城镇迁移的路线。

4）聚居型居民点

规划选择部分对景区景观影响较小的区域划为聚居型居民点，安置迁出的居民，依据《姜堰市溱潼镇总体规划（2004—2020 年）》的规划，聚居型居民点布局在溱潼镇区西侧新镇区和东侧的溱东。

综上所述，湖西村和湖北村统一安置在溱潼镇西侧的居民安置区，湖南村安置在其东侧的集中安置区，新划入的美星村作为居民控制区，今后考虑统一安置在以河横村为主的集中安置区。

原风景区界线范围内共有人口 24 874 人，划出行政村为溱东和西侧的新镇区，共 5 434 人，划入景区范围的行政村双星共 1 191 人，均统一安排搬迁。规划末期景区内人口为 12 500 人。

7.8 经济发展引导规划

风景名胜区是最能体现出人与自然协调发展的典型地区之一，其经济社会发展与常规的乡村和城市空间存在差异，有着自身的特点，因而风景名胜区规划中的经济发展引导专项规划，也与常规的城乡经济发展规划有所不同，这个规划的不同点体现在是将常规经济政策和计划同风景名胜区自身的具体经济条件和性质结合起来，从而形成独具风景名胜区特征的经济发展方向和形态。

7.8.1 风景名胜区经济的特点

风景名胜区是最能体现人与自然协调发展的典型地区之一，其经济社会发展不同于一般的城市经济和农村经济，也不等同于单纯的旅游经济。风景名胜区经济是一种与风景名胜区有着内在联系并且不损害风景的特有经济。具体地说，风景名胜区经济的特点主要表现在以下几个主要方面：

（1）特有性　风景名胜区是一种主要满足人们的精神文化需要的特殊环境，这也是风景名胜区经济与一般区域经济的差别所在。例如第二产业在一般区域经济作为主体，然而在风景名胜区往往受到较为严格的限制，这是在特殊区域中形成的特有的经济系统。

（2）依赖性　景区经济对风景资源有着依赖性。因为风景资源是风景名胜区经济发展的客观载体，所以一旦风景资源遭到破坏，风景名胜区经济就失去了依赖的基础，必将随之衰败；如果风景名胜区不存在了，则景区经济也无从谈起。

（3）服务性　风景名胜区提供的服务包括交通运输服务、饮食服务、住宿服务、导游翻译服务、旅游商品供应服务以及各种其他与旅游直接或间接相关的服务。这种服务不仅是一种为风景名胜区的发展提供直接服务经济行为，而且还影响着风景名胜区第三产业的发展以及风景名胜区相关设施的结构与布局。

（4）限制性　风景名胜区的建设与发展必须建立在风景资源保护的基础上，这是由风景名胜区的性质决定的。风景资源保护使得风景名胜区在产业部门选择和产业空间的布局等方面都会因此而受到诸多方面的限制。如对风景名胜区内产生"三废"污染的工业发展的限制，旅游服务设施建设规模的控制等。

充分了解风景名胜区经济的这些特点，对科学制定风景名胜区经济发展方向和政策具有十分重要的作用。如果我们将其与一般的区域经济同等对待，这对风景名胜区的保护及其建设都会产生不利影响。

7.8.2 经济发展引导规划的内容和措施

1）规划的主要内容

风景名胜区经济发展引导规划应包括经济现状的调查与分析；经济发展的引导方向；经济结构及其调整；空间布局及其控制；促进经济发展的措施等方面的内容。

2）经济发展引导方向的选择

由于风景名胜区经济发展目前普遍存在保护与发展的矛盾、政策引导与法规措施的不足及地区条件差异明显的现象，所以在风景名胜区经济发展引导方向，一方面要通过经济资源的宏观配置，形成良好的产业组合，实现最大的整体效益；另一方面要把生产要素按地域优化组合，以促进生产力的发展。为使前者的经济结构和后者的空间布局两者合理结合起来，就需要正确分析和把握影响经济发展的各种因素，例如资源、交通、市场、劳力、集散、季节、经济技术、社会政策等，提出适合本风景名胜区经济发展的权重排序和对策,确保风景名胜区经济的持续、稳步发展。

3) 促进经济发展引导的措施

风景名胜区经济引导规划应以经济结构和空间布局的合理化结合为原则,提出适合风景名胜区经济发展的模式及保障经济持续发展的步骤和措施。

(1) 以相应的国民经济和社会发展计划、风景与旅游发展战略为基本依据　风景名胜区经济是一种与风景名胜区有着内在联系并且不损害风景资源的特有经济,也是国家和地区、国民经济与社会发展组成部分,对地方经济振兴起着重要的先导作用。就基本国情和现实看,风景名胜区需要有独具特征的经济实力,需要有自我生存和持续发展的经济条件;同时国民经济和社会发展计划确定的有关建设项目,其选址与布局应符合风景名胜区的布局和规划的要求;风景名胜区规划所确定的旅游设施和基础工程项目以及用地规划,也应分批纳入国民经济和社会发展的计划。这就加强了风景名胜区规划与国民经济和社会发展之间的关系。为此,风景名胜区规划应以相应的国民经济和社会发展计划为基本依据,并与相应的旅游发展战略相协调,形成独具风景名胜区特征的经济发展模式。

(2) 实现经济结构的合理化　风景名胜区内的经济产业结构合理化,应在保护好风景资源的前提下,以风景效益为主,兼顾社会经济效益,因地制宜地合理利用风景名胜区的风景资源和经济资源,确定主导产业,追求规模与效益的统一,充分发挥旅游经济和催化作用,形成独具特征的风景名胜区经济结构,保持经济产业结构的合理化。

第一,以保护风景资源为前提,明确各主要产业的发展内容、资源配置、优化组合及其轻重缓急变化,协调风景名胜区的主导产业及其相关产业的发展。各产业部门结构的比例要保持均衡,追求社会效益、生态效益和经济效益的综合全面的发展。例如若风景名胜区仅靠旅游业的单项突进发挥其对经济的"催化"作用来促进工农业的发展,就有可能造成交通运输业的"瓶颈"效应,因此,风景名胜区的主导产业及其相关产业部门必须协调发展,保持合理化的产业结构比例。

第二,明确风景名胜区内旅游经济、生态农业和工副业的合理发展途径,追求产业发展规模与效益的统一。这些经济产业发展的合理途径,应有利于风景名胜区的保护、建设和管理,而且能够促进风景名胜区经济的可持续发展。仅靠规模的扩大不足以发展风景名胜区的经济,还必须依靠效益的增长,而且单个产业部门经济效益的最大化也并不代表综合经济效益达到最佳。

第三,要重视风景名胜区职能结构对其经济结构的重要作用。在单一型结构的风景名胜区中,一般仅允许第一产业的适度发展,禁止第二产业发展,第三产业也只能是有限制地发展;在复合型结构的风景名胜区中,其产业结构的权重排序很可能是旅、贸、农、工、副等;在综合型结构的风景名胜区,其产业结构的变化较多,虽然总体上可能仍然是鼓励鼓励三产、控制一产、限制二产的产业排序,但在各级旅游基地或各类生产基地中产业结构需要因地制宜地灵活制定。

(3) 实现空间布局的合理化　风景名胜区经济的空间布局,主要指风景名胜区产业部门的空间位置选择,它是风景名胜区能否在保护风景资源的前提下开发利用的重要保障。尽管我国风景名胜区类型多样,情况各异,但产业的空间布局仍有一些共同规律,违背了这些规律就难以合理安排风景名胜区经济的空间布局,不但造成对景观和生态的严重破坏,而且妨碍风景名胜区经济的持续发展。

第一,应明确风景名胜区内部经济、周边经济与风景名胜区所在地经济等三者之间的差异、空间关系和内在联系;应有节律地调控区内经济、发展边缘经济、带动地区经济。例如:在有限经营风景名胜区内部经济中,常是挖掘主营一产、限营三产、禁营二产;在重点发展外缘经济中,常在旅游基地或依托城镇中主营三产、配营二产、限营一产;在大力开拓所在地经济中,常在供养地或生产基地中主营一产、二产,在主要客源地开拓三产市场。

第二,应以永续利用风景资源及提高风景品位为前提,明确风景名胜区经济的分区分级控制和引导方向,把生产要素分区优化组合,合理促进和有效控制各区经济的有序发展,追求经济发展和环境保护的有机统一,促进经济生产与自然风景的协调发展,实现风景名胜区经济的空间布局合理化。

第三,明确综合农业生产分区,农业生产基地、工副业布局及其与风景保护区、风景游赏地、旅游基地的关系,科学利用风景名胜区土地,这是风景名胜区经济合理布局的关键。生产、生活用地与风景用地更好地融合,应充分争取生产、生活用地"风景化",用风景审美的眼光去艺术化地规划这些土地,创造出新的风景;科学完善土地质量、生态系统等,提高土地利用集约化水平,充分挖掘风景名胜区内土地后备资源潜力,以提高土地的风景价值,做到地尽其利,物尽其用。

(4) 统筹风景名胜区经济发展,避免经济发展的破坏性倾向　风景名胜区经济的空间消长规律是促进风景名胜区经济发展所必须遵循的,统筹风景名胜区与周边地区经济的协调发展,从而避免因经济发展而给风景名胜区带来的负面影响。

首先,应避免风景名胜区的"城市化"倾向,它是由于风景名胜区部门经济过快发展,尤其是第三产业的商业、饮食住宿业以及交通业,而且在一些游人较多、区位较好的景区景点布局上密度过大,从而给这些地区自然景观的原有风貌及氛围带来了严重的破坏。基于这一点,风景名胜区内旅游村、旅游镇的兴起与发展应十分慎重,它们的布局、规模、数量等必须与优美的自然及人文景观相融合。

其次,应避免风景名胜区的"孤岛化"倾向。它是指由于风景名胜区周围土地的过度开发或经济产业的不合理布局,由于工业化、都市化的发展以及环境污染等问题而使风景名胜区周围环境恶化、风景名胜区资源受到严重威胁的现象。我国风景名胜区,尤其是一些城郊型风景区,"孤岛化"现象早已存在而且相当严重。"孤岛化"问题在风景名胜区内的景区景点同样存在。比如景点周围不合理地布置大量商业、服务设施、有污染的工厂或工场(采石场)等。需要采取有效措施来解决这种"孤岛化"倾向,一方面应将风景名胜区经济纳入整个地区经济统一规划当中,使得风景名胜区域内城镇发展性质和规模合理化。另一方面应在风景名胜区(景区、景点)外围划定适当的保护范围,禁止任何污染性工业部门在保护范围内设置,对于农业、服务业、交通运输业等则采用指导性原则以合理利用土地。

案例7.20　江苏姜堰市溱湖风景名胜区总体规划——经济发展引导规划

1　经济发展引导方向

溱湖风景名胜区是人类与自然协调发展的典型地区,经济活动与发展不同于常规乡镇,是一种与风景区有着内在联系且不损害生态系统的经济发展模式,具有明显的有限性、依赖性、服务性等特征。规划经济发展方向应以资源永续利用和生态品质不断提高为前提,把生产要素分区优化组合,合理促进和有效控制地方经济的有序发展,追求经济效益与环境保护的双赢,形成"致富"与自然风景协调融合的经济格局。与城市、村镇紧密相融的特征,决定了其一产、二产可完全依赖城镇,而在风景区中应重点开拓三产市场,形成以"旅—贸"结合的经济结构。

2　经济发展引导措施

对于溱湖风景名胜区以农村劳动力为主体的农村经济系统,规划进行产业调整发展旅游,重点应强调社区共同参与的模式,具体如下:

现有产业应适当调整,发展富含地方特色的产业,如果园、生态农(渔)业、开展组织绿色农业观光游览,发展垂钓休闲等特色活动,增加居民收入,并使生产活动具有旅游特性。

进行产业转型,部分当地居民改为从事与旅游相关的服务业、商业、娱乐业、公园管理和养护业等,充分发挥居民主人翁的作用,提高整体社区参与旅游的热情。

完成体制改革,精简机构,使经营与管理脱钩,消除本位主义,提高管理和经营的效率。

使生态保护和湿地营建等进一步社会化、企业化,提高质量和效益。

7.9　土地利用协调规划

土地利用协调规划是风景名胜区总体规划的重要组成部分,属于风景名胜区专项规划。土地利用协调规划确定了风景名胜区土地未来发展的利用模式,是风景名胜区保护、建设和管理的重要依据,也是风景名胜区可持续发展的重要措施。

人均土地少和人均风景区面积少是我国的基本国情,必须充分合理利用土地和风景区用地,必须综合协调、有效控制各种土地利用方式。为此,风景名胜区土地利用规划应更加重视其协调作用,突出体现风景名胜区土地的特有价值,一般包括三方面主要内容,即用地评估、现状分析、土地利用规划。

7.9.1 影响土地利用协调规划的因素

风景名胜区土地作为土地的特殊类型,具有游憩、景观、生态等功能,其资源的自然特征和经济特性是影响风景名胜区土地利用协调规划的重要因素。自然特征表现为土地资源的不可再生性、效用的永续性、土地位置的固定性及质量的差异性。经济特性是在土地自然特性基础上人类利用土地的过程中产生的,主要表现在供给的稀缺性、利用方向变更的相对困难性、报酬递减的可能性及利用后果的社会性四个方面。

土地的所有权也影响着土地利用协调规划。由于风景名胜区地域宽广、景区分散,常常跨多个行政区域,往往伴随着管理体制的变更,土地权属变更问题很难理顺,风景名胜区管理委员会未必真正拥有景区土地的所有权和使用权。在土地利用的过程中,土地利用方向的改变往往具有较大的困难,如果决策失误,会造成较大的损失,甚至难以挽回。风景名胜区实行土地国有化,对于加强规划、开发、管理和整治,对于风景名胜区的合理发展、风景名胜区土地的合理利用具有重大的实际意义,它可以保证国家按照整体利益支配、使用、管理好风景名胜区土地,做到"地尽其用",克服土地利用上的短视性、盲目性,保证风景名胜区规划与国土规划、区域规划、城市总体规划、土地利用规划及其他相关规划相互协调。

7.9.2 土地资源的分析评估

风景名胜区土地资源分析评估应包括对风景名胜区内土地资源的特点、数量、质量与潜力进行综合评估或专项评估。综合评估也叫多目标评估,综合评估可在专项评估的基础上进行,它是以所有可能的用途或利益为出发点,在一系列自然和人文因素方面,对用地进行可比的规划评估;专项评估也叫单目标评估,专项评估是以某一种专项的用途或利益为出发点,例如分等评估、价值评估、因素评估等。在风景名胜区规划中,很少作全区整体的土地资源评估,仅在有必要调整的地区、地段或地块作局部评估。它根据风景名胜区各项用地的综合要求、合理分配土地利用的要求来评价土地。一般按其利用程度分为有利、不利和比较有利三种地区、地段或地块,并在地形图上表示。专项评估和综合评估是相对的,相互之间没有固定的界限。有时专项评估和综合评估可以共存于一个评估工作中。

风景名胜区土地资源的分析评估可以为后期的景区土地利用提供基础资料,为预测土地利用潜力、确定规划目标、平衡用地矛盾及土地开发提供依据。

7.9.3 土地利用的现状分析

土地利用现状分析是指在风景名胜区的自然、社会经济条件下,分析全区各类用地的不同利用方式及其结构,包括生态、社会、经济三方面效益的分析。在土地利用现状分析中常用表格、图纸或文字等表明土地利用现状的特征以及风景用地与生产、生活用地之间的关系,对土地利用结构、用地布局和矛盾进行分析,总结土地资源开发利用的方向、发展潜力、条件与利弊以及演变的规律,并列出风景名胜区土地在保护、利用、管理中存在的问题。

7.9.4 土地利用协调规划的内容

1)土地利用协调规划工作任务

风景名胜区土地利用协调规划应在土地利用需求预测与协调平衡的基础上,表明土地利用规划分区及其用地范围,是在土地资源评估、土地利用现状分析、土地利用策略研究的基础上,根据规划的目标和任务,对各种用地进行需求预测和反复平衡,拟定各种用地指标,编制规划方案和编绘规划图纸。规划图纸的主要内容为土地利用分区。

土地利用分区也称用地区划,它既是规划的基本方法,也是规划的主要成果。它是以生态环境保护和风景资源保护优先为原则,充分发挥景源的综合潜力,将风景游赏用地、游览设施用地、居民社会用地、交通与工程用地、林地、园地、耕地、草地、水域等各种用地进行统筹合理安排,控制和调整各类用地,协调各种用地矛盾,限制不适当开发利用行为,实施宏观控制管理的基本依据和手段。

土地利用规划重在协调,其粗细、简繁和侧重点不尽相同。要依据规划阶段、规划任务、基础条件的不同,作出具有实际指导意义的土地利用协调规划。

2）风景名胜区用地分类

风景名胜区用地分类首先以风景名胜区内用地特征和作用及规划管理需求为基本依据，同时还要考虑全国土地利用现状分类和相关专业用地分类等常用方法，与之协调，以便调查成果和相关资料可以互用与共享。风景名胜区用地分类应依据用地分类，应依照土地的主导用途进行划分和归类。风景名胜区用地具体分类如表 7.36。

表 7.36 风景名胜区用地分类表

类别代号			用地名称	范 围	规划限定
大类	中类	小类			
甲			风景游赏用地	游览欣赏对象集中区的用地。向游人开放	▲
	甲1		风景点建设用地	各级风景结构单元（如景物、景点、景群、园院、景区等）的用地	▲
	甲2		风景保护用地	独立于景点以外的自然景观、史迹、生态等保护区用地	▲
	甲3		风景恢复用地	独立于景点以外的需要重点恢复、培育、涵养和保持的对象用地	▲
	甲4		野外游憩用地	独立于景点之外，人工设施较少的大型自然露天游憩场所	▲
	甲5		其他观光用地	独立于上述四类用地之外的风景游赏用地。如宗教、风景林等	△
乙			游览设施用地	直接为游人服务而又独立于景点之外的旅行游览接待服务设施用地	▲
	乙1		旅游点建设用地	独立设置的各级旅游基地（如部、点、村、镇、城等）的用地	▲
	乙2		游娱文体用地	独立于旅游点外的游戏娱乐、文化体育、艺术表演用地	▲
	乙3		休养保健用地	独立设置的避暑避寒、休养、疗养、医疗、保健、康复等用地	▲
	乙4		购物商贸用地	独立设置的商贸、金融保险、集贸市场、食宿服务等设施用地	△
	乙5		其他游览设施用地	上述四类之外，独立设置的游览设施用地，如公共浴场等用地	△
丙			居民社会用地	间接为游人服务而又独立设置的居民社会、生产管理等用地	△
	丙1		居民点建设用地	独立设置的各级居民点（如组、点、村、镇、城等）的用地	△
	丙2		管理机构用地	独立设置的风景区管理机构、行政机构用地	▲
	丙3		科技教育用地	独立地段的科技教育用地。如观测科研、广播、职教等用地	△
	丙4		工副业生产用地	为风景区服务而独立设置的各种工副业及附属设施用地	△
	丙5		其他居民社会用地	如殡葬设施等	○
丁			交通与工程用地	风景区自身需求的对外、内部交通通讯与独立的基础工程用地	▲
	丁1		对外交通通讯用地	风景区入口同外部沟通的交通用地，位于风景区外缘	▲
	丁2		内部交通通讯用地	独立于风景点、旅游点、居民点之外的风景区内部联系交通	▲
	丁3		供应工程用地	独立设置的水、电、气、热等工程及其附属设施用地	△
	丁4		环境工程用地	独立设置的环保、环卫、水保、垃圾、污物处理设施用地	△
	丁5		其他工程用地	如防洪水利、消防防灾、工程施工、养护管理设施等工程用地	△
戊			林地	生长乔木、竹类、灌木、沿海红树林等林木的土地，风景林不包括在内	△
	戊1		成林地	有林地，郁闭度大于 30% 的林地	△
	戊2		灌木林	覆盖度大于 40% 的灌木林地	△
	戊3		苗圃	固定的育苗地	△
	戊4		竹林	生长竹类的林地	△
	戊5		其他林地	如迹地、未成林造林地、郁闭度小于 30% 的林地	○

续表 7.36

类别代号			用地名称	范　　围	规划限定
大类	中类	小类			
己			园地	种植以采集果、叶、根、茎为主的集约经营的多年生作物	△
	己1		果园	种植果树的园地	△
	己2		桑园	种植桑树的园地	△
	己3		茶园	种植茶树的园地	○
	己4		胶园	种植橡胶树的园地	△
			其他园地	如花圃苗圃、热作园地及其他多年生作物园地	○
庚			耕地	种植农作物的土地	○
	庚1		菜地	种植蔬菜为主的耕地	○
	庚2		水浇地	指水田菜地以外,一般年景能正常灌溉的耕地	○
	庚3		水田	种植水生作物的耕地	○
	庚4		旱地	无灌溉设施、靠降水生长作物的耕地	○
	庚5		其他耕地	如季节性、一次性使用的耕地、望天田等	○
辛			草地	生长各种草本植物为主的土地	△
	辛1		天然牧草地	用于放牧或割草的草地、花草地	○
	辛2		改良牧草地	采用灌排水、施肥、松耙、补植进行改良的草地	○
	辛3		人工牧草地	人工种植牧草的草地	○
	辛4		人工草地	人工种植铺装的草地、草坪、花草地	△
	辛5		其他草地	如荒草地、杂草地	△
壬			水域	未列入各景点或单位的水域	△
	壬1		江、河		△
	壬2		湖泊、水库	包括坑塘	△
	壬3		海域	海湾	△
	壬4		滩涂	包括沼泽、水中苇地	△
	壬5		其他水域用地	冰川及永久积雪地、沟渠水工建筑地	△
癸			滞留用地	非风景区需求,但滞留在风景区内的各项用地	×
	癸1		滞留工厂仓储用地		×
	癸2		滞留事业单位用地		×
	癸3		滞留交通工程用地		×
	癸4		未利用地	因各种原因尚未使用的土地	○
	癸5		其他滞留用地		×

注:规划限定说明:应该设置▲;可以设置△;可保留不宜新置○;禁止设置×
资料来源:国家质量技术监督局,中华人民共和国建设部.风景名胜区规划规范[S].GB 50298—1999

风景名胜区用地分类的代号,大类采用中文表示,中类和小类各用 1 位阿拉伯数字表示。本代号可用于风景名胜区规划图纸和文件。

3)土地利用协调规划的原则

在制定风景名胜区土地利用规划时,必须遵循以下基本原则:第一,突出风景名胜区土地利用的重点与特点,扩大风景用地;第二,保护风景游赏地、林地、水源地和优良耕地;第三,因地制宜合理调整土地利用,发展符合风景名胜区特征的土地利用方式与结构。

以上原则,既体现了风景名胜区规划的特点需求,也体现了国家土地利用规划的基本政策和原则。

4)风景名胜区各类用地数量的计算及其平衡

风景名胜区用地的计算分3个步骤:第一步,根据对风景名胜区进行实际调查(现状图上度量和实地测量)的材料,计算出风景名胜区各项用地的构成和风景名胜区总用地;第二步,确定近期和远期的用地指标,并计算出风景名胜区规划期的总用地;第三步,在最后定案的风景名胜区土地规划总平面图上量出各种用地的数据,进行技术经济分析,经过调整后,编出最后的风景名胜区用地平衡表(表7.37)。

表7.37 风景名胜区用地平衡表

序号	用地代号	用地名称	面积(km²)	占总用地(%)		人均(m²/人)		备注
				现状	规划	现状	规划	
00	合计	风景名胜区规划用地		100	100			
01	甲	风景游赏用地						
02	乙	游览设施用地						
03	丙	居民社会用地						
04	丁	交通与工程用地						
05	戊	林地						
06	己	园地						
07	庚	耕地						
08	辛	草地						
09	壬	水域						
10	癸	滞留用地						
备注	____年,现状总人口____万人。其中:(1)游人____ (2)职工____ (3)居民____							
	____年,规划总人口____万人。其中:(1)游人____ (2)职工____ (3)居民____							

资料来源:国家质量技术监督局,中华人民共和国建设部.风景名胜区规划规范[S].GB 50298—1999

风景名胜区各类用地的增减变化,应依据风景名胜区的性质和当地条件,因地制宜实事求是地处理。通常应尽可能地扩展甲类用地,配置相应的乙类用地,控制丙类、丁类、庚类用地,缩减癸类用地。这样可以更加充分地利用风景名胜区的土地潜力,表达风景名胜区用地特征,增强风景名胜区的主导效益。

案例7.21 江苏省宿迁市骆马湖—三台山风景名胜区总体规划——土地利用协调规划(图7.13)

1 土地利用规划原则

与各景区及片区规划相协调;

突出景区土地利用的重点与特点,着重进行控制与引导;

保护风景游赏用地、林地和水源地;

因地制宜调整景区土地利用性质,减少滞留用地,发展符合景区性质与特征的土地利用方式与结构。

2 景区用地控制规划

1)风景游赏用地利用与控制

风景游赏用地是向游人开放的、游览欣赏对象集中区的用地,是游览活动得以开展的主要用地区域,规划在总体上应扩展该类用地的规模。

对于具有生态保护与游赏双重功能的生态林地,要保持和维护原有的生物种群、结构及功能特征,保护典型而有示范性的自然综合体,提高自然环境的复苏能力,提高整个风景名胜区对人为负荷的承载力。在该用地范围内,应通过有序组织游览活动并设置相应的景点设施,制止人为对环境消极影响行为的发生。具体控制要求见表7.38。

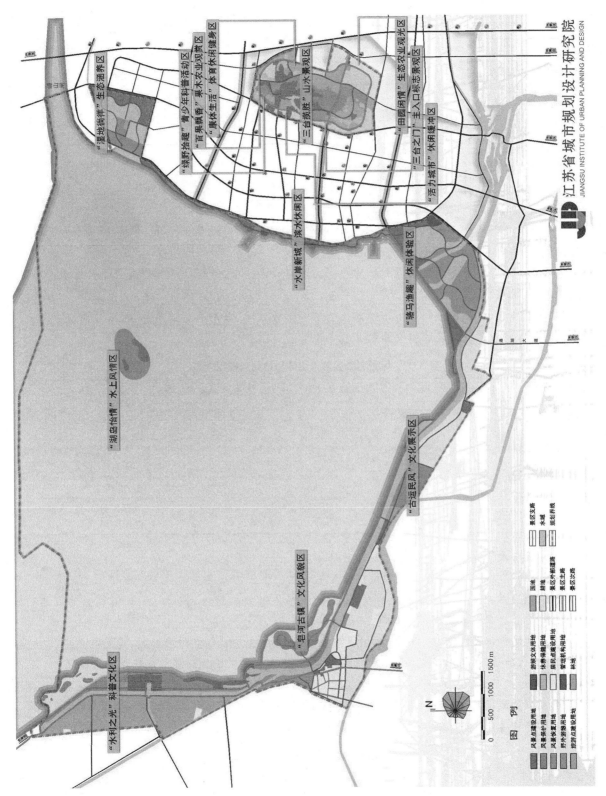

图 7.13 江苏省宿迁市骆马湖—三台山风景名胜区土地利用协调规划图

表 7.38 风景游赏用地利用控制要求

用地类	适建内容	建筑密度(%)	绿地率(%)	建筑限高(m)	保护要求
风景建设用地	各类景观小品、游憩设施	<20	>90	8	不宜进行大型人造景观建设
风景保护用地	生态型、保护型景林、绿地	/	/	/	不宜进行人为开发
风景恢复用地	树阵、水体	/	/	/	改造取土坑,恢复景观
野外游憩用地	疏林、草坪等	/	/	/	不宜进行人为开发
宗教文化用地	宗教建筑、宗教活动场地等	<30	>80	/	注意宗教建筑风格、体量,与环境协调
其他观光用地	农家乐、农业体验设施	<10	>90	6	

2) 游览设施用地利用与控制

游览服务设施包括旅游服务点、游娱文体、休养保健、购物商贸等设施,直接为游人服务。合理的游览设施配置与布局是发展风景名胜区旅游的重要内容。

该类用地开发充分结合保留的建筑,在适当位置增配必要的旅游服务点、游娱文体、休养保健、旅游购物等服务设施,形成风景名胜区合理的游览设施布局。

游览设施用地的开发要充分利用原有地形、水体,按园林式建设,建设大片的绿地。其中建筑宜小巧、精致,要具有统一的风格,并注重群体组合,宜采取江南传统风格为主的建筑形式,高度总体上不超过2层,局部不宜超过4层,要充分利用地方传统建筑的色彩组合方式,以形成格调高雅、极富情趣又具有时代气息的风景名胜区特色建筑。具体控制要求见表7.39。

表 7.39 风景名胜区游览设施用地利用控制要求

用地类型	适建内容	建筑密度(%)	绿地率(%)	建筑限高(m)	备注
旅游点建设用地	各级旅游服务网点、垂钓中心、旅游服务网	<20	>65	8	地方民居风格
游娱文体用地	游娱设施、文化体育、艺术表演	<3	>65	8	不适于引进大型娱乐设施
休养保健用地	康疗、度假设施	<15	>70	11	地方民居风格,防止城市化、商业化
购物商贸用地	购物街	<30	>60	11	地方民居风格、院落式、重视绿化配置

3) 居民社会用地利用与控制

居民社会用地包括居民点建设用地和科技教育用地。由于居民社会用地及居民日常行为对景观有较大影响,因此规划应从控制该类用地发展的角度,对风景名胜区核心地段、敏感地带的居民点规划进行适当缩减或搬迁,对其余居民点实行有效控制。

对于保留、控制的居民村落在建设控制上应充分结合地形、地貌,布局要求自然,建筑密度不宜过高,村落平面布局错落有致,避免整齐划一、单调呆板,竖向上要善于利用植物景观形成优美的天际线。

建筑以当地传统特色的民居住宅为参照,其风格统一但不乏变化,色彩以白、灰、黑为基调,建筑体量小巧,并留有充分的宅间绿地、空地,创造绿化掩映、环境舒适宜人的村落景观。在拆迁、缩减、重建等居民点调控过程中,要注意新老建筑的协调与过渡。具体控制要求见表7.40。

表 7.40 风景名胜区居民社会用地利用控制要求

用地类型	适建内容	建筑密度(%)	绿地率(%)	建筑限高(m)	备注
居民点建设用地	居民点	<30	>60	11	利用、改造,但不得增加建筑密度
科技教育用地	科研基地、科普教育	<15	>70	8	园林化建设

4）交通与工程用地

道路的建设控制，要特别注重合理利用地形，同当地景观和环境相协调，在具体设计时不得因追求等级标准而损伤景源与地貌，不得损坏景物和景观；应避免深挖高填，因道路通过而形成的竖向创伤面的高度或竖向砌筑面的高度，均不得大于道路宽度，并应对创伤面采取恢复性补救措施。

景区道路路面（尤其是步行道路）应以当地材料为主。

风景名胜区外围环路、风景名胜区内的主、次道路均按风景道的景观要求进行建设，停车场均做成生态型、林下型、嵌草型。

5）林地利用与控制

林地对于维护景区的生态平衡、改善环境质量有重要意义。规划需进行保护，限制人类活动干扰，对植被条件较差的地方，提出林地保育和恢复措施，为景区的可持续发展提供生态支撑。

6）园地利用与控制

园地是景区内重要的景观元素和游赏载体，依托现状果林和茶园，保护其免受其他建设活动的侵占，逐步开展园地观光和瓜果采摘等农业体验活动，丰富景区的游赏活动内容。

7）耕地利用与控制

景区内的自然田园是整个风景名胜区人文景观的重要组成部分，必须加强保护，引导农民搞好村庄、田地的环境整治和绿化美化，不以发展地方经济和开发旅游为由任意侵占农田、耕地、山丘和水面，维护清新、恬逸的自然田园风光。

8）水域利用与控制

水体是维持整个游览区良好生态景观的核心，既是体现该区特色的重要元素，也是保持和提高自然环境复苏能力，提高氧、水、生物量的再生能力与速度，提高生态系统稳定性的功能区域。因此，需严格保护水体，避免水质恶化。

（1）规划所有水上项目均采用环保型，确保不对水体造成污染；

（2）严格控制游览区内外各类生活污水排入水体。区内产生的各类污水要处理达标后排放，并采用集中排水系统，不得排入湖中；

（3）加强水库周边及上游谷地的开发控制和生态培育。

3 景区用地汇总

风景名胜区各类用地汇总情况如表7.41。

表7.41 风景名胜区各类规划用地汇总表

用地类型	面积(hm^2)	占总用地比例（％）
风景游赏用地	2 340.06	6.69
游览设施用地	137.52	0.42
居民社会用地	239.94	0.73
交通与工程用地	75.7	0.23
林地	610.29	1.85
园地	68.95	0.21
耕地	767.58	2.33
草地	/	/
水域	28 867.96	87.54
滞留用地	/	/
合计	33 108.0	100

7.10 分期发展规划

分期发展规划是风景名胜区总体规划的重要工作内容之一,主要是指风景名胜区总体规划实施阶段的分期。从风景名胜区规划方面来说,分期规划指明了未来风景名胜区的发展方向,并保证其逐步实现和有序过渡。风景名胜区总体规划的期限为20年,一般分为三期,即近期、远期、远景,有时也可以分为四期,即近期、中期、远期和远景。每个分期的年限,一般须同国民经济和社会发展计划相适应,以便于相互协调和包容。在安排每一期的发展目标与重点项目时,均应兼顾风景游赏、游览设施、居民社会协调发展,体现风景名胜区自身发展的规律与特点。

7.10.1 近期规划

近期发展规划的年限从开始实施的那一年起,时间一般为5年,应与国民经济发展五年计划的相关要求相一致。近期发展规划应提出发展目标、重点、主要内容,并应提出具体建设项目、规模、布局、投资估算和实施措施等。

7.10.2 远期规划

远期发展规划的时间一般是20年以内,这同国土规划、城市规划的期限大致相同。远期规划目标应使各项规划内容初具规模,即规划的整体构架基本形成,并应提出发展期内的发展重点、主要内容、发展水平、投资匡算、健全发展的步骤与措施。

7.10.3 远景规划

远景规划是风景名胜区发展到稳定阶段的风景区发展结构的安排,是对风景名胜区规划作出轮廓性、结构性的部署。远景发展规划的时间一般是大于20年至可以预想到的未来。远景发展规划的目标应提出风景名胜区规划所能达到的最佳状态和目标,是风景名胜区进入良性循环和持续发展的满意阶段。在制定远景规划时,既要使之相对稳定,在具体安排上也要留有足够的灵活性,因此远景规划宜粗不宜细,重点是要把握风景区发展的大方向、大结构。

案例7.22 江苏姜堰市溱湖风景名胜区总体规划——分期发展规划(图7.14)

1 分期发展规划原则

溱湖风景名胜区保护和开发工作是一项需长期运作的系统工程,是一个渐进发展的过程。本次溱湖风景名胜区总体规划修编只是提出一个历史阶段的目标和任务。其开发建设不可能一蹴而就,应采取"点面结合,分期建设,滚动发展"战略,通过阶段性、有步骤的规划目标制定,解决现阶段保护与建设之间的矛盾,前提是在科学规划的基础上,保护好风景资源,并以此为据适度地进行开发建设,分期实施建设项目,达到全方位、高质量、高标准的景区规划目标。

溱湖风景名胜区的开发建设应遵循以下具体原则:

重点突出,兼顾一般;

资源开发与环境保护相结合;

发挥各利益相关者力量,兼顾各利益者的利益平衡,共同受益;

追求经济、社会、环境的和谐发展。

2 分期建设规划

1) 近期(2010—2015年):重点突破阶段

在溱湖风景名胜区现有基础上,调整、整顿、改革的重点突破建设阶段。近期规划的目标与重点是提高知名度,明确性质与定位,创立"溱湖湿地"品牌,打响"溱湖湿地"品牌,结合自身资源特色,内联外引,广泛集资,营造系列化的旅游精品,基本建成规划的主要项目,从原生湿地、里下河文化、水乡民俗、生态农业、渔业等多方面充分诠释湿地魅力,不断拓展和完善旅游功能,使各功能区形成一定的规模。同时,建立完善的环境管理体系,对景区所依托的湿地生态环境进行严格管理监控,将景区建成地方特色浓郁、生态环境优良、旅游特色鲜明、地域经济健康发展的精品旅游景区。

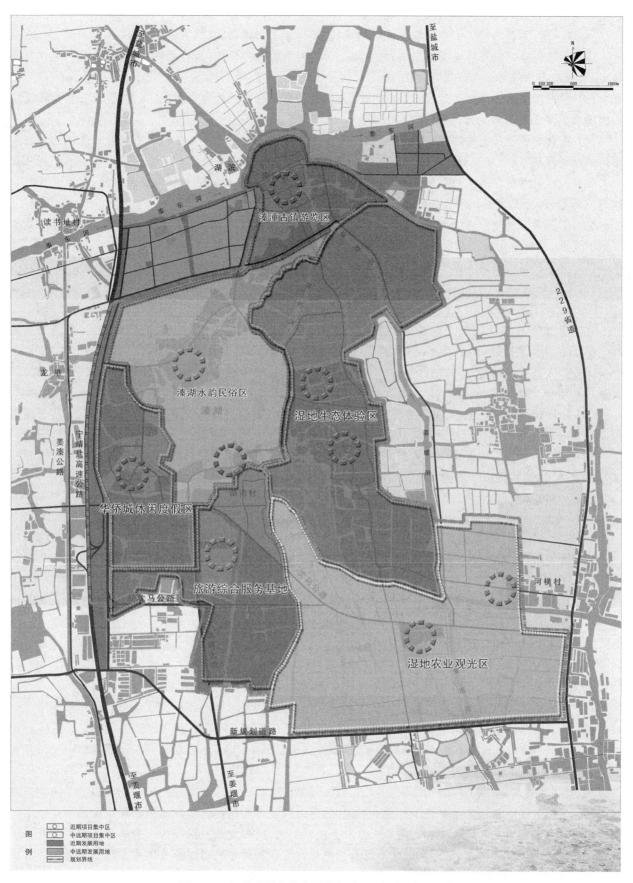

图 7.14 江苏姜堰市溱湖风景名胜区分期发展规划图

近期规划实现以下开发建设目标：

(1)"一湖、两翼、六区"的空间格局基本形成，景点内涵更加丰富，品质有较大提升。

(2)景区内基础设施建设基本完成，重点建设区内的旅游服务设施，提升规模和品质，形成一定的接待能力，具备较高的服务水平。

(3)推出高品位的休闲度假产品，加快由观光向休闲度假目的地的角色转变，为建设"长三角地区著名的湿地休闲度假旅游目的地"的突破阶段。

(4)重点建设湿地生态体验区、溱潼古镇游览区和景区外围的缓冲区，启动建设会船文化展示片区和华侨城休闲度假区，带动风景区开发进入良性循环阶段；对各主要功能分区进行划定，严格控制红线范围。

(5)加强生态环境的保护管理，利用科研院校的力量，合作构建溱湖湿地环境监测系统，对风景区环境进行实时监控，为其发展提供良好的环境基础。

(6)充分调动当地居民的积极性，加强居民素质教育和旅游服务理念指导，通过农家乐等多种形式参与旅游发展，为建设全国湿地生态休闲旅游示范区打下坚实的基础。

(7)大力开拓长三角客源市场，旅游形象更加突出，市场知名度不断提高，初步打响"溱湖古邑，湿地人家"的主题形象。

2)远期(2016—2020年)：全面提升阶段

远期是建设完善期，目标是将溱湖风景名胜区打造成生态和谐、产业结构优化、社会进步、经济高效的综合体。在风景区建设，配套设施，科学管理方面达到完善和规范。远期要实现以下目标：

(1)对近期建设的功能区进行完善的同时，重点启动建设里下河水乡游览片区和湿地农业观光区，以及相应的旅游配套设施，使观光游览、休闲度假设施具有一定的规模和档次。

(2)不断优化景区环境，有效整合资源，完善旅游设施与功能，提升市场吸引力和核心竞争力，塑造和谐共进的全国湿地生态休闲旅游示范区。

(3)按照总体规划的要求和市场需求变化，全面优化溱湖的旅游产品结构，与时俱进，常变常新，提升其全国竞争力，建成国内一流的湿地休闲度假旅游目的地。

(4)利用环境管理系统，对生态环境进行严格的管理监控。

(5)到2020年接待旅游者达213万人次，实现经济效益、社会效益和环境效益的有机统一。

案例7.23　江苏省宿迁市骆马湖—三台山风景名胜区总体规划——分期发展规划(图7.15)

1　规划原则

(1)以保护和改善风景名胜区内原有的湿地和山林生态环境为前提，风景区建设必须经得起历史的检验。

(2)宿迁的特色是"水"和"绿"，要围绕这个特点，做好风景区建设的文章。对于发展旅游，要处理好旅游与经济发展的关系、科学确定分期发展的规模。

(3)搞好路网、绿化、供排水和电力等设施建设，做到基础先行，旅游项目跟上。

(4)协调考虑风景名胜区周边地区发展需要。

(5)能打造知名度及特色景观者优先建设。

基于以上原则，规划整个风景名胜区分近、远两期建设。

2　分期建设目标

1)近期建设目标

(1)近期风景名胜区重点建设沿湖的景观地带，形成风景名胜区内连续的滨湖景观岸线。

(2)近期控制和完善两大片区之间的生态和景观联系廊道，形成相互融合的风景名胜区结构体系。

(3)结合游赏观光要求，规划在近期形成景区完整的机动车和非机动车游览体系。改造三台山片区的现状景区主路连通性，形成通畅的机动交通系统。改造现有环湖道路，理顺与周边城市道路的关系，形成串联骆马湖片区的风景园路系统。

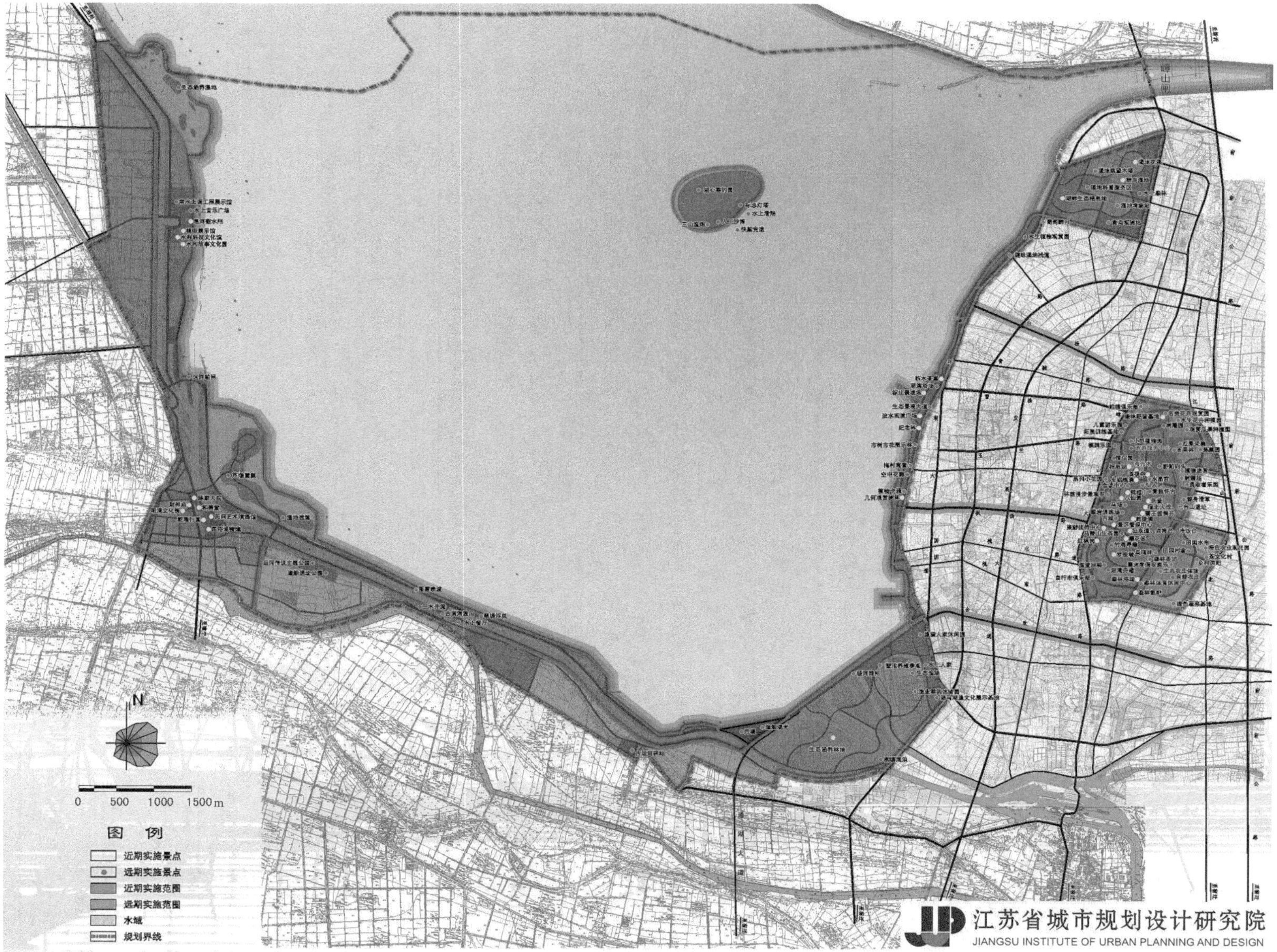

图 7.15 江苏省宿迁市骆马湖—三台山风景名胜区分期发展规划图

(4) 依托骆马湖—三台山风景名胜区的近期重点开发项目,配套建设旅游服务点,提升整个滨湖地区的旅游服务水平。在每个旅游点上,可考虑设置邮政、电信服务站点、停车点、导游小品、餐饮、环境卫生、安全保卫、医疗援助、购物等游览服务设施。

(5) 近期风景名胜区建设与城市建设进度结合,重点建设"三台揽胜"山水景观区、"三台之门"主入口标志景观区、"皂河古镇"文化风貌区、"湿地徜徉"生态涵养区、"水岸新城"滨水休闲区、"水利之光"科普文化区等核心功能区及区内的重点景点,构建良好景观骨架体系。

2) 近期建设重点项目

"湿地徜徉"生态涵养区:近期主要对"湿地徜徉"生态涵养区内的生态湿地资源进行有效的保护,建设湖畔生态栖息地、群岛湿地、湿地花溪等湿地生态观光景点,形成整个风景名胜区的生态保护示范区,展现风景名胜区的湿地生态景观特色。

"三台揽胜"山水景观区:近期主要完善相思湖、菩提寺等现状景点的游览及接待功能,结合消防观望塔设置观光塔,恢复建设青墩、罗珠墩、古城、老营、藏军洞、锅框山、女娲炼铜、霸王扳倒井、宿北大战遗址等历史人文景点,同时建设樱花谷、红枫岗、森林氧吧、森林浴场、森林野营基地、健身步道等生态型的旅游项目,打造三台山片区的主体景观区,带动整个风景名胜区旅游发展。

"三台之门"主入口标志景观区:近期主要建设标志性的主入口景观、旅游接待中心、景区管理中心,完成建设区域内的居民拆迁和安置,配套齐全的健身设施和活动场所,营造健康的度假环境,打造最具活力和创意的休闲娱乐设施,形成功能相对完善的旅游服务基地,集聚人气,带动风景区的发展。

"皂河古镇"文化风貌区:依托现状皂河古镇丰富的历史文化遗迹和浓郁的人文资源,改善和整治乾隆行宫、陈家大院等原有景点的周边环境,同时建设明清文化街、民俗博物馆、民间艺术演绎馆等以历史人文展示景点,凸显风景名胜区的人文景观特色,带动沿运河人文景观风貌带的建设。

"水利之光"科普文化区:近期改善水利工程和水利枢纽周边的景观环境,建设模型展示厅、水利故事文化园、皂河翻水闸观景台等景点,营造和烘托水利工程设施的景观风貌,展现风景名胜区的独有的水利工程景观特色。

"水岸新城"滨水休闲区:结合宿迁湖滨新城的建设,在"水岸新城"滨水休闲区内建设景观标志塔、滨水观演广场、临水茶室、纪念林、几何观赏树阵、运动健身林地、滨水花堤等景点,为风景名胜区聚集人气,同时满足新城建设发展的需求。

表 7.42　骆马湖—三台山风景名胜区近期重点建设项目表

近期重点建设景区	近期重点建设项目与景区	建设理由
"湿地徜徉"生态涵养区	湖畔生态栖息地、群岛湿地、湿地花溪	湿地生态保护示范
"三台揽胜"山水景观区	相思湖、菩提寺、青墩、罗珠墩、古城、老营、藏军洞、锅框山、女娲炼铜、霸王扳倒井、宿北大战遗址、樱花谷、红枫岗、森林氧吧、森林浴场、森林野营基地、健身步道	人文资源恢复与山林生态的保护资源
"三台之门"主入口标志景观区	主入口景观、旅游接待中心、景区管理中心	打造风景名胜区、建设旅游服务体系
"皂河古镇"文化风貌区	乾隆行宫、陈家大院、明清文化街、民俗博物馆、民间艺术演绎馆	优秀历史人文景观的保护与挖掘
"水利之光"科普文化区	模型展示厅、水利故事文化园、皂河翻水闸观景台	展现独有的水利工程景观资源
"水岸新城"滨水休闲区	景观标志塔、滨水观演广场、临水茶室、纪念林、几何观赏树阵、运动健身林地、滨水花堤	与湖滨新城建设的互动

3) 远期建设目标

远期建设将延续近期建设成果,补充景区功能,完善景观体系。

远期建设的目标是完善风景名胜区的各景区和景点的建设,打造一系列各具特色的精品景观。

整合景观空间,形成完整生态景观和人文景观体系;在风景名胜区内形成完整的廊道连接体系,将风景名胜区的各片区有机联系,构建山林—城市—湿地—水体自然过渡的风景名胜区生态结构;形成顺捷通畅的道路交通体系、方便快速的旅游服务体系,最终将风景名胜区打造成为"湖光山色相映、碧水城林共生"的湖滨生态休闲之都。

7.10.4 投资估算

风景名胜区规划建设需要进行投资估算,也称投资匡算。

1) 投资估算依据

根据风景名胜区的特点,风景名胜区规划的投资一般包括景点资源保护投资、景点建设投资、基础设施建设投资和其他投资等。不同类别的投资项目可通过查阅国家或地方现行相关文件规定和标准,具体参照国家或地方类似工程的造价经济指标加以估算。例如:(1)资源保护费用:依据国际、国家或地方资源保护的估价经济指标加以匡算。(2)建筑工程费:依据工程各子项建设内容、所属行业,根据国家有关工程预算定额,按照各行业主管部门颁发的有关工程估算编制办法、估算指标和地方计价、费用定额,参照类似工程投资指标,并结合当地实际情况进行估算。(3)设备购置费:按现行市场价格估算。(4)安装工程费:按工程量并结合当地实际情况进行估算。(5)建设单位管理费、勘测设计计费、工程监理及质检费、职工培训费、联合试运转费及其他工程费用按工程各子项,依据行业有关规定、标准分别计列。

2) 投资估算的具体项目

风景名胜区规划投资估算的具体项目一般包括景点建设、风景资源保护、服务设施、道路、供电、通信、给排水、造林、居民或单位动迁、管理机构建设等工程项目。估算的投资额是风景区建设规模的重要标志。在编制规划大纲和总体规划阶段,均要有总的投资估算和各单项规模的投资估算,并要确定近、中、远各规划期阶段的投资额与投资渠道。风景名胜区近期建设规划的投资项目包括:景点建设、景区土地征用、景区道路系统、景区环境治理、美化工程、景区配套基础工程、景区配套服务设施、景区农户搬迁、景区宣传、景区管理人员培训以及其他不可预见费用等。

3) 投资估算的范围

近期规划的投资估算要求详细和具体一些,并要求反映当代风景名胜区发展中所普遍存在的居民社会调整问题。因为在大多数风景名胜区,如果缺少居民社会调整的经费及渠道,一些规划项目就难以启动。因此,近期规划项目和投资估算应包括资源保护、风景游赏、基础设施、居民社会调整4个职能系统的内容,并反映四者的相关关系。同时,还应包括保育规划实施措施所需要的投资经费。

远期规划的投资估算,相对概要一些,居民社会因素的可变性较大,可以不作常规考虑,因而远期投资估算通常由风景游赏和旅游设施2个系统的内容组成,并反映二者的相关关系。规划中投资总额的计算范围,通常由规划项目的投资估算组成,要求可以相对粗略。

4) 估算资金的筹措

关于投资估算的资金筹措,主要有:政府(中央、省、市、县)专项资金投入,引进外资和民间自筹(企业资金、个体资金)等。

7.10.5 效益估算

效益估算包括生态效益、社会效益及经济效益。

1) 生态效益

自然生态环境的保护是推进景区旅游业可持续发展的根本所在,要把改善生态环境和发挥生态效益作为风景名胜区建设的核心任务。

(1) 通过对风景名胜区自然生态环境的整治和保护,通过保护和增加森林植被,可加强风景名胜区的水源涵养功能,改善风景环境,保持生态平衡,产生显著的生态效益。

(2) 通过退耕还林、封山育林、景区绿化、文物保护等一系列项目的建设,将进一步改善风景名胜区生态环境,有效地防止水土流失、土地沙漠化。天然植被的保护和绿化,将改善景区的环境,给景区营造更为绚丽的景色。

(3) 通过环保型公厕、排污设施、垃圾处理站等一系列基础设施的建设,将使大量游客到来造成的环境保护压力降到最低限度,使景区环境免遭破坏,对景区生态环境起到主动、积极的保护作用。

2) 社会效益

社会效益一般表现在:

(1) 有利于实现风景名胜区的"科学规划,统一管理,严格保护,永续利用"目标。科学地制定风景名胜区规划,突出景区特色,有计划、有步骤地进行景区各项建设,更好地保护和有效地利用风景资源,防止城市化倾向,避免过度商业化利用和人工化改造,为景区管理提供依据,使其可以永续利用,造福社会。

(2) 有利于不断完善景区基础设施建设,促进资源的合理利用,优化景区形象。通过对景区自然生态环境的保护和风景资源的合理利用,进一步推进当地交通、邮电通信、市政建设等基础设施的建设,可大大改善风景名胜区旅游环境,提升旅游形象,带动当地社会经济的全面发展。

(3) 有利于解决农村剩余劳动力,稳定社会环境。发展旅游业是长期解决部分农村剩余劳力最好的途径,使农村劳力可直接从事旅游服务,如餐饮、住宿、交通、旅游商品等,可极大地增加当地社会就业机会,减少待业人口,带来社会的稳定和繁荣。

(4) 有利于加速当地精神文明的建设,提高当地的居民素质。随着旅游业的发展,游客的不断增多,这给当地人民群众提供了对外的交流机会,更新当地人的思想观念,开阔视野,大大提高当地人文化修养,为景区的社会精神文明建设打下了良好的群众基础。

3) 经济效益估算

风景名胜区经济效益估算:(1)根据规划建设的投资匡算、贷款资金银行利息、各年度生产与经营管理费用,计算出开发成本;(2)根据规划设计的游览接待环境容量、客源市场状况和旅游发展趋势,预测各年度的旅游收入,扣除税收,减去开发成本,计算出各年的盈利和投资回收期。

■ 课后习题

1. 保护培育规划的原则、内容、意义有哪些?
2. 风景游赏规划中景区规划内容有哪些?
3. 游人容量的量测方法有哪些?
4. 典型景观规划目标、原则、内容有哪些?
5. 旅游服务设施的建设及控制的原则与方法有哪些?
6. 游客规模的预测方法有哪些?
7. 道路交通规划的原则与要求有哪些?
8. 基础工程规划的主要内容和原则有哪些?
9. 居民社会调控规划的原则、主要内容有哪些?
10. 经济发展引导规划的内容和原则有哪些?
11. 风景名胜区用地分类的意义及内容有哪些?
12. 分期发展规划的内容有哪些?

8 风景名胜区规划的审批

■ **本章提示**
1. 了解我国风景名胜区规划审批现状及国外国家公园的审批体制；
2. 掌握风景名胜区规划送批文件的主要内容；
3. 掌握风景名胜区规划的审批程序。

8.1 规划审批

8.1.1 我国风景名胜区规划审批现状

自1982年国务院审定公布了我国第一批国家级风景名胜区以来，我国省级和市县级风景名胜区大都陆续编制了总体规划，部分已报经省、市人民政府批准实施，有些景区还配套编制了详细规划。截至2005年，全国177处国家级风景名胜区中已有91处总体规划报经国务院批准；各地风景名胜区主管部门依据住房和城乡建设部（以下简称住建部，原为建设部）《国家级风景名胜区规划编制审批管理办法》和《风景名胜区建设管理规定》等上位规定，制定了相关管理规定，以加强景区规划编制和实施管理。有的风景名胜区划定核心景区，编制保护规划，确定保护重点和保护措施，严格限制核心景区内与风景资源保护无关的各种工程建设。如安徽省结合规划编制，与国家重点院校、科研机构合作，开展了风景名胜区生态环境、生物物种资源的调查和监测。浙江省建设厅坚持风景名胜区建设项目的审查报批和"一书两证"制度，国家级风景名胜区的重大建设项目和近期建设详细规划须经建设厅审查并报住建部批准后方可实施。四川省建设厅加强对风景名胜区规划和整治效果的监督管理力度，形成了完善的行政检查、行政纠正和行政追究机制，保证了规划的正常实施和综合整治工作的顺利开展。

1999年颁布的《风景名胜区规划规范》中规定，我国的国家级风景名胜区（National Park of China），相当于国外的国家公园（National Park），而我国的风景名胜区系统则对应于国外的国家公园系统。1872年美国建立了世界上第一个国家公园——黄石国家公园，开创了世界国家公园的先河，相比之下，我国的风景名胜区的发展起步较晚，很多方面工作都有待改进，了解和研究国外的国家公园的规划和审批体制，有助于完善我们的规划建设工作。

8.1.2 国外国家公园规划审批体制

总的来说，国外的国家公园在规划方面有着严格的操作系统，大都由专门的机构组织规划编制，而我国风景名胜区的规划设计单位多为各级城乡规划院、风景园林规划设计院、大专院校的有关院系的设计部门等，这些规划设计单位在风景名胜区的发展中起了一定的积极作用，但不能忽视的一个问题是这些规划设计的质量参差不齐，且风景名胜区的规划有自身独特的要求，涉及保护、建设、管理等多个方面，并不是任何人、任何设计机构都能承担的，它需要相应的经验和资质。

在规划的程序上，国外国家公园大都遵循总体规划—详细规划的顺序，且十分注重民众的参与，重大举措的决定还必须向公众征询意见乃至进行一定范围的全民公决。如1970年加拿大国家公园管理局颁布的班夫、约翰、柯坦纳和贾斯帕4个国家天然公园的初步规划，拟定在路易斯湖畔建立休养村，遭到了民众广泛而又尖锐的批评，终于在1972年被迫放弃了。

此外，国家公园管理资金来自慈善募捐等社会来源，完善的志愿者参与体系也进一步扩展了公众参与国家公园管理事务的渠道。近年来，在国内的各种公共事务的决策中，政府也逐步注意将公众的意愿和意见纳入到决策体系中来，如风景名胜区规划及审批过程中各种形式的民意调查、公众听证会等，都体现了风景名胜作为公共自然资源,其管理决策过程中公众参与程度的提高;而今后将这些参与形式正式纳入到规划审批决策体系中来,使之制度化、程序化,则是风景名胜区主管部门工作的一个方向。

以美国为例,经过一百多年的发展,美国的国家公园系统已经相当完善,主要体现在其规划和审批方面,即规划的高度一致性和审批的全民性。美国国家公园规划设计一般由国家公园管理机构提出申请,国家公园管理局同意立项后,拨专款由其下设的丹佛规划设计中心全权负责规划事宜,编制完成后报国家公园管理局,经审批同意后报国会审批通过。这样做的目的是:一方面保证其规划设计的质量,阻止违反规划的事情的发生;另一方面也将责任统一到一个职能部门,避免权力的分散。

丹佛规划设计中心有职员将近700人,其中有风景园林师、生物、生态、地质、水文气象等各方面的专家学者,以及经济学、社会学、人类学的专家。国家公园的各项单体设计和施工监理也是由丹佛规划设计中心负责,以便保证总体规划(15年左右)—控制性详规(在总体规划的原则下进行)—近期规划(5年左右)—单体设计的一致性。而规划设计在上报之前必须先向当地及国家公园所在州的国民广泛征求意见,否则参议院将不予讨论。

8.2 风景名胜区规划送批文件的主要内容

风景名胜区总体规划的送批文件一般包括以下内容:规划文本、规划说明书、规划图纸、基础资料汇编等,其中,报送住建部审批的国家级风景名胜区总体规划的材料还应包括其省、自治区、直辖市人民政府的规划评审意见以及送审报告。

风景名胜区详细规划的送批文件可根据具体情况有所增减,一般包括各种规划文本、规划图纸以及规划评审意见等;其中,报送住建部审批的国家级风景名胜区详细规划应当包括省、自治区、直辖市建设(规划)行政主管部门的规划评审意见以及初审报告。国家级风景名胜区的重点保护区、重要景区的详细规划,由省、自治区、直辖市建设(规划)行政主管部门初审,报住建部审批。报住建部审批的国家级风景名胜区详细规划应当包括下列材料:规划文本、图纸以及规划评审意见和省、自治区、直辖市建设(规划)行政主管部门的初审报告。经批准的国家级风景名胜区规划,任何单位和个人不得擅自改变。对风景名胜区性质、范围、布局等重大内容以及详细规划进行调整或者修改,应当报原审批机关审查同意。调整或者修改后的规划应当报原审批机关批准后实施。非国家级风景名胜区的详细规划,由省、自治区、直辖市建设(规划)行政主管部门审批。

8.2.1 规划文本

规划文本是实施风景名胜区总体规划的行动指南和规范,应以法规条文方式书写,直接表述风景名胜区总规的规划结论,对风景名胜资源的保护应当做出强制性规定,对资源的合理利用应当作出引导和控制性规定。

规划文本大小要求A4版,装订成册。封面内容包括规划项目名称、注明"规划文本"、规划期限、规划编制单位(含风景名胜区管理机构或其所在地县级以上人民政府)、规划上报日期。

规划文本一般应包括以下内容:

(一)总则

(二)风景名胜区范围与性质

(三)风景资源评价结论

(四)规划目标与发展规模

(五)功能分区与规划布局

(六)保护培育规划

(七)风景游赏规划

(八)典型景观规划

(九)游览设施规划

（十）道路交通规划

（十一）基础工程规划

（十二）居民社会调控规划

（十三）经济发展引导规划

（十四）土地利用协调规划

（十五）近期保护与发展规划

（十六）实施规划的措施建议

（十七）附则

总则应包括规划编制目的、依据、指导思想与原则、规划期限以及涉及本规划的其他相关规定。规划期限一般为15～20年,近期规划期限一般为5年。

确定风景名胜区的范围,应当保持自然景物、人文景物的完整性和地域分布的连续性,有利于资源和生态的保护和利用,兼顾与行政区划的协调,并应明确详细的四至界线,利于设立界标。

风景资源评价一般阐述资源分类和风景资源价值重要性等方面的评价结论。

规划目标一般应包括风景资源的保护目标和资源合理利用的发展目标。发展规模要以确定环境、生态、人口合理容量为基础,制定发展的控制规模。

功能分区应明确规定用地布局,采用分级方式,规定不同分区用地可开发利用的强弱程度,以体现资源保护和开发利用不同程度的要求。根据不同分区用地可开发利用的强度规定,统筹兼顾,协调安排,综合划定各级景区、各类保护区、服务基地、居民区和其他需要的功能区,并对风景名胜区资源保护、基础工程、服务设施等制定科学合理的总体布局。

保护培育规划应确定分类和分级保护地区,分别规定相应的保护培育规定和措施要求。在保护培育规划中,要将分类和分级保护规划中确定的重点保护地区(如重要的自然景观保护区、生态保护区、史迹保护区),划定为核心景区,确定其范围界限,并对其保护措施和管理要求作出强制性的规定。在保护培育规划中应根据实际情况的需要对当地历史文化、民族文化、传统习俗等非物质文化的保护作出规定。

风景游赏规划应提出景区的景观特征和游赏主题,并提出游赏景点以及游赏路线、游程、解说等内容的组织安排。

游览服务设施应相对集中,规模合理,设置符合用地布局和功能分区的要求,并应严格限定在核心景区以及其他实施严格保护区域以外的地区。

基础工程规划一般包括道路交通、给水排水、供电能源、邮电通讯、环境卫生、环境保护、防火、防洪、防灾等专项规划。

居民社会调控规划主要是对涉及的旅游城镇、社区、居民村(点)和管理服务基地提出发展、控制或搬迁的调控要求。

经济发展引导规划应提出适合本风景名胜区经济发展的方向和途径,对不利于风景资源和生态环境保护的经济生产项目提出限制和调整等相关要求。

对居民社会调控、经济发展引导等若干专项规划,可以根据风景名胜区的类型、规模、资源特点、社会及区域条件和规划需求等实际情况,确定是否需要编制。

土地利用协调规划应按照用地布局、功能分区和规划布局的要求和安排,按用地分类和使用性质,进行用地的综合平衡和协调配置。

近期保护与发展规划应对5年近期规划期内的保护和建设项目作出合理的安排,并提出初步的项目投资预算。

实施规划的措施建议可包括规划公示、法制建设、实施保障政策、机构与队伍建设等方面的内容。

附则一般包括规划解释权限单位、实施日期、规划实施监督部门等。

8.2.2 规划说明书

规划说明书是对规划文本的详细说明,是对规划内容的分析研究和对规划结论的论证阐述,应在规划文本内容的基础上增加有关现状的分析和说明。

规划说明书可以对规划编制过程、规划中需要把握的重大问题等作前言或后记予以说明。编制的规划属于新一轮修编的,应当在说明书前言或后记中说明对上一轮规划实施情况的评述,对存在的问题进行分析和阐述,对修编规划背景、重大调整内容等作出说明。

规划说明书应阐述风景名胜区地理位置、自然与社会经济条件、发展概况与现状等基本情况,对风景名胜区的发展战略与规划对策进行分析与说明,并对照规划文本中的条文内容,对相应内容的现状条件、存在问题等作出分析或说明,对规划确定的原则、目标、规定、结论、措施等内容进行必要的说明。

规划说明书可采用 A4 版或 A3 版,装订成册。封面内容注明"规划说明书",其他内容同规划文本。

8.2.3 基础资料汇编

基础资料汇编主要是整理汇编规划工作中涉及或使用的各相关基础资料、数据统计、参考资料、论证依据等内容。一般涉及区域状况、历史沿革、自然与环境资源条件、资源保护与利用状况、人文活动、经济条件、人工设施与基础工程条件、土地利用以及其他资料。

基础资料汇编中的文字资料、数据、附图等要准确清晰、简明扼要,统计数据要反映近期状况、准确有效,并且文字叙述可与图、表相结合。

基础资料汇编可采用 A4 版或 A3 版。封面内容注明"基础资料汇编",其他内容同规划文本。

8.2.4 规划图纸

规划图纸应当准确表示规划内容所处的地域或空间位置,规划图纸所表达的内容清晰、准确,与规划文本内容相符。现状图、规划图应分别表示。

所有规划图纸应图例一致,并应与其他相关的规定图例保持一致。

规划图纸的内容和深度要求应符合规划规范的要求。

规划图纸可采用 A4 版或 A3 版,规划图纸为 A3 版的,图纸可以折叠并与规划文本装订成 A4 版规格,也可以单独装订图册。

规划图纸要标明项目名称、图名、图例、风玫瑰、比例尺、规划期限、规划日期、编制单位等内容。总体规划的主要图纸应符合表 8.1 的规定。表中对规划图纸作了比较具体的规定,这些规定的产生,一方面是工作的实际需要,另一方面是对社会实践中有些不合格图纸的明确否定。

在表 8.1 中制图选择的三种情况是依据风景名胜区的职能结构类型划分的。综合型结构的风景名胜区是由风景游赏、旅游设施、居民社会等三个职能系统组成,因而其图纸数量较多;复合型结构的风景名胜区是有风景游赏、旅游设施两个职能系统组成,其图纸数量较少;单一型结构的风景名胜区仅由风景游赏一个职能系统组成,所以其图纸数量最少。当然,这里规定的仅是最基本的必需图纸,并不排斥依据实际需要而增绘其他图纸。

表 8.1 风景名胜区总体规划图纸规定

图纸资料名称	比例尺 风景区面积(km²)				制图选择			图纸特征	有些图纸可与下列编号的图纸合并
	20 以下	20~100	100~500	500 以上	综合型	复合型	单一型		
1. 现状(包括综合现状图)	1:5 000	1:10 000	1:25 000	1:50 000	▲	▲	▲	标准地形图上制图	
2. 景源评价与现状分析	1:5 000	1:10 000	1:25 000	1:50 000	▲	△	△	标准地形图上制图	1
3. 规划设计总图	1:5 000	1:10 000	1:25 000	1:50 000	▲	▲	▲	标准地形图上制图	
4. 地理位置或区域分析	1:25 000	1:50 000	1:100 000	1:200 000	▲	△	△	可以简化制图	
5. 风景游赏规划	1:5 000	1:10 000	1:25 000	1:50 000	▲	▲	▲	标准地形图上制图	
6. 游览设施配套规划	1:5 000	1:10 000	1:25 000	1:50 000	▲	▲	△	标准地形图上制图	3

续表8.1

图纸资料名称	比例尺 风景区面积(km²)				制图选择			图纸特征	有些图纸可与下列编号的图纸合并
	20以下	20~100	100~500	500以上	综合型	复合型	单一型		
7. 居民社会调控规划	1:5 000	1:10 000	1:25 000	1:50 000	▲	△	△	标准地形图上制图	3
8. 风景保护培育规划	1:10 000	1:25 000	1:50 000	1:100 000	▲	△	△	可以简化制图	3或5
9. 道路交通规划	1:10 000	1:25 000	1:50 000	1:100 000	▲	△	△	可以简化制图	3或6
10. 基础工程规划	1:10 000	1:25 000	1:50 000	1:100 000	▲	△	△	可以简化制图	3或6
11. 土地利用协调规划	1:10 000	1:25 000	1:50 000	1:100 000	▲	▲	▲	标准地形图上制图	3或7
12. 近期发展规划	1:10 000	1:25 000	1:50 000	1:100 000	▲	△	△	标准地形图上制图	3

说明：▲应单独出图；△可作图纸
资料来源：国家质量技术监督局，中华人民共和国建设部.风景名胜区规划规范[S].GB 50298—1999

在规划文本、规划说明书、基础资料汇编的扉页，应当注明项目名称、委托方、承担方(编制单位)、编制单位企(事)业法人代码、规划设计证书级别及编号、项目负责人及参加人姓名等，并加盖编制单位成果专用章。

8.3 风景名胜区规划的审批程序

8.3.1 分级审批

根据《风景名胜区管理暂行条例实施办法》等规定，我国风景名胜区原则上实行分级审批：

市、县级风景名胜区规划，由市、县建设(规划)行政主管部门审查后，报市、县人民政府审批，并向上级建设(规划)行政主管部门备案。

省级风景名胜区规划，由风景名胜区管理机构所在市、县人民政府报省、自治区、直辖市人民政府审批，并向住建部备案。

国家级风景名胜区规划，由所在省、自治区、直辖市人民政府报国务院审批。

国家级风景名胜区的详细规划，一般由所在省、自治区、直辖市建设(规划)部门审批。特殊重要的区域详细规划，经省级住建部门审查后报住建部审批。

风景名胜区规划经批准后，应当向社会公布，任何组织和个人有权查阅。风景名胜区内的单位和个人应当遵守经批准的风景名胜区规划，服从规划管理。风景名胜区规划未经批准的，不得在风景名胜区内进行各类建设活动。

经批准的风景名胜区规划，任何单位和个人不得擅自改变。对风景名胜区性质、范围、布局等重大内容以及详细规划进行调整或者修改，应当报原审批机关审查同意。调整或者修改后的规划应当报原审批机关批准后实施。

8.3.2 审批程序

1）国家级风景名胜区总体规划的审批程序

以国家级风景名胜区总体规划的审批为例：

编制国家级风景名胜区总体规划前应当先编制规划纲要。规划纲要应确定总体规划的目标、框架和主要内容。

风景名胜区总体规划纲要编制完成后，省、自治区、直辖市建设(规划)行政主管部门应当组织专家组，按本规定的审查重点对规划纲要进行现场调查和复核，提出审查意见。编制单位应根据审查意见，对总体规划纲要进行修改完善。

国家级风景名胜区总体规划编制完成后，省、自治区、直辖市建设（规划）行政主管部门应当会同有关部门并邀请有关专家进行评审，提出评审意见。省级建设（规划）主管部门组织提出的评审意见，应当作为进一步修改完善总体规划的依据。

总体规划经修改完善后，省、自治区、直辖市建设（规划）行政主管部门应当提出初审意见，并汇总整理有关部门和专家的意见，一并报送省、自治区、直辖市人民政府审查。

审查通过后，总体规划由省、自治区、直辖市人民政府报国务院审批。

住建部接国务院交办文件后，首先对申报的有关材料进行初步审核，对有关材料基本符合要求的，应及时将有关材料分送部联席会议组成部门征求意见，对拟批复总体规划的风景名胜区的性质、范围、总体布局等主要内容进行审议，并及时反馈给有关地方人民政府，直至审批通过，并给复批函。

案例8.1 杭州西湖风景名胜区的规划和审批程序

以杭州西湖风景名胜区的规划和审批过程为例，早在1974年，杭州园林管理局就拟定了《杭州西湖风景区现状及规划设想》，而后几年进行过多次修改与补充，但因为政治等因素，没有正式上报审批。"十年浩劫"之后，针对"文革"以后杭州西湖风景名胜区内出现的大量违章建筑，1981年国务院办公厅组织联合调查组，对杭州西湖风景区的违建状况进行调查，并发文《国务院办公厅转发联合调查组关于杭州西湖国家名胜区管理调查报告的通知》；由此，西湖风景名胜区总体规划的编制正式开始。1987年7月，根据国务院新颁布的《风景名胜区管理暂行条例》要求，经杭州市人民政府同意，杭州市园林文物管理局在进行了大量的调查工作后，编制提交《杭州西湖风景名胜区总体规划》的讨论稿本。但因为当时西湖风景名胜区的管理机构主体未能明确，按照杭州市行政区划，在管理机构和体制上存在一些问题，不符合国家风景名胜区规划编制要求，故一直未能上报审批。2000年，杭州市委、人民政府成立了西湖风景名胜区管理委员会，为《杭州西湖风景名胜区总体规划》的编制提供了组织机构的保障。2001年《杭州西湖风景名胜区总体规划（2002—2020年）》的规划成果经过多轮修改完善后向市民公开展示，听取市民意见并上报杭州市政府审查。

2003年杭州市人大常委会审议并通过《西湖风景名胜区总体规划（2002—2020年）》，随后通过了浙江省建设厅组织的省各有关部门的审查，根据审查意见，西湖风景名胜区管委会进行修改和完善后上报浙江省政府。

同年6月，浙江省政府常务会议讨论通过了《杭州西湖风景名胜区总体规划（2002—2020年）》。根据有关意见，西湖风景名胜区管委会对规划方案进行了修改和补充；9月，修改完善的《杭州西湖风景名胜区总体规划（2002—2020年）》成果上报省政府并转报国务院审批。

2004年2月，根据国务院有关部门（国土资源部、国家林业局、旅游局、文物局）对《杭州西湖风景名胜区总体规划（2002—2020年）》的意见，西湖风景名胜区管委会按照建设部《关于修改调整杭州西湖风景名胜区总体规划的函》（建城景函〔2004〕25号）、《国家级风景名胜区总体规划编制审批管理办法》（建城〔2001〕83号）和《国家级风景名胜区总体规划编制报批管理规定》（建城〔2003〕126号）的规定，对规划文本作了修改和调整，再一次上报浙江省政府，转报国务院再次审批。

2005年1月13至14日，国家建设部召开关于衡山、岳麓山、崀山、杭州西湖、三清山风景名胜区总体规划部际审查会议，会上国务院宗教局、国家旅游局、国土资源局、国家文物局等部门对《杭州西湖风景名胜区总体规划（2002—2020年）》所作的修改给予了肯定，其中，国家环保总局提出了对山林改造、植物景观调整，应持慎重态度，避免人工化；环保应成为单独一章节等修改意见。会上提出了西湖风景名胜区规划实施中需注意几方面问题：一是西湖周边的建设要严格控制，严格控制建筑总量和建筑体量、高度、规模。二是要严格保护西湖水体，要明确西湖水岸线的控制，不要缩小，但也不能无限制扩大。三是处理好建设与拆迁问题。会后，西湖风景名胜区管理委员会针对审查意见作了相应的修改：

（1）针对第一条意见 西湖风景名胜区与杭州市紧邻，在修编后的杭州市城市总体规划中，城市的布局形态已提出以钱塘江为轴线的跨江、沿江、网络化组团式布局，形成"一主三副、双心双轴、六大组团、六条生态带"开放式空间结构;因此,在《杭州市城市总体规划》中已明确城市中心的问题。为减少城市对西湖的影响,《杭州西湖风景名胜区总体规划》(以下简称《总体规划》)文本第四十二条中已提出了西湖对城市景观的控制要求。针对国家环保总局的意见,《总体规划》在第四章实施规划的对策及措施中第一一六条"完善配套规划及设计"增加第1点:同步考虑在修编《杭州市城市总体规划》时,采取充分的控制措施,使两者在实施中更为和谐、有机。

(2) 针对第二条意见 将规划原则调整为"继续进行封山育林,在保护好生态环境的前提下,逐步引导改造观赏价值低的山林,充实具有较高观赏价值的传统乡土树种,提高郁闭度,使西湖山林成为林木葱茏、色彩多变、层次分明、结构合理的一流生态风景林"。将第2点调整为:适当、慎重地进行林相改造,发展传统植物景观,以常绿树为基调,混交大片色叶树,突出特色植物,使各个地区形成富有特色的植物景观。将第3点调整为:以乡土树种为主,以寿命长、生长力强的乔木为骨干树种,同时慎重选用试种成功的外来树种,丰富植物景观。

(3) 针对第三条意见 《总体规划》文本第八十六条第1点调整为"确保西湖风景名胜区的环境质量,规划对灵竺地区、南高峰地区、梅家坞、九溪、茅家埠、双峰和凤凰山等地段敷设污水管道并全部纳入杭州市城市污水系统……将第3点调整为"雨水分流。雨水根据自然地形,山区就近排入溪流,并考虑雨水预处理工程,在溪流边、入湖口着手恢复湿地生态系统,以生物对雨水进行净化,使雨水经生物进化后入湖,环湖地区雨水就近接入城市雨水管道。"将《总体规划》文本第八十八条环境卫生设施第4点调整为:风景区各景点、居住点,都要设立垃圾废弃物收集处,生活垃圾应进行分类袋装,定时收集清运垃圾,并纳入杭州城市垃圾处理系统进行统一管理处理。

在第六节文物古迹保护规划中增加第五十七条:要严格保护历史文化遗产,禁止拆建环湖的历史街区、街道和古建筑。

根据建设部建办城函〔2005〕93号文件的要求及部际审查会议的会议纪要精神,西湖风景名胜区对规划文本进行了进一步的修改和完善,并于4月将修改成果上报省政府,转报国务院。2005年9月1日,国家建设部正式批复同意《杭州西湖风景名胜区总体规划(2002—2020年)》。

案例8.2 建设部关于荔波樟江风景名胜区总体规划的批复([98]建城景字第19号)

贵州省建设厅:

你省上报的荔波樟江风景名胜区总体规划已由国务院批转我部办理审批工作。经研究,我们代国务院草拟了关于荔波樟江风景名胜区总体规划的批复意见。现将批复征求意见稿送给你们,请征求省人民政府及有关方面对批复稿的意见,并尽快将意见返回我司,以便报国务院审批。

附件:关于荔波樟江风景名胜区总体规划的批复(征求意见稿)

贵州省人民政府:

你省《关于荔波樟江风景名胜区总体规划的请示》(黔府呈〔1997〕36号)业经国务院同意,批复如下:

一、原则同意荔波樟江风景名胜区总体规划,请认真组织实施。

二、荔波樟江风景名胜区是以科学、美学价值很高的喀斯特地貌、喀斯特水文和喀斯特原始森林为景观特色,并有丰富的少数民族文化,是供开展游览、科研、教育等活动的国家级风景名胜区。

三、同意荔波樟江风景名胜区范围包括水春河、大七孔、小七孔景区及樟江沿江风光带,范围界限为:北部:水春河景区:西界为玉屏—三都公路西侧山脊,北界为水昔河、水春河北侧山脊界,东界为玉屏镇界。中部:沿樟江两侧各1 000 m至2 000 m,视觉清晰的山峰连线。南部大七孔景区:北界以朝阳—驾欧公路西北约500 m山峰连线为界,东界以方村河东约2 000 m处山峰连线与朝阳镇界。小七孔区北以地街南约1 500 m山峰连线为界,西界为县界,南以山峰连线为界,东南以拉片村周围山峰连线为界。风景名胜区面积为273.1 km^2,请按此范围标界立碑,建立档案,加强管理。

四、要按照国家有关规定和总体规划要求，严格保护风景名胜区内的森林植被、古树名木、自然水体、地质地貌和文物古迹等风景名胜资源。要大力开展风景名胜区及其外围保护地带的绿化，提高林木覆盖率，防止水土流失，提高景观质量，维护生态平衡。

五、要抓紧编制各景区和近期建设小区的详细规划，由你省风景名胜区主管部门批准后实施。要严格控制风景名胜区的建设规模，加强对风景名胜区建设用地和建设项目的规划管理，各项建设必须按总体规划要求进行。要认真搞好风景名胜区内居民村点的环境治理，把居民点的建设规划纳入风景名胜区的总体规划，以改善景区环境质量。

六、风景名胜区旅游接待和后勤服务设施主要依托荔波县城玉屏镇。要加强对风景名胜区内旅游接待和服务点建设的管理，逐步完善交通、供水、供电、通讯、环卫等基础设施。风景名胜区的各项建设都要认真做好可行性研究和论证，搞好规划和设计，严格按规定程序履行审批手续。

七、你省人民政府和风景名胜区主管部门以及黔南州政府要加强对荔波樟江风景名胜区工作的领导，抓紧制定风景名胜区保护和管理的地方性法规及配套的规章制度，加强风景名胜区管理机构的行政职能，对风景名胜区实施统一规划管理，防止各自为政，各行其是。风景名胜区内所有单位和个人都要严格遵守风景名胜区总体规划，配合风景名胜区管理机构共同做好荔波樟江风景名胜区的保护和管理工作。

资料来源：中华人民共和国住房和城乡建设部.关于荔波樟江风景名胜区总体规划审批问题的函[EB/OL]. http://www.mohurd.gov.cn/fjms/fjmszcfb/200611/t20061101_156990.html.

案例8.3　住建部关于白云山风景名胜区总体规划的函（建城函〔2009〕243号）

中华人民共和国住房和城乡建设部

建城函〔2009〕243号

关于白云山风景名胜区总体规划的函

广东省人民政府：

你省《关于上报广州市白云山风景名胜区总体规划的请示》收悉。经国务院同意，现函复如下：

一、原则同意《白云山风景名胜区总体规划（2009年—2025年）》（以下简称《总体规划》）。白云山风景名胜区面积为21.80 km^2。

二、要按照《风景名胜区条例》及《总体规划》确定的分级保护要求，严格保护风景名胜区内森林植被、湖泊水体、地质地貌、文物古迹等风景名胜资源，特别要加强对摩星岭主峰、云台花园等重要景观资源的保护管理，确保风景名胜资源的真实性和完整性。风景名胜区内严禁开山采石、滥伐林木、污染水体、损毁文物古迹等行为。风景名胜区外围保护地带要落实环境保护措施，协调好与城市的关系，维护自然环境风貌。

三、要按照《总体规划》要求，抓紧组织编制风景名胜区详细规划，按规定程序履行报批手续后，有计划、有步骤地进行景区内各项建设。景区内不得建设有损生态环境和自然景观的工程，核心景区内严禁建设任何与资源和环境保护无关的项目。对《总体规划》确定的重大建设项目，要认真做好可行性研究和论证，严格履行审批手续。对影响景观与环境的建筑和设施，要依照《总体规划》逐步改造、搬迁或拆除，恢复自然环境和景观风貌。

四、依托广州市区建设风景名胜区旅游服务设施。按照远近期结合、分级布点的原则，严格控制景区内旅游服务设施的数量、用地和建筑规模，做好规划设计，做到建筑风格与景区环境相协调。妥善处理景区内居民生产生活与资源保护利用的关系。进一步完善风景名胜资源保护、游客安全设施以及环境卫生、污水处理、防灾减灾、供水供电、道路交通等基础设施。

五、《总体规划》是指导风景名胜区保护、利用和管理的重要依据。你省及广州市人民政府要加强对白云山风景名胜区工作的领导,建立健全各项规章制度。我部将会同国务院有关部门加强对《总体规划》实施工作的指导、监督和检查。

抄报:国务院办公厅

抄送:国务院有关部门,广东省住房和城乡建设厅,广州市人民政府,广州市城市规划局,白云山风景名胜区管理局

校对:城市建设司,李振鹏

2) 国家级风景名胜区详细规划的审批程序

在国家级风景名胜区总体规划的审批中,详细规划编制完成后,省、自治区、直辖市住建(规划)行政主管部门应当组织有关专家进行评审,提出评审意见。编制单位应当根据评审意见,对详细规划进行修改完善,并报省、自治区、直辖市住建(规划)部门审批。

国家级风景名胜区的重点保护区、重要景区的详细规划,由省、自治区、直辖市住建(规划)行政主管部门初审,报住建部审批。如西湖风景名胜区的各类详细规划,按照规定由西湖风景名胜区管理机构组织编制,经专家评审通过后,报浙江省住建部门审批,重要景区的规划则需报住建部审批。

■ 课后习题

1. 风景名胜区规划送批文件的主要内容有哪些?
2. 风景名胜区规划的审批程序有哪些?
3. 我国风景名胜区的规划审批的主体是各级人民政府,试论述这一审批制度在我国现阶段有何积极意义?有何弊端?
4. 通过查找相关资料,试比较世界上其他国家在风景名胜区的审批制度上与我国现行体制有何异同?

9 风景名胜区规划的实施

■ 本章提示
1. 了解风景名胜区规划实施的若干机制;
2. 领会风景名胜区规划的实施管理体制与风景名胜区规划实施的建议。

9.1 规划实施的若干机制

9.1.1 法律的作用机制

在现代社会活动中,任何公共行为都需用社会整体的价值准则来判断,而法律的作用机制则为此提供了一种运作方式。

风景名胜区内游客量大、进驻单位多、乱砍滥伐树木、损坏文物古迹、违法经营、危害游客安全等事件时有发生,要制止这些违法行为,只有运用法律武器和手段,才能起到很好的效果。风景名胜区的管理工作必须要依法办事、依法行政,使其规范化和法制化。

在这方面,美国联邦政府的做法值得我们学习和借鉴。在 19 世纪末,美国政府为保护国家公园免遭以经济发展为目的的开发威胁,不惜动用由内政部长统帅的国家骑兵守卫巡逻。在 20 世纪初,美国颁布和制定了一系列有关国家公园的法律、法规和标准等。如今,在美国,几乎每一个国家公园都是独立立法,美国国家公园局的设立及其各项政策也都以联邦法律为依据。

在我国,从解放初到"文革"期间,有关风景名胜区的法制法规建设几乎是空白,直至 1985 年国务院颁布了《中华人民共和国风景名胜区管理暂行条例》。这是我国在风景名胜区领域颁布的第一份全国性的明文条例,对当时指导和规范风景名胜区保护和管理,协调风景名胜区与相关部门的业务关系,起到了重要的保障作用。随后建设部颁布的《风景名胜区建设管理规定》、《国家级风景名胜区规划编制审批管理办法》等相关规章制度,对风景名胜区的管理提供了政策依据。其他涉及风景名胜区的相关法律法规有《文物保护法》、《森林法》、《环境保护法》、《海洋环境保护法》、《野生动物保护法》、《城市规划法》和《房地产法》等。《中华人民共和国风景名胜区管理暂行条例》作为我国风景名胜区全国性的主要法规已经沿用了二十多年,直到 2006 年才出台了《风景名胜区条例》。1992 年建设部起草的《风景名胜区法》至今尚未纳入国家立法程序。

现行的法律法规对许多新情况、新问题缺乏进一步明确的法律解释,一些法律法规文件的内容,在实际执行中缺乏适应性和可操作性,不同程度地影响了风景名胜区各项工作的开展。因此,在风景名胜区领域,加强立法工作,完善相关的法律法规,构建起完整的法律制度框架,对一些涉及当前风景区的重大而敏感的问题要通过有关法律法规加以明确,这仍是今后风景名胜区各项工作的重点。

9.1.2 行政的作用机制

如果说法律的作用机制体现了一般情况下的社会价值准则,那么行政的作用机制则体现了特定情况下的社会价值准则。事实上,对应于规则实施过程中的具体情况,侧重整体适应性的法律系统通常难以做到及时调适,且缺乏灵活性,因此,在法律授权的情况下,规划主管部门拥有行政解释和执行的权力。比如,风景名胜区作为自然资源的一部分,有关其归属权的争议也是由来已久,这时,行政干预则会彰显其优越性。风景名胜区管理机构的行政管理工作的具体运作,主要指各个部门按各自业务的范围,各司其政,各负其责。相关的部门有规划土地部门、文物管理处、经营计划处、工商管理处、交通管理处等。

在我国,1949年至改革开放以前,我国著名的风景名胜区基本上隶属于省级人民政府管理,如庐山、泰山、黄山等。改革开放以后,我国于1982年第一次由国务院审定批准了44处国家级风景名胜区,并且开始在全国实行国家级、省级和县级风景名胜区的分级管理。但在此后相当长的一段时间内,在分权制度的影响下,也一再出现过对省、县级风景区甚至是国家级风景名胜区实行了属地管理,即将管理权力下放,由行政级别较低的地、县级政府管理。这种分权管理的做法在当时起到了一定的积极作用;但分权管理制度的不完善、对风景资源特殊性质理解不透彻,导致对风景名胜区产生了许多不利的影响。

目前,我国风景名胜区在行政管理方面依然存在很多的问题。我国对风景名胜区缺乏统一的管理,风景名胜区的政府主管部门与其他部门、各行业单位在业务管理上存在交叉性,职能范围划分不清,一个景区有多个政府部门重复管理,使风景区各管理部门疲于应付、无所适从,浪费了大量的精力和财力,造成景区的管理、规划和保护工作的混乱。

产权制度不完善、产权不明晰的现象在我国风景名胜区的管理中也十分普遍。风景名胜区名义上是国家所有,但此产权没有排他性,各级政府都可参与国家公园的管理。在这一点上,可以借鉴国外的国家公园所采取的垂直管理模式,管理者对自身角色要有准确定位,即是管家或服务员(steward)的角色,而不是业主(owner)——管理者不能将遗产资源作为生产要素投入,更无权将资源转化为商品牟利,管理者自身的收益只能来自岗位工资。另外,采用管理者和经营者分离的制度,避免重经济效益、轻资源保护的倾向并有利于筹集管理经费、提高服务效率和服务水平。

9.1.3 经济的作用机制

在一个社会的经济开发活动中,如果社会没有对公共资源作出特别的限制(比如法律的规定),企业和消费者在各自的经济活动中必然会为了追求最大利益而不理性地选择过度开发和过度利用。

我国近年来经济的迅速发展使得普通消费者的假期休闲需求也逐年增加,尤其是对于那些远离都市的自然风景区域,因此我国目前的旅游业相当一部分是以各种自然风景区为依托的。

风景名胜区、自然保护区等都是典型的公共物品和公共资源;但值得注意的是,目前很多地方部门,把风景名胜区定位于旅游资源,造成性质、品位错位,导致错位开发,且是过度开发,从而破坏了风景区、遗产地的价值。旅游资源是部门、行业和专业的概念及称谓,不是游览地的本质属性。从国家和政府或遗产保护出发,应以风景名胜区本质属性给予定位,如泰山、黄山,它们的本质属性是世界自然文化双重遗产,而不是旅游资源。这是由泰山、黄山的价值、性质和功能所决定的,它们有多种价值、多种功能,游览只是其功能之一。旅游业是第三产业,以经济利益为主要目的,风景名胜区则是保护性的以精神文化功能为主,并象征国家形象的社会公益性事业。两者的性质、品位价值不同,如果定位错误,必然导致破坏性的错位开发,造成不可挽回的损失。世界上其他国家的国家公园和风景旅游区也同样遭受过旅游过度开发的困扰。

至1970年代末,世界上第一个国家公园——黄石公园内的野营基地已达11处,且主要集中在游人经常进出的路段旁和重要景区内。1980年代以来,在公园中心的钓鱼桥(Fishing Bridge)、TW服务社(TW Services)建立了综合服务基地,建有358套客房和乡村客舍、年供应量达170万次的豪华快餐店、游船码头和一个公共汽车运输系统、三处租车中心,公园中南部的格兰特村(Grand Village)已发展成拥有300多套客房的现代化汽车旅馆、给养站和维修站等设施的旅游基地。公园内部旅游设施的不断扩大,破坏了公园整体景观的和谐;更主要的是,对于多数体型较大的哺乳动物,尤其是食肉动物(如灰熊),人工建筑往往成为他们运动中的主要障碍。

泰国巴塔亚旅游度假地在1960年代初是曼谷市民周末休憩地,到1990年已发展成为海滨城市,过夜游客量增加到245万人,客房数从1970年的300间发展到22 000间。度假旅游的发展刺激了海岸土地开发,沿岸开发与沿路开发使巴塔亚度假地不断沿海岸延伸,向纵深发展,自然环境质量下降,海水污染、基础设施不足等问题日益暴露出来,游人数从1990年开始下降。

纵观历史上和世界其他国家的国家公园的发展历程,风景名胜资源管理应该与市场化旅游经济行为严格区别开来,决不能将风景资源的管理混同于商品生产性和一般消费性资源的管理,但这绝不是说要禁止所有的开发行为。

风景名胜区的开发建设可分为有形开发建设(或称硬开发建设)和无形开发建设(软开发建设)。所谓硬开发建设,是指一切人工的有形物质形态的建筑物和构筑物的开发建设;软开发建设是指对风景区遗产地所蕴含的科学价值、美学价值和历史文化价值,通过深入研究体验,并不断发现新的价值,提高认识水平和审美水平。

对不同功能区而言,硬开发建设是有禁止、有限制、有控制的。这些有限的硬开发建设应在定位、定量的前提下,因地制宜,并以小、散、藏的形式融于自然。软开发建设,是没有止境的,因为人类对自然的研究认识,对山水审美,以及管理人员、游人对风景区价值的认识以及素养的提高,都是无止境的。硬开发以尽量减少对风景区遗产地真实性和完整性的影响和破坏为原则;而软开发则以不断提高对其价值的认识,达到可持续利用和发展为目标。目前,我国风景名胜区的开发建设主要以硬开发为主。

由于风景自然资源的公共产品特性,世界上很多国家的自然风景保护系统的财政来源主要是靠国家财政支持、非政府组织募捐等方式,门票收入、特许租赁、服务收费等只占非常低的份额。以美国国家公园为例,在资金机制上,24部联邦法律,62种规则、标准和执行命令保证了美国国家公园体系作为国家公益事业在联邦经常性财政支出中的地位,确保了国家公园主要的资金来源,使国家公园管理机构能够维持其非营利性公益机构的管理模式。2004年在国家公园体系全部运营经费中,联邦政府的财政拨款占到了70%左右。在美国368个国家公园中只有136个公园出售门票,其余许多都是免费开放。门票价格很低,如约瑟米提国家公园每辆车的入门费5美元,而且可以连续5~7天有效,因此,尽管全美国家公园游人每年多达2.7亿,但一年的入门费总计为7 000万美元,平均每人每年0.25美元。这个收费标准,充分体现了国家公园事业的社会公益性。

而在我国,目前的风景名胜区日常运转经费主要来源于门票、餐饮、住宿、土地转让、开发项目和政府拨款。经费不足,使得门票价格过高、风景名胜区开发项目混乱、经营权转让等现象成为必然。仍以门票为例,在我国,即便是国家级重点风景名胜区的财政收入都与上市公司、旅游公司有关联。根据1999年的统计数据,黄山、峨眉山门票收入的50%被分别纳入了上市公司的经营收入。八达岭风景区门票收入的40%、十三陵风景区门票收入的30%被分别纳入了延平县、昌平县(今昌平区)的财政收入。因此,尽管我国人口众多,但景区门票占人均GDP的份额却是世界第一。这种对市场经营的依赖,使得风景名胜区规划的实施管理常常受制于其经营机构,这对于风景名胜区规划中保护其自然资源的宗旨是不利的。

9.2 我国风景名胜区规划的实施管理体制

9.2.1 风景名胜区管理体制的法定依据

我国在设立风景名胜区,实行统一管理之前,依景点的权属,由各有关部门分头管理。山川由林业、水利或地方政府管理,寺庙由宗教部门管理,文物古迹由文化部门管理,土地由乡镇管理,各家按自身利益和需要进行使用、开发和建设,从而造成风景名胜资源的严重破坏。

到1970年代末,人们开始认识到了这一点。1979年中央决定由建设部主管全国风景名胜区工作,开始建立风景名胜区管理体系。要求在保护前提下开发利用,为发展旅游业服务,为国民经济建设服务。

1985年,国务院在《风景名胜区管理暂行条例》中明文规定:"城乡建设环境保护部主管全国风景名胜区工作,地方县级以上各级人民政府城乡建设部门主管本行政区域内的风景名胜区工作。"对各级风景名胜区实行归口管理,其主要任务是在所属人民政府领导下,组织风景名胜资源调查和评价,申报审定风景名胜区,组织编制和审批风景名胜区规划,制定管理法规和实施办法,监督和检查风景名胜区保护、建设和管理工作。根据这项规定,各地方相继制定了一些地方性法规,并根据具体情况设立了景区管理机构。

2006年9月6日,国务院第149次常务会议通过了《风景名胜区条例》,并于2006年12月1日起实行。该条例进一步明确规范了风景名胜区管理体制。《风景名胜区条例》第三条规定:"国家对风景名胜区实行科学规划、统一管理、严格保护、永续利用的原则。"第四条规定:"风景名胜区所在地县级以上地方任命政府设置的风景名胜区管理机构,负责风景名胜区的保护、利用和统一管理工作。"第五条规定:"国务院建设主管部门负责全国风景名胜区的监督管理工作。国务院其他有关部门按照国务院规定的职责分工,负责风景名胜区的有关监督管理工作。省、自治区人民政府建设主管部门和直辖市人民政府风景名胜区主管部门,负责本行政区域内风景名胜区的监督管理工作。省、自治区、直辖市人民政府其他有关部门按照规定的职责分工,负责风景名胜区的有关监督管理工作。"

根据《风景名胜区条例》上述规定,风景名胜区管理机构将具体履行统一综合管理职能,而各级建设主管部门及各级相关部门主要履行监督管理职能。具体而言,建设主管部门的主要职责在于:研究拟订风景名胜区的中长期规划、方针、政策和法规,负责对国家风景名胜区及其规划的审查报批和保护监督工作,研究拟订风景名胜区经济政策和技术政策,负责办理风景名胜区申报世界自然和文化遗产项目工作,负责开展风景名胜区的精神文明建设工作,组织国际合作与交流,指导行业协会工作,承担领导交办的各项工作等。

而对于风景名胜区所在地县级以上地方人民政府设置的风景名胜区管理机构而言,其主要职责在于:保障国家有关法律、法规和方针政策的贯彻实施,制定各项管理制度,行使行政处罚权;组织开展风景名胜区资源动态调查并建立档案,实施风景名胜区的资源保护和监督执法;实施风景名胜区规划、建设、用地管理和监督执法;负责组织风景名胜区基础设施和公共服务设施的建设、管理和维护;实施风景名胜区门票收益管理、游人容量调控和游览秩序组织与监督执法;组织开展有关科学研究工作,宣传普及科学文化知识;履行政府授予的其他相关行政管理职能。

目前,在我国具体的风景名胜区规划建设和管理实践中,存在着两种风景名胜区管理体制:(1)设立风景名胜区人民政府,如张家界的武陵源区人民政府。这一管理体制是在风景名胜区所在地划定的行政区域内,设立县级以上人民政府,由政府全面负责所辖风景名胜区的保护、利用、规划和建设,同时,它还负责整个行政区域内的经济、社会、文化事业建设,设立相应的政府机构,行使县级人民政府的职能。(2)设立风景名胜区管理委员会(以下简称管委会),在所在地人民政府领导下,由景区管委会负责风景名胜区的保护、利用、规划和建设。景区管委会不具有人民政府的职能,但可行使所在地人民政府在风景名胜区范围内授予的部分管理职能,实质上所具有的是不完全的政府职能。目前国内采取这一方式管理风景名胜区的有四川、贵州等地。在《风景名胜区条例》出台后,第一种管理体制将通过改革统一成较为规范的第二种管理体制。

9.2.2 风景名胜区内建设项目的管理

《风景名胜区建设管理规定》中规定,凡在风景名胜区进行的各项建设都应由建设单位填写《建设选址审批书》(见表9.1),分级上报建设行政主管部门审批。下列建设应从严控制,严格审查:①公路、索道与缆车;②大型文化、体育与游乐设施;③旅馆建筑;④设置中国国家风景名胜区徽志的标志建筑;⑤由上级建设主管部门认定的其他重大建设项目。

对上述所列的五类建设项目选址,实行分级审批。属于国家级风景名胜区的由省级建设主管部门审查后报国务院建设行政主管部门或其授权部门审批;属于省级和县(市)级风景名胜区的报省级建设行政主管部门或其授权部门审批。在各级风景名胜区进行前条所列五类以外的其他建设项目选址,由省级建设行政主管部门或其授权部门审批(见图9.1)。

表 9.1 风景名胜区建设项目选址审批书

风景名胜区建设项目选址审批书(表一)
(非核心景区中小型项目)

基本情况	建设单位	
	项目名称	
	建设地点	
	项目性质	
	占地面积	
	建设规模	
	供水与能源需求量	
	三废处理方式	
建设依据	项目与风景名胜区总体规划的协调关系	
	项目与风景名胜区交通、水电、通讯等基础设施的衔接	
	项目配套生活设施与风景名胜区生活供应设施规划衔接	

相关部门意见(主要涉及文管、水利、地质等相关部门)

　　　　　　　　　　　　　　年　　月　　日

建设处初审意见

　　　　　　　　　　　　　　年　　月　　日

专家评估意见

　　　　　　　　　　　　　　年　　月　　日

分管领导意见

　　　　　　　　　　　　　　年　　月　　日

主要领导意见

　　　　　　　　　　　　　　年　　月　　日

风景名胜区建设项目选址审批书(表二)

基本情况	建设单位	
	项目名称	
	建设地点	
	项目性质	
	占地面积	
	建设规模	
	供水与能源需求量	
	三废处理方式	
建设依据	项目与风景名胜区总体规划的协调关系	
	项目与风景名胜区交通、水电、通讯等基础设施的衔接	
	项目配套生活设施与风景名胜区生活供应设施规划衔接	

专家评估意见

　　　　　　　　　　　　　　年　　月　　日

相关部门意见

　　　　　　　　　　　　　　年　　月　　日

当地规划部门和建设主管部门初审意见

　　　　　　　　　　　　　　年　　月　　日

风景名胜区管理部门意见

　　　　　　　　　　　　　　年　　月　　日

上级建设(园林)主管部门意见

　　　　　　　　　　　　　　年　　月　　日

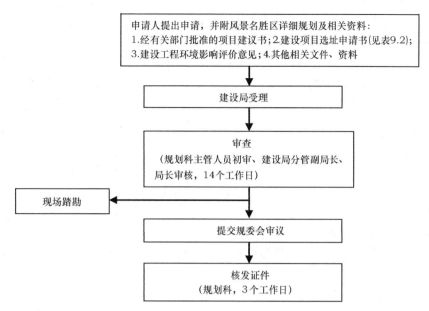

图9.1 风景名胜区建设项目选址审批流程图

表9.2 风景名胜区建设项目选址申请表

申报编号:( )年第 号

建设单位概况	单位名称(盖章)			单位代码	
	详细地址			邮政编码	
	法定代表人		报建联系人	联系电话	
	E—mail			传真	
拟建项目概况	项目名称			用地性质	
	选址地点			用地面积(hm²)	
	项目批准文号		投资计划(万元)	建筑面积(m²)	
	绿地面积(m²)		绿地率 %	容积率	
申请依据					
选址用地概况					
申报资料	(一)《风景名胜区建设项目选址申请表》一份(需加盖建设单位公章); (二)建设项目建议书批准文件和建设项目基本情况材料各1份(可为复印件); (三)项目用地范围、1/500~1/1 000现状图(现状图应标明文物古迹、古树名木、风景林地及干径15 cm以上树木的位置)、规划设计方案; (四)景观环境分析报告; (五)项目建设的依据(包括项目与风景名胜区总体规划的协调关系,项目与风景区交通、水电、通讯等基础设施规划的衔接,项目配套生活设施与风景区生活供应设施规划的衔接和协调等); (六)风景名胜专家选址评估意见; (七)相关部门审查意见				
收件人		收件日期	承诺办结日期		项目类别

任何单位或者个人在风景名胜区内建设房屋或其他工程等,都应经风景名胜区管理机构审查同意,风景名胜区的土地、资源和设施实行有偿使用;在风景名胜区及其外围保护地带内,不得建设工矿企业、铁路、站场、仓库、医院等同风景和游览无关以及破坏景观、污染环境、妨碍游览的项目和设施。在游人集中的游览区和自然环境保留地内,不得建设旅馆、招待所、休疗养机构、管理机构、生活区以及其他大型工程等设施。按规划进行建设的项目,其布局、高度、体量、造型和色彩等,都必须与周围景观和环境相协调。

各级审查机关在收到《建设选址审批书》后,要依据国家有关规定和各风景名胜规划,严格审查,一个月内批复。

经审查批准的项目,由建设单位持经批准的《建设选址审批书》,按国家规定报有关部门办理立项等有关手续。

对于已立项的建设项目的可行性研究报告、初步设计和设计任务书,在报请计划部门审批之前,必须经同级建设行政主管部门审查同意。

凡承担风景名胜区建设项目设计任务的设计单位,应向风景名胜区管理机构的上级主管部门提交设计资质证书,经确认后方可进行设计。凡承担风景名胜区建设项目施工任务的施工单位,应向当地风景名胜区管理机构提交施工资质证书,经确认后方可进行施工。

施工场地应文明整齐,不得乱堆乱放。位于游览区内的施工场地要设立围栏,以维护景容和游览安全。竣工后,由施工单位清理施工场地,恢复植被。

工程竣工后,审批该项目选址的建设行政主管部门应参加验收。

此外,各地人民政府依据相关法律条款,根据当地的实际情况可做出相应的审批及实施制度的细化条例,作为对国家性法规的有力补充。如杭州西湖风景名胜区明确规定景区内所有建设项目都必须经景区管理机构预审,实行严格的一票否决制度。对于符合风景区规划要求,占地面积或建筑面积超过 3 000 m² 的重大建设项目,其选址应当由风景区管委会会同规划行政主管部门共同提出意见,经市人民政府核准,向社会公示;并经市人大常委会审议通过,按规定程序报批后,方可办理立项等有关手续。符合规划要求的其他建设项目的选址,则应当由风景区管委会会同规划行政主管部门共同提出意见,经市人民政府核准,向社会公示,按规定程序报批后,方可办理立项等有关手续。

又如黑龙江省颁布的《黑龙江省风景名胜区管理条例》中对风景名胜区的非核心区内新建、扩建、改建工程项目的报批作了详细的规定:国家级风景名胜区及其外围保护地带、省级风景名胜区内的缆车、索道、滑道;大型文化、体育、交通、游乐设施;商服建筑、宗教寺庙等重要建设项目以及省人民政府规定的其他项目,由省建设行政主管部门核发建设选址审批书、建设用地规划许可证和建设工程规划许可证;市县级风景名胜区以及前项规定以外的其他建设项目,由风景名胜区管理机构签发建设选址审批书,由市县建设行政主管部门核发建设用地规划许可证和建设工程规划许可证;风景名胜区在城市规划区范围内的,由风景名胜区所在地的市人民政府规划行政主管部门根据建设选址审批书核发建设用地规划许可证和建设工程规划许可证。建设单位依法取得有关批准文件,经风景名胜区管理机构现场验收后,方可办理开工手续。

9.2.3 风景名胜区规划违法建设的查处

根据《风景名胜区条例》(2006 年),对于违法建设查处与应承担的法律责任有如下的规定:

第四十条 违反本条例的规定,有下列行为之一的,由风景名胜区管理机构责令停止违法行为、恢复原状或者限期拆除,没收违法所得,并处 50 万元以上 100 万元以下的罚款:

(一)在风景名胜区内进行开山、采石、开矿等破坏景观、植被、地形地貌的活动的;

(二)在风景名胜区内修建储存爆炸性、易燃性、放射性、毒害性、腐蚀性物品的设施的;

(三)在核心景区内建设宾馆、招待所、培训中心、疗养院以及与风景名胜资源保护无关的其他建筑物的。

县级以上地方人民政府及其有关主管部门批准实施本条第一款规定的行为的,对直接负责的主管人员和其他直接责任人员依法给予降级或者撤职的处分;构成犯罪的,依法追究刑事责任。

第四十一条 违反本条例的规定,在风景名胜区内从事禁止范围以外的建设活动,未经风景名胜区管理机构审核的,由风景名胜区管理机构责令停止建设、限期拆除,对个人处 2 万元以上 5 万元以下的罚款,对单位处 20 万元以上 50 万元以下的罚款。

第四十二条　违反本条例的规定,在国家级风景名胜区内修建缆车、索道等重大建设工程,项目的选址方案未经国务院建设主管部门核准,县级以上地方人民政府有关部门核发选址意见书的,对直接负责的主管人员和其他直接责任人员依法给予处分;构成犯罪的,依法追究刑事责任。

第四十三条　违反本条例的规定,个人在风景名胜区内进行开荒、修坟立碑等破坏景观、植被、地形地貌的活动的,由风景名胜区管理机构责令停止违法行为、限期恢复原状或者采取其他补救措施,没收违法所得,并处 1 000 元以上 1 万元以下的罚款。

第四十四条　违反本条例的规定,在景物、设施上刻划、涂污或者在风景名胜区内乱扔垃圾的,由风景名胜区管理机构责令恢复原状或者采取其他补救措施,处 50 元的罚款;刻划、涂污或者以其他方式故意损坏国家保护的文物、名胜古迹的,按照治安管理处罚法的有关规定予以处罚;构成犯罪的,依法追究刑事责任。

第四十五条　违反本条例的规定,未经风景名胜区管理机构审核,在风景名胜区内进行下列活动的,由风景名胜区管理机构责令停止违法行为、限期恢复原状或者采取其他补救措施,没收违法所得,并处 5 万元以上 10 万元以下的罚款;情节严重的,并处 10 万元以上 20 万元以下的罚款:

（一）设置、张贴商业广告;
（二）举办大型游乐等活动;
（三）改变水资源、水环境自然状态的活动;
（四）其他影响生态和景观的活动。

第四十六条　违反本条例的规定,施工单位在施工过程中,对周围景物、水体、林草植被、野生动物资源和地形地貌造成破坏的,由风景名胜区管理机构责令停止违法行为、限期恢复原状或者采取其他补救措施,并处 2 万元以上 10 万元以下的罚款;逾期未恢复原状或者采取有效措施的,由风景名胜区管理机构责令停止施工。

第四十七条　违反本条例的规定,国务院建设主管部门、县级以上地方人民政府及其有关主管部门有下列行为之一的,对直接负责的主管人员和其他直接责任人员依法给予处分;构成犯罪的,依法追究刑事责任:

（一）违反风景名胜区规划在风景名胜区内设立各类开发区的;
（二）风景名胜区自设立之日起未在 2 年内编制完成风景名胜区总体规划的;
（三）选择不具有相应资质等级的单位编制风景名胜区规划的;
（四）风景名胜区规划批准前批准在风景名胜区内进行建设活动的;
（五）擅自修改风景名胜区规划的;
（六）不依法履行监督管理职责的其他行为。

第四十八条　违反本条例的规定,风景名胜区管理机构有下列行为之一的,由设立该风景名胜区管理机构的县级以上地方人民政府责令改正;情节严重的,对直接负责的主管人员和其他直接责任人员给予降级或者撤职的处分;构成犯罪的,依法追究刑事责任:

（一）超过允许容量接纳游客或者在没有安全保障的区域开展游览活动的;
（二）未设置风景名胜区标志和路标、安全警示等标牌的;
（三）从事以营利为目的的经营活动的;
（四）将规划、管理和监督等行政管理职能委托给企业或者个人行使的;
（五）允许风景名胜区管理机构的工作人员在风景名胜区内的企业兼职的;
（六）审核同意在风景名胜区内进行不符合风景名胜区规划的建设活动的;
（七）发现违法行为不予查处的。

第四十九条　本条例第四十条第一款、第四十一条、第四十三条、第四十四条、第四十五条、第四十六条规定的违法行为,依照有关法律、行政法规的规定,有关部门已经予以处罚的,风景名胜区管理机构不再处罚。

第五十条　本条例第四十条第一款、第四十一条、第四十三条、第四十四条、第四十五条、第四十六条规定的违法行为,侵害国家、集体或者个人的财产的,有关单位或者个人应当依法承担民事责任。

第五十一条　依照本条例的规定,责令限期拆除在风景名胜区内违法建设的建筑物、构筑物或者其他设施的,有关单位或者个人必须立即停止建设活动,自行拆除;对继续进行建设的,作出责令限期拆除决定的机关有权制止。有关单位或者个人对责令限期拆除决定不服的,可以在接到责令限期拆除决定之日起15日内,向人民法院起诉;期满不起诉又不自行拆除的,由作出责令限期拆除决定的机关依法申请人民法院强制执行,费用由违法者承担。

9.2.4　风景名胜区的综合管理

1) 风景名胜区资源管理

(1) 风景名胜区资源有偿使用管理　《风景名胜区条例》第三十七条明确规定:"风景名胜区管理机构应当与经营者签订合同,依法确定各自的权利义务。经营者应当缴纳风景名胜资源有偿使用费。"第三十八条规定:"风景名胜区的门票收入和风景名胜资源有偿使用费应当专门用于风景名胜资源的保护和管理以及风景名胜区内财产的所有权人、使用权人损失的补偿。"

风景名胜资源的有偿使用,是指国家对风景名胜资源行使所有权和管理权的前提下,将风景名胜区建设经营权和微观管理权委托给企业行使,企业与国家签订合同,明确分成比例,服务质量和价格,合同期可根据各风景名胜区的实际情况确定,一般为20～30年,合同期满后,再进行招标,优胜者中标,同等条件下原合同单位有优先权。

风景名胜资源的有偿使用,是与风景名胜区统一集中管理相适应的资源管理模式,也是解决目前风景名胜资源开发利用资金短缺的根本方法。风景名胜资源作为一种特殊资源,不仅需要发挥其环境效益、休闲娱乐、教育等的社会效益,而且还需实现其经济效益。

(2) 特许经营管理　风景名胜区采用特许经营权委托的方式可能更有利于政府和企业目标的实现,这种混合目标以委托经营的方式可以较好地实现权责利统一的原则以及社会发展、环境质量、经济发展方面的指标。企业通过公开的市场途径取得特许经营权,可以在完成政府委托任务的基础上谋求自身发展,可以按照约定的条款定期考核,完成任务的可以继续经营,完不成任务的,则取消其特许经营权。这种特许经营的方式,不仅发挥了景区的潜在价值,还能将政府的管理资源有效地挖掘出来,通过市场运作,实现更大的经济利益。这样既可以保证社会合理地运用公共资产的权利,又能够使企业获取应得的利益,可以有效地促进旅游景区的保护和发展。

2) 门票专营管理

(1) 门票的作用　风景名胜区的入园门票主要有两个作用:一方面是限制景区内的游客数量。当风景区的环境容量远大于游客的需求量时,可以采用公共开放政策,免费入园,这样做不仅可以充分利用资源,还能够惠及游客;当游客需求量不断上升,需求量超过零价格资源容量时,收取门票可以控制游客容量达到合理状态;另一方面,收取的门票可以用作风景区建设和保护投入的某种补偿。风景名胜区销售的门票不全是市场供求关系的产物,在满足人们享受公共资源的前提条件下也是一种保护风景名胜资源的手段。

(2) 门票的管理　《风景名胜区条例》第三十七条明确规定:"进入风景名胜区的门票,由风景名胜区管理机构负责出售。门票价格依照有关价格的法律、法规的规定执行。"风景名胜区的社会公益事业性质决定了销售门票是部分补偿享用资源的政府行为。依据资源有偿使用和资源价值补偿原则,风景名胜区的门票实行专营制度,门票的收益归国家所有,并由风景名胜区管理机构代表所属人民政府进行统一管理与支配。

3) 游人规模控制

通常采用入区(园)率的控制法对风景区游客规模进行控制。入区(园)率系指单位时间内在风景名胜区里实际游览的游客人数占该风景名胜区游人容量的百分比。风景区入区率的大小,不仅能体现出风景区对游客的吸引产能程度、风景区的服务质量和管理水平,又能够反映出该风景区游览的舒适程度。入区率控制在60%～65%为最佳。若高于65%,门票收入显著增加了,但是游览中会令人感到拥挤,游览的舒适度就降低了;入区率若低于30%,风景区因门票收入大幅度减少,将会出现经营亏损。因此,入区率是正确反映风景区经营效果和游览舒适度的重要指标。为此,将30%和65%的入区率分别作为风景区经营亏损和适宜舒适度的临界值,用以考核风景区游览经营效益和是否具有良好游赏环境的标准。以此督促检查风景区资源保护、景点景区环境建设、优质服务、宣传等工作的成效。

4)其他日常事业性管理

(1)风景名胜区安全管理 《风景名胜区条例》第三十六条规定:"风景名胜区管理机构应当建立健全安全保障制度,加强安全管理,保障游览安全,并督促风景名胜区内的经营单位接受有关部门依据法律、法规进行的监督检查。"风景名胜区的安全状况是景区形象的重要影响因素之一,必须加强风景名胜区的治安、安全管理,切实保障游览者的安全和景物的完好。风景名胜区管理机构应与有关地区的交通、铁道、公安等部门密切配合,制定输送游人的计划和做好疏导工作,禁止超过允许容量接纳游人。如果因超容量接纳而导致的游客人身安全和景物破坏事故,将会追究有关领导和管理者的责任。

(2)风景名胜区卫生管理 风景名胜区卫生状况将会直接反映环境质量和生活质量。在风景名胜区要做好文明游览的宣传教育工作,积极引导游人遵守公共秩序,爱护公物,注重卫生、爱护风景名胜资源;制定游览注意事项并认真贯彻执行。要按照国家规定,加强对饮食和服务业的卫生管理,及时处理不符合规定和卫生要求的行为。在风景名胜区要妥善处理生活污水、垃圾、不断改善环境卫生,加强监督和检查,严禁随意排泄或倾倒污物的行为。

(3)风景名胜区财务管理 对风景名胜区的财务进行管理,编制财务计划、制定财务管理制度、组织日常财务管理、处理财务关系、开展财务分析、考核财务成果、检查财务纪律等。这样做的目的主要是为了有效地反映、核算、分析、监督和控制风景名胜区的经济活动,提高风景名胜区的环境效益、社会效益和经济效益。

(4)风景名胜区档案管理 风景名胜区的档案是风景名胜区保护、建设和管理决策的基础和依据。风景名胜区应当建立健全档案制度,对风景名胜区的资源状况、历史沿革、范围界限、生态环境、建设活动、生产经济、各项设施、游览接待等情况进行调查统计研究,建立完备的资料体系,妥善存档。风景名胜区档案管理还要建立健全档案统计制度,以原始记录为依据,进行包括档案管理情况、档案的接收、整理、价值鉴定、档案的提供利用及利用效果等方面的统计,并建立台账、记录等形式以备查考。

(5)风景名胜区人力资源管理 对风景名胜区所需人员的招聘、组织、培训、激励和奖励属于风景名胜区经营管理的重要内容之一,属于风景名胜区人力资源管理范畴。由于景区的劳动力成本本身可能是景区最大的单项支出项目,而且景区员工的服务态度常常会影响游客的游赏心情及游客对景区的满意程度。

所以风景名胜区应予以充分重视,特别要注意以下几点:①制订人力规划 组织优化现在和将来的人力资源。包括对现有员工优缺点的分析;对未来需要的员工数量、类型及招聘时机的预测;骨干员工的发展途径;员工培训和员工发展计划。②建立有效的激励机制 通过加强人性化管理,激励员工的工作热情,开发员工的潜能,发挥员工的最大效能。③进行员工培训 既可以起到激励员工的作用,使他们感受到景区对他们的重视,同时又可以使员工很好的实现自我价值。

9.3 风景名胜区规划的实施建议

风景名胜区总体规划审核批准后,就进入了下一个实施阶段。为了保障风景名胜区规划有效、科学和顺利实施,需要采取相应的措施。

1)创新并理顺风景名胜区管理体制,为风景名胜区规划的实施创造良好的体制环境

(1)建立国家统一的风景资源保护体系,加强统一管理 风景名胜区是多种资源的综合体,对其实行

统一管理,能够科学合理地配置各类资源,充分发挥资源的综合效应。风景名胜区的管理长期处于职能交叉、权力分散、多头管理的散乱状态。风景名胜区的管理涉及多个政府组织机构或部门,如城建、文物、旅游、环保、林业、工商以及地方政府等。各部门为了自己的利益,往往各自为政,对风景区资源进行条块分割。因此,需要构建一个国家统一的风景资源保护管理体系来进行有效的管理。

(2) 实施分类指导和分类管理 针对我国风景名胜区类型多样、规模不一、景物构成千差万别和地域条件不同等特点,对不同类型的风景名胜区实行分类指导。从有利于强化风景名胜区资源管理的角度对我国风景名胜区的类别进行科学划分,根据不同类别的风景名胜区性质、特点、规律,确定其保护重点、管理模式和指导原则,进行分类统一指导,进一步提高风景名胜区的整体管理水平。

(3) 建立部门间沟通和协调机制 风景名胜区的管理涉及国务院授权的风景名胜区行业主管部门建设部,以及相关行业部门,包括旅游、文物、林业、宗教、土地、环保、公安、工商、交通、通信、电力等。风景名胜区各项事业相互依存,要争取各个相关部门的支持,建立和完善相应的沟通和协调机制,以形成一股合力,有效地保护和利用各种资源,促进各项事业共同繁荣,最终促进风景名胜区的综合协调发展。

2) 加快立法进程,严格执法,为风景名胜区规划实施提供法律保障

(1) 加强风景名胜资源的法制管理 在我国景区发展之初,大部分景区是以发展经济为目的成立的。在景区开发过程中,经济目标占主要地位,而地方政府对资源保护的积极性不高,保护意识淡薄。尤其是在景区经济价值突显的情况下,有些上级主管部门借权力之便批准在景区建设违章"合法"项目。对经济利益的争夺十分激烈,造成景区资源和生态环境的严重破坏。而法律制度的缺乏是造成景区管理混乱、责任不明、约束不强、监督不力的直接原因。

(2) 加快立法进程,完善风景名胜区规划的法律体系 1985年国务院颁布的《风景名胜区管理暂行条例》"暂行"了20多年,直到2006年才出台了《风景名胜区条例》,但《条例》中涉及的风景名胜区性质、范围、执法主体及定级审批、规划审批、保护监督以及违规处罚等重要内容需要进行进一步论证、完善和加以明确。我国目前的《风景名胜区条例》仍没有完备的法律地位,1992年建设部起草的《风景名胜区法》,至今尚未纳入国家立法的程序。立法滞后带来了一系列的问题,表现最严重的问题是规划管理不力,造成了风景名胜区内的乱搭乱建严重。因此,加快立法进程,搞好法制建设已刻不容缓。

(3) 严格执法,规范风景名胜区规划管理的行政行为 各级地方人民政府及其风景名胜区规划管理部门要严格执行《城市规划法》、《文物保护法》、《环境保护法》、《土地管理法》及《风景名胜区条例》等法律法规,认真遵守经过审批具有法律效力的各项规划,确保规划依法实施。各级风景名胜区规划管理部门要提高工作效率,明确建设项目规划审批规则和审批时限,加强建设项目规划审批后的监督管理,及时查处违法建设行为。要进一步严格规章制度,明确风景名胜区规划和风景名胜区规划编制、调整、审批的程序、权限、责任和时限,对涉及规划强制性内容执行、建设项目核发、违法建设查处等关键环节,要做出明确具体的规定。要建章立制,强化对行政行为的监督,切实规范和约束风景名胜区规划管理部门和工作人员的行政行为。

(4) 建立行政纠正和行政责任追究制度 要建立有效的监督制约工作机制,规划的编制与实施管理应当分开。目前普遍存在规划管理部门既编制、调整又组织实施规划的状况。规划的编制和调整,应由具有国家规定的规划设计资质的单位承担,管理部门不再直接编制和调整规划。规划设计单位要严格执行国家规定的标准规范,不得为迎合业主要求而违反标准规范之规定。

对风景名胜区规划管理中违反法定程序和技术规范审批规划,违反规划批准建设,违反近期建设规划批准建设,违反省域城镇体系规划和城市总体规划批准重大项目选址,违反法定程序调整规划强制性内容批准建设,违反历史文化名城保护规划、违反风景名胜区规划和违反文物保护规划批准建设等行为,上级风景名胜区规划部门要及时责成责任部门纠正;对于造成后果的,应当依法追究直接责任人和主管领导的责任;对于造成严重影响和重大损失的,还要追究主要领导的责任。触犯刑律的,要移交司法机关依法查处。

风景名胜区规划管理部门对违反风景名胜区规划和风景名胜区规划案件要及时查处,对违法建设不

依法查处的,要追究责任。上级部门要对下级部门违法案件的查处情况进行监督。督促其限期处理,并报告结果。对不履行规定审批程序,默许违法建设行为,以及对下级部门监管不力的,也要追究相应的责任。

3) 加强规划公示体系建设,建立健全规划实施的监督体制

(1) 加强规划公布体系建设　建立和完善规划的公示制度,不断加强规划的公示体系建设。风景名胜区规划管理部门应将批准的风景名胜区规划、各类建设项目的规划成果及时向社会公布,方便社会了解规划、理解规划,随时了解规划进程、积极参与到规划当中去。

(2) 逐步建立和完善多元的规划实施社会监督机制　逐步建立、完善多元的社会监督机制。a. 人大监督。人大对政府的管理行为进行监督。风景名胜区规划管理应当接受同级人大的监督,风景名胜区规划实施情况应当每年向人民代表大会常务委员会报告。b. 政府监督。风景名胜区规划管理部门应当就风景名胜区规划的实施情况和管理工作向上级风景名胜区规划管理部门提出报告,接受上级风景名胜区规划管理部门的监督。c. 公众监督。风景名胜区规划部门可通过聘请监督人员,及时发现违法风景名胜区规划的情况,并通过设立举报电话、电子邮箱等,受理社会公众对违法建设案件的举报监督。d. 媒介监督。通过报刊、广播、电视等多种新闻媒介进行宣传,开展以保护风景名胜区规划为主题的各种展览、宣传等活动,不断推进社会对风景名胜区规划的监督。e. 专家监督。有关专家或专业机构对风景名胜区规划进行监督。f. 国际监督。已列入世界文化与自然遗产名录的风景名胜区还必须接受联合国世界遗产委员会及相应机构的监督。

(3) 建立风景名胜区规划编制、审批、实施的监督保证体系　加强风景名胜区规划编制单位的资质管理,确保规划编制质量。严格规划审批制度。风景名胜区规划实行分级评审分级审批制度。国家级风景名胜区总体规划由省级人民政府审查后,报国务院审批;国家级风景名胜区分区规划、详细规划和重要景点规划以及重大建设项目规划经省级风景名胜区主管部门审查后,报住建部批准。加强规划实施管理,确保工程按规划实施,建立健全风景名胜区规划年检报告制度,健全风景名胜区监察制度,设立风景名胜区监察员,完善风景名胜区管理程序。风景名胜区所有建设项目,都要按照规定履行申报、审查和审批程序。住建部着重对国家级风景名胜区规划实施情况检查,查处违反规划的行为,把规划实施监督管理制度化、常态化。

(4) 科学实施和监测风景名胜区规划　风景名胜区的建设必须以总体规划和详细规划为指导,避免建设中的随意性和盲目性,保证建设项目的科学性。在实施风景名胜区规划和规划项目建设的过程中,根据《风景名胜区建设管理规定》,严格实行风景名胜区内的《建设选址审批书》制度,防止建设性破坏。科学监测风景名胜区规划实施的过程,建立遥感监测系统,利用现代化的手段对风景名胜区尤其是核心区内的规划实施及各类开发活动进行动态监督管理。

■ 课后习题

1. 风景名胜区规划实施的机制有哪些?
2. 请简述我国风景名胜区规划的实施管理体制情况。

10 3S 技术与风景名胜区规划

■ 本章提示
1. 了解 RS、GPS、GIS 技术的概念及特征；
2. 掌握 RS、GPS、GIS 技术在风景名胜区规划中的基本应用。

3S 技术是遥感技术(Remote Sensing, RS)、地理信息系统(Geographical Information System, GIS)和全球定位系统(Global Positioning System, GPS)的统称。它们在 3S 体系中各自充当着不同的角色，RS 是信息采集(提取)的主力；GPS 是对遥感图像(像片)及从中提取的信息进行定位，赋予坐标，使其能和"电子地图"进行套合；GIS 是信息的"大管家"。

长期以来，人们以地图为工具对风景名胜区内的风景资源等全面情况进行调查、评价和综合分析，在此基础上作出规划。规划的成果包括文字、表格、图件等，全部用手工编制，修改、保存极不方便。"3S"是一个动态的、可视的、不断更新的、通过计算机网络能够传输的、三维立体的、不同地域和层次都可以使用的系统。对空间数据具有有效输入、存储、更新、加工、查询检索、运算、分析、输出等功能，表达形象、直观，空间定位实时、精度高，是风景园林规划的一种强有力的工具，在景观规划分析过程中尤为重要。

10.1 RS 技术

遥感(Remote Sensing)，从广义上说是泛指从远处探测、感知物体或事物的技术。即不直接接触物体本身，从远处通过仪器(传感器)探测和接收来自目标物体的信息(如电场、磁场、电磁波、地震波等信息)，经过信息的传输及其处理分析，识别物体的属性及其分布等特征的技术。

通常遥感是指空对地的遥感，即从远离地面的不同工作平台上(如高塔、气球、飞机、火箭、人造地球卫星、宇宙飞船、航天飞机等)通过传感器，对地球表面的电磁波(辐射)信息进行探测，并经信息的传输、处理和判读分析，对地球的资源与环境进行探测和监测的综合性技术。

当前遥感形成了一个从地面到空中，乃至空间，从信息数据收集、处理到判读分析和应用，对全球进行探测和监测的多层次、多视角、多领域的观测体系，成为获取地球资源与环境信息的重要手段。

RS 技术的特点：
(1) 感测范围大，具有综合、宏观的特点；
(2) 信息量大，具有手段多、技术先进的特点；
(3) 获取信息快，更新周期短，具有动态监测特点；

遥感已广泛应用于农业、林业、地质矿产、水文、气象、地理、测绘、海洋研究、军事侦察及环境监测等领域，深入到很多学科中，应用领域在不断扩展。遥感成果获取的快捷以及所显示出的效益是传统方法不可比拟的。遥感正以其强大的生命力展现出广阔的发展前景。

利用卫星遥感技术进行城市绿地资源调查已越来越多，特别是对整个城市的绿地覆盖面积的调查非常有用。如广州等城市利用 LandSAT TM 数据和 SPOT 卫星数据进行城市绿地资源的调查。随着高分辨率影像的广泛应用，如 IKONOS(全色 1 m)，QUICKBIRD(0.61 m)等的使用(图 10.1)，必将促进卫星遥感技术在城市

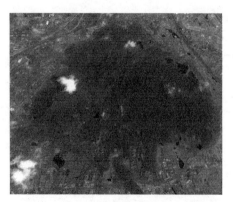

图 10.1 高分辨率商业卫星 IKONOS 影像(南京钟山风景名胜区)

绿地资源调查中的应用。

10.2 GPS 技术

GPS 是美国从 1970 年代开始研制,于 1994 年全面建成,具有海、陆、空全方位实时三维导航与定位能力的新一代卫星导航与定位系统(图 10.2)。GPS 是由空间星座、地面控制和用户设备等三部分构成的。GPS 测量技术能够快速、高效、准确地提供点、线、面要素的精确三维坐标以及其他相关信息,具有全天候、高精度、自动化、高效益等显著特点,广泛应用于军事、民用交通(船舶、飞机、汽车等)导航、大地测量、摄影测量、野外考察探险、土地利用调查、精确农业以及日常生活(人员跟踪、休闲娱乐)等不同领域(图 10.3)。

图 10.2　GPS 卫星分布示意　　　　　　　　图 10.3　GPS 手持式接收器

在风景名胜区规划的研究中,利用 GPS 可以准确地确定旅游景观任意点(景象、单元)的空间坐标(经纬度和高程)。

10.3 GIS 技术

地理信息系统(Geographical Information System,GIS)是一种决策支持系统,它具有信息系统的各种特点。地理信息系统与其他信息系统的主要区别在于其存储和处理的信息是经过地理编码的,地理位置及与该位置有关的地物属性信息成为信息检索的重要部分。在地理信息系统中,现实世界被表达成一系列的地理要素和地理现象,这些地理特征至少由空间位置参考信息和非位置信息两个部分组成。

地理信息系统的定义是由两个部分组成的。一方面,地理信息系统是一门学科,是描述、存储、分析和输出空间信息的理论和方法的一门新兴的交叉学科;另一方面,地理信息系统是一个技术系统,是以地理空间数据库(Geospatial Database)为基础,采用地理模型分析方法,适时提供多种空间的和动态的地理信息,为地理研究和地理决策服务的计算机技术系统。

GIS 具有以下三个方面的特征:

第一,具有采集、管理、分析和输出多种地理信息的能力,具有空间性和动态性;

第二,由计算机系统支持进行空间地理数据管理,并由计算机程序模拟常规的或专门的地理分析方法,作用于空间数据,产生有用信息,完成人类难以完成的任务;

第三,计算机系统的支持是地理信息系统的重要特征,因而使得地理信息系统能快速、精确、综合地对复杂的地理系统进行空间定位和过程动态分析。

与普通的信息系统类似,一个完整的 GIS 主要由四个部分构成,即计算机硬件系统、计算机软件系统、地理数据(或空间数据)和系统管理操作人员。其核心部分是计算机系统(软件和硬件),空间数据反映 GIS 的地理内容,而管理人员和用户则决定系统的工作方式和信息表示方式。

GIS 系统包含了处理地理信息的各种功能(图 10.4),在风景园林规划等领域得到了广泛应用。例如,美国威斯康星州大学的 Janet Silbernagel 用 GIS 方法进行了密西根半岛东端景观变迁分析；Ferdinando Villa 等借助 GIS 决策支持系统进行公园绿地的规划；Richard G. Lathrop 等应用 GIS 进行景观放感度比估；David V. Pullar 等借助 Arcview GIS 和可视化软件创建三维效果协助进行建筑环境评估。

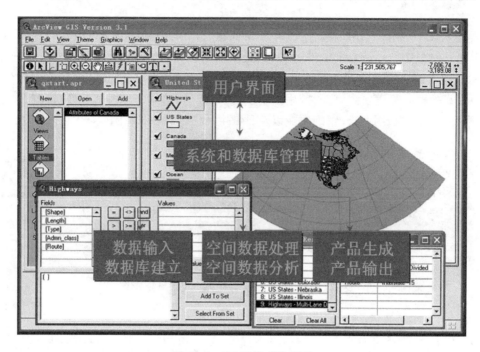

图 10.4　GIS 系统功能界面

目前国内的风景园林规划主要借助于计算机辅助制图（CAD）技术。这种软件具有制图精确，成图效果好等特点，但不具备空间查询与分析等功能，因此规划成果难以用于辅助分析。由于 CAD 软件存在的不足，许多国内学者在一些风景园林规划项目中引入 GIS 技术对敏感地段的景观安全格局进行了分析，并取得不错的效果。

要想充分发挥 GIS 的作用，就需要建立城市基础地理数据库、规划成果数据库、规划项目数据库等，即解决数据源的问题。现在，我国大多数城市都没有完善的城市信息空间数据库，这也是阻碍 GIS 在风景园林规划中大规模应用的一个因素。

案例 10.1　江苏省茅山风景名胜区四个景区规划——专项 GIS 辅助分析与评估

1　植被资源评估（图 10.5）

茅山地区植被资源类型有山林、园地、耕地和水生植被。山林植被资源尤为丰富，森林覆盖率达 90%，主要植被类型有麻栎、榆树、松树、枫树、栾树、胡枝子、卫矛、鼠李、胡颓子及竹类等长绿阔叶林与落叶阔叶林，园地主要为果园（板栗）和茶园，湿地水生植物的培育对水质净化及水源涵养有重要作用，但是现状湿地植被较少，很难有效发挥其生态功能。

2　水资源敏感度评估（图 10.6）

茅山地区的水体多为饮用水源地或备用水源地，且多为自然汇水，因此水库上游汇水区域的环境条件对水库水质有重要影响，属于水源敏感地区，应控制污染类项目的布局，或者施行较高的污染处理标准，确保汇入水库的水体水质达标；现状作为水源的水库水体敏感度高，开发实行更严格的控制标准；水库下游地区对水体水质影响较小，属于水资源敏感度较低的区域，可适当布置一些开发强度较大的项目，但是应采取措施，控制地下水的污染。

3　生态价值评估（图 10.7）

从生态价值的角度进行分析，茅山风景区可界定四个等级的生态价值区，即：一级生态价值区、二级生态价值区、三级生态价值区、山体破坏区。

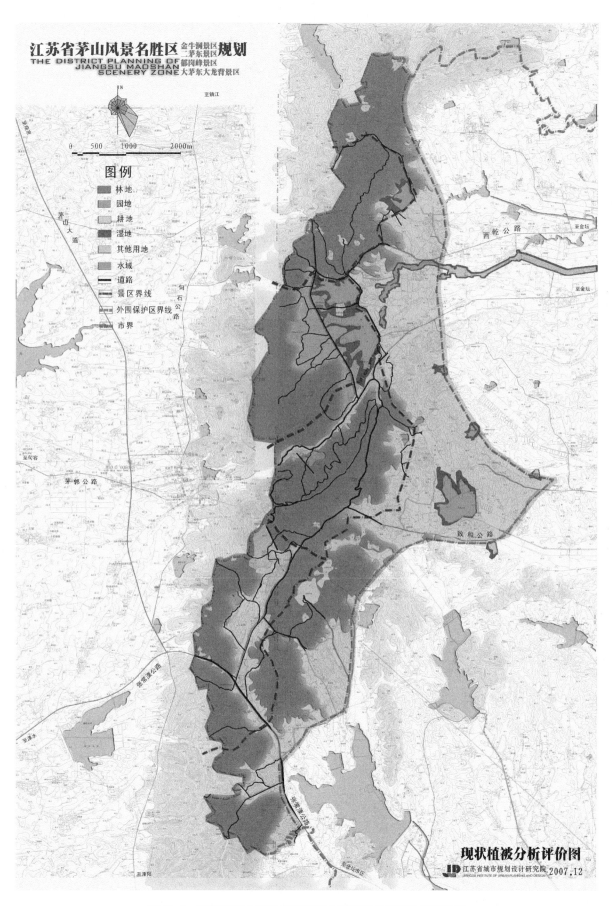

图 10.5 江苏省茅山风景名胜区四个景区现状植被分析评价图

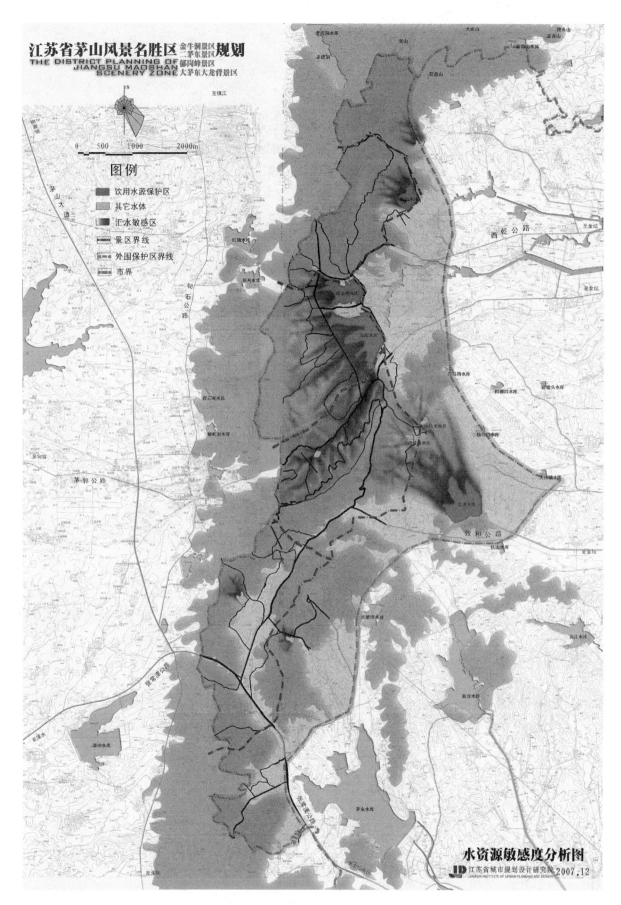

图 10.6 江苏省茅山风景名胜区四个景区水资源敏感度分析图

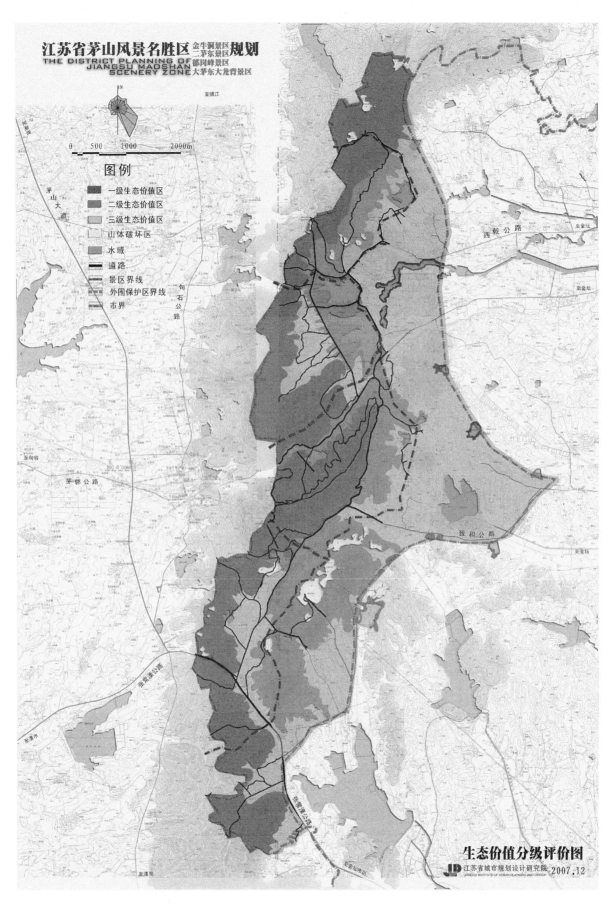

图 10.7 江苏省茅山风景名胜区四个景区生态价值分级评价图

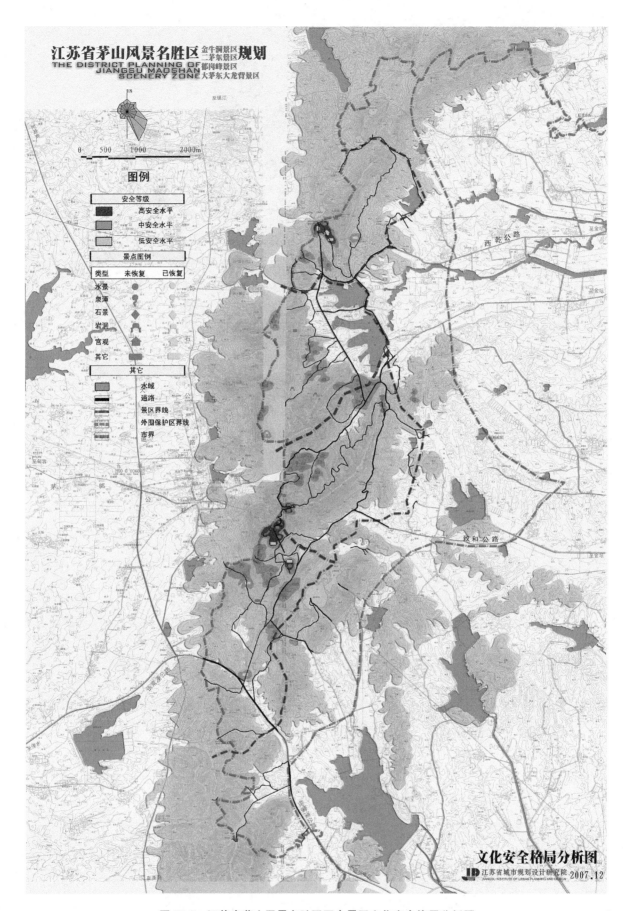

图 10.8 江苏省茅山风景名胜区四个景区文化安全格局分析图

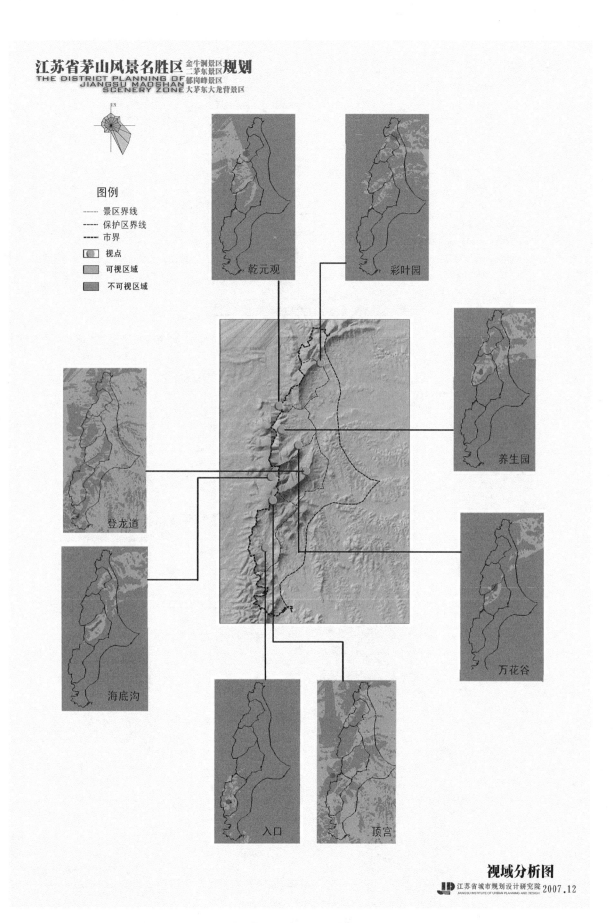

图 10.9　江苏省茅山风景名胜区四个景区视域分析图

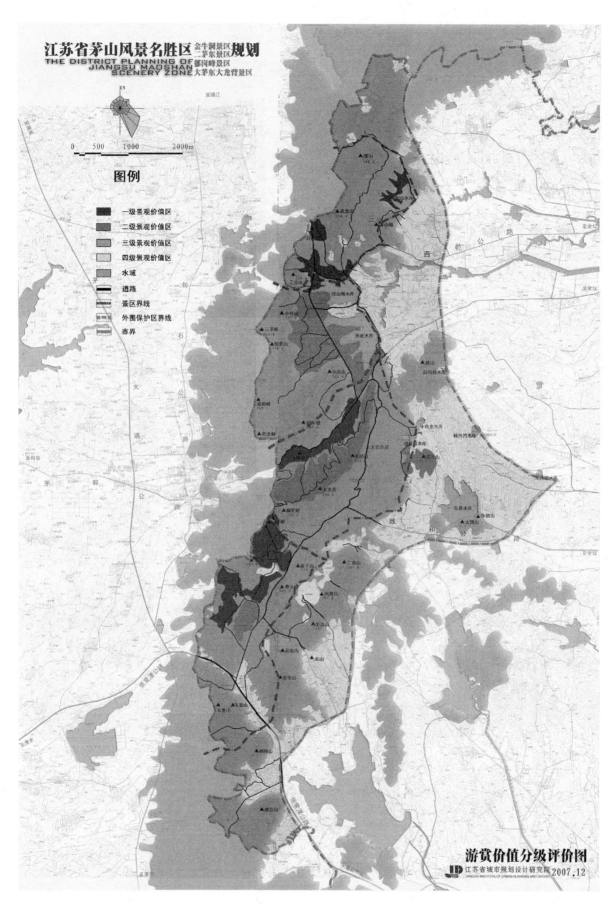

图 10.10 江苏省茅山风景名胜区四个景区游赏价值分级评价图

一级生态价值区,包括山林地区,主要位于两市交界处,以乔木和灌木等植被类型为主,人为破坏较少,环境生态植被条件好,具有生态保留地的功能。

二级生态价值区,包括低山丘陵地区,主要位于茅山风景区的核心区外围,具有一定的植被基础。

三级生态价值区,包括山凹和坡地,以园地景观为主,主要分布在金牛洞景区入口地区和二茅东景区。

山体破坏区,现状主要为采石场遗留下来的矿坑,属滞留用地,主要位于金牛洞景区和郁岗峰景区。

4 文化安全格局评估(图10.8)

顶宫(九霄万福宫)为茅山三宫之一,乾元观是茅山五观之一,元阳观是在原址上恢复建设的最大的宫观建筑群,三者均具有较高的文化考察和观赏价值,且周边地区历史景观丰富,属高安全水平等级;其他现存或已湮没(有据可考)的历史文化景观比较密集的地区为中安全水平等级,主要位于金牛洞景区,元阳观南侧、海底沟、红山门周边地区、海底水库上游地区;高安全水平和中安全水平周边地区属文化安全格局中的低安全水平等级。

5 视觉安全格局评估(图10.9)

视觉安全格局是维护景观视觉感知过程的关键性景观元素和空间联系,本规划选择入口、顶宫、海底沟、登龙道、万花谷、养生园、彩叶园和乾元观为视点,划定可视区域和不可视区域,可视频率越高,敏感度越高。

6 游赏价值评估(图10.10)

基于对茅山风景区的植被条件、生态价值、文化价值、视觉景观、水体景观的综合分析与评价,将顶宫、元阳观和乾元观周边地区、海底沟和海底水库北部界定为一级景观价值区;景区入口地区、山林防火景观道沿线以及海底水库上游地区界定为二级景观价值区;风景区范围内的其他地区及外围山林地区界定为三级景观价值区;外围地区基本为四级景观价值区。

10.4　3S应用实例

10.4.1　风景名胜区空间样点定位与信息采集

假彩色影像风景名胜区的空间信息主要由植被、水体、地形地貌、建筑群、交通、村落、土地利用等资源组成。通常,这些空间信息的获取都是借助于地形图进行实地采集的。现有的地形图一般都存在内容陈旧、更新速度慢的缺点,特别对常用的等高线地形图而言,立体效果差,对风景名胜区资源的空间定位精度较低。为了改善这些不足,我们在空间定位与信息采集的过程中使用了具体实时更新效果的中等分辨率TM遥感影像,以其为信息定位工具,并借助于GPS的实地信息采集,进行风景名胜区空间信息的精确定位与采集。

1) RS在空间信息采集中的应用

对钟山风景名胜区进行实地调查,充分了解景区资源配置结构,即钟山风景名胜区植被资源占据主导地位。在对遥感影像进行几何校正、辐射校正等预处理的基础上,对TM遥感影像进行了有针对性的假彩色合成处理,通过比对最优指数(OIF)值,最终选择4、3、2三个波段的假彩色合成方案(图10.11)。此假彩色影像突出显示了植被资源的信息特征,使其他各类风景资源的色彩差异都一目了然,为影像的信息采集提供了良好的基础。因此,该影像可作为钟山风景名胜区空间信息采集的底图。

2) GPS在空间信息定位中的应用

以上述生成的遥感影像作为底图,结合钟山风景名胜区现有的等高线地形图(图10.12),通过数字化生成钟山风景名胜区矢量图层,通过设置30 m×30 m网格线,结合实地网点调查,共确

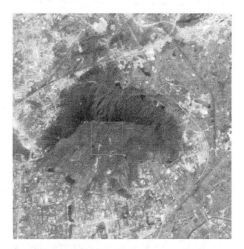

图10.11　南京钟山风景名胜区 TM(4、3、2)假彩色影像

定信息采集样点38个(图10.13)。为了避免由于影像地图几何误差带来的定位偏差,我们采用了实地单点GPS定位测量方法。虽然单点测量的精度不高(100 m),但由于风景区的范围较大,该测量精度尚能满足工作要求。

图10.12　南京钟山风景名胜区等高线地形图底图　　图10.13　南京钟山风景名胜区GPS定位实测点

此外,对于风景资源、核心景区边界划定等都可用GPS进行准确定位并落图。

10.4.2　风景名胜区总体规划的计算机制图

根据《风景名胜区规划规范(GB 50298—1999)》对风景区总体规划图件的要求,规划图必须以地形图作为底图。通常要求的总体规划图件包括:综合现状图、景源评价与现状、规划设计总图、地理位置和区域分析、风景游赏规划、旅游设施配套规划、居民社会调整规划、风景保护培育规划、道路交通规划、基础工程规划、土地利用规划和近期发展规划,共计12张。

地理信息的空间数据结构有矢量结构与栅格结构两种。对计算机专题制图而言,矢量数据结构是常用的制图格式。主要原因是矢量结构通过记录坐标的方式来表示点、线、面等地理实体,具有定位明显、属性隐含的特点,数据量比较小,易于数据存储与图形的输出。因此,在编制规划图时,首先要对地形底图进行矢量化,为了保证矢量化过程的精度,目前采用的地形图矢量化过程仍然是手工数字化。在城市规划设计中,由于地形平缓,等高线数量少,其手工数字化工作量相对小,所以已经实现了城市规划的计算机制图。但是,对于风景区,特别是山岳型风景区,地形底图的手工矢量化工作量太大,制约着风景区规划图件的计算机编制。在风景名胜区规划实践中,采用栅格制图方法实现规划图的计算机编制。该方法是在地形图扫描输入后,不作矢量化处理,只按栅格图像处理方式产生地形底图。栅格制图格式远比矢量格式信息量大,需要大容量的计算机及相应的图像处理软件。如今的微机容量和计算速度均能满足要求,亦足以支持栅格制图方法的实施。

1) 地形底图的生成

南京钟山风景名胜区总体规划图件的比例尺为1:5万。目前可用的资源是一幅1:10万的纸质地形图,首先要对此图进行扫描数字化。扫描输入时,根据制图精度,选择合适的扫描精度(线/寸)和灰度级,获取符合要求的扫描栅格地图。对扫描获取的图像进行后续处理,包括几何校正、图像增强、灰度调整,最终获得一张合格的黑白地形底图(图10.12)。

标准的风景名胜区规划图件要求风景名胜区边界内外的各功能区块都要以不同颜色区分。因此,采用密度分割法给上述黑白的地形底图赋色,生成不同类型斑块色彩差异分明的彩色地形底图。在计算机图像处理系统中,通常斑块赋色是不透明的,将把该块底图的全部信息覆盖掉。

2) 总体规划图件的编制

上述生成的不同斑块类型的彩色底图,按风景名胜区的规划内容,包括风景名胜区边界、分区界线、道路和管线等线状符号;景点、居民点、服务设施等点状符号;文字注记等以数字化和人机交互方式输入,由GIS的制图子系统生成矢量文件。它们分别叠加在各自的彩色底图上,再加标题、图例、图框等,编制成总体规划图件。它们以栅格文件存储于计算机,或写在光盘中,并由喷墨输出设备按1∶5万比例尺打印成彩图。

10.4.3 风景名胜区的植被分类专题图

风景名胜区的植被分类,是保育规划和土地利用规划的基础。利用遥感影像分类的方法提取植被信息,是目前常用的方法。

(1) 植被分类方法　遥感影像分类有监督分类与非监督分类两种方法。监督分类利用对研究区已有类别的先验知识从遥感图像上选取若干有代表性的训练区作为样本,据此估计出各类别的统计特征参数(均值向量和协方差矩阵)进而建立判别函数,然后利用判别函数实现对待分类像元进行分类的方法,即监督分类利用的是多元统计的判别分析方法。对风景名胜区植被进行监督分类的话,先要根据风景名胜区内植被分布状况,在遥感影像上选择相应的训练区,由训练区样本计算出每一已知植被类别的先验概率,再分别计算待分个体属于各已知类别的概率,属某一植被类别的概率最大,就判定归属该植被类。非监督分类指的是在对研究区不了解的情况下,只是依据每一类型地物所具有的相似性(Similarity,类似度),把反映各类型地物特征值的分布按相似分割和概率统计理论将各像元归并成不同的空间集群,然后结合地面实地调查来确定各集群的地物类型从而达到识别分类目的的分类方法,即非监督分类利用的是聚类分析方法,对景区的植被分类而言,每一类究竟代表地面何种植被,还须通过实地调查由景区植被的分布实况来确定。

不管哪一种分类,都必须对风景名胜区植被类型进行实地考察,选择合适的样点。在监督分类时,由它们决定训练区的选择;在非监督分类时,分类结果每类所对应地面植被类别也必须由它们确定。因此,分类结果的精度很大程度依赖于样点的选择是否恰当。

另外,由于地形造成的光照条件的差异,如阴坡与阳坡,使同类植物在遥感图像上出现不同的灰度或异类植物却呈现相同的灰度,导致误分类。所以,分类时必须注意地形的影响,并予以排除。

(2) 植被分类结果　南京钟山风景名胜区植被分类图是由TM影像通过监督分类中的最大似然方法分类所得。分为13类:包括常绿乔灌木、农用地、未成林地、水域、疏林地、竹林、苗圃地、草坪、针叶林、针阔混交林、阔叶林、难利用地及其他土地(图10.14)。分类结果通过不同的色彩差异制成分类专题图。

在专题图最终输出前,必须再次结合风景名胜区树种调查数据,对分类结果进行细化与修正,并通过制图工具修饰,添加图例、指北针、比例尺等工具,并完善与添加色彩,形成完整的树种分类地图,打印输出(图10.15)。

图10.14　南京钟山风景名胜区植被分类专题图(ArcMap)　　图10.15　南京钟山风景名胜区植被分类专题地图

10.4.4 风景名胜区景观数据采集与分析

空间海量信息的采集、存储、加工、分析和传输的技术以及现代化处理过程产生了风景名胜区景观的数字化革命,并利用景观信息揭示了景观实体(尺度、形态、色调、结构、规模、成景因素)的本质和实体内在及外在的相互关系(自然景观、人文景观、生态景观、旅游地质景观等)。从数据的本质分析,风景名胜区景观信息属于空间信息的一种,通过计算机技术、数据挖掘技术、空间信息技术使景观信息的管理、景观的保护和开发决策更具智能化,数字风景区景观将成为数字旅游的重要组成部分。

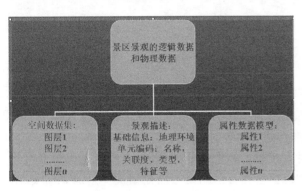

图 10.16 风景名胜区景观数据类型

风景名胜区景观空间特征数据具有四大要素:①空间特征描述;②属性特征描述;③时间特征描述;④尺度特征描述(图 10.16)。其包含了信息的客观性、适用性、可传输性及共享等一般特征,可用图片、文字、数字、符号、语言等介质来传递承载景观体、景观现象、景观品质等的内容、数量或旅游价值特征。

风景名胜区景观数据由景观背景信息、景观规模信息、景观结构特征信息、景观尺度信息、景观形态特征信息、景观成景因素信息等六类基本信息组成。对于不同的空间数据模型,景观实体将被抽象为点、线、面、表面、体、像素等多种类型。具有代表性的是矢量数据模型和栅格数据模型。从地理空间到地理信息空间既包含有景观自身的几何信息、属性信息和时间信息,还有与景观之间的拓扑关系和语义关系。视风景区景观信息空间为地理信息空间的一个子空间,由空间特征、属性特征、时间特征和尺度特征构成了具有尺度维的四维状态的空间特征数据。

(1) 空间特征描述 景观实体的空间特征包含空间位置特征和景观的空间关系特征,空间位置特征是指某景观的位置、大小、形状、分布状况等几何特征;空间关系是指地理空中景观之间存在的拓扑关系、顺序关系、度量关系等。

(2) 属性特征描述 属性特征包括定性属性特征和定量属性特征。定性属性特征由景观的名称、类型、特性等数据表述;定量属性特征由数量、等级、层次等表述。在整个风景名胜区景观空间信息系统中,各景观类型的划分是根据景观的结构特性和功能作用语义组成的多层次分类结构。多级别、多层次的属性特征描述了景观属性多级分类体系中的从属关系、聚类关系和关联程度。属性特征描述的方法多种多样,主要目的是为了表达景观子类间的上下级或包含关系、相似性和关联性等关系。

(3) 时间特征描述 时间特征信息可以描述为风景名胜区景观单元随着时间而变化的特性,有的景观的空间位置和旅游效果属性会随时间出现相互独立的变化。如雪山景观季节性积雪景象,湖泊景观水体颜色在不同的季节呈现周期性变化等。

(4) 尺度特征描述 风景区景观尺度特征就是景象空间信息在被抽象与演绎、概化与细化过程中的描述能力,采取由细到粗的空间分辨率序列,可以从不同层次上采集景观被观察的详细特征数据。空间尺度表达了景观的空间范围大小和规模的大小特征,通过这些特征能够从不同数据源采集到满足空间尺度的数据集。时间尺度描述的是与景观的形成、利用、保护相关联的时间周期数据,根据时间周期的长短,时间尺度又分为季节尺度数据、年尺度数据、段尺度数据、人类历史尺度数据和地质历史尺度数据,不同尺度的空间数据在信息处理过程中需要采取不同的方法和途径。

卫星遥感是风景名胜区景观获取数据的主要途径之一。景观的遥感信息采集,包括了景观的属性信息和形态信息的获取。属性信息和形态信息共同的特征有空间特性、几何特性、辐射特性、光谱特性及其动态变化的时间特性。这些特性数据的采集,能实现构建准确地描述风景区景观特征信息的空间数据模型的目的。

风景名胜区景观遥感信息的高空间分辨率影像信息提取过程可归纳为:数据输入(原始影像)—分割不同尺度的对象(对象生成)—分类信息—输出结果。以景观单元为采集对象,目视解译遥感影像可采集一部分很有用的景观单元的解译标志信息。这种面向风景名胜区景观对象的遥感信息提取方法，可让风景名胜区景观视图从二维化的图像信息阵列中恢复出图像所反映的景观景域中景群或景观单元间的空间形状及组合方式，将像素形成不同尺度上的对象，如景观的斑廊基结构的不同尺度、不同级别和不同层次对象等。每一个对象与其他尺度的对象间还可能存在父对象或邻对象、子对象等关联关系。这些信息的提取可以满足景观的表达，追求更好的可视和利用效果。

对大尺度景观域，可利用像对建模工具来提取遥感影像中的景观立体像对等高线（DEM），从而快速建立起景观表面形态模型（DOM），快速恢复景观地理模型。提取不同类型景观的组成和结构、形状，包括斑块多样性、类型多样性和格局多样性以及背景的相关信息。

10.4.5 风景名胜区虚拟现实系统

随着数字地球、数字城市、数字流域等概念的相继提出，虚拟现实技术越来越多地受到人们的关注。虚拟现实技术应用的推广，为GIS提供了一种新的分析地学数据和探索地学问题的技术平台，推动着GIS技术同虚拟现实技术和可视化技术的融合。

随着网络媒体的发展，为风景名胜区的旅游提供了大量的旅游信息介绍，但目前旅游网站、旅行社网站中都是各大酒店、旅游线路介绍，旅游者最终关心的风景名胜区资料却不够详细，深度广度都不够，不能满足旅游者获取信息的需求。建立一套基于虚拟现实技术的三维信息系统，不仅可以通过现代科技手段让更多的人能了解景区的特色，而且可与旅游景区的实际相结合，对旅游区进行科学的模拟和演示，为评估旅游区历史文化景观提供真实的三维虚拟场景，达到运用先进科学技术手段有效地推动景区旅游和保护的目的。

虚拟现实技术（VR）是以计算机技术为基础，通过创建一个三维视觉、听觉和触觉的环境为用户提供人机对话工具，同虚拟环境中的物体交互操作，能为用户提供现场感和多感觉通道，并依据不同的应用目的，探寻一种最佳的人机交互界面形式。其可以最现时、最真实、最清楚地将风景名胜区的整体风貌展现出来，极具渲染性和说服力。对于旅游部门，能够从空中指点景区，用立体画面推销旅游资源；而且有助于旅游资源普查，以及指导旅游景点景区的规划、开发、建设。虚拟三维景区的建立可以让旅游部门的规划人员充分了解旅游景区的实际，通过对旅游区进行科学的模拟和演示，辅助最终决策。

在风景名胜区景观虚拟重建过程中，景观的三维模型的建立需要依托遥感技术。航空或航天摄影测量特别是数字摄影测量技术可以提供一系列重要数据：旅游景观的三维重建模型、数字高程模型和数字正射影像。GIS数据是构建虚拟景区的信息基础，它提供了景观二维数码影像中的地图和三维模型的信息。同时，GIS依靠面向对象的数据库管理系统，提供管理、存储和维护虚拟景区的海量数据库的手段。虚拟三维景区正是这三种技术的集成：运用虚拟现实建模语言（VRML）技术把GIS的信息在计算机上实现，把GIS的空间分析和查询功能增加到虚拟环境中，并为GIS用户提供了交互式的用户界面和网络所固有的对象管理要素，而RS则提供了相应的航空或卫星影像纹理映射，使整个虚拟视景逼真。

虚拟三维景区数据库的建立是风景名胜区虚拟现实系统建设的一项最基本和最重要的任务，虚拟三维景区数据主要可分为空间数据和属性数据两大类。其中数字高程模型（DEM）数据是实现三维地形可视化的基本数据。数字地形模型最初是为了高速公路的自动设计提出来的。此后，它被用于各种线路选线（铁路、公路、输电线）的设计以及各种工程的面积、体积、坡度计算，任意两点间的通视判断及任意断面图绘制。在测绘中被用于绘制等高线、坡度坡向图、立体透视图，制作正射影像图以及地图的修测。在遥感应用中可作为分类的辅助数据。它还是地理信息系统的基础数据，可用于土地利用现状的分析、合理规划及洪水险情预报等（图10.17）。

图 10.17　南京钟山风景名胜区数字地面模型（DEM）

用三维模块处理DEM数据,生成风景名胜区三维地形图像(图10.18),并且在DEM上叠加影像纹理,生成逼真的三维地形地面(图10.19)。接下来,运用VRML技术进行风景区三维地形的可视化研究。基于VRML技术支持下的三维地形生成包括数据准备、投影变换、格式转换,地形模型建立、纹理叠加等步骤。

图10.18 南京钟山风景名胜区数字地面模型垂直拉伸效果

图10.19 南京钟山风景名胜区DEM与影像叠加3D透视图

将景区的DEM及叠加的影像纹理导出并通过VRML编辑器,把背景条件和转化的三维数据输入该系统,并对它们进行处理,最终完成网络发布,在网络上实现虚拟景区。当然,也可叠加专题地图,实现景区不同专题内容的虚拟场景(图10.20)。

虚拟现实技术为风景名胜区带来了全新的展示手法,给旅游产品提供了立体的、动态的展示效果。虚拟现实系统的建立,集三维GIS和RS以及虚拟现实技术于一体,可以多方位、多视角、多媒体地介绍风景名胜区

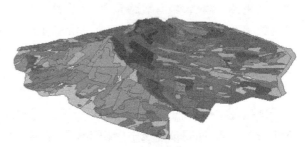

图10.20 南京钟山风景名胜区植被分类专题3D透视图

资源,将景区从二维抽象到三维形象,加强风景名胜区的视觉形象,刺激旅游动机,并且可辅助旅游规划部门更加科学合理地进行风景名胜区规划管理,实现旅游资源的可持续发展。

■ 课后习题

1. RS、GPS、GIS技术的概念及特征是什么?
2. RS、GPS、GIS技术在风景名胜区规划中基本应用有哪些?

参考文献

[1] 张国强,贾建中. 风景规划:《风景名胜区规划规范》实施手册[M]. 北京:中国建筑工业出版社,2003.
[2] 谢凝高. 中国的名山大川[M]. 北京:中国国际广播出版社,2010.
[3] 仇保兴. 风景名胜资源保护和利用的若干问题[J]. 中国园林,2002,18(6):3-11.
[4] 仇保兴. 风景名胜区保护和开发利用要防止的误区[J]. 城乡建设,2004,(5):6-8.
[5] 马永立,谈俊忠. 风景名胜区管理学[M]. 北京:中国旅游出版社,2003.
[6] 贾建中. 新时期风景区规划中的若干问题[J]. 中国园林,2001,17(4):26-29.
[7] 王早生. 中国风景名胜区[M]. 2版. 北京:中国建筑工业出版社,2010.
[8] 国家质量技术监督局,中华人民共和国建设部. 风景名胜区规划规范[S]. GB 50298—1999.
[9] 中华人民共和国住房和城乡建设部. 风景名胜区分类标准[S]. CJJ/T 121—2008.
[10] 李瑞冬,吴承照. 风景名胜区总体规划教学体系与方法探讨[J]. 规划师,2004,20(1):95-96.
[11] 付军. 风景区规划[M]. 北京:气象出版社,2006.
[12] 魏民,陈战是. 风景名胜区规划原理[M]. 北京:中国建筑工业出版社,2008.
[13] 魏士衡. 中国自然美学思想探源[M]. 北京:中国城市出版社,1994.
[14] 保继刚,楚义芳. 旅游地理学[M]. 北京:高等教育出版社,1999.
[15] 蔡运龙. 自然资源学原理[M]. 北京:科学出版社,2000.
[16] 王德刚,王蔚. 旅游资源学教程[M]. 北京:清华大学出版社,2011.
[17] 中华人民共和国国家质量监督检验检疫总局. 旅游规划通则[S]. GB/T 18971—2003.
[18] 谢凝高. 国家风景名胜区功能的发展及其保护利用[J]. 中国园林,2005,21(7):1-8.
[19] 丁绍刚. 风景园林·景观设计师手册[M]. 上海:上海科学技术出版社,2009.
[20] 孙明泉. 风景名胜的景观价值及其可持续利用[N]. 光明日报,2000-05-23.
[21] 城乡建设环境保护部. 风景名胜区管理暂行条例实施办法[Z]. 1989-06-10.
[22] 中华人民共和国建设部. 园林基本术语标准[S]. CJJ/T 91—2002.
[23] 中华人民共和国建设部. 城市绿地分类标准[S]. CJJ/T 85—2002.
[24] 王维正. 国家公园[M]. 北京:中国林业出版社,2000.
[25] 中国大百科全书编辑委员会. 中国大百科全书·建筑·园林·城市规划[M]. 北京:中国大百科全书出版社,1988.
[26] 杨赉丽. 城市园林绿地规划[M]. 北京:中国林业出版社,2006.
[27] 张杰,那守海,李雷鹏. 森林公园规划设计原理与方法[M]. 哈尔滨:东北林业大学出版社,2003.
[28] 张更生,郑允文,吴小敏. 自然保护区管理、评价指南与建设技术规范[M]. 北京:中国环境科学出版社,1995.
[29] 许学工,EAGLES P F J,张茵. 加拿大的自然保护区管理[M]. 北京:北京大学出版社,2000.
[30] 胡云龙. 自然保护区森林公园资源调查与管理[M]. 北京:中国林业出版社,1996.
[31] 李德华. 城市规划原理[M]. 3版. 北京:中国建筑工业出版社,2001.
[32] 顾朝林,姚鑫,徐逸伦,林炳耀,张京祥. 概念规划:理论、方法、实例[M]. 北京:中国建筑工业出版社,2003.
[33] 吴次芳,潘文灿,等. 国土规划的理论与方法[M]. 北京:科学出版社,2003.
[34] 杨吾扬. 区位论原理:产业、城市和区域的区位经济分析[M]. 兰州:甘肃人民出版社,1989.
[35] 彭补拙,周生路,等. 土地利用规划学[M]. 南京:东南大学出版社,2003.
[36] 刘黎明,张军连,张凤荣,陈焕伟. 土地资源调查与评价[M]. 北京:科学技术文献出版社,1994.
[37] 郑玉歆,郑易生. 自然文化遗产管理:中外理论与实践[M]. 北京:社会科学文献出版社,2003.
[38] 保继刚,等. 旅游开发研究:原理·方法·实践[M]. 北京:科学出版社,1996.
[39] (加)EAGLES P F J,(美)MCCOOL S F,(澳)HAYNES C D. 保护区可持续旅游:规划与管理指南[M]. 王智,刘燕,吴永波,译. 北京:中国环境科学出版社,2005.
[40] (澳)DAVEY A G. 保护区国家系统规划[M]. 王智,刘祥海,译. 北京:中国环境科学出版社,2005.
[41] (澳)THOMAS L,MIDDLETON J. 保护区管理规划指南[M]. 陈红梅,喻惠群,译. 北京:中国环境科学出版社,2005.
[42] 李景奇,秦小平. 美国国家公园系统与中国风景名胜区比较研究[J]. 中国园林,1999,15(3):70-73.
[43] 姚亦锋,杨舜. 加拿大国家天然公园的历程[J]. 中国园林,1999,15(1):50-52.

[44] 张晓,郑玉歆.中国自然文化遗产资源管理[M].北京:社会科学文献出版社,2001.
[45] 郑玉歆,郑易生.自然文化遗产管理:中外理论与实践[M].北京:社会科学文献出版社,2003.
[46] 杨锐.美国国家公园体系的发展历程及其经验教训[J].中国园林,2001,17(1):62-65.
[47] 张朝枝,保继刚.美国与日本世界遗产地管理案例比较与启示[J].世界地理研究,2005,14(4):105-112.
[48] 徐大陆.外国国家公园综述:墨西哥、英、法、波兰、瑞典、芬兰、西班牙[J].中国园林,1991,7(3):61-63.
[49] 徐大陆.外国国家公园综述:美国、加拿大[J].中国园林,1991,7(1):59-64.
[50] 孙筱祥.美国的国家公园[J].北京林业大学学报,1982,(2):43-49.
[51] 章俊华,白林.日本自然公园的发展与概况[J].中国园林,2002,18(5):87-91.
[52] 章俊华,白林.日本自然公园的发展与概况(续)[J].中国园林,2002,18(6):71-78.
[53] 李同德.地质公园规划概论[M].北京:中国建筑工业出版社,2007.
[54] (英)贝纳德 费尔登,朱可托 朱卡.世界文化遗产地管理指南[M].刘永孜,刘迪,等,译.上海:同济大学出版社,2008.
[55] 国务院批转城乡建设环境保护等部门关于审定第一批国家级风景名胜区的请示的通知[Z].1982-11-08.
[56] 国务院批转建设部关于审定第二批国家级风景名胜区报告的通知[Z].1988-08-01.
[57] 国务院关于发布第三批国家级风景名胜区名单的通知[Z].1994-01-10.
[58] 国务院关于发布第四批国家级风景名胜区名单的通知[Z].2002-05-17.
[59] 国务院关于发布第五批国家级风景名胜区名单的通知[Z].2004-01-13.
[60] 国务院关于发布第六批国家级风景名胜区名单的通知[Z].2005-12-31.
[61] 国务院关于发布第七批国家级风景名胜区名单的通知[Z].2009-12-28.
[62] 钱学森.论系统工程[M].上海:上海交通大学出版社,2007.
[63] (英)麦克劳林 J B.系统方法在城市和区域规划中的应用[M].王凤武,译.北京:中国建筑工业出版社,1988.
[64] 邬建国.景观生态学:格局过程、尺度与等级[M].北京:高等教育出版社,2007.
[65] 傅伯杰,陈利顶,马克明,王仰麟.景观生态学原理及应用[M].北京:科学出版社,2003.
[66] 于志熙.城市生态学[M].北京:中国林业出版社,1992.
[67] 钟林生,赵士洞,向宝惠.生态旅游规划原理与方法[M].北京:化学工业出版社,2003.
[68] 吴承照.现代旅游规划设计原理与方法[M].青岛:青岛出版社,2002.
[69] 袁美昌.旅游通论:旅游基础理论研究[M].天津:南开大学出版社,2011.
[70] 邹统钎.旅游景区开发与管理[M].2版.北京:清华大学出版社,2008.
[71] 周忠厚.美学教程[M].北京:学苑出版社,1999.
[72] 宗白华.美学与意境[M].北京:人民出版社,2009.
[73] 庄志民.旅游美学[M].上海:三联书店,1999.
[74] 赵传晞.论旅游景观的美学特征[J].唐都学刊,1995,(4):14-19.
[75] 赵传晞.旅游景观美的观赏研究[J].人文地理,1997,12(4):65-67,80.
[76] 陆大道.区位论及区域研究方法[M].北京:科学出版社,1988.
[77] 陈兴中,陈向红.风景名胜区规划中的区位论[J].乐山师专学报(社会科学版),1997,(4):62-65.
[78] 陈耀华.风景区开发建设中的区位因子[J].经济地理,1992,12(1):92-96.
[79] (美)罗杰斯彼得 P,贾拉勒 卡济 F,博伊德 约翰 A.可持续发展导论[M].郝吉明,邢佳,陈莹,译.北京:化学工业出版社,2008.
[80] 北京大学中国持续发展研究中心,东京大学生产技术研究所.可持续发展:理论与实践[M].北京:中央编译出版社,1997.
[81] 吴承照.风景观、可持续管理与风景区理论建设研究[J].城市规划学刊,2008,(6):73-78.
[82] 崔凤军.风景旅游区的保护与管理[M].北京:中国旅游出版社,2001.
[83] 焦云祥,任兆光.风景名胜区的保护与开发[J].山西林业,1998,(4):22-23.
[84] 吴承照.可持续管理:风景管理的科学之路[J].中国园林,2011,27(7):68-71.
[85] 刘成武,杨志荣,方中权.自然资源概论[M].北京:科学出版社,1999.
[86] 刘玉江.风景名胜区资源调查与评价[J].林业勘查设计,2008,(4):49-50.
[87] 肖笃宁,钟林生.景观分类与评价的生态原则[J].应用生态学报,1998,9(2):217-221.
[88] 王晓俊.试论风景审美的进化理论[J].南京农业大学学报,1994,17(4):32-37.
[89] 刘滨谊.景观环境视觉质量评估[J].城市规划汇刊,1990,(4):24-29.
[90] 俞孔坚.自然风景景观评价方法[J].中国园林,1986,2(3):38-40.
[91] 魏民,李树山.论风景名胜资源的"评"与"价"[J].北京林业大学学报(社会科学版),2005,4(2):32-36.

[92] 魏民.试论风景名胜资源的价值[J].中国园林,2003,19(3):25-29.
[93] 姚亦锋.城市景观与风景名胜规划[M].南京:南京大学出版社,2011.
[94] 杨春巍.风景名胜旅游资源评价的定量研究[J].重庆建筑大学学报,1992,14(S1):128-137.
[95] 李世华.五大连池风景名胜区的功能分区[J].国土与自然资源研究,1988,(1):79-80.
[96] 丹霞山风景名胜区官方网站 http://www.danxiashan.org.cn/new/index.asp
[97] 杭州西湖风景名胜区管理委员会 http://www.hzwestlake.gov.cn/
[98] 五大连池风景区官方网站 http://www.wdlc.com.cn/
[99] 峨眉山人民政府网站峨眉山风景名胜区总体规划 http://www.emeishan.gov.cn/content/2008-3/20/200832092108.htm
[100] 江苏省住房和城乡建设厅网站太湖风景名胜区总体规划公示 http://www.jscin.gov.cn/web/showinfo/showinfo.aspx?infoid=f7518897-2bb7-4c40-a2e4-7fa7d5144be6
[101] 哈尔滨市城乡规划局网站 http://www.upp.gov.cn/view/zxgh/article/304538.html
[102] 中华人民共和国国务院令.风景名胜区管理条例,2006.
[103] 中华人民共和国建设部.中国风景名胜区形势与展望绿皮书(建城〔1994〕150号).
[104] 中华人民共和国建设部.风景名胜区建设管理规定(建城〔1993〕848号).
[105] 张国强,贾建中.中国风景园林规划设计作品集1[M].北京:中国建筑工业出版社,2003.
[106] 张国强,贾建中.中国风景园林规划设计作品集2[M].北京:中国建筑工业出版社,2005.
[107] 张国强,贾建中.中国风景园林规划设计作品集3[M].北京:中国建筑工业出版社,2005.
[108] 张国强,贾建中.中国风景园林规划设计作品集4[M].北京:中国建筑工业出版社,2006.
[109] 殷以强.风景名胜区规划编制内容、程序和深度的探讨[J].中国园林,1992(3):54-56.
[110] 夏南凯,田宝江.控制性详细规划[M].上海:同济大学出版社,2005.
[111] (日)西村幸夫,历史街区研究会.城市风景规划:欧美景观控制方法与实务[M].张松,蔡郭达,译.上海:上海科学技术出版社,2005.
[112] 张娜,尹怀庭.自然风景区控制性规划初探:以山里泉旅游景区为例[J].人文地理,2006,(3):48-51.
[113] 宋晓杰.风景名胜区控制性详细规划研究[D].武汉:华中科技大学,2011.
[114] 欧名豪.土地利用规划控制研究[M].北京:中国林业出版社,1999.
[115] 刘盛和,周建民.评析西方城市土地利用研究的理论[J].地理研究,2001,20(1):111-120.
[116] (美)KAISER E J, GODSCHALK D R.美国20世纪的城市土地利用规划[J].毛其智,译.国外城市规划,2001,(1):13-17.
[117] 薛建辉.自然保护区生态保护教育[M].北京:中国林业出版社,2002.
[118] 董成森.森林型风景区旅游环境承载力研究:以武陵源风景区为例[J].经济地理,2009,29(1):160-164.
[119] 高吉喜.可持续发展理论探索:生态承载力理论、方法与应用[M].北京:中国环境科学出版社,2001.
[120] 刘玲.旅游环境承载力研究[M].北京:中国环境科学出版社,2000.
[121] 李艳娜,张国智.旅游环境容量的定量分析:以九寨沟为例[J].重庆商学院学报,2000,(6):32-34.
[122] 刘益.大型风景旅游区旅游环境容量测算方法的再探讨[J].旅游学刊,2004,19(6):42-46.
[123] 孙春华.山地风景区旅游环境承载力及其调控系统研究[D].济南:山东师范大学,2002.
[124] 杨锐.风景区环境容量初探:建立风景区环境容量概念体系[J].城市规划汇刊,1996,(6):12-15.
[125] 世界旅游组织.国家和区域旅游规划方法与实例分析[M].籍琰,译.北京:电子工业出版社,2004.
[126] 邹统钎.旅游开发与规划[M].广州:广东旅游出版社,2001.
[127] 吴必虎.区域旅游规划原理[M].北京:中国旅游出版社,2001.
[128] 杨振之.旅游资源开发[M].成都:四川人民出版社,1996.
[129] 吴人韦.旅游规划原理[M].北京:旅游教育出版社,1999.
[130] 吴承照.旅游区游憩活动地域组合研究[J].地理科学,1999,19(5):436-441.
[131] (英)鲍德-博拉 曼纽尔,劳森 弗雷德.旅游与游憩规划设计手册[M].唐子颖,吴必虎,等,译.北京:中国建筑工业出版社,2004.
[132] 吴承照,薛海旻,张杏林.风景旅游规划的三元结构:来自澳大利亚自然公园的启示[J].城市规划汇刊,2001,(3):39-41.
[133] 黄竹.风景名胜区风景游赏规划研究[D].上海:同济大学,2008.
[134] 陈启跃.旅游线路设计(第2版)[M].上海:上海交通大学出版社,2010.
[135] 管宁生.关于游线设计若干问题的研究[J].旅游学刊,1999,(3):32-35.

[136] (日)田中直人,岩田三千子.标识环境通用设计:规划设计的108个视点[M].王宝刚,郭晓明,译.北京:中国建筑工业出版社,2004.
[137] 李琼.雁荡山风景名胜区旅游客源市场研究[D].上海:华东师范大学,2009.
[138] 邹军,张岚.风景名胜区国内客源市场动态分析及其意义:以南京钟山风景区为例[J].商业研究,2006,(24):174-177.
[139] 李琼.雁荡山风景名胜区旅游客源市场研究[D].上海:华东师范大学,2009.
[140] 霍淑芳.旅游心理学[M].青岛:中国海洋大学出版社,2010.
[141] (新加坡)RYAN C.游憩旅游学:旅游需求与影响[M].马晓龙,黎筱筱,译.天津:南开大学出版社,2010.
[142] 周公宁.风景区内旅游设施中心位置的选择及规划方法[J].建筑师,1993,(54):98-112.
[143] (美)INSKEEP E.旅游规划:一种综合性的可持续的开发方法[M].张凌云,译.北京:旅游教育出版社,2004.
[144] (加)FENNELL D A.生态旅游[M].张凌云,译.北京:旅游教育出版社,2004.
[145] 徐婕.风景名胜区保护培育规划研究[D].上海:同济大学,2008.
[146] 周世强.生态旅游与自然保护、社区发展相协调的旅游行为途径[J].旅游学刊,1998,13(4):33-35.
[147] 胡洋,金笠铭.庐山风景名胜区居民社会问题与整合规划[J].城市规划,2006,30(10):55-59.
[148] 文国玮.城市交通与道路系统规划[M].北京:清华大学出版社,2001.
[149] 戴慎志.城市工程系统规划[M].北京:中国建筑工业出版社,1999.
[150] 刘兴昌.市政工程规划[M].北京:中国建筑工业出版社,2006.
[151] 王炳坤.城市规划中的工程规划(第2版)[M].天津:天津大学出版社,2001.
[152] 丁文魁.风景科学导论[M].上海:上海科技教育出版社,1992.
[153] 国家质量技术监督局,中华人民共和国建设部.城市给水工程规划规范[S].GB 50282—1998.
[154] 中华人民共和国住房和城乡建设部,中华人民共和国国家质量监督检验检疫总局.建筑给水排水设计规范[S].GB 50015—2003.
[155] 中华人民共和国建设部,中华人民共和国国家质量监督检验检疫总局.室外给水设计规范[S].GB 50053—2006.
[156] 建筑工程部北京给水排水设计院编.室外给水排水工程技术经济指标[M].北京:中国工业出版社,1966.
[157] 中华人民共和国建设部,中华人民共和国国家质量监督检验检疫总局.室外排水设计规范[S].GB50014—2006.
[158] 住房和城乡建设部工程质量安全监管司.全国民用建筑工程设计技术措施电气[M].北京:中国建筑标准设计研究院,2009.
[159] 国家质量技术监督局,中华人民共和国建设部.城市排水工程规划规范[S].GB 50318—2000.
[160] 国家质量技术监督局,中华人民共和国建设部.城市电力规划规范[S].GB 50293—1999.
[161] 国家质量技术监督局,中华人民共和国建设部.35～110 kV变电所设计规范[S].GB 50059—1992.
[162] 中华人民共和国建设部,中华人民共和国国家质量监督检验检疫总局.电力工程电缆设计规范[S].GB 50217—2007.
[163] 中华人民共和国建设部.生活垃圾转运站技术规范[S].CJJ 47—2006.
[164] 中华人民共和国建设部,国家质量监督检验检疫总局.城市环境卫生设施规划规范[S].GB 50337—2003.
[165] 国家质量技术监督局,中华人民共和国建设部.防洪标准[S].GB 50201—1994.
[166] 中华人民共和国国家质量监督检验检疫总局.旅游景区质量等级的划分与评定[S].GB/T 17775—2003.
[167] 赵燕菁.风景名胜区管理体制的思考[J].规划师,2001,17(1):91-95.
[168] 李金路.风景名胜区中的几个关系[J].中国园林,2002,18(2):23-25.
[169] 周年兴,俞孔坚.风景区的城市化及其对策研究:以武陵源为例[J].城市规划汇刊,2004,(1):57-61.
[170] 张晓.国外国家风景名胜区(国家公园)管理和经营评述[J].中国园林,1999,15(5):56-60.
[171] 张晓.世界遗产和国家级风景名胜区分权化(属地)管理体制的制度缺陷[J].中国园林,2005,21(7):9-16.
[172] 蔡立力.我国风景名胜区规划和管理的问题与对策[J].城市规划,2004,28(10):74-80.
[173] 李如生.风景名胜区开发经营问题的探讨[J].中国园林,2001,17(5):16-18.
[174] 钱俊皓.风景区内"开发"惹出的行政官司[J].中外房地产导报,2002,(17):26-27.
[175] 杨锐.建立完善中国国家公园和保护区体系的理论与实践研究[D].北京:清华大学,2003.
[176] 汤国安,赵牡丹.地理信息系统[M].北京:科学出版社,2000.
[177] 邬伦,刘瑜,张晶,马修军,韦中亚,田原.地理信息系统:原理方法和应用[M].北京:科学出版社,2004.
[178] 金丽芳,刘雪萍.3S技术在风景区规划中的应用研究[J].中国园林,1997,13(6):23-25.
[179] 李卓.GIS在山地风景区规划中的应用[D].北京:北京林业大学,2005.
[180] 党安荣,杨锐,刘晓冬.数字风景名胜区总体框架研究[J].中国园林,2005,21(5):31-34.

彩 图 部 分

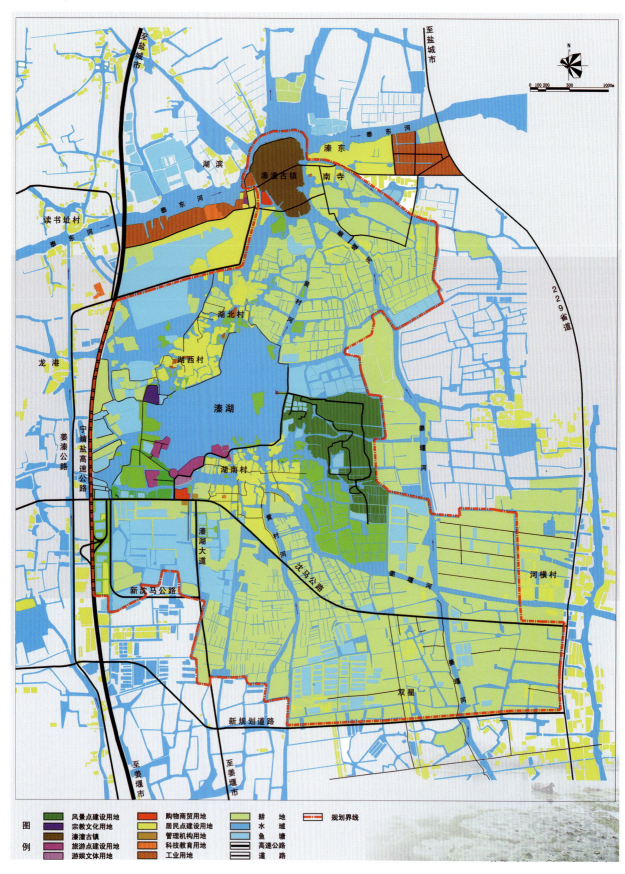

图 4.1 江苏姜堰市溱湖风景名胜区用地综合现状图

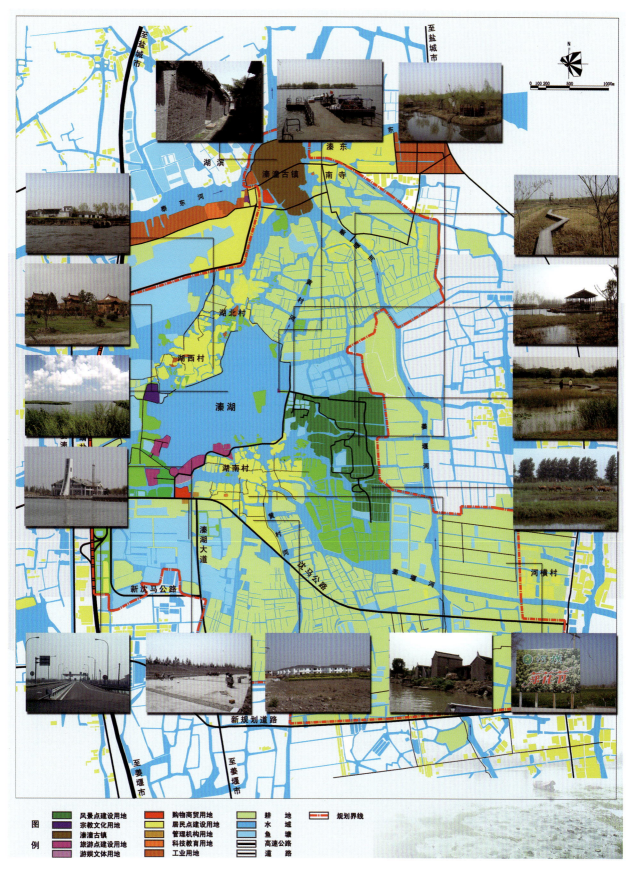

图 4.2 江苏姜堰市溱湖风景名胜区景区现状图

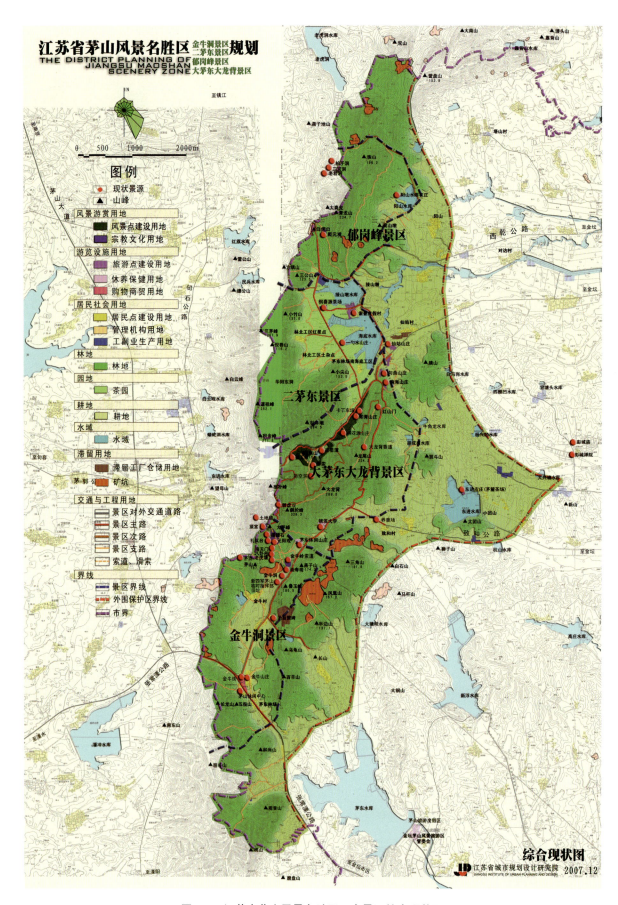

图 4.3 江苏省茅山风景名胜区四个景区综合现状图

图 4.4 江苏省茅山风景名胜区四个景区高程分析图

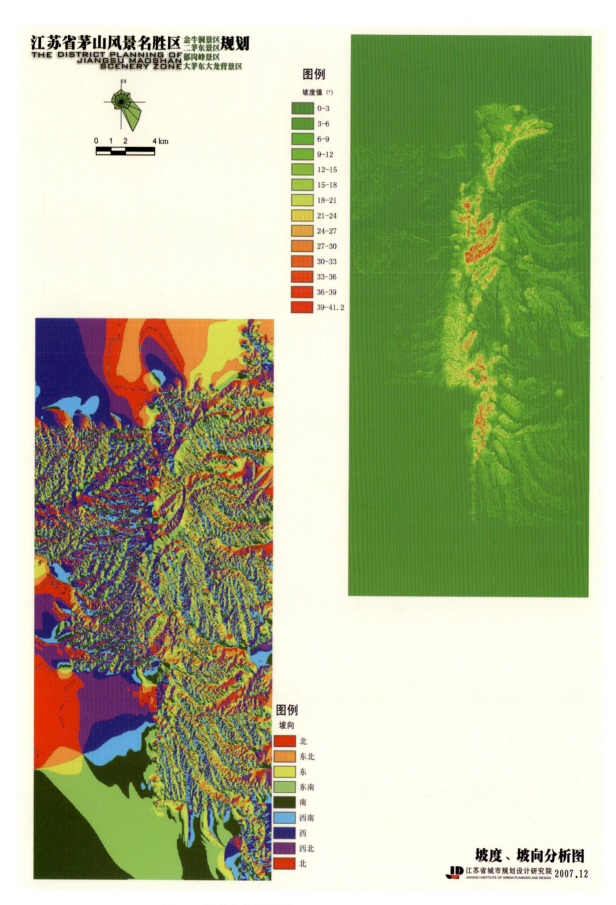

图 4.5 江苏省茅山风景名胜区四个景区坡度、坡向分析图

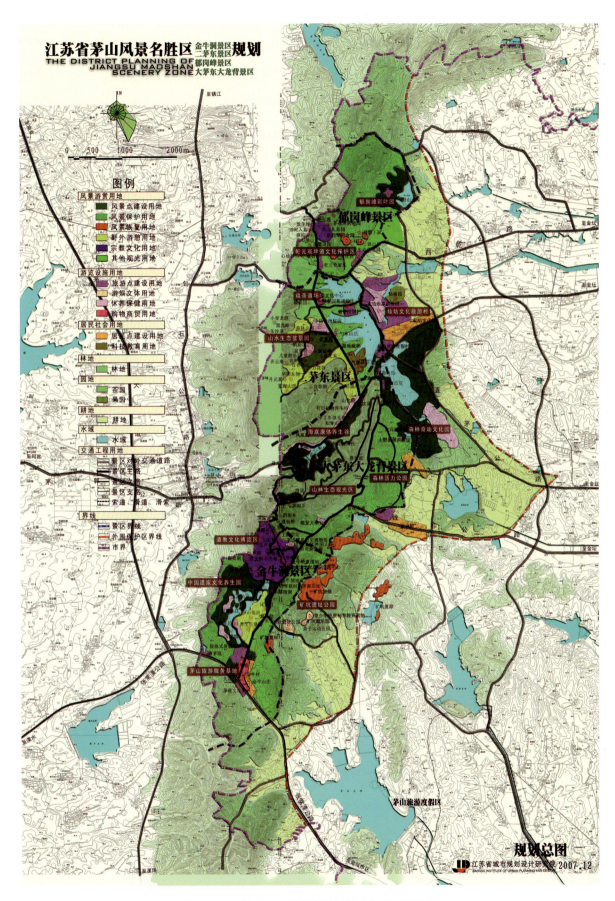

图 5.1　江苏省茅山风景名胜区四个景区规划总图

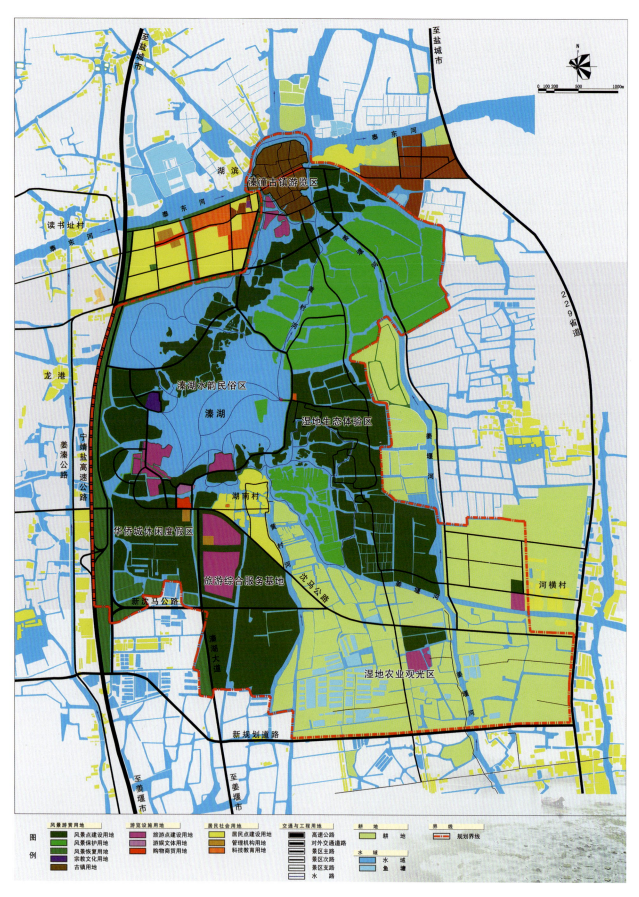

图 5.2 江苏姜堰市溱湖风景名胜区用地规划图

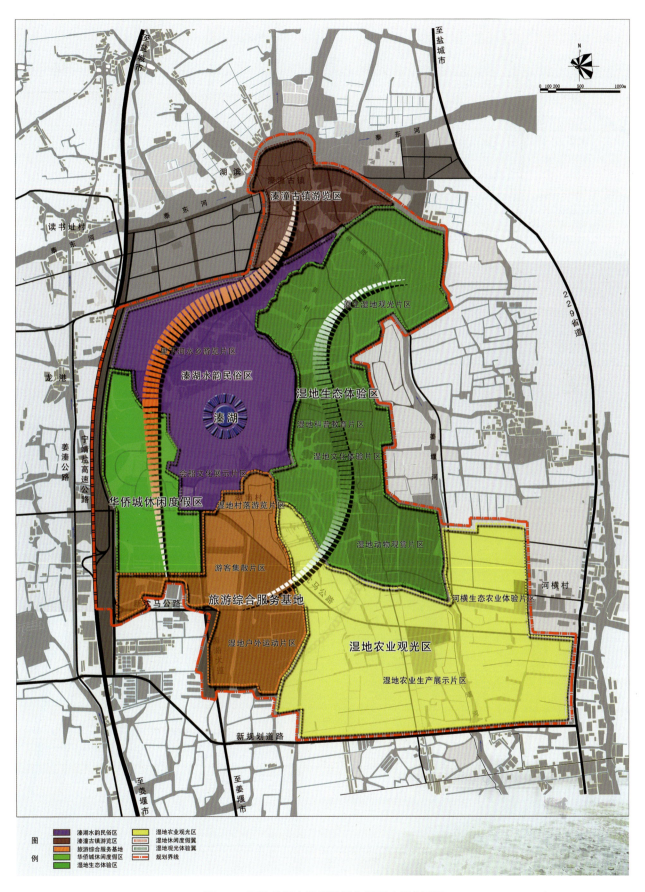

图 5.3 江苏姜堰市溱湖风景名胜区功能分区图

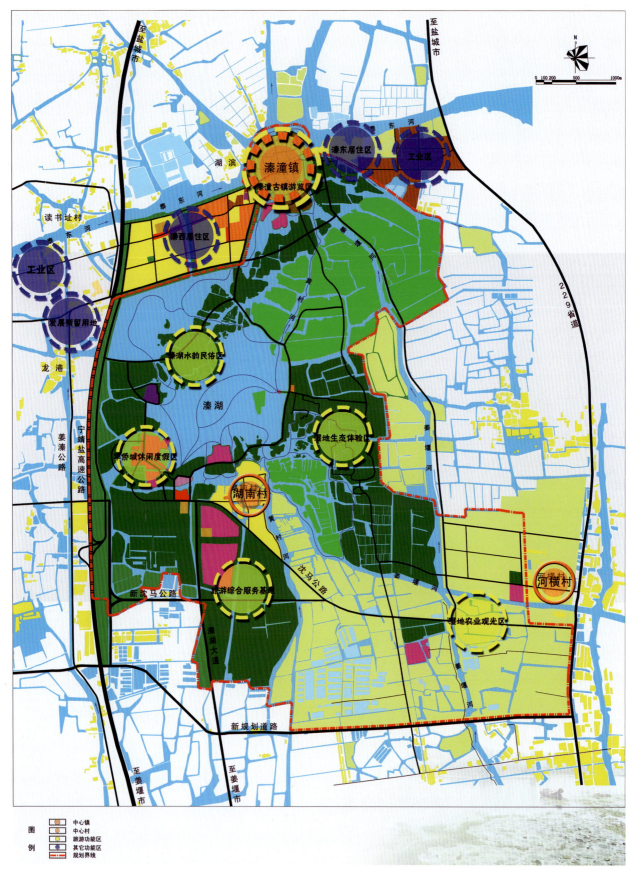

图 5.4 江苏姜堰市溱湖风景名胜区空间结构分析图

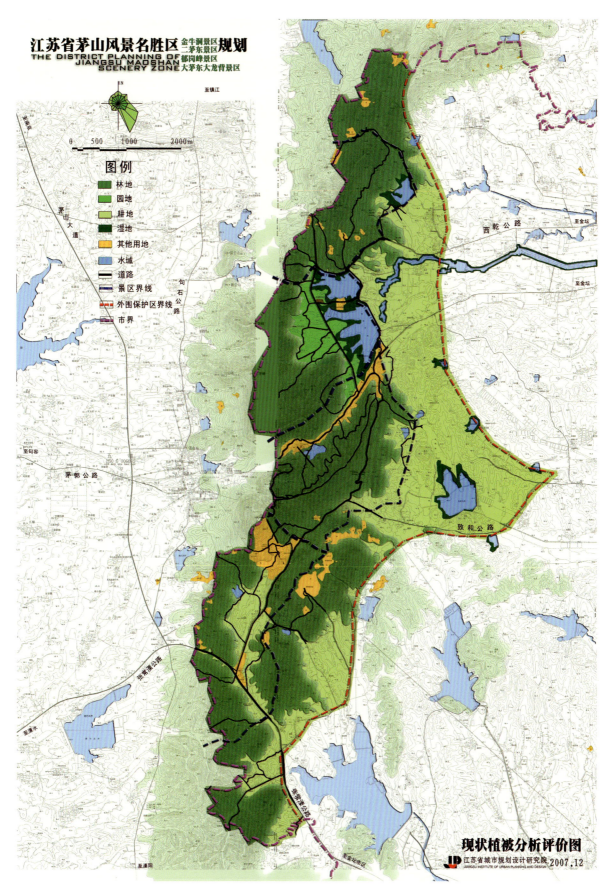

图 10.5 江苏省茅山风景名胜区四个景区现状植被分析评价图

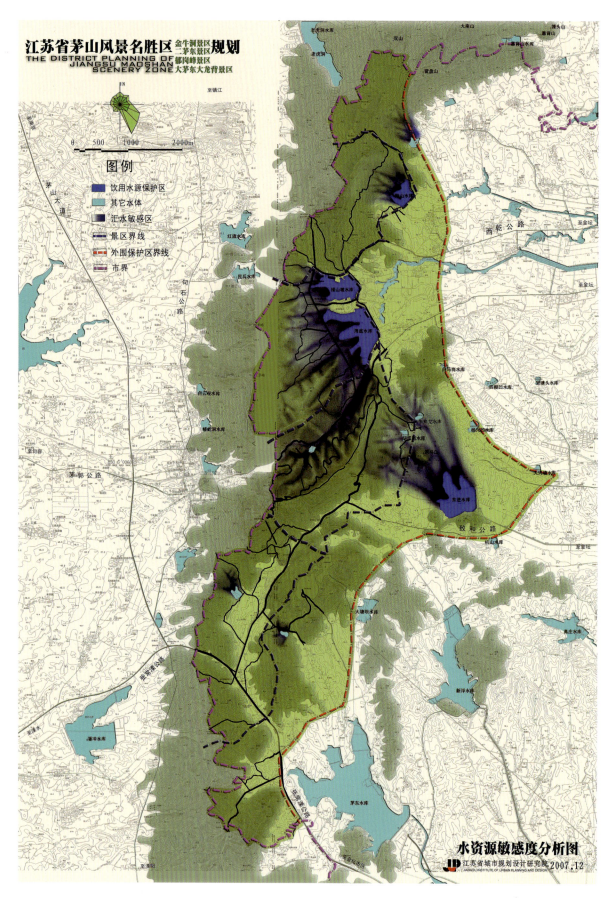

图 10.6 江苏省茅山风景名胜区四个景区水资源敏感度分析图

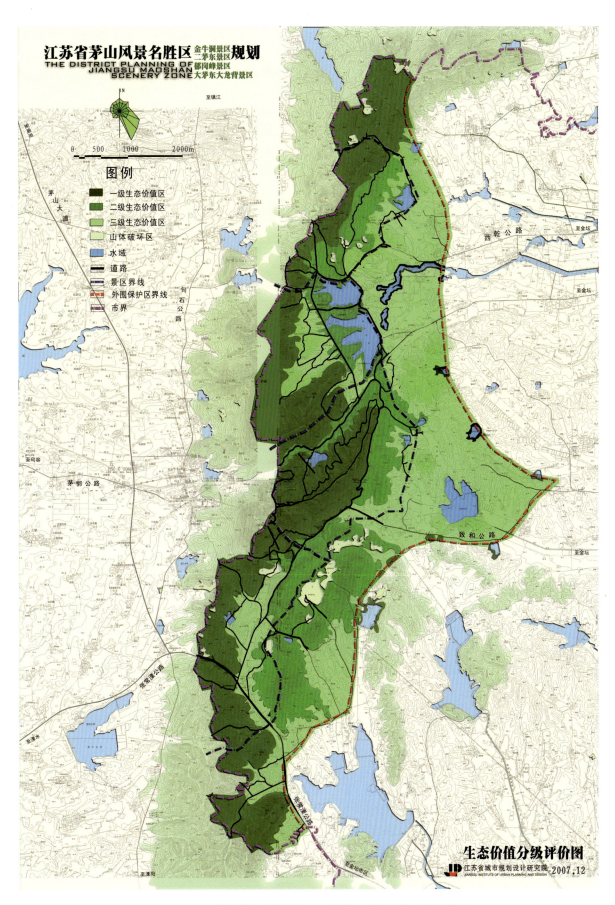

图 10.7 江苏省茅山风景名胜区四个景区生态价值分级评价图

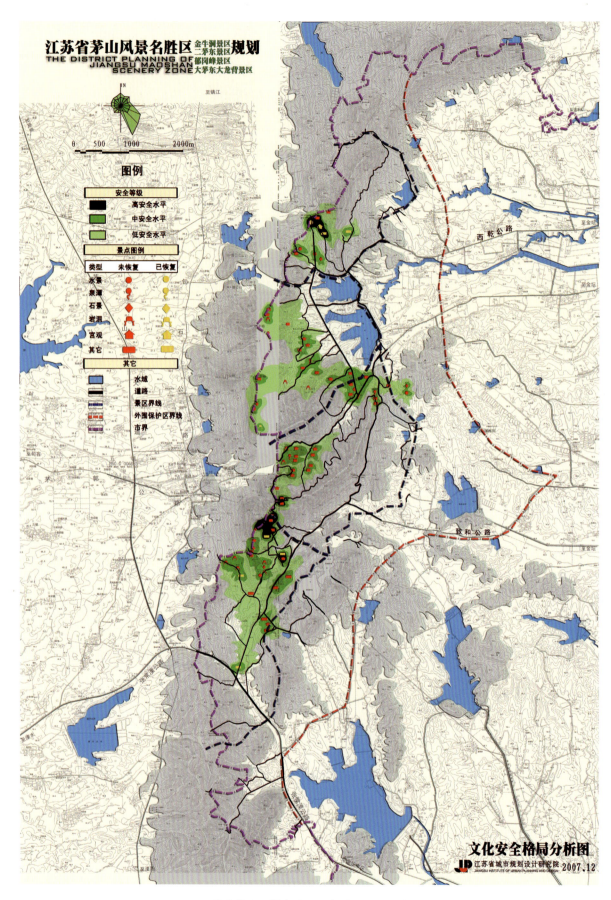

图 10.8 江苏省茅山风景名胜区四个景区文化安全格局分析图

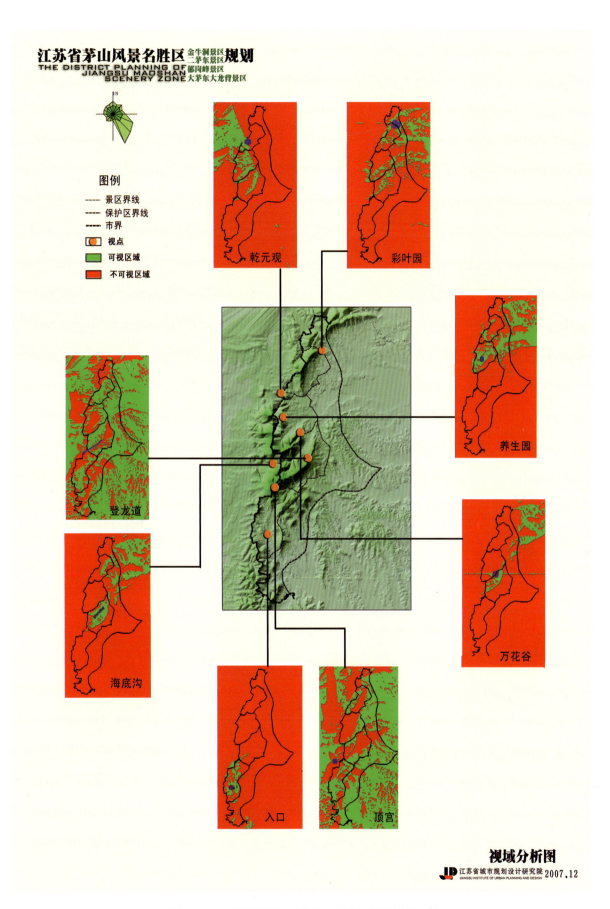

图 10.9　江苏省茅山风景名胜区四个景区视域分析图

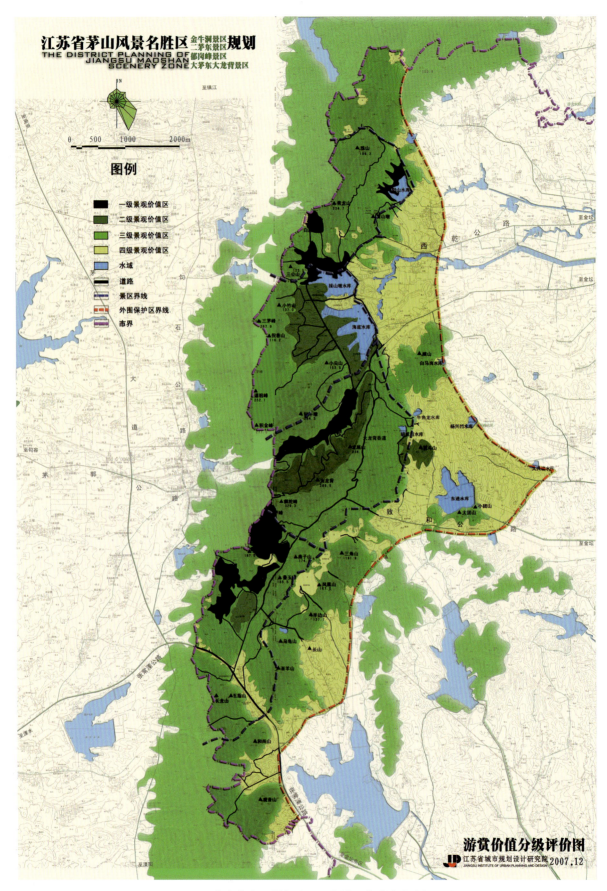

图 10.10 江苏省茅山风景名胜区四个景区游赏价值分级评价图